한국 고대 대외교역의 형성과 전개

한국 고대 대외교역의 형성과 전개

펴낸곳 서울대학교출판문화원
펴낸이 오연천
지은이 김창석

초판 1쇄 인쇄 2013년 12월 26일
초판 1쇄 발행 2013년 12월 31일
출판등록 제15-3호

주소 서울 관악구 관악로 1 우편번호 151-742
대표전화 02-880-5252 **팩스** 02-880-4148
마케팅팀 02-889-4424, 02-880-7995
이메일 snubook@snu.ac.kr
홈페이지 www.snupress.com
영문홈페이지 eng.snupress.com

ISBN 978-89-521-1547-8 93910

이 저서는 2010년 정부(교육부)의 재원으로 한국연구재단의 지원을 받아 수행된 연구임(NRF-2010-812-A00210).

This work was supported by the National Research Foundation of Korea Grant funded by the Korean Government(NRF-2010-812-A00210).

한국 고대 대외교역의 형성과 전개

김창석

서울대학교출판문화원

The Formation and Development of Foreign Trade in Ancient Korea

Changseok Kim

Seoul National University Press

책을 펴내며

필자는 2004년에 『삼국과 통일신라의 유통체계 연구』(일조각)를 내놓은 바 있다. 한국 고대의 상업과 재정에 관한 박사학위 논문을 바탕으로 하여 출간한 책이었다. 필자의 이름을 걸고 세상에 내놓는 첫 저서였던 만큼 기대 반, 두려움 반의 설레는 마음으로 출판사로부터 막 배달되어 온 책 꾸러미를 풀던 기억이 새삼 떠오른다.

그로부터 9년의 세월이 흘렀다. 긴 시간은 아니지만 그간 꽤 많은 일이 일어났다. 2005년에 강원대학교에 부임하여 아름다운 도시 춘천에 둥지를 틀었다. 학문과 인품 모두 더할 나위 없이 훌륭한 동료 교수, 성실하고 정 많은 학생들로부터 많은 자극과 격려를 받았다.

지방에 살면서 地域을 단위로 한 역사와 문화를 국가 혹은 동아시아 공간과의 연관 속에서 어떻게 구성하여 서술할 수 있을지 고민하게 된 것은 춘천 생활의 또 다른 소득이었다. 이 책의 1장 2절에 실린 濊族의 분포와 문화 양상은 그 작은 결실이다. 이를 기초로 삼아 앞으로는 북한강과 소양강・홍천강 水系를 중심으로 하여 형성된 고대 邑落 사회의 모습과 발전 과정, 그리고 문화 교류의 양상을 추적해 보고 싶다.

첫 저서에서 고대국가의 국내 상업을 주로 다뤘기 때문에 그 후의 연구 주제는 자연스럽게 대외교역 분야로 확장되었다. 지난 9년 동안 관심이 가는 대로 혹은 학회의 요청에 따라서 이런저런 논문을 써 왔지만, 대외교역에 관해서는 어느 정도 밑그림을 그려 가며 연구를 진행해 왔다고 할 수 있다. 출발점이 된 것은 비교적 자료가 풍부하게 남아 있는 752년의 신라-일본 간 교역이었다. 여기서 '國家交易'이라는 새로운 교역의 형태를 개념화해 보았다. 국가교역이란 두 나라 사이에 여전히 공적 절차를 거쳐 물품이 교환되지만 수여국 측이 경제적 이익을 의식하고 참여했을 때 발생한다. 교역이 외교교섭의 장에서 이뤄지지만 그 틀을 부분적으로 벗어나고 있으므로 국가교역은 정치체 간의 贈與가 貿易 행위로 이행하는 과도적 성격을 갖고 있다.

이 논문을 계기로 하여 대외교역의 형태와 성격이 단일하지 않고 지역에 따라, 政治體가 처한 환경에 따라 다르고, 또 시간의 흐름에 따라 변화해 갔으리라는 막연한 구상을 할 수 있었다. 한국 고대사를 구성한 여러 種族과 國家의 대외교역 양상을 분석하여 서로 어떤 차이와 공통성이 있는지 검토하면 그 역사적 변천 과정도 짚어 볼 수 있지 않을까 하는 기대였다. 기원전 시기~6세기에 이르는 고구려와 중국 왕조 및 挹婁・室韋 등과의 교역, 고구려-隋 전쟁의 경제적 배경, 중・하대의 신라에 내왕한 무슬림 제 종족과 그 교역 활동, 신라 하대에 지금의 경남 진주・사천 지역에서 일어난 사회 변동을 대외교역과 관련하여 검토한 것, 그리고 발해의 對日 교통로를 둘러싸고 일본 조정이 논란을 벌인 배경으로서 발해와 蝦夷의 교섭 및 교역을 주목한 논고는 이러한 문제의식에서 작성되었다.

필자는 이 기간 동안 가족을 잃는 아픔을 겪었다. 사랑하는 아내가 오랜 투병 끝에 2010년 봄에 作故했다. 시답잖은 논문 쓴다는 핑계로 집안을 제대로 돌보지 않는 남편을 말없이 응원한 그이가 없었다면 이 책은 결코 태어나지 못했을 것이다. 아내는 이 세상을 떠났을 뿐 당신이 생성된 우주로 돌아가 그 운행 속에서 호흡하고 있으리라고 믿는다.

2011년에는 연구년을 맞아 미국 하버드 대학의 Korea Institute에서 1년을 보냈다. 고대사회에서 대외교역이 성립・발전하는 과정을 체계적으로 이해하기 위해서는 집권체제가 성립되기 전의 양상을 살펴볼 필요가 있었다. 이 때문에 연구 주제를 전기가야연맹의 交易場과 교역 정책으로 잡았다. 하버드에서는 학생들 틈에 끼어 몇 과목을 청강할 기회가 있었는데, 특히 C. C. Lamberg-Karlovsky 교수의 강의가 인상적이었다. 그는 近東

地域의 선사·고대문화를 전공한 인류학자로 고고학·역사학은 물론 철학·정치사상 등에 관해서도 해박한 지식을 갖고 있었다. 그리스 이래의 고전에 정통하여 최신의 이론에 대해서도 그 사상·이론적 뿌리를 찾아 비판적으로 접근할 수 있는 마지막 세대의 학자가 아닐까 한다. 필자의 연구 주제에 대해서도 조언을 아끼지 않았으며, 2장 加耶聯盟體의 교역 전략에 관한 고찰은 그 산물이다.

이러한 과정을 통해서 근 10년에 걸쳐 작성된 몇 편의 논문을 기초로 하여 이제 한 권의 책을 펴낸다. 제목을 "한국 고대 대외교역의 형성과 전개"라고 붙였으나, 애초에 책으로 만들려는 계획을 가지고 출발한 것이 아니어서 고대의 모든 시기를 다루지 못하고 정치체를 포괄하지도 못했다. 빠진 부분을 새로운 연구로써 메우고자 했으나 만족스럽지는 않다. 예를 들어, 대외교역의 초기 형태로서 沈黙交易에 주목했으나 이밖에 알려지지 않은 다양한 교역 방식이 있었을 것이다. 시야를 넓혀서 다른 지역의 民族誌 자료를 조사하고 각각의 발생 배경에 대해 고찰하는 것은 차후의 과제로 넘길 수밖에 없었다.

이처럼 미흡한 점이 많지만 백화점식 나열보다는 몇 개의 사례를 통해서라도 한국 고대 대외교역의 전체적인 큰 흐름과 전개 과정상의 특징을 보여 주는 것이 의미가 있을 것이라고 자위할 뿐이다. 그간 발표한 논문도 단행본의 체제에 맞추다 보니 서술의 순서가 바뀌고 내용이 생략·중복되거나 일부 수정된 경우도 있다. 하지만 기본 논지가 바뀐 것은 아니다.

이제 새로운 저서를 내게 되니 첫 번째 책보다 오히려 기대는 줄고 부끄러운 마음이 앞선다. 처음보다 그다지 나아진 모습을 보이지 못했기 때문이다. 그러나 성과와 더불어 한계도 감추지 않고 내보이는 것이 발전의 첫걸음이라고 생각한다. 부족한 글이지만 古代社會와 文化의 일면을 이해하는 데 조금이라도 도움이 되었으면 좋겠다.

이 책의 완성을 도와주신 많은 분들이 계신다. 그 가운데 한국연구재단은 인문저술지원사업의 연구비를 지원했고, 서울대학교출판문화원은

난삽한 원고를 아름다운 책으로 만들어 주었다. 이에 특별한 감사를 표한다.

마지막으로 亡妻 李承姸을 추모하며 고인의 영전에 삼가 이 책을 바친다.

2013년 11월
춘천 연구실에서
저자 씀.

차례

표와 그림 차례

일러두기

※ 이 책은 기왕에 발표한 필자의 논문을 뼈대로 하여 그 내용의 일부를 수정·삭제·재조직하고, 내용의 보충이 필요한 부분은 서술을 추가하여 완성하였다. 기초로 삼은 논문이 처음 출간된 연도와 게재지는 다음과 같다.

1장 2절 「古代 嶺西地域의 種族과 文化變遷」『韓國古代史研究』 51(2008)

2장 「고대 交易場의 중립성과 연맹의 성립: 3~4세기 加耶聯盟體를 중심으로」『歷史學報』 216(2012)

3장 2절 「高句麗 초·중기의 對中 교섭과 교역」『新羅文化』 24(2004)

3장 3절 「고구려·수 전쟁의 배경과 전개: 경제적 요인을 중심으로」『東北亞歷史論叢』 15(2007)

4장 1·2절 「8세기 신라·일본 간 외교관계의 추이: 752년 교역의 성격 검토를 중심으로」『歷史學報』 184(2004)

4장 3절 "Parhae's Maritime Routes to Japan in the Eighth Century", *Seoul Journal of Korean Studies* 23-1(2010)

5장 1절 「8~10세기 이슬람 제종족의 신라 來往과 그 배경」『韓國古代史研究』 44(2006)

5장 2절 「菁州의 祿邑과 香徒: 신라 하대 지방사회 변동의 일례」『新羅文化』 26(2005)

※ 사진과 지도 원본의 출전

9쪽 晉率善穢佰長 銅印: 國立慶州博物館, 2002『文字로 본 新羅』, 예맥출판사

71쪽 金海 양동리 322호분 출토 銅鼎: 林孝澤 外, 2000『金海良東里古墳文化』, 東義大學校博物館

86쪽 弁韓 狗邪國 시기의 교역항 추정지: 釜山大學校博物館, 1998『金海鳳凰臺遺蹟』

87쪽 전기연맹시기 金官加耶의 內港과 對外交易港 추정지: Google 위성사진

103쪽 忠州 탄금대토성 출토 百濟 鐵鋌: 車勇杰 外, 2009『忠州 彈琴臺土城 Ⅰ』, 中原文化財硏究院

120쪽 광개토대왕릉비 영락 8년조의 '服事' 추정 부분: 日本 國立歷史民俗博物館

120쪽 광개토대왕릉비 영락 10년조의 '歸服': 日本 國立歷史民俗博物館

121쪽 광개토대왕릉비 영락 10년조의 '朝貢' '論事' 혹은 '服事' 추정 부분: 日本 國立歷史民俗博物館

161쪽『蝦夷嶋奇觀』에 실린 인물도: 工藤雅樹, 2000『古代蝦夷』, 吉川弘文館

201쪽 8세기 발해-일본의 교통 관련 지역: 閔斗基, 1976『日本의 歷史』, 지식산업사

214쪽 8세기 일본 혼슈 동북지방의 蝦夷의 村과 城柵: 工藤雅樹, 2005『古代蝦夷の英雄時代』, 平凡社

221쪽 多賀城碑의 탁본: 齋藤 忠 編著, 1983『古代朝鮮・日本金石文資料集成』, 吉川弘文館

229쪽 掛陵 武人像: 문화재청 제공 문화유산정보

267쪽 사천시 선진성공원 주차장 부지 발견 신라비편의 탁본: 慶南文化財硏究院,

2004『泗川 船津城公園 駐車場敷地 發掘調査 現場說明會資料』

268쪽 사천시 선진성공원 주차장 부지 유적의 위치: 慶南文化財研究院, 2004『泗川 船津城公園 駐車場敷地 發掘調査 現場說明會資料』

서론

한국 고대의 대외교역에 관해서는 1930년대 이래 적지 않은 연구가 이뤄졌다. 이를 통해서 古朝鮮에서 南北國時期에 이르는 대외교역의 주체와 형식, 교역품, 그리고 교역로 등에 관한 주요한 사실을 알 수 있게 되었다. 구체적인 연구 성과와 남은 과제에 대해서는 이미 硏究史 정리가 이뤄진 바 있으므로[1] 여기서는 몇 가지 문제만 부연하고자 한다.

일찍이 金庠基는 고대 '무역'의 형태를 두 가지로 나누어 파악했다. 하나는 "소위 朝貢이라는 형식 밑에서 우리와 선진적 대륙국가와의 사이에 공식으로 물품 교환이 행해지던, 말하자면 公的인 것"이고, 또 하나는 "경제 발전의 필요에 의하여 때로는 禁令이 있음에도 불구하고 민간 측의 사사로운 교역, 이를테면 私的인 것"(일부 자구는 수정하였음)이 있었다고 한다.[2]

전근대 시기의 교역을 이른바 公貿易과 私貿易으로 대분하여 이해하는 방식은 위의 논의로부터 비롯되었다고 할 수 있다. 여기서 주목되는 것은 朝貢이라고 하는 외교 행위를 공무역이라고 규정한 점이다. 중국의 역대 왕조와 벌인 교섭은 그 자체가 복합적인 요소를 갖고 있었고 우리의 문화 형성에 다방면에 걸쳐 심대한 영향을 끼쳤다. 그 가운데 경제적 측면에 착안하여 朝貢品과 回賜品의 교환을 일종의 무역 행위로 파악한 것은 중

1 윤용구, 2007 「삼한·삼국의 교역」『한국고대사 연구의 새 동향』, 서경문화사 및 같은 책에 실린 김창석, 「남북국시기의 교역」.

2 金庠基, 1934 「古代의 貿易形態와 羅末의 海上發展에 就하야 (一): 淸海鎭大使張保皐를 主로 하야」『震檀學報』 1, 86쪽.

요한 성과임에 틀림없다. 최근의 연구나 개설서에서도 이 구분법은 통용되고 있어서 公·私貿易論이 갖는 연구사적 의의가 얼마나 큰지 잘 보여준다.

그런데 공무역과 사무역의 구도로써 고대 대외교역의 모습과 변화 과정을 제대로 포착할 수 있을지에 대해서는 검토가 필요하다고 생각한다. 과연 조공과 회사를 공무역으로 볼 수 있을까? 주지하듯이 조공은 중국 황제의 책봉을 받은 주변 諸國의 지배자가 그에 대한 응대로서 형식적으로 宗主가 된 황제에게 정기적으로 朝覲하고 禮物을 바치는 외교의례였다. 이 가운데 예물은 해당 지역을 상징하는 특산물이 주종을 이뤘다.[3]

조공품의 收受를 통해 책봉국은 희소성이 있는 異域의 산물을 획득할 수 있었다. 그러나 조공으로 들어오는 물자는 대부분 소수의 인원에게 배분되고 특수한 용도로만 사용할 수 있는 것이어서 경제적 의미는 크지 않았다. 다른 곳에서 그 의의를 찾을 수 있다. 이국의 사절이 참여하는 조공의례는 皇帝의 권위를 신료의 눈앞에서 보여 줄 수 있는 좋은 기회였다. 그리고 조공품을 祭需로 올리거나 유력자에게 분배하고 외국 사절에게는 중국 산품을 하사함으로써 황제 중심의 대내·외 질서를 재생산하는 것이 조공과 회사의 주목적이라고 보아야 한다.

朝貢의 본질은 중심과 주변 정치체 사이에 맺어진 政治的·禮的 유대를 확인하는 것이었다. 따라서 외교교섭의 일환으로 이뤄지는 朝貢-回賜 행위를 공무역이라고 규정짓는다면 그 본질을 흐리게 된다고 생각한다.

물론 조공제도는 중원 帝國과 주변국 사이에서만 행해진 것이 아니고 다른 지역에서도 이와 유사한 형태의 외교 관계가 확인된다.[4] 또 책봉-조

3 李春植, 1987「中國古代 朝貢의 實體와 性格: 朝貢의 性格과 그 韓國的 意味」『古代韓中 關係史의 硏究』, 三知院.

4 김병준, 2010「3세기 이전 동아시아 국제질서와 한중관계: 조공·책봉의 보편적 성격을 중심으로」『동아시아 국제질서 속의 한중관계사: 제언과 모색』, 동북아역사재단.

공관계의 실상을 보면, 어떤 전형이 있다거나 형식과 내용이 고정되지 않았고 지역적 특성이 나타나며 정세의 변동에 따라서는 조공이 명분에 그친 시기가 있었다.[5] 이러한 경우라고 할지라도 宗主國에 대한 貢物의 납부를 공무역을 위한 행위로 파악할 수 있으려면 당시의 정치·경제 상황과 조공품 및 회사품의 내역을 구체적으로 분석하여 조공이 과연 경제적 이득을 목적으로 이뤄졌는지 밝혀야 한다.

이와 관련하여 朝鮮時期의 對明 外交의 성격에 관한 논의가 주목된다. 申奭鎬는 중국 황제에 대한 조공을 공무역으로 보고, 조선이 명나라에 토산물을 바쳤으나 중국 측으로부터 그 몇 배에 달하는 회사품을 받았으므로 경제적으로는 오히려 조선에게 더 유리했다고 주장했다.[6] 조공외교가 명분상으로는 사대적이었지만 경제 면에서 보면 實利를 추구한 외교정책이었다는 것이다.

이는 식민사학자가 주창하던 韓國史의 事大性論을 비판할 수 있는 논거를 제공했다는 점에서 의미가 있다. 그리고 조공외교가 갖고 있던 다양한 측면을 분해하여 그 가운데 경제적 효과에 착안했다는 점도 당시로서는 참신한 발상이었다. 하지만 조공과 회사의 실상을 보면 경제적으로도 결코 우리 측에 유리하지 않았다는 반론이 제기되었다.[7] 문제는 조공이 과연 유리했는지, 불리했는지 판단할 수 있는 기준이나 척도를 세우기가 어렵다는 데 있다. 과연 양국이 제공하는 물품의 가치를 계량하여 서로 비교할 수 있는 방법을 찾을 수 있을까?

근본적인 문제는 朝貢과 回賜가 물질적 이득을 얻기 위해서가 아니라 정치·군사상의 목적을 이루기 위한 외교 행위였다는 데 있다. 天子國은 종주의 지위를 대내·외에 과시하고 변방의 군사적 안정을 기할 수 있으

---

5 김창석, 2010 「6~8세기의 동아시아와 한중관계」, 위의 책.

6 신석호, 1957 「조선 왕조 개국 당시의 대명 관계」 『국사상의 제문제』 1, 국사편찬위원회, 94~95쪽.

7 全海宗, 1967 『韓中關係史硏究: 淸代를 中心으로』, 서울대학교 동양사학과 박사학위논문. 李鉉淙, 1977 「對明關係」 『한국사 9』, 국사편찬위원회, 탐구당.

며, 被冊封國은 왕권의 정통성을 인정받고 선진 문물을 도입할 수 있는 국제 교류의 장이 조공 외교였다. 공물의 납부와 회사는 그 물질적 표현 방식에 불과했다. 外交的 禮物의 교환을 공무역이라고 규정하고 그 손익 관계를 따지는 것은 현실적으로 계량이 불가할 뿐 아니라 문제의 핵심에서 벗어난 논의라고 생각되는 것이다.

이 책에서는 이러한 점을 유의하여 '조공무역' 혹은 '공무역'이라는 용어의 사용을 피하고자 한다. '무역'은 순수하게 경제적 이익만을 목적으로 하여 이뤄지는 국제 상거래를 가리킨다. 그리고 무역 행위는 近世 이후 서서히 자본주의 세계체계가 형성되면서 본격 전개된다는 것이 일반적인 이해다. 中世 이전의 대외교역이 외교 목적과 밀접하게 관련되어 있고 종교적 성격을 띠기도 하는 데 비해서, 뒤 시기의 대외교역, 즉 '무역'은 정치·종교적 성격을 탈각하게 된다.

따라서 무역의 개념을 안이하게 고대사회에 적용하여 국가 간의 물자 유통을 '공무역' '사무역' 등으로 파악해 버리면 자칫 무역 행위의 역사적 성격과 의의를 희석시킬 우려가 있다. 그리고 이로 인해 한국사에서 무역이 발생하게 된 배경과 성립·발전 과정에 대한 역사적 접근도 어려워질 것이다.

필자는 지난 저서에서 물질적 재화의 흐름을 '流通'이라고 규정하고, 경제인류학계의 구분법에 따라 유통의 영역을 호혜성(Reciprocity), 재분배(Redistribution), 시장 교환(Exchange)의 세 가지로 구분했다. 그리고 이 가운데 호혜성과 시장 교환은 양측의 당사자가 等價라고 인식한 가치를 주고받으므로, 이를 재분배와 분리하여 따로이 '交易'이라고 정의한 바 있다.[8] 이 구분을 따른다면 앞서 언급한 '무역'은 교역과 같은 수준의 개념이 아니라, 시장 교환의 발전된 형태로서 교역의 한 하위부문이 된다. 이 구분법이 한국 고대의 대외교역을 검토하는 데 있어서도 유효한 도구가 될 수 있다고 생각한다.

---

8 김창석, 2004『삼국과 통일신라의 유통체계 연구』, 일조각, 20~23쪽.

그러나 이 틀에 얽매여 교역 행위에 대해서 호혜성과 시장 교환의 두 가지 유형만 가지고 접근할 필요는 없다. 호혜성과 시장 교환은 각 메커니즘 안에 여러 요소를 내포하고 있으며 그 하위에 다시 여러 수준의 정치·경제관계가 연쇄되어 있다.[9] 또 한정된 지역에 대한 조사를 토대로 하여 歐美學界에서 체계화된 이론이어서 한국 고대사회에 그대로 적용할 경우 괴리가 나타날 수밖에 없다. 대등한 가치가 교환된다고 보기 어려운 재분배 체계를 교역의 범주에서 빼고, 무역은 교역의 한 부문으로서 교역의 발전 과정에서 출현한 현상이라는 점만 확인하면 족하다.

그렇다면 앞서 무역이 아니라고 파악한 조공과 회사를 이 관점에서 어떻게 설명할 수 있을까? 책봉국과 피책봉국이 물품을 교환함으로써 상호 이익을 얻는다는 점에서는 호혜적 교역의 측면을 인정할 수 있다. 그러나 양측이 과연 정치·군사·문화적 요구를 배제한 채 조공품과 회사품의 授受만을 가지고 등가의 가치가 교환된 것으로 인식하였을까? 그렇지 않다면 이것은 自國을 상징하는 물자를 相互 贈與한 것이라고 보아야 마땅하고, 교역의 범주가 아니라 외교교섭의 차원에서 이해되어야 한다.

하지만 조공관계도 시기에 따라서 내용이 달라지고 정치체 혹은 종족별 특성이 조공의 목적에 반영되기 마련이므로 관련 자료를 면밀하게 분석하여 그 내용과 성격을 밝혀야 한다. '교역'의 내포와 외연, 그리고 교역과 '무역'의 관계를 염두에 두고 자료에 접근하되, 교역의 목적과 유형, 그리고 역사적 전개과정에 대해서는 대상 자료를 철저히 검토하여 한국 고대 대외교역의 특징을 드러내야 한다는 뜻이다.

근래 이에 관한 專論이 출간된 바 있다. 尹載云은 삼국시기로부터 9세기 후반에 이르는 對中·日 교역의 양상을 공무역과 사무역으로 나누어서 정리했다.[10] 그의 연구에서 중국과 일본을 포괄하는 동아시아의 관점

---

9 A. C. Renfrew & P. Bahn, 1996 *Archaeology; Theories, Methods and Practice*, London: Thames and Hudson; 이희준 옮김, 2006 『현대 고고학의 이해』, 사회평론, 357~392쪽.

을 제기하고, 나아가서 신라 하대의 해상무역을 세계 교역망의 확대 및 그 동아시아적 접점이라는 시각에서 파악한 견해는 향후 연구에서도 유의해야 할 점이라고 생각한다. 朴南守는 삼국과 통일신라의 외교교섭과 교역 활동에 대한 검토를 통해서 中國 江南地域과 西域까지 포괄한 광역의 교역망을 탐색했다.[11] 특히 수공업 기술에 대한 지견을 바탕으로 하여 개별 교역품에 대해 그 産地와 用途를 추적한 점이 돋보인다.

이 책에서는 이를 포함한 기왕의 연구 성과를 적극 수용하면서 한국 고대 대외교역의 여러 형태와 특성의 변화 과정에 대해 필자 나름의 이해 체계를 제시할 것이다. 대외교역이 발생하여 점차 국제교역의 체제가 갖춰지고 발전해 가는 모습을 그려 보고자 한다. 특히 고대국가가 성장하고 주변의 정치체와 교류하는 과정에서 대외교역의 목적과 성격이 전환을 맞게 되는 계기와 그것이 국내 사회에 끼친 영향을 주목하고자 한다. 누차 지적했듯이 무역 활동은 근세 이후에 전면화되지만 그 싹은 고대사회에서도 움틀 수 있으므로 그 단초를 찾고 시대적 의의를 고찰하는 데도 유의할 것이다.

미리 밝혀 둘 점은 대외교역의 발전 추세를 큰 줄기로 삼아 검토할 계획이어서 서술의 순서가 실제 역사의 선후 관계와 맞지 않는 부분이 생길 수 있다는 것이다. 예를 들어 高句麗와 挹婁의 沈默交易이 교역의 초기 형태를 보여 주기 때문에 실제로는 衛滿朝鮮보다 뒤 시기이지만 순서를 바꿔서 그 앞에 서술할 수밖에 없었다. 어느 한 정치체의 대외교역의 시기적 변화 양상을 연속해서 보여 주는 일련의 자료가 남아 있지 않기 때문에 이러한 서술은 불가피한 면이 있다.

복수의 정치체와 종족, 그리고 복수의 교역 상대국에 흩어져 있는 관련 자료를 가능한 한 수집하고 이를 재구성하여 한국의 고대사회에서 대외교역이 출현하고 분화・발전해 가는 과정을 제시하는 데 초점을 맞출 것이다. 이 점 오해가 없기를 바란다.

---

10 윤재운, 2006 『한국 고대무역사 연구』, 景仁文化社.

11 朴南守, 2011 『한국 고대의 동아시아 교역사』, 주류성.

제 1 장

초기 대외교역의 모습

대외교역은 언제, 어떻게 시작되었을까? 인도네시아와 아프리카의 경우 약 200만 년 전에 시작된 플라이스토세에 이미 초기 인류가 교환망을 갖고 있었고 원자재를 운반한 흔적이 발견된다고 한다.[1] 질이 좋은 石材의 광역 유통현상에 주목하여 後期 舊石器時代에 이미 일본 열도에서 교역이 이뤄지고 있었다는 견해도[2] 있다.

우리의 경우 강원도 홍천 하화계리, 경기도 파주 금파리 등에서 石器製作場이라고 추정되는 유적이 발견된 바 있는데 原石을 어디서, 어떻게 구했는지, 여기서 생산된 석기가 자체 사용으로 그쳤는지, 아니면 다른 무리에게 유통되었는지는 자세히 알 수 없다.

그리고 대외교역이 기본적으로 어떤 단위집단이 활동 범위 밖에 있는 다른 집단과 물자를 주고받는 행위라고 할 때, 구석기시대에 교역 활동을 상정하려면 우선 어떤 인간 무리의 집단성과 규모를 검출할 수 있어야 하고, 이들이 수렵과 채집을 위해 지속적으로 이동을 반복하더라도 그 공간

표제지 설명 晉率善穢佰長 銅印(삼성미술관 Leeum 소장)
경상북도 포항군 신광면에서 발견된 官印으로 晉나라 조정이 濊族 지역집단의 수장을 책봉하고 수여해 준 것이다.

1 A. C. Renfrew & P. Bahn, 1996 *Archaeology; Theories, Methods and Practice*, London: Thames and Hudson; 이희준 옮김, 2006 『현대 고고학의 이해』, 사회평론, 359~361쪽.

2 春成秀爾, 1976 「先土器・繩文時代の劃期について(一)」 『考古學研究』 22-2.
宇野隆夫, 1998 「原始·古代の流通」 『古代史の論点 3 都市と工業と流通』, 小學館, 162~168쪽.

범위가 어느 정도 안정화된 이후 시기를 대상으로 삼아야 할 것이다.

현재로서는 남만주와 한반도 지역에서도 구석기시대가 진전되면서 교역의 단서가 열렸을 가능성을 열어 두고 관련 자료의 출현을 기다리고자 한다.

제 1 절 침묵교역

우리의 경우 자료로써 집단 간의 교역을 확인할 수 있는 것은 新石器時代부터다. 이때는 아직 씨족사회 내의 자급자족 생활이 기본이지만, 신석기시대 후기에 農耕이 시작되고 생활 내용이 다양해짐에 따라 필요한 물자를 다른 씨족과의 교류를 통해 얻었다고 한다.[3]

동해 특산물의 하나인 명태 뼈나 밥조개가 두만강 유역인 동관리 수남, 회령 오동, 무산 범의구석, 연길 소영자, 왕청 천고령 등의 집 자리와 무덤에서 나오는 것은 내륙에서 농경에 종사한 주민과 동해안의 漁撈民 사이에서 이뤄진 교역의 결과로 보인다.[4] 단양 상시바위그늘 유적에서 출토된 전복과 투박조개, 그리고 덧무늬토기도 중부 내륙 지역과 동남해안 지역의 교역을 보여 준다.[5]

두만강 유역에서 많이 출토되는 신석기시대의 玉 제품은 시베리아와 만주 지방에서 생산된 원석을 들여온 것이라고 한다.[6] 춘천 교동 유적에서도 백색의 대롱옥과 납작한 밑바닥을 가진 빗살무늬토기가 출토되어, 이 지역과 두만강 유역 함경도 지방과의 교역 활동을 보여 준다.[7]

---

3 韓永熙, 1997 「신석기시대의 생업과 사회·교역」『한국사 2』, 국사편찬위원회.

4 사회과학원 력사연구소, 1979 『조선전사 1』, 과학·백과출판사, 216~217쪽.

5 손보기, 1981 「단양 상시유적 발굴중간보고」『韓國古代史照明』, 忠北大.
홍현선, 1987 「상시 3바위그늘의 문화연구」, 연세대학교 사학과 석사학위논문.

6 金元龍, 1973 「新石器文化: 生業經濟」『한국사 1』, 국사편찬위원회.

7 金元龍, 1963 「春川校洞穴居遺蹟과 出土遺物」『歷史學報』 20; 1987 『韓國考古學研

玉과 함께 黑曜石도 產地가 제한되어 희소성이 있는 광물로서 교역이나 문화 전파의 경로를 보여 준다. 강원도 오산리 유적에서 나온 흑요석기의 원료는 백두산 지역과 교역한 결과로 추정된 바 있다.[8] 그리고 부산 동삼동 유적 등 남해안 지역의 흑요석기는 간혹 이와 함께 출토되는 일본 죠몽식 토기 조각으로 미루어 볼 때 북큐슈 지방과의 교역을 통해서 이키섬(壹岐島)의 원석을 들여왔을 가능성도 있다.[9]

위의 사례들은 신석기시대의 단위 집단이라 할 수 있는 原始共同體 간에 벌어진 교역의 결과다. 이는 인류사에서 교환 행위가 집단 내의 개인 간보다는 공동체 사이에서 대외교역의 형태로 먼저 발생했다는 고전적 견해와[10] 부합한다. 시베리아, 만주, 한반도, 그리고 일본 열도에 산재해 있던 원시공동체들은 주변의 공동체와 교역을 하였고, 흑요석이나 玉과 같이 희귀한 자원일 경우 원격지에 있는 집단과의 교역도 이뤄지고 있었다.

원격지 교역의 방식은 여러 가지를 상정할 수 있는데, 교통·운수 수단이 발달되지 못한 상황을 고려하면 생산지와 소비지 사이에 있는 여러 공동체가 교환의 연쇄를 형성하고 있었고 이를 통해 물자가 유통되었다고 생각된다.

하지만 신석기시대의 원시공동체 사이에서 이뤄진 물자의 교환을 과연 교역이라고 볼 수 있을까? 교역은 양측이 等價라고 인식한 가치를 교환하는 것이다.[11] 위의 사례를 살펴보면, 해산물과 흑요석은 염분과 같은 필수 영양소를 공급하고 도구의 소재로 사용된다는 점에서 실용적인 日用財라고 할 수 있다. 옥은 사치품으로서 價値財에 속하지만 공동체를 통솔하

究』, 一志社.

8 東村武信, 1984「鰲山里遺蹟出土 黑曜石의 螢光分析」『鰲山里遺蹟』, 서울대학교 박물관.

9 韓永熙, 1997, 앞의 논문, 511쪽.

10 K. Marx, 1867 *Das Kapital*; 金秀行 譯, 1991『資本論 I (上)』, 비봉출판사, 110~111쪽.
Karl Polanyi, 1977 *The Livelihood of Man*, Academic Press; 朴賢洙 옮김, 1983『인간의 경제 I 』, 풀빛, 124쪽.

11 김창석, 2004『삼국과 통일신라의 유통체계 연구』, 일조각, 22쪽.

는 사람이나 종교적 임무를 맡은 자들에게는 자신의 권위와 역할을 상징할 수 있는 필수적인 물품이었다.

따라서 이는 필요한 물자를 有無相通하는 차원에서 교환한 것이라고 볼 수 있다. 신석기시대의 생산력 수준을 감안하면 보편적으로 이용되는 石材나 곡물이 교환수단으로서 사용되었을 가능성은 높지 않다. 그리고 사회적 분업도 공동체 내의 性別・연령별 분업이 발생한 정도여서 상인과 같은 존재도 아직 출현하지 않았다. 집단의 統率者가 물품 교환의 모든 과정을 책임지고 수행했을 것이다.

신석기시대에 양측이 각기 가져온 교역품의 가치를 비교하여 等價인지 여부를 판단하기는 어려웠을 것이다. 동일 물품을 여러 집단과 반복하여 교환함으로써 마치 시장 가격처럼 그 물품의 가치가 어느 정도 객관화될 수 있는 여건이 갖춰져 있지 않았기 때문이다.

추정컨대 초기에는 상호 간에 필요한 물자와 그 수량, 품질을 측정하느라 교역의 실패가 거듭되었을 것이다. 이를 통해서 점차 교환품의 상대적 가치가 정해졌으리라 생각된다. 자신이 필요한 물자를 구하기 위해서는 상대편이 선호할 만한 양과 질의 물품을 준비해 가야 했으므로 교역이 성공했다면 비록 주관적 요소가 강하다고 할지라도 양측이 등가 교환임을 양해했다고 보아야 한다. 그리고 교역 실패와 성공의 경험이 쌓이면서 부등가 교환의 편차도 축소되었을 것이다. 이는 원시공동체 사이에서 이뤄진 互惠的 交易이라고 할 수 있다.

靑銅器時代의 교역 활동에 대해서도 문헌 기록이나 고고학 자료가 부족하여 구체적 양상을 알 수는 없다. 하지만 교역품이 청동기 원료, 귀금속, 고급 모피류 등 戰略的 物資나 威信財의 성격을 지닌 것이었다면 교역의 주체, 즉 交易權을 장악하여 이를 조직하고 교역품을 분배한 것은 私的 個人이라기보다는 지역집단의 首長層이었다고[12] 생각된다. 이는 신석기시대 원시공동체의 집단적 교역의 전통을 잇는 것이다.

---

12 위의 책, 159~160쪽.

기원전 2~1세기로 편년되는 傳尙州 출토 청동기 유물 중에 전남 화순 대곡리 계통의 八珠鈴, 雙頭鈴, 竿頭飾이 발견되어 양 지역 간 교역이 상정된 바 있다.[13] 후대의 예이지만 부안 죽막동 제사유적에서 5~6세기 전반에 사용된 제사용 공헌물 가운데는 중국 南朝에서 제작된 靑磁耳附盤口壺 1점이 포함되어 있다.[14] 8~9세기의 제사유적인 제주시 용담동 유적에서도 濟州産이 아닌 신라와 중국제 陶器가 祭器로 사용되었다.[15] 이는 당시 지역 정치체의 우두머리가 정치・종교적 권위를 강화하기 위해서 祭祀用 儀器를 대외교역을 통해 외부에서 들여오던 양상을 보여 준다.

신석기시대 원시공동체 간의 교역, 그리고 청동기시대에 지역 수장이 조직하고 주도한 교역이 한국사에 있어서 대외교역의 출발이라고 할 수 있다. 그러나 그 구체적인 형태, 즉 누가, 어디서, 누구를 만나서, 어떻게 교역을 했는지 알 수가 없는 형편이다.

여기서 참고로 삼을 수 있는 것이 인류학계에서 제시된 沈默交易(Silent Trade)에 관한 이론이다. 우회적인 방법이기는 하지만 이를 통해서 초기 교역의 모습을 그려 보고자 한다.

헤로도투스의 『역사(*Historiai*)』에는 다음과 같은 내용이 전한다.

> 카르타고인은 '헤라클레스의 기둥' 건너편에 살고 있는 한 리비아 종족과 교역을 한다. 이 나라에 도착하면 짐을 부려 해안가에 말끔하게 정돈해 놓고 배로 돌아와 봉화를 올린다. 그곳 주민들은 봉화를 보면 해안으로 내려와 상품 대금으로서 황금을 두고 다시 멀찍이 물러선다. 그러면 카르타고인은 下船하여 그것을 살피고 그 액수가 상품과 맞아떨어지면 황금을 들고 떠난다. 그러나 맞지 않을 때는 다시 승선하여 기다린다. 그러면 주민들이 와서 카르타고인이 만족할 때까지 황금을 추가한다. 쌍방 모두 상대방에게 不正한 행위를 하지 않는바, 카르타고

---

13 李賢惠, 1984『三韓社會形成過程硏究』, 一潮閣, 28~57쪽.

14 兪炳夏, 1998「扶安 竹幕洞遺蹟에서 進行된 三國時代의 海神祭祀」『扶安 竹幕洞 祭祀遺蹟 硏究』, 國立全州博物館, 208~209쪽.

15 濟州大學校 博物館, 1993『濟州市龍潭洞遺蹟』, 濟州市.
李淸圭, 1995『濟州道 考古學 硏究』, 學硏文化社, 309~317쪽.

인은 황금 액수가 상품 가치와 같아질 때까지는 황금에 손을 대지 않고, 주민들도 카르타고인이 황금을 거두어들일 때까지는 상품에 손을 대지 않는다. (헤로도토스 저・朴光淳 譯, 1987『歷史』, 汎友社, 356쪽)

기원전 5세기에 북아프리카에 살던 카르타고와 리비아 종족은 해안가에서 교역을 벌였다. 그런데 양측은 서로 대면하지 않고 봉화로써 신호를 보냈으며, 교역품의 가치를 따질 때도 직접 만나 언어로 의사소통을 하거나 중개인을 거치지 않고 수차례 물품의 양을 조절하여 등가를 맞췄다. 그전에는 서로 상대 물건에 손을 대지 않았다.

交易場의 공유, 교역인끼리 서로 말을 하거나 마주치지 않는 非對面性, 그럼에도 불구하고 부정을 저지르지 않는 도덕적 거래는 침묵교역의 주요한 특징이다. 그리고 위의 기록은 최초의 침묵교역 사례로서 간주되어 왔다.

물론 침묵교역론에 대한 반론도 있다. 관련 자료가 神話나 전설의 형태여서 사료로서 신빙성이 부족하고, 중세 이후의 침묵교역에 관한 진술들은 대부분 기록자가 직접 견문하지 않고 앞선 기록을 되풀이하거나, 아프리카 內陸의 원주민과 아랍 혹은 유럽의 상인을 연결하는 중개인들이 교역을 독점하기 위해 날조한 이야기를 기록했기 때문에 믿기 어렵다는 것이다.[16]

하지만 침묵교역의 사례는 아프리카 외에도 세계 곳곳의 역사 자료에서 확인되고, 현존하는 미개 부족 사이에서도 이러한 관습이 보고된 바 있으므로[17] 침묵교역은 전설에 그치지 않고 실제로 행해진 교역 형태의 하나라고 보아도 좋다.

침묵교역이 이뤄질 때 파트너가 서로 대면하지 않는 이유는 異人의 사악한 시선을 피하기 위해서라는 견해가 있는데,[18] 타 집단에 대한 배타성

16 P. F. de Moraes Farias, 1974 "Silent Trade: Myth and Historical Evidence", *History in Africa 1*.

17 P. J. Hamilton Grierson, 1903 *The Silent Trade: A Contribution to the Early History of Human Intercourse,* Edinburgh: William Green & Sons.

과 원시 교역의 종교적 성격을 시사하고 있어서 유의미하다. 이와 더불어 집단 간에 언어가 통하지 않는다거나 교역 습속이 서로 다른 점 등 다양한 문화적 차이가 침묵교역이 이뤄질 수밖에 없었던 배경이라고 생각된다. 이러한 공동체 간의 이질성을 완화시키고 조정하는 역할은 나중에 交易 仲介人이 맡게 된다. 그런데 이러한 존재가 아직 출현하지 않았다는 사실은 침묵교역이 초기의 교역 형태였음을 암시한다.

흥미롭게도 침묵교역의 흔적을 한국 고대사에서도 찾아볼 수 있다. 중국 南朝의 劉宋代 인물인 劉敬叔의 글에 다음과 같은 언급이 있다.

> 담비가 高句麗에서 산출된다. 항상 어떤 짐승[物]이 (담비와) 함께 구덩이[穴] 속에 사는데, 모습은 사람과 비슷하고 길이는 3척이다. 그 짐승은 능히 담비를 잡을 수 있다. 또 손칼[刀子]을 좋아하여, 그 습속에 다른 사람이 담비 가죽을 얻고자 하면 칼을 그 구덩이 입구에 던져 놓는다. 그 짐승이 밤에 구덩이를 나와 담비 가죽을 칼 옆에 놓아 두면, 기다리던 사람이 가죽을 가져가고 그 뒤에야 (짐승은) 비로소 칼을 집어 간다. (『異苑』 卷3)

이 글이 실린『異苑』은 晉・宋代의 괴이한 이야기를 모아 놓은 일종의 설화집이다.[19] 하지만 이를 단순한 가공의 사실로 제쳐놓을 수 없는 것은, 앞서 살펴본 침묵교역의 특징, 즉 당사자가 서로 대면하지 않고 교역을 벌인다거나 일방적으로 물품을 가져가지 않는 등의 양상이 나타나기 때문이다.

다만 주의할 점이 있다. 여기서는 고구려 사람이 마치 짐승처럼 구덩이 속에서 살면서 담비를 잡아 鐵製品과 교환하는 것처럼 묘사했으나, 사실은 담비 산출지는 挹婁 지역이어서 위의 자료는 4~5세기에 '읍루–고구려–南朝' 사이에서 이뤄진 국제교역의 일면을 전해 준다.[20]

---

18 相田洋, 1997「鬼市と邪視」『異人と市: 境界の中國古代史』, 研文出版.

19 神田信夫・山根幸夫 編, 1989『中國史籍解題辭典』, 燎原書店, 3쪽.

20 자세한 내용은 이 책의 3장 2절 高句麗 초・중기의 對中 교섭과 교역을 참조하기 바란다.

당시 고구려는 이미 철기시대에 진입한 것은 물론이고 집권체제가 수립된 상태였다. 그런데 읍루족과는 침묵교역을 하고 있었다. 침묵교역은 이질적인 공동체 간에 이뤄질 뿐 아니라 더 발달한 집단과 그렇지 못한 집단 사이에서도 발생한다.[21] 따라서 후자의 경우는 철기시대 이후 고대국가 체제가 정비된 다음까지 지속되고 심지어 일부 미개 종족은 20세기 이후에도 이 교역 관습을 유지하고 있다. 고구려와 읍루의 철제품-毛皮 교역은 바로 철기문화를 누리고 있던 발달된 사회와 그렇지 못한 집단 사이에 이뤄진 침묵교역의 사례라고 할 수 있겠다.

고구려와 읍루의 교역은 청동기시대 이전의 초기 대외교역과는 시간차가 있다. 그러나 위의 자료가 보여 주듯이 한반도와 만주 지역은 침묵교역이 행해지던 문화권에 속해 있었다. 濊의 責禍 습속을 보면[22] 3세기 전반 이전에 현재의 한반도 中東部 지역에 있던 읍락공동체들은 각기 강한 폐쇄성과 배타성, 그리고 독자성을 갖고 있었다. 다른 지역의 政治體도 청동기시대 이전에는 이러한 공동체 질서를 기반으로 하여 형성되어 있었다.

따라서 아직은 확실한 자료가 없어서 假說에 불과하지만, 한반도와 남만주 지역에서 이뤄진 초기 교역 형태의 하나로서 침묵교역을 들어 두고자 한다. 각 공동체는 내부 유대가 강하고 이에 비례하여 주변 공동체와는 접촉하여 상호 작용을 할 수 있는 기회가 적었다. 이로 인해 다른 공동체와 의사소통을 하는 데 장벽이 생기고 상호 이질감도 커졌을 것이다. 이런 상황에서 불가피하게 대외교역을 벌여야 할 때는 침묵교역이 유효한 방법이 될 수 있었다.

침묵교역이 언제, 어떻게 처음 발생했을지는 알 수가 없다. 다만 고구려와 읍루 사이의 교역처럼 그 절차와 규칙이 일종의 不文律로서 정착되

21 P. F. de Moraes Farias, 1974, *op. cit.* p. 9.
"Silent Trade", *Encyclopaedia Britannica* (Academic Edition).

22 『三國志』 卷30 魏書30 烏丸鮮卑東夷傳30 濊 "其俗重山川 山川各有部分 不得妄相涉入 …… 其邑落相侵犯 輒相罰 責生口牛馬 名之爲責禍".

기까지는 긴 기간과 많은 시행착오를 거쳤을 것이라는 점은 분명하다. 그리고 물론 청동기시대 이전에 침묵교역 외에 다른 형태의 대외교역도 있었을 터이다. 한반도와 만주에 걸친 광역의 공간에 다양한 종족 집단이 흩어져 살았고, 같은 시점이라고 하더라도 주변 여건에 따라서 공동체의 발전 수준이 달랐기 때문이다.

종족별, 지역별로 대외교역의 형태가 편차를 보일 수는 있으나 당시의 사회·경제 기반을 고려하면 몇 가지 요소를 공통분모로 지적할 수 있다. 즉 초기 대외교역은 소규모 공동체를 단위로 하여 이뤄졌고 공동체 간의 이질성이 교역의 장애가 되었다는 점, 교환수단이나 중개자가 없는 물물교환 방식이었으며 필요한 물자를 맞바꾸는 호혜적 성격이었다는 점, 그리고 각 집단의 우두머리가 교역을 주관했다는 점이 특징이었다.

제 2 절 濊族의 분포와 문화 양상

嶺西地域은[23] 남북으로 한반도의 중부에 자리 잡고 있으면서, 동서로는 서해안을 낀 한반도 서부와 영동지역 사이에 위치하여 일종의 중간지대를 형성하고 있다. 정치·경제적으로도 이곳에 자리 잡은 정치체는 여러 주변 국가 혹은 정치세력과 활발하게 교류하였고, 때로는 전쟁을 벌이거나 복속당하여 영역화되기도 하였다. 현존하는 자료로는 이곳을 기반으로 해서 고대국가로 발전한 정치체를 확인할 수 없어 유감이지만, 중간지대라는 地政學的 環境은 영서지역의 고대문화로 하여금 지역색과 더불어 다양성과 복합성을 띠게 했다.

복잡다단한 역사적 경험 때문에 영서지역 고대문화의 실체에 접근하기

23 영서지역은 일반적으로 江原道 내의 太白山脈 以西 지역을 가리킨다. 여기서는 이와 함께 臨津江과 北·南漢江의 중·상류 유역에 해당하는 연천, 포천, 가평, 양평, 여주, 중원, 제천 등 京畿道·忠淸北道의 동부지역도 이에 포함하여 다루고자 한다.

가 어려운 것이 사실이다. 하지만 이곳은 한반도 西北地域과 東北地域의 문물이 남하하여 교차하는 공간임과 동시에, 南部의 여러 政治體가 북쪽의 선진세력과 교섭하기 위해서 거쳐 가야 하는 交通路上의 요지이기도 하다. 三國이 이곳을 장악하기 위해 치열한 相爭을 벌인 것도 이러한 전략적 가치 때문이었다.

그럼에도 불구하고 고대 영서지역에 살고 있던 주민의 종족 계통과 문화 양상, 그리고 그 변천 과정에 관한 연구는 그리 활발하지 못했고, 근래에 들어서야 관심이 고조되고 있다. 일찍이 韓國의 고대 종족 가운데 濊貊族에 대한 고찰이 있었고, 그중 濊族의 분포와 습속에 관한 일련의 연구가 이뤄졌다.[24] 그러나 뒤에 재론하지만 영서지역은 관심 범위에서 벗어나 있었다. 『三國史記』 초기 기록에 나오는 '靺鞨'이 예족을 지칭한다고 본 연구도[25] 그 활동상을 복원할 때 東濊에 초점을 맞추는 데 그쳤다.

고대의 영동에는 濊國이 있고 영서에는 春川을 중심으로 하여 貊國이 6세기까지 존속했다는 주장도[26] 제기되었는데, 『三國史記』에 인용된 賈耽의 『古今郡國志』를 사료비판 없이 그대로 취신하여 근본적인 한계가 있다.[27] 북한강과 남한강 중·상류 유역을 하나의 文化圈으로 설정하려는 구상도 있었는데[28] 嶺西濊에 대한 漢郡縣의 지배를 부정하는 점은 동의할 수 없다. 또 영서를 영동과 분리하여 이해하는 근거가 무엇인지, 같은 시기에 임진강 유역의 집단과 영서예는 어떤 관계였는지에 대해서도 밝히지 않아 아쉬움이 남는다.

한편 百濟의 형성과정과 그 주체세력의 出自를 검토하는 과정에서 이

---

24 三上次男, 1951「穢人とその民族的性格」『朝鮮學報』 2; 1966『古代東北アジア史研究』, 吉川弘文館.
_______, 1952「東北アジアにおける有文土器系社會と穢人」『朝鮮學報』 3, 같은 책.

25 兪元載, 1979「三國史記 僞靺鞨考」『史學研究』 29.

26 金澤均, 1985「春川 貊國說에 關한 研究」『白山學報』 30·31.

27 春川貊國說에 대한 비판은 김창석, 2009「고대의 영서 지역과 춘천맥국설」『사회적 네트워크와 공간』, 태학사를 참고할 것.

28 文安植, 1996「嶺西濊文化圈의 設定과 歷史地理的 背景」『東國史學』 30.

지역 문화의 계통성을 고찰한 연구가 있었다. 당시까지의 고고학 자료를 집성하고 이를 문헌기록과 관련지어 이해함으로써 高句麗系로 파악하거나,[29] 漢郡縣의 토기・철기문화의 영향을 강조하기도 했다.[30] 이는 활용 자료의 범위를 고고학 분야까지 확대하고, 영서지역 고대문화 형성에 미친 漢郡縣의 영향력을 지적했다는 점에서 의미가 있다. 「廣開土大王陵碑文」의 守墓人 烟戶條에 근거하여 韓族과 濊族이 百濟 주민을 구성했다는 견해도[31] 當代의 金石文 자료를 활용했다는 점에서 주목된다. 다만 이들은 百濟의 前史로서, 혹은 그 피지배층의 일부로서 경기 북부・영서지역의 문화와 주민집단을 검토했으므로 부분적인 지적에 그칠 수밖에 없었다.

영서지역 고대문화를 고고학 자료를 중심으로 하여 종합적으로 검토한 이는 朴淳發이다.[32] 그는 漢江과 臨津江 유역은 原三國期에 土器, 住居址, 그리고 墓制에서 공통된 양상을 보이는데, 이는 濊族이 주체가 되어 형성한 것으로서 百濟의 基層文化를 이루었다고 보았다. 예족을 百濟가 성립하기 전 한반도 중부지역의 주인공으로 설정하고, 그 문화의 실체를 물질 자료를 통해서 규명함으로써 이 방면 연구를 한 단계 진전시켰다. 뒤에서 상술하겠지만 이 역시 濊와 百濟의 관계에 치중하여 嶺西濊와 東濊의 관련성을 밝히지 못했다. 이를 해결하기 위해서는 시간적・공간적인 시야의 확장과 시각 전환이 필요하다. 즉 전체 濊系 文化와 濊族의 성장 및 확산이라는 새로운 시각에서 영서지역을 조망해야 한다고 본다.

간략하게나마 그간의 研究史를 일별해 본 결과 성과가 적지 않았지만 한계도 분명하다고 생각된다. 즉 고대의 영서지역에 어떤 사람들이 살고

---

29 權五榮, 1986「初期百濟의 성장과정에 관한 일고찰」『韓國史論』15.

30 李賢惠, 1991「馬韓 伯濟國의 形成과 支配集團의 出自」『百濟研究』22.

31 盧重國, 1988『百濟政治史研究』, 一潮閣, 35~45쪽.

32 朴淳發, 1994「漢城百濟成立期 諸墓制의 編年檢討」『先史와 古代』6.
_____, 1996「漢城百濟 基層文化의 性格: 中島類型文化의 歷史的 性格을 中心으로」『百濟研究』26.
_____, 2001『漢城百濟의 誕生』, 서경문화사, 75~168쪽.

있었고, 이들이 어떤 문화를 영위했는지는 영동지역, 나아가서는 한반도 동북지역을 넘어서 만주・연해주 지역까지 범위를 넓혀서 검토해야 하고, 初期鐵器時代~三國 初에 걸치는 시간의 흐름 속에서 그 변화 과정을 역사적 관점에서 접근할 필요가 있다. 그리고 이를 위해서는 문헌사료와 고고학 자료를 결합해서 고찰해야 한다.[33]

이하에서는 沃沮와 東濊로 대표되는 예족의 대외교역 상황을 고찰하기 위한 사전 작업으로서 濊族의 분포와 문화 양상, 그리고 그 변천과정을 살펴보려고 한다.

(1) 「廣開土大王陵碑文」의 '新來韓穢'

414년 건립된 廣開土大王陵碑의 守墓人 烟戶條를 보면, 고구려 정부가 守墓役을 지우기 위해 차출한 연호의 내역과 숫자가 적혀 있다. 수묘인은 표 1과 같이 舊民과 광개토대왕대에 정복한 지역의 인민인 '新來韓穢'로 구성되었다.

표 1. 守墓人 烟戶의 구성

구 분	國烟	看烟	계
舊民	10	100	110
新來韓穢	20	200	220
계	30	300	330

이 가운데 '신래한예' 부분을 비문에 적힌 순서대로 정리하면 다음과

33 필자는 특정한 종족집단이 史書에 구분되어 기록되었다면, 그 집단의 주민들은 다른 주변 종족과 구분되는 문화요소를 공유하고 있었을 것이라는 전제에 서 있다. 이는 기존의 고고학계의 연구성과를 수용한 것이기도 하다. 그러나 Gender・권력 메커니즘・富와 같은 변수가 작용하므로 물질자료가 곧바로 민족적 正體性을 드러내지는 않는다는 회의적 입장도 있다(김종일, 2008 「고고학 자료의 역사학적 해석에 대한 비판적 고찰」『韓國古代史研究』52; 권오영, 2010 「馬韓의 종족성과 공간적 분포에 대한 검토」『韓國古代史研究』60). 필자도 이를 수긍하지만, 이러한 견해가 種族性의 차이는 물질자료의 樣式에 반영된다는 일반적 이해(박순발, 2006 「한국 고대사에서 종족성의 인식」『韓國古代史研究』44)와 근본적으로 모순되지는 않는다고 본다. 더욱이 동시기의 금석문인 「광개토대왕릉비문」에 종족명인 韓과 濊가 구분되어 명기되었으므로 그 문화적 차이를 고고학 자료를 활용하여 추구하는 것이 불합리하지는 않을 것이다.

같다.

沙水城	國烟一	看烟一
牟婁城		二家爲看烟
豆比鴨岑韓		**五家爲看烟**
勾牟客頭		**二家爲看烟**
求底韓		**一家爲看烟**
舍蔦城韓穢	**國烟三**	**看烟卄一**
古[模]耶羅城		一家爲看烟
[炅]古城	國烟一	看烟三
客賢韓		**一家爲看烟**
阿旦城 雜珍城		合十家爲看烟
巴奴城韓		**九家爲看烟**
臼模盧城		四家爲看烟
各模盧城		二家爲看烟
牟水城		三家爲看烟
幹氐利城	國烟一	看烟三
彌[鄒]城	國烟一	烟七
也利城		三家爲看烟
豆奴城	國烟一	看烟二
奧利城	國烟二	看烟八
須鄒城	國烟二	看烟五
百殘南居韓	**國烟一**	**看烟五**
太山韓城		六家爲看烟
農賣城	國烟一	看烟七
閏奴城	國烟二	看烟卄二
古牟婁城	國烟二	看烟八
瑑城	國烟一	看烟八
味城		六家爲看烟
就咨城		五家爲看烟
彡穰城		卄四家爲看烟

散那城	一家爲國烟	
那旦城		一家爲看烟
勾牟城		一家爲看烟
於利城		八家爲看烟
比利城		三家爲看烟
細城		三家爲看烟

이들 가운데 굵은 글씨로 표시한 豆比鴨岑韓, 勾牟客頭, 求底韓, 舍蔦城韓穢, 客賢韓, 巴奴城韓, 百殘南居韓의 7개 지역이 문제가 된다. 勾牟客頭를 뺀 나머지 6개 지역은 '韓' 혹은 '韓穢'라는 종족명이 붙어 있다. 또 舍蔦城韓穢와 巴奴城韓을 뺀 5개 지역은 城 단위가 아니라 다른 지명을 쓰고 있어 특이하다.

우선 후자의 문제부터 살펴보면, '신래한예'로서 징발된 수묘인의 출신지가 전체 36개인데 위의 5군데를 뺀 31개 지역은 모두 城으로 표기되어 있다. 수묘인 연호조를 면밀히 분석한 바 있는 武田幸男은 고구려가 영락 6년(396)에 백제를 공략하여 새로 확보한 영역을 지배하면서 31개 지역은 백제의 城 지배방식을 유지했지만, 이들 5개 지역에 대해서는 구래의 지배방식을 개편했기 때문에 여타 지역과 다른 방식의 지명이 나타나게 되었다고 보았다.[34]

그리고 개편의 결과 이들 지역에는 복수의 종족이 혼재하게 되었고, 따라서 전자의 문제인 종족명을 덧붙인 지역은 혼재한 종족 중 징발의 대상이 된 종족을 特定하기 위한 것이라고 했다. 이에 따르면, 城 단위로 파악된 舍蔦城韓穢, 巴奴城韓은 백제가 성으로 편제한 것이며, 그때부터 이미 이종족의 혼재가 발생했음을 보여 준다. 그렇다면 종족명을 附記하지 않은 30개 지역은 하나의 종족만으로 이뤄진 것이고 그것도 韓族 취락이 압도적으로 많았을 것이라고 주장했다.[35]

---

34 武田幸男, 1989「新領域の城: 戶支配」『高句麗史と東アジア』, 岩波書店, 44~48쪽.

35 武田幸男, 1989「新領域の種族支配」『高句麗史と東アジア』, 岩波書店, 68~70쪽.

이는 「비문」을 정밀하게 분석하여 광개토대왕 때의 영역 확장과정과 지배방식을 검토한 바탕 위에서 이뤄진 것이어서 설득력을 갖고 있다. 그러나 완전한 해석에는 이르지 못했다고 생각한다. 먼저 韓과 穢가 혼재한 상황에서 豆比鴨岑, 求底, 客賢, 百殘南居가 굳이 예족을 빼고 韓族만을 差定한 이유가 분명치 않다. 이들이 백제 지배 당시부터 城으로 편제되어 있었는데 다시 고구려에 의해 개편되었다면 예족의 생산기반이나 주거형태도 이미 한족의 수준에 가깝게 성장했을 것이기 때문이다. 舍蔦城의 경우 두 종족을 함께 차정한 것이 그 증거다.

또 勾牟客頭의 문제가 있다. 武田氏의 논리대로라면 城이 아니므로 고구려 주도의 개편을 거친 곳이다. 그런데 이러한 과정을 거친 다른 지역과 달리 이곳에는 종족명을 붙이지 않았다. 그렇다면 이곳 주민은 韓族만으로 이뤄졌다고 해석해야 하는데, 개편을 거치지 않은 城의 韓族과 구모객두의 한족이 서로 다른 점은 무엇일까? 이는 종족명을 붙이지 않은 城, 종족명을 붙인 城, 城이 아닌 행정구역(이는 다시 종족명이 붙은 것과 붙지 않은 것으로 나뉜다)의 구분 기준이 武田氏의 견해와는 다를 수 있음을 시사한다.

그리고 무엇보다도 「비문」의 작성자가 '舊民'과 구분하여 '新來韓穢' 220家를 열거하고 있는데, 예족 출신이 舍蔦城韓穢에서 차출한 國烟 3, 看烟 21의 일부에 불과하다면 전체 신래한예 220가에 비추어 볼 때 너무 숫자가 적다. 광개토대왕이 생전에 敎한 바 '所略來韓穢'라고 한 것을 상기하더라도 예족 거주 지역이 한족에 비해 현격하게 적었다고 보기 어렵다. 武田氏 역시 이를 의식한 듯 영락 6년에 확보한 영역 가운데 예족 거주지는 징발 대상에서 제외되었을지도 모른다고 했지만,[36] '新來韓穢'는 수묘인 징발 대상을 가리키는 것이니만큼 舍蔦城의 韓穢로만 예족 차출자를 한정해서는 그 過少性을 해결할 수 없다.

필자는 종족명을 부기한 지역은 복수의 종족이 혼재하고 있었고, 그

---

36 위의 논문, 70쪽.

가운데 차출 대상 종족을 특정하기 위해 그러한 표기 방식을 취했을 것이라는 점에 대해서는 동의한다. 그렇다면 종족명을 붙이지 않은 나머지 31개 지역은 그럴 필요가 없는 단일 종족의 거주 지역으로 보아야겠다. 여기에는 韓族 못지않게 穢族의 단일 거주지도 상당수 있었다고 보아야 자연스럽다. 그래야만 「비문」의 '신래한예' 표현과 부합하기 때문이다.[37]

韓은 백제 국가의 형성 기반이 된 馬韓의 주민 집단이다. 그런데 「광개토대왕릉비문」에서 보듯이, 4세기 말 고구려가 공략한 백제 영역 중에는 한족뿐 아니라 穢라고 불린 별개의 종족이 살고 있었던 것이다. 이들은 누구이고 어디에 분포하고 있었을까? 그리고 이들의 문화나 생활양식을 통해서 韓族을 비롯한 다른 종족과 구별되는 요소를 찾을 수 있을지 고고학 자료를 중심으로 검토해 보자.

(2) 原三國期 한반도 中部地域의 문화 양상

우선 '穢'라는 명칭부터 살펴보자. 「광개토대왕릉비문」에는 일관해서 '穢'로 표기하고 있는데, 중국 문헌에서 이 글자는 '濊' 및 '薉'와 통하여 쓰였고[38] 『三國史記』에도 '穢'와 '濊'가 혼용되고 있다. 「비문」의 '穢'는 바로 濊族을 가리킨다. 그리고 예족이 중심이 되어 형성한 정치체로서 문헌으로 분명히 확인할 수 있는 것은 東濊다. 그렇다면 동예 지역의 문화 양상을 통해 예계 문화의 특성을 추출해 볼 수 있겠다.

『三國志』 東夷傳에 나오는 동예는 한반도 동해안의 예를 가리킨다. 영동지역 동예의 문화상을 보여 주는 유적으로서 住居址가 주목된다. 원삼

37 노태돈, 2003 「『삼국사기』에 등장하는 말갈의 실체」 『한반도와 만주의 역사 문화』, 서울대학교출판부, 285쪽에서도 출신지의 지명만 기술한 자들 중에 예족이 상당수 있었을 것이라고 보았다. 한편 李賢惠, 1997 「3세기 馬韓과 伯濟國」 『한성백제의 중앙과 지방』, 충남대학교 백제연구소는 '신래한예'의 연원을 3세기 전반까지 경기북부(예성강~임진강 사이)에 분포하던 韓濊의 혼합체(伯濟國 포함)로 보았다.

38 三上次男, 1951, 앞의 논문, 349쪽.

국기 이전 영동의 주거문화를 검토한 연구[39]에 따르면, 시기에 따라 변화가 보이지만 동예가 존속하던 原三國期에는 이 지역에서 화덕과 출입문 시설을 갖춘 凸・呂字形 주거지가 출현하고, 일부 打捺文土器・樂浪式 土器와 함께 硬質無文土器가[40] 주로 사용되었다. 예족의 정치체인 東濊의 문화요소로서 凸・呂字形 주거지와 경질무문토기가 특징적으로 드러나는 것이다.

그런데 같은 형태의 주거지가 영동 외의 한반도 중부지역에도 나타난다. 영서의 경우 횡성 화전리・중금리・둔내, 철원 와수리, 가평 이곡리・마장리, 춘천 신매리・중도 주거지에서, 한강 하류 및 경기 북부 지역은 하남 미사리, 파주 주월리, 포천 자작리・영송리・성동리, 풍납토성 유적에서, 남한강 유역은 여주 연양리, 이천 효양산, 중원 하천리, 단양 수양개 유적 등에서 凸字形 또는 呂字形 주거지가 확인되었다. 화덕도 점토띠식으로부터 敷石式, 아궁이식, 부뚜막식으로 영동지역과 비슷하게 변해 간다. 이들은 대략 기원전 1세기~AD 3세기에 해당하는 유적들로서, 영동을 포괄하는 중부지방의 주거문화의 특색을 보여 준다.[41]

土器의 양상도 주목된다. 원삼국시대 한강 유역에서는 硬質無文土器와 打捺文土器, 灰黑色無文土器가 공존하며, 시간의 흐름에 따라 출현 빈도에 차이를 보인다. 이는 외부에서 새로운 문화요소가 유입되면서 나타난 현상으로서, 특히 회흑색무문토기 중 일부 기종은 樂浪의 영향을 받은 것이라고 한다.[42] 주지하듯이 낙랑 문화의 영향은 근래 강원과 경기 지역의 원삼국기 유적에 대한 발굴성과가 축적되면서 樂浪系 土器, 製鐵技術 등 여러 측면에서 확인되고 있다.[43] 경기 및 영서 지역에서 나타나는 경질무

---

39 池賢柄, 1999『嶺東地域의 鐵器時代 硏究: 住居址를 中心으로』, 단국대학교 사학과 박사학위논문, 156~180쪽.

40 이는 출토지명을 따라 中島式無文土器 혹은 風納里式土器, 기형을 따라 外反短頸深鉢形土器 혹은 外反口緣短頸壺로도 불린다.

41 宋滿榮, 2003「中部地方 原三國 文化의 展開 過程과 韓濊 政治體의 動向」『강좌 한국고대사 10』, (재)가락국사적개발연구원, 108~118쪽.

42 朴淳發, 1996, 앞의 논문.

문토기와 타날문토기의 공존은 물론이고 낙랑 문화와의 밀접한 관련성 또한 東濊의 문화 양상과 유사한 현상이다.

이와 더불어 중부 내륙지방에 산재하는 葺石式 積石墓가 주목되어 왔다. 이 무덤은 2세기~4세기 초에 조영되었으며, 自然砂丘를 냇돌로 얇게 덮고 사구 위쪽에 설치한 石槨을 냇돌로 몇 겹 덮는 것이 일반적인 형태다. 그리고 석곽을 여러 개 설치한 사례가 많아 集團墓의 성격이 강하다.[44] 임진강・한강 유역에서 확인되며, 춘천 중도, 양평 문호리, 제천 양평리・도화리, 연천 삼곶리・학곡리에서 관련 유적이 발굴되었다. 이 밖에 지표조사에서 즙석식 적석묘가 확인된 것으로 화천, 남양주, 평창, 용인 등 여러 곳이 있다.[45] 그리고 이들 무덤에서 한강 유역의 원삼국 토기가 출토되므로, 이를 이른바 '中島類型文化'의 한 요소로 거론했던 것이다.[46]

---

43 李賢惠, 1991「馬韓 伯濟國의 形成과 支配集團의 出自」『百濟硏究』22.
金武重, 2004「華城 旗安里製鐵遺跡 出土 樂浪系土器에 대하여」『百濟硏究』40.
_____, 2004「考古資料를 통해 본 百濟와 樂浪의 交涉」『湖西考古學』11.
權五榮, 2004「物資·技術・思想의 흐름을 통해 본 百濟와 樂浪의 교섭」『漢城期 百濟의 물류시스템과 對外交涉』, 학연문화사.
李南珪, 2005「韓半島 西部地域 原三國時代 鐵器文化」『원삼국시대 문화의 지역성과 변동』, 제29회 한국고고학전국대회 발표요지.

44 朴淳發, 1994「漢城百濟成立期 諸墓制의 編年檢討」『先史와 古代』6, 5~6쪽.
한편 李盛周, 2000「墳丘墓의 認識」『韓國上古史學報』32, 79~89쪽은 墳丘를 조성하고 그 안에 매장주체부를 설치하는 분구묘를 성토분구묘와 적석분구묘로 나누었다. 그러나 '적석분구묘'는 '분구'라는 용어 자체에 통상적으로 흙을 이용해 쌓았다는 의미가 들어 있어 개념상 '적석'과 충돌하는 면이 있다. 그리고 적석묘의 경우 성토분구묘의 강한 속성인 周溝가 없다는 점에서 별도의 구분이 필요하다는 지적(崔完奎, 2006「墳丘墓 硏究의 現況과 課題」『墳丘墓・墳丘式 古墳의 新資料와 百濟』, 韓國考古學會, 10쪽)도 의미가 있다고 본다. 이러한 이유로 여기서는 원삼국시기 중부 내륙지방의 냇돌을 이용한 묘제를 '즙석식 적석묘'로 칭하고자 한다.

45 강현숙, 2005「서울 지역의 적석총에 대하여」『鄕土서울』65, 94~102쪽.

46 朴淳發, 1996, 앞의 논문.
한편 노혁진, 1998「江原道 靑銅器 및 鐵器時代의 諸問題」『한중고고학연구』5, 37쪽에서는 임진강・한강・평창강 유역의 적석총을 모두 같은 계통이라고 보기 어려우며, 재료 구득, 葬地 선택 등 현지 사정에 따라 각기 독자적으로 발생했을 것이라고 하였다.

지금까지 살펴본 고고학계의 논의를 통해서 개략적이나마 원삼국기 중부지역의 문화 양상을 이해할 수 있다. 즉 영동과 영서, 그리고 한강 하류역과 임진강 유역에 살았던 주민들은 주거지와 토기를 공유하고 있었다. 그리고 墓制의 경우는 중부 내륙, 즉 영서지역에서 葺石式 積石墓라는 특징적인 형태가 나타났다. 토기와 주거지 양상의 유사성에도 불구하고 嶺西와 嶺東에서 무덤 형식의 차이가 나타나게 된 것은 大河川邊과 海岸이라는 지형상의 차이와[47] 더불어 시간의 흐름에 따른 種族의 分岐와 같은 역사적 요소의 작용도 고려해야 한다.

硬質無文土器의 起源에 관한 여러 논의도 이와 관련하여 주목된다. 中島遺蹟 報告書에서 "東北地方系 무문토기문화를 바탕으로 西北地方에서 새롭게 파급되어 내려온 새로운 철기문화를 받아들여 북한강 유역 일대에 漢江群이라고 할 수 있는 새로운 문화를 형성"[48]했다고 지적한 바 있다. 그 뒤에 경질무문토기의 송국리토기 기원설, 서북 및 요동 기원설, 동북 기원설 등이 제기되었다.[49] 필자로서는 이들 가운데 어느 견해가 타당한지에 대해서 판단할 능력이 없다. 다만 송국리토기 기원설에 대해서 양 문화의 분포권 및 年代에 있어서 연결이 어렵다는 지적은[50] 의미가 있다고 생각된다.

서북 및 요동 기원설은 경질무문토기가 요동지방에서 타날문토기의 영향을 받아 변질된 무문토기로서, 衛氏朝鮮期에 西北韓 지역을 거쳐 남하해 왔다고 설명한다.[51] 이에 대해서는 초기철기문화의 공간적 전개과정과 모순되고 유적 편년의 문제를 안고 있다는 비판도[52] 있지만, 요동의 蓮花

---

47 沈載淵, 1999「江原 地域 鐵器文化의 性格」『百濟硏究』30, 16~17쪽.

48 李健茂 外, 1980『中島』, 國立中央博物館, 39쪽.

49 각 견해에 대한 소개와 정리는 盧爀眞, 2004「中島式土器의 由來에 대한 一考」『湖南考古學報』19와 金武重, 2006「江原地域 原三國時代 土器 編年」『江原地域의 鐵器文化』, 강원고고학회 참조.

50 朴淳發, 2001, 앞의 책, 93~94쪽.

51 李盛周, 1991「原三國時代 土器의 類型・系譜・編年・生産體制」『韓國古代史論叢』2, (財)駕洛國史蹟開發硏究院.
崔秉鉉, 1998「原三國土器의 系統과 性格」『韓國考古學報』38.

堡 유적, 황해도 信川의 明沙里 유적에서 출토된 토기와 중부지역 경질무문토기와의 유사성을 감안하면 그 가능성을 배제할 수 없을 듯하다. 적어도 한강 하류역 즉 京畿道의 中·西部地域에 나타나는 원삼국기의 타날문토기와 경질무문토기는 요동–서북지역에서 기원을 찾는 것이 합리적이라고 본다.[53] 이 經路는 이후 百濟를 건국하는 溫祚集團의 이동로와도 관계가 있을 것이다.

다음 경기도 동부지역 以東의 경질무문토기에 대해서는 그 기원을 한반도 東北地方에서 찾을 수 있다. 근래에 경질무문토기와 凸字形 주거지를 특징으로 하는 중부지역 유적과 러시아 沿海州의 끄로우노브까문화 유적, 그리고 두만강 유역 토기문화의 親緣性이 거론된 바 있고[54] 취락입지와 생계경제의 유사성도 지적되었다.[55] 이를 기초로 하여 경질무문토기가 연해주에서 유래하였고, 그 주민집단이 동해안의 함경도 → 강원도 → 태백산맥 → 영서 및 한강 하류로 이주함으로써 한반도 중부지역에 中島式土器文化가 전파되었다는 주장,[56] 주민의 이주보다는 집단 간의 상호작용이나[57] 집단의 擴散 및 交易에서 그 출현 배경을 찾는 주장

---

52 盧爀眞, 2004, 앞의 논문, 101~104쪽.

53 이곳에 거주하던 종족은 韓族이었다. 이들은 西北地域을 통해 원삼국기의 토기를 수용하고, 凸·呂字形 주거지는 嶺西地域에 거주하던 濊系 住民과 교류하면서 수용했다고 생각된다. 그러나 후술하는 경기도 華城郡 發安里처럼 경기 서부지역인데도 주거지, 온돌 시설, 시루 등이 東北系와 연결되는 경우도 있어, 지역·시기에 따른 편차를 고려할 필요가 있다.

54 유은식, 2006「두만강유역 초기철기문화와 중부지방 원삼국 문화」『崇實史學』19.
______, 2007「토기의 제작 기법으로 본 연해주와 강원도 자료 검토: 연해주 불로치까 유적 출토 토기 자료를 중심으로」『제31회 한국고고학전국대회 발표자료집』, 韓國考古學會.
Subbotina Anastasia, 2005「鐵器時代 韓國과 러시아 沿海州의 土器文化 比較硏究: 硬質無文土器를 中心으로」, 서울대학교 고고미술사학과 석사학위논문.

55 A. L. Subbotina, 2007「연해주, 두만강유역, 영동·영서 지역의 생계경제에 대한 차이 연구」『제31회 한국고고학전국대회 발표자료집』, 韓國考古學會.

56 盧爀眞, 2004 앞의 논문, 106~107쪽.

57 심재연, 2007「강원도 중도식토기 문화에 보이는 동북지방 요소」『제31회 한국고고학전국대회 발표자료집』, 韓國考古學會.

도[58] 나왔다. 여하튼 동북지방에서 기원한 경질무문토기 문화는 영서지역을 거쳐 임진강 중·상류역을 포함한 경기 동부지역까지 진출했다고 생각된다.

위의 여러 논의는 物質文化의 양상과 변천과정을 그 조영의 주체인 주민집단과 관련하여 해석하려는 시도라는 점에서 주목된다. 이러한 측면에 대한 해명을 위해서는 文獻資料를 통한 역사학적 접근도 기여할 부분이 있다고 본다. 예컨대 즙석식 적석묘가 高句麗의 無基壇式 積石塚과 어떤 관계에 있었는지[59]도 고구려 세력과의 교류 속에서만 파악할 수 있는 것이다.

이상의 검토를 통해서 분명히 확인할 수 있는 것은 住居址와 土器文化를 공유하고 있었던 한반도 중부지역이 앞서 고찰한 「광개토대왕릉비문」의 '新來韓穢' 분포 지역과 일부 중복되고 있다는 점이다. 광개토대왕의 南征은 百濟를 상대로 한 것이었고, 이에 따라 고구려가 새로이 획득한 영역은 漢城이 건재한 한에서는 백제의 北邊과 東邊에 해당하는 臨津江과 漢江 유역이 될 수밖에 없다.[60] 광개토대왕의 영역 확장 시기가 4세기 말~5세기 초이므로 원삼국시대를 100여 년이나 지난 상황이다. 3세기까지의 종족 분포나 문화 양상은 광개토대왕대에 이미 상당히 바뀌었고, 그

---

58 강인욱, 2007「연해주 초기철기시대 끄로우노브까문화의 확산과 전파」『제31회 한국고고학전국대회 발표자료집』, 韓國考古學會.
동북한과 연해주 남부 지역의 청동기 및 초기철기시대 문화 양상에 대해서는 강인욱·김재운·N. A. 클류예프·A. L. 수보티나 지음, 2008『고고학으로 본 옥저문화』, 동북아역사재단을 참조할 것.

59 權五榮, 1986「初期百濟의 성장과정에 관한 일고찰」『韓國史論』15에서 한강 중·상류의 적석묘를 고구려 유이민 집단의 묘제로 파악하고, 강현숙, 2001「한강유역 1~3세기대 묘제에 대한 일고찰: 적석묘를 중심으로」『동아시아 1~3세기의 주거와 고분』, 國立文化財研究所가 고구려 적석총과의 관련성을 인정한데 비해서, 朴淳發, 1994, 앞의 논문은 즙석식 적석묘와 고구려 적석총과의 구조적 차이, 출토 토기의 차이를 들어 고구려와 계통이 다른 濊系의 묘제로 보았다.

60 李丙燾, 1976「廣開土王의 雄略」『韓國古代史研究』, 博英社, 378~383쪽.
李基東, 1986「廣開土王陵碑文에 보이는 百濟 관계 記事의 檢討」『百濟研究』17; 1996『百濟史研究』, 一潮閣, 243~253쪽.

방향은 百濟化와 韓族化의 길이었을 것이다. 하지만 '신래한예'의 표현에서 단적으로 드러나듯이 아직도 濊族 집단이 백제의 北・東邊에 존속하고 있었던 것이다. 지역에 따라서는 예족의 문화전통이 5세기 초까지 유지되고 있었다. 그렇다면 적어도 기원을 전후한 시기부터 百濟가 진출하기 전까지는 嶺西지역에 살던 주민 집단을 濊族 계통이라고 보아야 한다.

영서지역에 살던 濊 집단과 영동의 東濊는 어떤 관계에 있었을까? 그리고 두 지역에서 墓制의 차이가 나타난 배경은 무엇일까? 이제 이런 문제들을 한반도와 만주 지역을 대상으로 하여 濊族의 분포와 지역적 특성, 그리고 그 성장과 분화 과정을 통해 검토해 보겠다.

(3) 濊系 文化와 濊族의 分岐

가. 濊系 文化의 범위

한국 고대문화를 형성한 주요 종족으로서 濊・貊・韓族이 알려져 왔다. 이 가운데 韓과 貊은 이미 『詩經』에 언급이 보인다.[61] 이 詩篇이 일제강점기에 한국고대사 관련 자료로서 『朝鮮史 1-3(支那史料)』에 실린 이래 여기 나오는 韓과 貊을 우리의 고대 종족으로 보고, 이 자료를 이에 관한 최초의 韻文 사료로 평가하기도 했다.[62]

그러나 이에 대해서는 일찍이 비판이 제기된 바 있다. 이 詩는 기원전 9・8세기에 해당하는 周 宣王代에 韓侯가 周나라에 혼인 차 왔다가 돌아가는 길에 지어진 노래로서 우리의 고대 종족 및 역사와는 무관하다. 즉 韓은 周가 봉건한 소국의 이름이고, 燕은 황하 이남의 南燕이며 貊도 河南의 이민족을 지칭한 것이다.[63]

---

61 『詩經集傳』 卷7 蕩之什 韓奕 "溥彼韓城 燕師所完 以先祖受命 因時百蠻 王錫韓侯 其追其貊 奄受北國 因以其伯 實墉實壑 實畝實籍 獻其貔皮 赤豹黃羆".

62 대표격으로 金庠基, 1948 「韓・濊・貊 移動考」 『史海』 創刊號; 1986 『東方史論叢』 서울대출판부를 들 수 있다. 이 논문 355~357쪽은 韓과 貊을 우리 고대의 종족명으로 이해함은 물론 이 詩篇에 나오는 '追'가 '濊'와 음운이 비슷하다고 하여 예족을 가리킨다고 보았다.

만주와 한반도에 분포하는 濊族에 관한 자료로서 신빙할 만한 것은 滄海郡 설치를 전하는 다음 기록이다.

> 彭吳賈滅朝鮮 置滄海之郡 則燕齊之間 靡然發動 (『史記』 卷30 平準書8)

彭吳라는 漢의 상인이 古朝鮮과 교역 활동을 벌였으며 이것이 창해군 설치의 배경이 되었다는 것이다. 그리고 창해군이 설치됨으로써 燕과 齊 지역, 즉 지금의 河北省・山東省 지역이 동요하게 되었다는 내용이다. 그런데 사료의 '賈滅'을 '穿穢貊'으로 적은 문헌이 있고,**64** 또 그렇게 보아야 해석이 자연스럽다. 창해군과 濊族의 관련은 다음 자료에서 분명히 드러난다.

> 東夷의 薉君 南閭 등 28만 명이 항복하니 蒼海郡을 두었다. (『漢書』 卷6 武帝紀6 元朔 元年)

前漢 武帝代인 기원전 128년에 薉의 군장인 南閭가 28만 구와 함께 漢나라에 귀부하니 그곳에 창해군을 설치했다는 것이다. 남려가 예족 집단을 통솔하던 수장임은 분명하지만 함께 귀부한 28만 구를 모두 예족이라고 단정하기는 어렵다. 三韓의 경우 大國이 1만여 家라고 했으니 인구는 5만 명 정도가 된다. 따라서 28만 구라는 口數를 그대로 믿는다면, 남려가 臣智와 같은 대수장급이라고 하더라도 이 인구가 모두 하나의 정치체에 속했다고 보기는 어렵다. 또 당시 만주지역과 한반도 북부의 종족 분포 상황을 고려하면 이를 단일한 종족 집단의 인구로 볼 수는 없겠다. 하지만 '예군'이라고 명기된 만큼 귀부한 사람들의 다수는 예족이라고 보아도 좋지 않을까 한다.

南閭의 통솔을 받았고 또 漢에 귀부한 예족 주민들은 어느 지역에 분

---

63 黃義敦, 1956「詩經의 解說」『東國史學』 4, 88~97쪽.

64 『漢書』 卷24下 食貨志4下 "彭吳穿穢貊朝鮮 置滄海郡". 顔師古의 주석에 따르면 '穿'은 황무지와 같은 거친 땅을 처음으로 개통했다는 뜻이라고 한다.

포하고 있었을까? 이에 대한 실마리를 제공하는 것이 다음 기록이다.

> 元朔 원년에 예군 남려 등이 右渠王을 배반하여 28만 구를 이끌고 遼東에 이르러 內屬했다. 武帝는 그 땅을 창해군으로 삼았으나 수년 만에 폐지했다. (『後漢書』卷85 東夷列傳75 濊)

남려가 위씨조선의 우거왕을 배반했다는 것은 한나라에 귀부하기 전 남려가 관할하던 예족 집단이 위씨조선의 영향력 아래 있었음을 뜻한다. 그리고 漢과 이 예족 집단 사이에는 기원전 128년에 비로소 복속관계가 맺어진 것이다. 당시 위씨조선과 한나라의 경계는 鴨綠江線이었다.[65] 따라서 남려와 함께 귀부한 예 주민들의 거주 지역은 당시까지 漢의 영향력이 직접 미치지 않던 東滿洲, 그리고 한반도에서는 위씨조선이 자리 잡고 있던 서북지역을 제외한 東北部와 東部 지역을 대상으로 삼을 수 있다. '滄海'郡이라는 군의 명칭을 감안한다면 그 관할지가 東海에 미쳤음이 분명하다.

滄海가 渤海의 北部海域岸을 가리킨다고 하여, 창해군의 郡域을 그 부근의 遼南地區로 비정하는 견해는[66] 이런 면에서 볼 때 문제를 안고 있다고 생각된다. 발해 연안에는 이미 秦代부터 右北平郡・遼西郡・遼東郡이 설치되어 있어[67] 漢 武帝代에 새로이 창해군을 설치할 필요가 없었다.[68] 衛氏朝鮮은 압록강 이남으로 물러나 있었으며 南閭가 귀부한 곳도 遼東郡이었으므로 요동군 以西에 군을 따로 설치한다는 것은 불합리하다고 생각되는 것이다. 그렇다면 창해군은 역시 요동군의 東界에서 압록강 중류

---

65 盧泰敦, 1990「古朝鮮 중심지의 변천에 대한 연구」『韓國史論』23, 29~31쪽.

66 權五重, 2000「滄海郡과 遼東東部都尉」『歷史學報』168.

67 『漢書』卷28下 地理志8下 右北平郡・遼西郡・遼東郡.

68 물론 旣成의 郡이 관할하던 영역과 縣의 수 등을 조정한다면 같은 지역에 군을 增置할 수도 있을 것이다. 하지만 창해군을 설치한 다음에 이곳이 無用한 땅이고 재정 부담이 커서 유지가 어렵다는 의견이 이어졌고, 이로 인해서 2년 만에 결국 폐지한 것은 창해군이 요남지역보다 상당히 원격지에 있었음을 시사한다.

역을 거쳐 동해안을 잇는 교통로상에 설치되었거나[69] 위씨조선을 배후에서 압박할 수 있는 함경남도 해안지역에 그 치소가 있었다고[70] 보는 것이 타당할 것이다.[71]

기원전 2세기 말의 滄海郡 설치를 통해서 볼 때 당시 濊族은 좁게는 함경남도의 일부 해안지역에, 넓게는 만주 일부 지역까지 분포하여 거주하고 있었음을 알 수 있다. 그런데 이들 지역은 東濊, 沃沮, 夫餘, 高句麗의 영역과 일부가 겹쳐 이들 국가와 濊族의 관계가 궁금해진다. 먼저 동예는 앞서 언급했듯이 예족이 중심이 된 정치체였다.

> 單單大領의 서쪽은 樂浪에 속하게 하고, 領의 동쪽에 있는 7개 縣은(낙랑군의 東部—필자) 都尉가 주관하게 했다. 모두 濊族이 民이 되었다. (『三國志』 卷30 魏書30 烏丸鮮卑東夷傳30 濊)

단단대령은 이설이 있지만, 樂浪郡의 치소가 있던 平壤과 함흥(옥저성)·안변(불내성) 사이를 가로지르는 준령으로서 鐵嶺이 유력하다.[72] 그리고 樂浪郡 東部都尉가 설치되어 운영된 시기는 기원전 75년~기원후 30년이다. 창해군이 폐지된 지 50여 년이 지난 시점이지만, 위의 사료에서 보듯이 嶺東은 물론 嶺西의 주민들도 예족이었다.(뒤에 상술)

---

69 和田 淸, 1951 「玄菟郡考」 『東方學』 1; 1955 『東亞史硏究(滿洲篇)』, 東洋文庫, 16~17쪽. 三上次男, 1951, 앞의 논문, 368쪽.

70 池內 宏, 1947 「眞番郡の位置ついて」 『史學雜誌』 57-2·3; 1949 『滿鮮史硏究 上世 1』, 吉川弘文館, 140~141쪽은 구체적으로 함경남도 永興의 所羅里土城을 지목했다. 그러나 이곳은 玄菟郡, 臨屯郡의 군치 혹은 樂浪郡 東部都尉의 치소나 不耐縣의 현치로 거론되는 등 논란이 많아 창해군의 치소로 단정할 수 없다.

71 權五重, 앞의 논문, 100~108쪽에서 거론한 '臨薉丞印'銘 封泥는 여러 가지 가능성이 있는데, 이를 濊 지역에 설치한 臨薉縣의 官印이 찍힌 것으로 볼 수 있다면, 이 봉니가 발견된 요동반도 남부의 寶蘭店市 부근에 당시 일부 濊族이 살고 있었거나 아니면 이곳이 受信處로서 다른 지역에 있던 임예현에서 이곳으로 보낸 문서 등에 붙인 봉니로 볼 수 있을 것이다. 여하튼 요동반도의 보란점시 부근을 滄海郡의 치소로 보기는 어렵다.

72 徐榮洙 外, 1987 『中國正史 朝鮮傳 譯註 一』, 국사편찬위원회, 263쪽.

다음 沃沮에 대해서 살펴보자. 옥저가 언제 발흥했는지는 분명히 알 수 없으나 『三國志』 東沃沮傳에 의하면 衛滿이 고조선의 왕이 되고 나서 옥저를 복속시켰다고 한다.[73] 늦어도 기원전 3세기 무렵에는 옥저의 모체가 되는 지역집단이 뚜렷한 정치체로 자리 잡고 있었다고 보인다.[74] 그리고 魏의 毌丘儉이 이끄는 군사가 고구려를 침공한 3세기 전반에 咸興을 중심으로 한 함경남도 동해안 지역까지는 南沃沮로,[75] 길림성 琿春을 중심으로 한 두만강 유역은 北沃沮로 불렸다.

일단 남옥저는 東濊와 남쪽 경계를 접하고 있었으므로 상호 문화교류를 상정할 수 있다. 실물 자료로서 평양시 낙랑구역 貞栢洞 1호묘에서 나온 '夫租薉君' 銀印이 있다. 이 유물은 기원전 1세기경 夫租縣 즉 함흥 지역의 토착 지배세력이 漢으로부터 邑君으로 임명되어 활동했음을 보여 준다. 그리고 어떤 이유에서인지 樂浪郡治가 있던 평양으로 이주하여 묻힌 것이다.[76] 옥저 지역에도 그 중심지에 예족 출신 혹은 예족 집단을 통솔하던 首長層이 존재했음을 알 수 있다.[77]

北沃沮 지역은 앞서 언급했듯이, 러시아 연해주로부터 두만강 유역, 그리고 강원지역에 이르는 범위에서 초기철기 및 원삼국시기의 土器文化와 住居址가 유사한 형태를 보인다는 점에서 주민집단의 종족적 親緣性을 상

---

73 "漢初 燕亡人衛滿王朝鮮 時沃沮皆屬焉".

74 沃沮는 『三國志』에 처음 등장하는 명칭이다. 『漢書』 地理志에는 夫租縣이 낙랑군 소속으로 나오는데, 원래 임둔군에 속했다가 현토군 관할을 거쳐 낙랑군에 이관되고 뒤에 다시 낙랑군 동부도위의 지배를 받게 된다. 따라서 기원전 3C 무렵에는 지금의 함흥 지역에 옥저가 아니라 그 모체가 되는 정치체가 있었을 뿐이다(이현혜, 2010 「沃沮의 기원과 문화 성격에 대한 고찰」 『韓國上古史學報』 70, 50~58쪽). 그러나 여기서는 편의상 이 정치체도 '옥저'로 통칭하고자 한다.

75 남옥저는 동옥저라고 불리기도 했다. 그러나 동옥저가 전체 옥저의 별칭으로 사용되기도 했으므로, 여기서는 혼동을 피하기 위해서 함흥 일대의 옥저를 북옥저와 대비하여 남옥저로 부르기로 한다.

76 金基興, 1985 「夫租薉君에 대한 고찰: 漢의 對土着勢力 施策의 一例」 『韓國史論』 12, 27~30쪽.
오영찬, 2006 『낙랑군 연구』, 사계절, 145~154쪽.

77 송호정, 2008 「두만강 유역의 고대문화와 정치집단의 성장」 『湖西史學』 50, 52~53쪽.

정할 수 있다. 북옥저 주민들이 남옥저나 嶺東·嶺西濊 주민들과 공유한 생활문화로서 쪽구들[炕]을 들 수 있다. 이는 방의 일부에만 고래를 깔고 부뚜막을 실내에 설치한 부분 온돌시설을 말한다. 현재까지 발견된 가장 오래된 쪽구들은 두만강 이북 지역에서 집중적으로 나타나며 기원전 3~2 세기경까지 소급된다. 바로 北沃沮가 있던 지역이다.[78]

근래 발굴된 경기도 화성 發安里 마을 유적의 凸字形 주거지는 原三國時代~百濟에 걸쳐 형성되었다. 유구의 양상을 보면, 시간의 흐름에 따라 爐址만 있는 것에서 노지와 쪽구들이 결합된 것으로, 다시 쪽구들만 있는 주거지로 변화해 간다. 토기도 경질무문토기만 나오다가 경질무문토기와 타날문토기가 동반하고, 다시 백제토기만 출토되는 양상이 나타난다.[79] 그런데 두 번째 단계처럼 노지를 별도로 설치하는 점과 출토된 시루의 유사성을 보면 발안리의 쪽구들 시설은 북옥저의 團結-끄로우노브까 문화에서 기원했을 가능성이 크다고 한다.[80]

하지만 두만강 유역 이북과 경기도 화성 지역은 너무 멀리 떨어져 있어, 그간 北沃沮의 주거문화가 한반도 중서부 지역까지 확산되는 경로를 확인하기 어려웠다. 그러나 강원도 춘천시 율문리에서 최근 철기시대의 쪽구들이 발견됨으로써 이러한 의문을 해소할 수 있게 되었다. 1호 주거지는 凸字形으로서 동벽과 북벽에 걸쳐 부뚜막과 고래 시설을 갖춘 'ㄱ'자형 쪽구들이 확인되었다. 또한 이 주거지에서 경질무문토기와 타날문토기, 漢式 토기, 주조괭이도 출토되었다.[81] 이로써 두만강 이북 → 함경도 동해안 → 강원도 영동·영서 → 경기도 지역으로 이어지는 쪽구들 문화의 전파 루트를 상정할 수 있게 되었다.[82] 독특한 난방시설을 통해서도

---

78 송기호, 2006『한국 고대의 온돌』, 서울대학교출판부, 45~52쪽.

79 鄭相石, 2003「華城 發安里 마을遺蹟」『고구려고고학의 제문제』, 제27회 한국고고학대회 발표요지, 186~189쪽.

80 송기호, 2006, 앞의 책, 13~15쪽.

81 (재)예맥문화재연구원, 2008『春川 栗文里遺蹟 I』.

82 송기호, 2006, 앞의 책, 28~39쪽에서 高句麗의 경우 초기에는 쪽구들이 나타나지 않고 중기 이후에 외곽 지대부터 나타난다고 하였는데, 이러한 현상은 東北地域에

북옥저 지역이 濊系 文化圈에 속했음이 확인되는 것이다.

다음은 夫餘와 예계 문화의 관계에 대해 살펴보자.

> 나라의 耆老들이 스스로 말하기를 옛날에 (다른 곳에서) 망명해 온 사람들이라고 한다. …… 지금 부여의 창고에는 玉璧·珪·瓚 등 몇 대를 이어온 물건이 있어 대대로 보물로 삼는다. 耆老들은 先代가 내려준 것이라고 말한다. 印文에 '濊王'이라 쓰인 도장이 있고, 나라에 '濊城'이라는 옛 성이 있으니 원래 濊貊의 땅인 듯하다. 그 가운데에서 부여의 왕이 되었으므로 스스로 망명해 온 사람이라고 이르는 것 같다. (『三國志』 卷30 魏書30 烏丸鮮卑東夷傳30 夫餘)

부여는 문헌기록에 의하면 늦어도 기원전 2세기에는 중국에 그 존재가 알려졌으며[83] 그 성립 시기는 대략 기원전 3세기 후반으로 추정된다.[84] 그런데 毌丘儉의 고구려 침공이 있었던 기원후 3세기 전반의 시점에 夫餘의 寶庫에는 '濊王'을 새긴 인장이 있고 '濊城'이라 불리는 성도 있었다. 부여도 濊族과 연고가 있었음을 암시한다.

이와 관련하여 西團山文化가 주목된다. 이것은 吉林省 중부지역을 중심으로 형성되었으며 石棺墓, 橋狀橫耳壺, 방망이 모양의 돌도끼가 특징인 청동기문화다. 따라서 서단산문화는 부여 성립의 기층을 이루는 것으로서, 그 조영 주체는 濊族으로 이해되고 있다.[85] 부여의 건국을 전하는 東明神話가 流移民 집단과 先住 집단의 결합을 반영하는 것이라면 서단산문화는 바로 토착적인 선주 집단이 형성한 문화라고 할 수 있다. 부여의 耆老들이 자신을 '亡人'으로 자처한 것도 이러한 배경에서 나온 인식일 것이다.

서 江原道를 경유하여 한반도 중부지역으로 쪽구들이 확산되어 가는 전파 경로와 관련이 있지 않을까 한다. 더불어 경상남도 사천시 勒島 유적에서 발견된 쪽구들을 고려하면 강원도 영동 해안에서 海上 루트를 통해 남해안으로 이어지는 경로도 상정할 수 있다.

83 노태돈, 1999 「부여국의 경역(境域)과 그 변천」 『고구려사 연구』, 사계절, 504~505쪽.

84 송호정, 1997 「부여」 『한국사 4』, 국사편찬위원회, 163~164쪽.

85 宋基豪, 2005 「夫餘史 연구의 쟁점과 자료 해석」 『韓國古代史硏究』 37.

마지막으로 高句麗를 살펴보자. 고구려의 건국 주체세력이라 할 수 있는 5部 집단은 압록강 중류에 분포하던 貊族이 대다수를 차지하였다.[86] 하지만 滄海郡이 압록강 유역까지 미쳤다는 견해를[87] 참고한다면 예족의 일부가 고구려 발흥 지역인 압록강 중류역에도 거주했을 가능성을 배제할 수 없다. 무엇보다 고구려가 다수의 예족이 분포하고 있는 夫餘와 沃沮, 그리고 濊族 정치체와 접해 있는 여건을 감안하면 소수라고 할지라도 예족 집단이 고구려 세력권에 포괄되어 있었다고 보는 것이 합리적이다.

이상의 검토를 통해서 기원전 3세기~기원후 3세기 전반에 걸치는 시기에 濊族의 문화는 강원도 지역은 물론 함경도 동해안, 두만강 유역과 연해주 남부, 吉林省 중부 및 압록강 중류역에 걸치는 廣域의 지역에 형성되어 있었다고 생각된다.[88]

이렇게 예 문화를 東濊에 한정하지 않고 광역의 공간으로 확장하여 이해하는 견해는 실은 일찍이 제기된 바가 있다. 濊族이 한반도 동해안과 松花江 유역의 水邊에 거주했다거나[89] 廣開土大王陵碑에 언급된 '東海賈'를 통해 이들이 중국 대륙과 한반도를 왕래하며 벌인 交易 활동에 주목했으며,[90] 이 지역의 특산품으로서 중국 측 기록에 보이는 海産物에 유의하여 예족이 채집·수렵을 생업으로 하는 해안 주민임을 확인한 견해가[91] 대표적이다.

하지만 기존의 이해는 한계를 안고 있다고 본다. 예컨대 有文土器 사용

---

86 노태돈, 1999 「부체제(部體制)의 성립과 그 구조」 『고구려사 연구』, 사계절, 109쪽.

87 和田 清, 1951, 앞의 논문, 16~17쪽.

88 그렇다고 해서 이렇게 넓은 지역에 예족만이 거주했다는 의미는 아니다. 지역에 따라 貊·韓·漢과 같은 이종족도 거주하고 이들과 종족 간 융합도 이뤄졌을 것이다. 또 이렇게 산재하여 거주하던 예족 주민들이 서로 種族的 紐帶를 갖거나 자신의 正體性을 인식하고 있지도 않았을 것이다. 다만 예계 문화가 성장함에 따라 그 인구가 확산되고 주변 세력과의 교류를 통해서도 濊系 文化의 범위가 공간적으로 확대되어 나갔다는 의미다.

89 三上次男, 1951, 앞의 논문, 369~372쪽.

90 武田幸男, 1989 「舊領域の支配形態」 『高句麗史と東アジア』, 岩波書店, 78~81쪽.

91 李成市, 1998 「穢族の生業と民族」 『古代東アジアの民族と國家』, 岩波書店.

그림 1. 기원전 128년 무렵의 濊系 文化圈

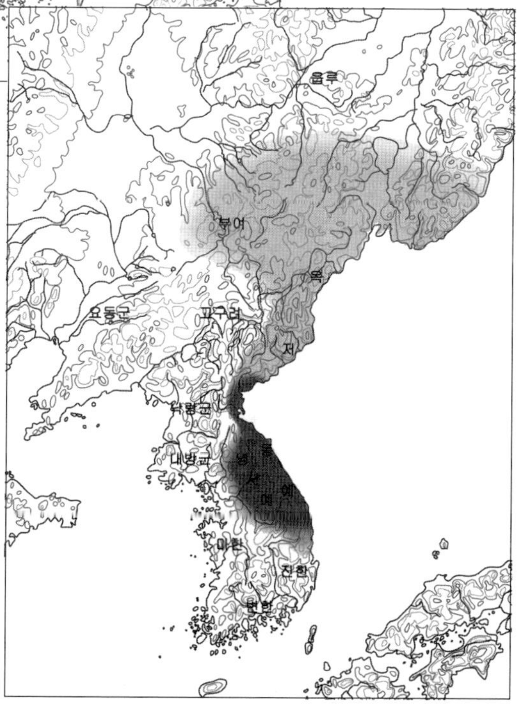

그림 2. 3세기 전반의 濊系 文化圈

집단이 예족이고 赤褐色無文土器의 사용 집단을 貊族으로 분류하는 것은[92] 硬質無文土器를 표지 유물로 하는 예족의 문화와 상치된다. 그리고 濊族에 靺鞨을 포함시키기도 했으나[93] 挹婁·勿吉로부터 이어지는 말갈족의 문화는 예계 문화와 차이가 컸다. 말갈의 언어는 夫餘나 高句麗와 같지 않았고 寒帶 기후의 여건상 山林 속에서 땅을 깊이 파고 穴居生活을 했다.[94] 가장 큰 문제는 기존의 이해가 濊系 文化圈의 범위에서 嶺西地域을 논외로 하고 있다는 점이다. 이하에서는 영서지역을 중심으로 하여 고대의 문화 변천양상을 살펴보고 그 배경으로서 주변국과의 관계도 고찰해 보겠다.

나. 濊族의 分岐와 文化變遷

예계 문화권이 이렇게 넓게 펼쳐져 있었으므로 지역 간의 문화적 격차가 발생하고 종족적 分化 혹은 融合 현상이 나타날 수밖에 없었다. 夫餘, 沃沮(북옥저·남옥저), 濊(동예·영서예)와 같은 정치적 구분도 이를 기반으로 하여 형성되었을 것이다. 이러한 분화 양상은 시간이 흐르면서, 그리고 주변 세력과의 교류가 진전되면서 가속화되어 나갔다.

우선 '濊'와 '東濊'의 구분에 대해 살펴보자. 『三國志』는 濊를 통할기구에 따라 嶺西濊와 嶺東濊로 나누어 기술했다. 그리고 영동예를 약칭하여 '동예'로 썼으니, 正始 6년(245) 樂浪郡과 帶方郡이 고구려를 침공한 배경이 되었던 '영동예'의 고구려 복속 사실을, 다른 곳에서는 '동예'의 복속으로 표기했다.[95] 따라서 동예는 영동예이며, 한반도 중부지역에 거주하던

---

92 三上次男, 1952「東北アジアにおける有文土器系社會と穢人」『朝鮮學報』3; 1966『古代東北アジア史研究』, 吉川弘文館.

93 李成市, 1998, 앞의 논문, 56~57쪽.

94 『三國志』 卷30 魏書30 烏丸鮮卑東夷傳30 挹婁 "其人形似夫餘 言語不與夫餘句麗同 …… 處山林之間 常穴居 大家深九梯 以多爲好 土氣寒 劇於夫餘".

95 『三國志』 卷30 魏書30 烏丸鮮卑東夷傳30 濊 "正始六年 樂浪太守劉茂 帶方太守弓遵以領東濊屬句麗 興師伐之".
같은 책, 高句麗傳 "沃沮東濊 皆屬焉".

예족은 크게 동예와 영서예로 나누어 파악할 수 있다.

동예는 북으로 함경남도 定平에서 沃沮와 경계를 이뤘고, 남으로 강원도 북부까지 미쳤다. 東暆(지금의 덕원), 不耐(안변), 華麗(영흥) 등이 주요 행정거점이었다.96 그러나 경북 포항시 신광면에서 '晋率善穢佰長' 銅印이 발견되었듯이 동예의 영역 범위는 남북으로 유동적이었다. 그리고 앞서 살펴보았듯이 영동과 영서지역의 문화는 서로 공통점과 차이점을 함께 갖고 있었다. 그 이유는 무엇일까?

양 지역은 우선 낭림산맥-단단대령-태백산맥으로 이어지는 지리적 장벽으로 가로막혀 있다. 이로 인해 영동의 경우 동해를 무대로 한 漁撈活動이 발달하는 등 일정 부분 생업경제상의 차이도 나타났다. 하지만 元山灣 지역에서 경기 북부에 이르는 楸哥嶺構造谷과 더불어, 태백산맥을 동서로 횡단하여 대동강·북한강·남한강 상류로 이어지는 다양한 루트를 통해서 양 지역의 주민은 청동기시대부터 상호 이동과 문화교류가 가능했다.97 이를 통해서 영서예와 영동예는 지형상의 장벽에도 불구하고 동질성을 유지할 수 있었다. 그 결과 「廣開土大王陵碑文」에 영서예도 동예와 마찬가지로 '新來韓穢'의 '예'로 통칭되어 나타나게 된 것이다.

하지만 墓制에서 알 수 있듯이 양 지역 간 문화적 차이도 분명히 존재했다. 그 배경과 변천 양상을 이 지역을 둘러싼 국제정세의 변동 과정을 통해 살펴보자.

古朝鮮이 멸망하고 漢은 함경남도 남부와 강원도 북부에 臨屯郡을 설치했다.98 종래 滄海郡이 있던 자리에는 기원전 107년 玄菟郡을 둔 듯하다. 『삼국지』 동옥저전에서 沃沮城이 현토군이 되었다고 기록한 것도99

---

96 李賢惠, 1997 「동예의 사회와 문화」 『한국사 4』, 국사편찬위원회, 239쪽.

97 盧爀眞, 1994 「孔列土器 文化特色의 傳播網」 『李基白先生古稀紀念 韓國史學論叢 上』, 一潮閣, 24~30쪽.
金南旽, 1996 「우리나라 初期鐵器時代 中部地方의 遺蹟 硏究: 屯內遺蹟을 中心으로」, 강원대학교 사학과 석사학위논문, 23쪽은 횡성 屯內 유적에서 발견된 가리비 조개를 근거로 하여 태백산맥을 넘어 동해안 지역과 교류가 있었다고 보았다.

98 李丙燾, 1976 「臨屯郡考」 『韓國古代史硏究』, 博英社.

이를 반영한다. 그 郡治의 소재지에 대해서는 이견이 있지만[100] 현토군이 서쪽으로 渾河 하류로부터 압록강 중류를 거쳐 동해안의 함흥평야까지 이르는 교통로를 중심으로 설치되었음은[101] 漢의 東方戰略이나 창해군 설치의 경험으로 미루어 볼 때 분명하다고 생각된다.

중요한 것은 漢이 현토군과 별도로 임둔군을 설치했다는 점이다. 고조선이 멸망한 기원전 2세기 말 시점에서 옥저와, 그 남변을 접하고 있던 예족 사이에는 이미 문화적・정치적 구분이 형성되어 있었고 이를 기반으로 하여 한나라도 각기 다른 군을 두지 않을 수 없었을 것이다.

> 장례를 치를 때 큰 木槨을 만드는데, 길이가 10여 丈이고 한 쪽[一頭]을 열어 문을 만든다. 새로이 사람이 죽으면 임시로 시신을 덮을 정도로만 묻었다가 가죽과 살이 썩어 없어지면 뼈를 추려서 槨 속에 넣는다. 한 가족이 모두 하나의 槨을 쓰며, 생전의 모습대로 나무를 조각하여 죽은 자의 수만큼 둔다. 또한 질그릇[瓦]에 쌀을 담아 목곽의 문 옆에 매달아둔다. (『三國志』 卷30 魏書30 烏丸鮮卑東夷傳30 東沃沮)

옥저의 이른바 洗骨葬 습속을 전하는 기록이다. 管見이지만 임둔군이 있었던 함남 남부와 강원 북부 지역에서 이런 형식의 무덤은 아직 발견되지 않았다. 앞서 언급했듯이 영서지역에는 지배층의 무덤이지만 葺石式 積石墓가 조영되었고, 영동은 이 시기 무덤이 발굴되지 않아 墓制 자체를

---

99 "漢武帝元封二年 伐朝鮮 殺滿孫右渠 分其地爲四郡 以沃沮城爲玄菟郡 後爲夷貊所侵 徙郡句麗西北 今所謂玄菟故府 是也".

100 근래의 견해만 들자면 孫進己・王綿厚, 1989 『東北歷史地理 一』, 黑龍江人民出版社, 324~325쪽에서는 옥저성이 있던 咸興이라 하고, 노태돈, 1999 「고구려의 기원과 국내성 천도」 『한반도와 중국 동북 3성의 역사 문화』, 서울대학교출판부, 328~329쪽은 集安으로 보았다. 한편 이현혜, 2010 「沃沮의 기원과 문화 성격에 대한 고찰」 『韓國上古史學報』 70, 51쪽은 夫租縣 즉 옥저성이 현토군 소속이라는 『삼국지』의 기록은 임둔군이 폐지되고 그 소속 현이 현토군으로 이관된 사실을 반영한 것이라고 하여 한군현이 처음 설치될 때 함흥 지역은 임둔군에 속했다고 보았다.

101 和田 淸, 1951, 앞의 논문.
노태돈, 1999 앞의 논문, 320~322쪽.

알 수 없는 형편인데 해안지대라는 특성을 고려하면 바다를 활용한 葬禮가 행해졌고 이 때문에 육지에 무덤을 조성하지 않았을 가능성도 있다.[102]

여하튼 옥저와 濊(임둔) 사이에 이런 문화적 차이가 나타나게 된 根因은 함경도 남부 및 강원도 북부지역으로의 濊族의 확산과 정치적 성장을 들지 않을 수 없다. 이를 기반으로 하여 성장한 정치체가 '臨屯'이고 이곳에 漢은 현토군과 별도로 임둔군을 설치했던 것이다.[103] 그리고 기원전 82년에 폐지된 임둔군을 대신하여 기원전 75년부터 樂浪郡이 영서예를 직할하고, 낙랑군 東部都尉가 영동예를, 낙랑군 南部都尉가 지금의 황해도 지역을 관할하게 되었다. 임둔 지역을 다시 嶺東濊(夫租縣 등 일부 옥저 지역 포함)와 嶺西濊로 구분한 것인데, 이는 이 시기에 이미 예족의 분포가 영서지역까지 확장되었음을 의미한다.[104]

한군현의 입장에서도 영동과 영서지역의 주민을 濊族이라는 일원적 종족 집단으로 파악하고, 단지 지리적 원근과 지형상의 구분에 따라 東部都

102 일본의 경우 『隋書』 倭國傳의 "及葬 置屍船上 陸地牽之 或以小輿"를 근거로 하여 舟葬 또는 船葬을 주장하는 견해가 있는 반면, 이 기록의 '船'을 船形石棺으로 이해하여 舟葬을 부정하기도 한다(齋藤 忠, 2003 『日本考古學用語小辭典』, 學生社, 137쪽).

103 옥저의 洗骨葬은 3세기 전반까지 남아 있던 葬制이므로, 그전에는 葺石式 積石墓가 조영되다가 사라졌을 가능성도 있다. 함남 홍원군 운포리에서 발견된 '원시적인 돌각담' 무덤이 한강·임진강 유역의 즙석식 적석묘와 유사한 축조방식을 보이는 것은 이를 시사한다(朴淳發, 2004 「漢城百濟 考古學의 研究 現況 點檢」 『고고학』 3-1, 19쪽).

104 이 단계에서 예족이 분포하던 서쪽 경계는 기껏해야 강원과 충북 동부인 평강-철원-화천-춘천-홍천-횡성-영월-제천선을 넘지 못했을 것이다. 이후 臨津江·北漢江·南漢江 수계를 따라 西進하여 기원을 전후한 시기에는 경기도 동북부지역인 연천-포천-가평-양평선에 도달하는 듯하다. 파주·서울·화성 등지에도 예계 문화요소가 나타나지만, 앞서 언급했듯이 이것은 지역 주민인 韓族이 인접한 예족의 문화요소를 수용하여 형성된 결과로 보고자 한다. 韓族과 濊族의 漸移地帶인 경기 북·동부는 종족 간 混融과 함께 문화교류도 전개되었을 것임은 분명하다. 그리고 이 양편을 포괄하는 정치체가 각각 馬韓의 북부 小國들과 嶺西濊였다. 2세기 말인 後漢의 桓·靈帝代에 "韓·濊가 강성하여 郡縣民이 이탈해 갔다"(『三國志』 韓傳)는 것은 이러한 추세를 보여 준다.

尉를 따로 두어 영동예를 다스리도록 했던 것이다. 근래 경기도 가평 대성리와 달전리, 춘천 율문리 등 영서지역, 그리고 강릉 안인리 등 영동지역에서 출토된 漢式 土器 등 급증하는 樂浪系 유물은 이와 관련이 있다. 이렇게 볼 때 예계 문화의 확산은 北에서 南으로, 그리고 강원도 지역에 도달한 다음에는 東에서 西쪽 방향을 향하여 이뤄졌다고 생각된다.[105]

그러나 기원후 30년 樂浪郡 東部都尉가 폐지되면 이 지역에 변동이 발생한다. 영동예는 漢의 侯國이 되었지만 실질적으로는 독자 세력화하였으니, 드디어 문헌 기록에 보이는 '東濊'로 등장한 것이 이때였다. 이에 비해 영서예에 대한 낙랑군의 통제는 그 후 한동안 유지되었으니, 이것이 『三國史記』에서 전하는 바 백제 북쪽에서 출몰하던 '靺鞨'과 낙랑군의 부용집단으로서 백제 동쪽에 존재하던 '樂浪'의 실체였던 듯하다.[106]

영서와 영동의 예가 分岐하는 계기가 이때 마련되었다고 본다. 즉 東濊가 낙랑군 동부도위 폐지 후 侯國 체제 속에서도 독자적인 발전을 이룰 수 있었던 반면 嶺西濊는 그 뒤에도 낙랑군의 직할 지배가 200년 정도 지속되었던 것이다.[107] 이를 배경으로 하여 큰 테두리, 예컨대 貊·濊·韓族의 범주로 보면 여전히 예족에 속하지만 그 하위 수준에서는 예족 내부의 分化도 서서히 이뤄졌으리라 생각된다. 분포 범위의 확대에 따른 지역적 격절성, 지배체제의 相違에 따른 정치적 환경의 차이가 종족의 分岐를 초래한 것이며, 이는 이미 夫餘와 沃沮, 臨屯의 성립과 발전 과정에서도 분기화의 정도에 차이가 있었을 뿐 이미 경험한 바였다.

---

105 呂字形 주거지와 아궁이식 화덕이 영동지역에서 발생하여 영서 및 한강 하류 방면으로 파급된다는 지적(宋滿榮, 2003, 앞의 논문, 110~113쪽)은 이를 뒷받침한다.

106 尹善泰, 2001「馬韓의 辰王과 臣濆沽國: 領西濊 지역의 歷史的 推移와 관련하여」『百濟研究』34, 17~23쪽.

107 영서예에 대한 낙랑군의 지배가 한결 같았던 것은 아니다. "桓靈之末 韓濊彊盛"이라 한 2세기 후반의 사실과 3세기 초 公孫氏에 의한 帶方郡 설치, 그리고 이후 지속된 군현 세력과 韓·濊族 간의 충돌은 漢의 지배가 많은 기복을 겪었음을 시사한다. 이에 관해서는 尹龍九, 1999「三韓의 對中交涉과 그 性格: 曹魏의 東夷經略과 관련하여」『國史館論叢』85, 101~112쪽 참조.

이 과정에서 영동과 영서 지역 사이에 서서히 문화적 차이도 발생했을 터이다. 특히 墓制의 차이가 중요하다. 2세기~4세기 초 무렵으로 편년되는 한강 중·상류와 임진강 유역의 葺石式 積石墓는[108] 그 결과로서 나타난 영서 및 경기 북부지역의 특징적 묘제다. 여기서 變數로 고려해야 할 것이 高句麗의 濊 지역 진출이다.

> 單單大領의 서쪽은 樂浪에 속하게 하고, 領의 동쪽에 있는 7개 縣은 東部都尉가 주관하게 했다. 모두 濊族이 民이 되었다. 뒤에 都尉를 없애고 그 수장을 侯로 봉했으니 지금 不耐濊가 모두 그 종류[種]이다. 漢 말기에 다시 고구려에 속했다. (『三國志』 卷30 魏書30 烏丸鮮卑東夷傳30 濊)

漢 말기인 3세기 초에 고구려에 복속된 예가 영서예인지 영동예인지 언뜻 봐서는 분명치 않다. 그런데 서술의 맥락을 보면 嶺東濊의 領屬關係가 낙랑군 동부도위 → 侯國 → 高句麗로 바뀐 것을 기술한 것으로 보아야 자연스럽다. 따라서 3세기 초 고구려가 복속한 것은 東濊에 한정되었다고 생각된다. 이어서 나오는 기록도 이를 뒷받침한다.

> 正始 6년(245) 낙랑군 태수 劉茂와 대방군 태수 弓遵이 領東濊가 고구려에 속한 것을 이유로 군사를 일으켜 정벌했다. 不耐侯 등이 邑을 들어 항복했다. (『三國志』 卷30 魏書30 烏丸鮮卑東夷傳30 濊)

위에서 고구려에 臣屬하여 낙랑과 대방의 공격 대상이 된 세력을 嶺東濊로 명시하고 있다. 『삼국지』 예전에서 耆老들이 "고구려와 같은 종족(同種)"이라 한 것은 이 시기가 되면 濊와 貊 사이에 친연성이 증가한 면도 있지만, 엄밀히 따지면 고구려가 동예를 복속시킨 뒤에 그 지배층들이 고구려 문화에 동화되면서 형성된 인식이라고 해야 할 것이다.[109]

---

108 한편 朴淳發, 2001, 앞의 책, 132~139쪽에서는 즙석식 적석묘의 조영 시기를 3세기 전반으로 한정하고, 3세기 중엽경에는 이 묘제가 소멸했다고 견해를 수정했다.

109 三上次男, 1952, 앞의 논문, 413쪽.

그렇다면 고구려는 적어도 3세기 전반까지는 영서지역에 진출하지 못한 셈이 된다. 따라서 영서지역과 임진강 유역의 葺石式 積石墓도 고구려 계통이라고 보기 어렵다. 이미 지적된 바 있듯이 고구려의 無基壇 積石塚과는 구조적인 차이가 있고 조영 주체도 일부 예외는 있겠지만 貊族과 濊族으로 다르며, 복속과 같은 정치적 관계도 이때까지는 성립되지 않았기 때문이다.

『三國史記』에 의하면 東沃沮를 太祖王 4년(기원후 56)에 복속시켰다고[110] 하므로 고구려와 옥저 혹은 동예 지역 사이에 전통적인 교통로를 활용한 주민 간의 교류가 있었고 이를 통해서 영서 지역으로 고구려식 적석총이 도입되었을 수 있다. 그러나 함경도 동해안과 영동지역에서 적석 무덤은 손에 꼽을 정도로 희소하여 그 가능성은 낮다고 본다. 그렇다고 고구려의 적석총 집중 분포지인 혼강 및 압록강 중·하류 유역에서[111] 직접 영서 지역으로 전래되었다고 보기에는 지리적으로 너무 멀고, 또 중간에 낙랑군·대방군과 같은 정치적 장애물이 있어 불가능하다. 따라서 즙석식 적석묘는 嶺西濊 수장층의 고유한 묘제로서 주로 大河川邊에 입지했기 때문에 자연스럽게 川石을 이용한 積石이 이뤄졌다고 보는 것이 합리적이다.

이와 같은 이해가 가능하다면, 그간 백제의 기층문화로 中島類型文化를 상정하고 이를 濊族의 문화로 올바르게 파악했으면서도[112] 東濊와의 관련성을 제대로 설명하지 못한 한계를 어느 정도는 극복할 수 있지 않을까 한다. 즉 廣域에 걸친 예계 문화의 범위를 시야에 넣고 역사의 전개 과정에 따라 예족 내부의 分岐와 문화의 지역성이 심화되어 가는 흐름을 이해한다면, 영동예와 영서예가 전통적인 문화요소를 공유하면서도 시간이 흐름에 따라서 문화적 차이가 생성되어 간 사실을 인정할 수 있을 것

---

110 『三國史記』 卷15 高句麗本紀3 太祖大王 4年 "秋七月 伐東沃沮 取其土地爲城邑 拓境東至滄海 南至薩水".

111 강현숙, 2005 「서울 지역의 적석총에 대하여」 『鄕土 서울』 65, 109쪽.

112 朴淳發, 2001, 앞의 책을 비롯하여 한성백제 초기의 토기·묘제·주거지에 관한 그의 일련의 연구가 이에 해당한다.

이다.

3세기 전반까지는 濊 고유의 정치체가 유지되고 있었던 것 같다. 영서예는 낙랑군의 통제체제 속에서도 2세기 말에 이에 저항하거나 馬韓의 小國과 相爭하는 면모를 보인다. 영동예의 경우도 고구려의 동예 지배방식이 地方官을 파견하는 領域支配가 아니라, 沃沮에 대한 貢納 수취처럼 동예의 전통적 질서를 유지한 채로 토착 수장층을 매개로 통제하는 間接支配였다는 점을 유의해야 한다. 다만 영동과 영서의 정치체들 사이에서는 聯盟長級의 大首長이 출현하지 못하고, 小國 혹은 읍락공동체 규모의 地域集團들이 길항하면서 느슨한 연대를 구축하고 있는 상황이었다고 추정된다.

3세기 중엽이 되면 百濟가 영서예 지역을 잠식해 간다.

> 봄에 말갈의 수장 羅渴이 좋은 말 10필을 바치니 왕이 그 使者를 위로하고 돌려보냈다. (『三國史記』 卷24 百濟本紀2 古尒王 25年)
>
> 겨울 10월에 백제 병사가 牛頭州를 침입하니 이벌찬 忠萱이 병사를 이끌고 막았으나 熊谷에 이르러 적병에게 패하여 홀로 말을 타고 돌아왔다. (같은 책, 卷2 新羅本紀2 奈解尼師今 27年)

위의 기사는 이러한 사정을 반영하는 사료다. 이 무렵에 한강 중·상류 및 임진강 유역의 즙석식 적석묘가 소멸하는 현상이나,[113] 영서 남부에 해당하는 原州 法泉里에서 東晋製 青磁羊形器가 나온 2호분 등 횡구식·횡혈식 석실분이 4세기 말~5세기 중반의 백제식 무덤이라는 것도[114] 이를 방증한다.

물론 백제의 영서지역 진출이 일거에 이뤄진 것은 아니다.

> 가을 7월 낙랑군이 통할하는 外夷인 韓·濊·貊이 각기 官屬을 이끌고 와서 朝貢했다. (『三國志』 卷4 魏書 陳留王 景元 2年)

---

113 朴淳發, 2001, 앞의 책, 139~153쪽.

114 국립중앙박물관, 2002 『法泉里 Ⅱ』, 196~210쪽.

魏나라 말기인 261년의 시점에 여전히 대외교섭을 독자적으로 벌이는 정치단위로서 濊가 존속하고 있다. 이후 위나라가 멸망하고 274년에 西晉이 東夷校尉를 별도로 설치하면서 낙랑군・대방군의 영서예에 대한 통제 기능은 결정적으로 약해지고, 이를 계기로 백제가 영서지역에 본격 진출하게 되었을 것이다.

백제의 영서지역 진출로 백제 문화의 영향을 받는 영서예와 고구려의 영향을 받은 영동예는 그 문화적 격차가 더 벌어졌다. 영서예 문화의 百濟化 양상은 百濟土器의 확산과 주거지의 변화를 통해 드러난다. 강원도 洪川 하화계리와 春川 거두리에서 발견된 토기 뚜껑, 광구단경호, 기와는 漢城百濟 양식으로 확인되어 3세기 중・후반 경에 백제가 북한강 중・상류지역으로 진출했음을 보여 준다.[115]

주거지에 있어서는 평면 六角形 주거지가 서해안 내륙 유형으로 한성백제와 긴밀한 상관성을 나타낸다.[116] 그런데 종래의 凸・呂字形이 서울을 비롯한 백제 중심지역에서 점차 육각형으로 바뀌어 가고 영서지역에서는 횡성 둔내, 여주 연양리, 춘천 삼천동 유적에서 육각형 주거지가 조사된 반면 영동에서는 출토 예가 極少하다. 이는 백제가 영역을 확장하면서 그 주거문화가 西에서 東으로 확산되어 가고 대체로 영서를 경계로 하여 멈추었음을 의미한다.[117] 태백산맥 너머에는 高句麗 세력이 미치고 있었기 때문이다.

---

115 沈載淵, 2006「한성백제기 북한강 중상류지역의 양상에 대하여」『湖西考古學』14.

116 池賢柄, 1999, 앞의 논문, 230쪽.

權五榮, 2004「百濟의 住居址」『백제 문화의 원형』, 공주대학교 백제문화원형복원센타.

_____, 2009「원삼국기 한강유역 정치체의 존재양태와 백제국가의 통합양상」『고고학』8-2.

117 최근 동해시 망상동에서 철기시대의 凸字形・방형 주거지와 함께 육각형 주거지가 확인되었다(예맥문화재연구원, 2010『東海 望祥洞遺蹟 II』). 이는 백제와의 교류의 결과인지, 이 지역 주거지 형태의 다양성 혹은 자체 발전의 결과로 해석해야 할지 의문이다. 여하튼 현존하는 자료 여건상 백제 세력의 진출과 관련시키기는 어렵다.

이후 4세기 초에 樂浪·帶方郡이 소멸하자 그 관할 지역, 특히 嶺西濊地域을 차지하기 위한 高句麗와 百濟의 각축이 격렬하게 전개되었다. 近肖古王代 백제가 영역을 확장하면서 경기 북부 및 영서 지역으로 영역을 확대한 듯하지만 廣開土大王代에 전세는 역전되었다. 427년 平壤 천도와 475년의 漢城 함락으로 강원 영서지역에 대한 고구려의 지배는 확고해졌다. 450년에 작성된 것으로 보이는 「中原高句麗碑文」은[118] 이를 단적으로 보여 준다. 영서 북부의 중심이었던 春川 지역도 5세기 전반까지는 고구려의 통제권에 들어갔을 것이다. 『三國史記』 地理志에 牛首州가 고구려 영역으로 나오고, 춘천시 방동리에 모줄임천정을 갖춘 고구려식 石室墳이 있는 것도 이 때문이다.

5세기 초에 작성된 「廣開土大王陵碑文」에 고구려인들이 영서 지역의 주민 집단을 분명히 '濊'로 인식한 것은, 같은 예족 정치체이면서도 영동 지역보다 200년 정도 늦게 고구려에 흡수되었고 그간 영동·영서 사이에 문화적 격차도 커졌지만, 濊族 분포지라는 공통의 기반이 여전히 양 지역에 기본적으로 유지되고 있었음을 여실히 보여 준다.

(4) 소결

濊族은 한국 고대의 주요 종족 가운데 하나로서 늦어도 青銅器時代 말기에는 타 종족과 구분되는 문화적 특성을 가진 집단으로 형성되었을 것이다. 濊系 文化의 분포권은 시간의 흐름에 따라 유동적이었다. 초기에는 滿洲 중·동부와 沿海州 남부, 豆滿江 유역, 咸鏡道 동해안 일대에 걸쳐 있었으나, 初期鐵器時代로 접어들면서 夫餘, 夫租(옥저) 등의 정치적 단위로 구분되어 등장한다.

古朝鮮 말기에 예족 집단은 남서쪽으로 더 확산되었으니, 강원 북부의 세력은 臨屯이라는 정치체를 형성했고 일부 세력은 嶺西地域으로 본격적

---

118 林起煥, 2000 「中原高句麗碑를 통해 본 高句麗와 新羅의 關係」 『高句麗研究』 10.

으로 진출해 갔다. 예계 문화권의 확대와 변동은 이러한 예족 집단의 확산은 물론 주변 세력과의 교류를 통해서 이뤄졌다. 漢은 기원전 75년에 영동지역을 樂浪郡 東部都尉가 관할하고 영서는 樂浪郡이 직할하도록 했다. 嶺東濊와 嶺西濊가 分岐하는 계기는 이때 마련되었다.

기원후 30년에 동부도위가 폐지되지만 영서지역에 대한 낙랑군의 지배는 유지되었고, 이후 東濊를 高句麗가 복속시키면서 양 지역 간 문화적 차이는 심화되어 갔다. 凸・呂字形 주거지, 硬質無文土器와 打捺文土器의 동반 등 주요한 생활문화를 공유하면서도 영서지역에서만 葺石式 積石墓가 조영되는 것은 이러한 역사적 배경을 통해서 이해해야 한다.

3세기 중엽 이후로는 漢城百濟가 등장하여 그 東邊 즉 영서지역의 濊 집단을 복속시켜 나갔다. 百濟土器와 육각형주거지의 확산은 이를 반영하는 현상이다. 그러나 4세기 초에 高句麗가 남하하여 낙랑군과 대방군을 멸망시키면서 정세가 급변한다. 경기 북부와 영서지역을 놓고 백제와 고구려가 쟁패하지만 결국은 고구려가 이 지역을 장악했다. 「廣開土大王陵碑文」에 보이는 '新來韓穢'는 고구려가 확보한 신영역에 韓族만이 아닌 濊族이 거주하고 있었으며, 5세기 초의 고구려인들이 영서지역의 주민을 東濊와 같은 濊系 집단으로 인식했음을 보여 준다.

제 3 절 沃沮・東濊의 服屬儀禮와 교역 활동

(1) 생업경제의 양상

濊族은 분포 범위가 광역에 걸쳐 있었으므로 주민의 생업 형태는 해당 지역의 자연환경과 대외적 여건에 따라 달랐다. 그 가운데서 예족이 주민의 다수를 차지하고 있었다고 생각되는 沃沮와 東濊의 사례를 살펴보고자 한다. 이 두 정치체에 관해서는 소략하나마 생업경제에 대한 자료가 남아 있다.

먼저 3세기 전반 옥저의 상황을 보자.

> 고구려가 (옥저의) 大人을 使者로 삼아 그 땅을 주관하고 통솔하도록 했다. 그리고 (고구려의) 大加로 하여금 그 조세 수취를 책임지도록 했다. (옥저 주민은) 貊布와 생선, 소금, 해초류를 1천 리나 되는 곳으로부터 등에 지고 날랐다. 또한 옥저가 미녀를 보내면 (고구려 사람은) 첩으로 삼고 마치 노비처럼 대우했다. …… 그 토지가 기름지다. 산을 등지고 바다를 향해 있다. 오곡을 경작하기에 알맞고 밭농사를 잘 짓는다. (『三國志』 卷30 魏書30 烏丸鮮卑東夷傳30 東沃沮)

옥저에서 고구려로 보낸 공납품 중에 '貊布'가 있다. 맥포는 貊의 麻織物을 가리킨다. 그러나 이를 근거로 하여 옥저를 맥족의 정치체로 볼 수는 없다. 1장 2절에서 지적했듯이 옥저 주민의 다수는 예족이었다. 따라서 맥포는 옥저에 거주하던 맥계 주민들의 생산품일 가능성이 있다. 아니면 고구려가 옥저를 복속한 뒤에 중국인들이 옥저의 종족 계통을 고구려와 같은 맥족으로 오인하여 옥저의 직물을 맥포라고 불렀을 것이다.**119**

고대국가에서 마직물은 일반적인 수취 품목의 하나였다. 그러나 맥포의 경우는 고구려로 보내는 옥저의 여러 공납품 가운데 수위를 차지할 정도로 유명하고 따라서 품질이 우수했다고 생각된다. 중국인이 옥저를 맥족의 나라라고 간주하여 '맥'포라고 칭했다면 이것은 옥저의 마직물 일반을 가리키게 되므로 옥저의 전반적인 마직 수공업 수준이 높았다고 할 수 있다.

옥저에서는 농경도 이뤄졌다. 지금의 함경남·북도의 동해안 쪽으로는 함흥·수성평야가 펼쳐져 있다. 옥저 당시에도 이 지역이 農作의 중심이 되었을 것이다. 오곡을 키우기에 적합하다고 할 정도로 여러 곡물이 재배되었으나**120** 북방 지역인 만큼 벼농사보다는 田作에 적합한 잡곡이 중심

---

119 李成市, 1998「穢族の生業と民族」『古代東アジアの民族と國家』, 岩波書店, 43~44쪽은 맥포의 '貊'을 『後漢書』의 기록에 따라서 '貂'의 오기로 보고, 貂布를 담비가죽과 마직물로 구분하여 이해했다.

이었다고 보아야 한다.

'男耕女織'이란 말에서 드러나듯이 농업과 직조업은 옥저를 비롯한 고대사회에서 주민들 대부분이 종사하는 생업이었다. 이에 비해 생선, 소금, 해초류는 옥저의 특산물이라고 할 수 있다. 두만강 유역의 北沃沮와 함흥을 중심으로 한 南沃沮는 모두 해인지역이므로 여기서 다종다량의 해산물이 획득되었을 것이다.

3세기 전반기에 國都가 압록강 중류의 내륙에 있던 고구려로서는 동해안에 자리 잡은 옥저를 장악함으로써 안정적인 해산물의 공급 기지를 확보할 수 있었다. 이렇게 옥저 주민은 천혜의 자연 환경을 배경으로 하여 어업, 제염업, 그리고 해초 채집활동에도 종사했다.

동예의 주민들 역시 다양한 경제 활동을 벌였다.

> 삼베가 나고 누에를 쳐서 솜[緜]을 만든다. 새벽에 별자리를 살펴서 그 해의 풍흉을 예측한다. 구슬과 玉을 보물로 여기지 않는다. 항상 10월에 하늘에 제사하여 낮과 밤에 술을 마시고 노래하며 춤추니 이를 舞天이라고 한다. 또 호랑이를 제사하여 신으로 여긴다. …… 樂浪의 박달나무로 만든 활[檀弓]이 그 땅에서 난다. 바다에서는 무늬 있는 물고기의 가죽[班魚皮]을 얻을 수 있고 육지에 무늬 있는 표범[文豹]이 많다. 키 작은 말[果下馬]도 난다. 漢나라 桓帝 때에 이것을 바쳤다. (『三國志』 卷30 魏書30 烏丸鮮卑東夷傳30 濊)

동예 지역에서는 麻織과 함께 양잠을 통한 비단 솜의 생산이 이뤄지고 있었다. 농업 생산도 활발했다고 생각된다. 한 해 농사의 결과를 미리 점치는 占星術은 파종기에 행해졌을 것이다. 그리고 수확기에 제천행사를 벌인 것은 봄철의 占歲 의례와 함께 동예 사회에서 농작업이 가지는 비중과 의미가 작지 않았음을 보여 준다.

동예에서 제작된 활을 '낙랑' 檀弓이라고 부른 이유는 기원전 75년에

---

120 李奎報의 「東明王篇」을 보면, 夫餘 解夫婁王의 신하인 阿蘭弗이 동해변의 迦葉原이 오곡 재배에 적당한 기름진 땅이니 그곳으로 천도하라고 건의했다고 한다. 옥저 지역의 농경 상황을 반영한 서술이다.

설치된 樂浪郡 東部都尉가 이 지역을 통할했기 때문이다. 그로부터 기원 후 30년까지 100여 년 간 낙랑군의 지배가 이어지면서 중국인들은 동예 지역을 낙랑군의 일부로 인식하게 되었다. 『삼국지』가 편찬될 때에는 이미 이 지역이 고구려에 복속된 뒤이지만 동예를 낙랑과 연관 짓던 관행이 이때까지 이어지고 있었다.

동예인은 3丈에 이르는 긴 창을 만들어 전투가 벌어지면 여러 명이 함께 이것을 들고 적에 맞서 싸웠다.[121] 長倉을 활용하면 고구려처럼 기마전에 능숙한 적군을 효과적으로 방어할 수 있었다.[122] 장창과 단궁은 동예의 무기 제작 수공업의 산물이다. 이에 비한다면 동예인들이 구슬과 玉의 가치는 몰랐다고 하므로 동예 지역에서 구슬의 원료와 옥은 생산되지 않았고, 이를 재료로 하여 장신구를 만드는 수공업도 발달하지 못했다고 보인다.

虎神을 섬긴 것은 동예인의 활동 공간에 森林이 포함되어 있었음을 말해 준다. 주민들은 산악 지형을 이용하여 과실, 꿀, 버섯류, 球根類, 식용 나무뿌리 등을 채취하고 표범을 비롯하여[123] 각종 야생 동물을 사냥했을 것이다. 果下馬는 사육과 조련의 과정을 거쳐 騎乘用 혹은 물자 수송용으로 쓰였는데,[124] 애초에는 수렵 활동을 통해서 포획되었음은 물론이다.[125]

---

121 위의 책, "作矛長三丈 或數人共持之 能步戰".

122 金哲埈, 1981 「'能步戰'과 '便鞍馬'」 『韓沽劤博士停年紀念史學論叢』; 1990 『韓國古代社會研究』, 서울대학교출판부.
徐榮教, 1998 「新羅 長槍幢에 대한 新考察」 『慶州史學』 17, 50~51쪽.

123 『三國史記』 卷15 高句麗本紀3 太祖王 55年 10月條를 보면, 東海谷에서 꼬리 길이가 9척이나 되는 붉은 표범을 고구려에 바쳤다고 한다. 이것은 옥저나 동예 지역에서 산출된 文豹의 일종이라고 생각된다.

124 『三國志』 濊傳의 裴松之 注 "果下馬高三尺 乘之可于果樹下行 故謂之果下 見博物志 魏都賦".

125 과하마는 부여 · 고구려 · 옥저 · 예 지역에서 자생하던 固有種 말이다. 한편 이 지역에는 기원전 4~3세기경에 북방에서 외래종이 전래되어 과하마와 함께 사역되었다고 한다(南都泳, 1976 『韓國馬政史研究』, 亞細亞文化社, 5~10쪽).

"山川을 중히 여기고 산천에 함부로 들어갈 수 없는 부분이 있다"는 동예의 습속이 형성된 데는 수렵의 전통과 漁撈 활동을 하던 하천을 보호하려는 목적도 작용했을 것이다. 동예의 북쪽 경계로 추정되는 현재의 함경남도 定平으로부터 남쪽으로 강원도 嶺東에 이르는 지역은 실제로 낭림・마식령・태백산맥의 험준한 산악과 溪流를 끼고 있으므로 수렵과 어로에 유리한 환경을 갖추었다.

동예는 또한 동해를 접하고 있어 옥저처럼 해산물이 풍부했다. 『삼국지』의 기록에는 班魚의 가죽만이 나오지만, 後漢代에 편찬된 許愼의 『說文解字』를 보면 더 참고할 만한 내용이 있다.

> 鮸 물고기이다. 薉의 邪頭國에서 난다.
> 魵 물고기이다. 薉의 邪頭國에서 난다.
> 鰅 물고기이다. 거죽에 무늬가 있다. 낙랑군 東暆縣에서 난다. 神爵 4년에 처음 잡아서 考工에 보냈다.[126]

鮸과 魵은 바다생선의 종류이고, 鰅은 거죽에 무늬가 있다고 했으므로 海豹, 즉 물범으로 보인다.[127] 산지인 邪頭國, 東暆縣은 1990년대 초에 평양 낙랑구역의 정백동 364호분에서 출토된 「樂浪郡 初元4年 縣別戶口簿」 木牘에서[128] 확인할 수 있다. 목독에는 낙랑군에 속한 25개 현이 네 개의 권역으로 나뉘어 기록되었는데, 그 가운데 네 번째 권역에는 東暆, 蠶台, 不而, 華麗, 邪頭昧, 前莫, 夫租의 7개 縣이 속해 있다. 이들은 기원전 75년에 설치된 樂浪郡 東部都尉가 관할하던 영동의 7현이었다.[129]

---

126 許愼 撰・段玉裁 注, 1974 『說文解字注』 11篇 下, 黎明文化事業公司.

127 李丙燾, 1976 「臨屯郡考」 『韓國古代史硏究』, 博英社, 198~200쪽.

128 尹龍九, 2007 「새로 발견된 樂浪木簡: 樂浪郡 初元四年 縣別戶口簿」 『韓國古代史硏究』 46.
____, 2010 「낙랑군 초기의 군현 지배와 호구 파악」 『낙랑군 호구부 연구』, 동북아역사재단.

129 손영종, 2006 「락랑군 남부지역(후의 대방군지역)의 위치: 《락랑군 초원4년 현별 호구 다소□□》 통계자료를 중심으로」 『력사과학』 2006-2.

영동 7현의 주민은 대부분이 濊族이었다.[130] 그리고 동부도위의 치소가 있던 不而縣이[131] 나중에 동예의 중심이 되는 不耐 지역으로서 지금의 함남 안변에 비정된다.[132] 夫租縣는 나중에 沃沮城으로 불리어지며 옥저의 중심지가 되지만, 함흥에 비정되므로 不而와 근접한 지역이다. 나머지 5개 현의 위치 역시 함남 남부와 강원 영동 지역의 북부에서 찾는 것이 합리적이다. 이곳은 낙랑군 동부도위가 설치되기 전에 臨屯郡이 관할하던 지역이며, 기원후 30년에 낙랑군 동부도위가 폐지된 다음에는 그 대부분이 동예의 권역에 속하게 된다.

그렇다면 위의 『설문해자』에 기록된 邪頭國과 낙랑군의 東暆縣은 각각 「초원4년 호구부」 목독에 보이는 邪頭昧와 東暆에 해당한다고 볼 수 있다. 그 구체적인 위치는 비정하기 곤란하나 나중에 동예를 구성하는 주요한 정치체가 되었음에 틀림없다. 따라서 魵, 魵, 鰅은 모두 동예 지역에서 산출되었다고 보아도 좋다. 특히 鰅은 "거죽에 무늬가 있다"고 했으므로 『삼국지』 예전에 기록된 班魚와 같은 동물일 가능성이 높다.

동예 지역에서는 이처럼 여러 바다생선과 물범으로 추정되는 海獸가 산출되었다. 육지에서는 果下馬와 표범을 포획했고 과하마의 경우는 사육하여 기승·운송용으로 썼다. 동예 지역의 특수한 자연 환경을 활용한 결과다. 더불어 농업 생산과 織造·무기 제작 수공업, 그리고 양잠업이 행해지고 있었다.

(2) 服屬儀禮의 경제적 성격

옥저, 동예의 생업 경제에서 대외교역과 관련하여 주목되는 것은 몇 가지 産物이 漢과 高句麗로 반출되었다는 사실이다. 동예 지역에서는 檀弓, 班

_____, 2006 「료동지방 전한 군현들의 위치와 그후의 변천(1)」 『력사과학』 2006-3, 49쪽.

130 『三國志』 卷30 魏書30 烏丸鮮卑東夷傳30 濊 "自領以東七縣 都尉主之 皆以濊爲民".

131 『漢書』 卷28下 地理志 8下 樂浪郡.

132 李丙燾, 1976, 앞의 논문, 201쪽.

魚皮, 文豹, 果下馬를 한나라에, 그리고 옥저는 貊布, 생선, 소금, 해초류를 고구려로 보냈다. 옥저 지역은 衛滿朝鮮이 멸망하면서 漢의 郡縣이 설치되었으므로 이미 기원전부터 특산물을 한나라에 보냈고, 1세기 말~2세기 전반 무렵 고구려에 복속된 뒤에는 고구려에 물자를 보냈다고 보아야 한다. 3세기 초에 고구려가 東濊를 복속한 다음에는[133] 동예도 그 특산물을 고구려에 보냈을 것이다.

동해안의 산물이 고구려, 漢과 같은 내륙 방면으로 원거리를 이동하는 현상을 어떻게 이해해야 할까? 이것을 대외교역이라고 볼 수 있을까? 누가 이러한 원거리 물자 이동을 주도했고, 그들은 자신의 특산품에 상당하는 한나라 혹은 고구려의 물품을 그 대가로 확보할 수 있었을까?

문헌 기록으로 漢이나 高句麗가 옥저, 동예와 대외교역을 벌인 사실을 확인할 수 없다. 濊君 南閭의 사례를 검토해 보자. 그의 본거지는 현재의 함남 동해안 지역으로 추정되며 옥저 혹은 동예의 대수장이었다. 그는 기원전 128년에 28만 명의 주민을 이끌고 한의 遼東郡에 귀부했다고 한다.[134] 이것은 남려가 그 많은 주민을 실제로 통솔하여 요동군까지 갔다는 의미가 아닐 것이다. 남려가 요동군과 접촉하여 한나라에 귀부했고, 이로써 그가 통제하던 주민 집단이 漢에 복속하게 되었다고 해석해야[135] 합리적이다. 이 자료를 가지고 다수의 濊系 주민이 원거리를 이동했다거나 遼東郡과 濊族 집단 사이에 等價의 물품을 교환하는 교역 활동이 이뤄졌다고 볼 수 없다.

가을 7월 낙랑군이 통할하는 外夷인 韓・濊・貊이 각기 官屬을 이끌고 와서

---

133 『三國志』 卷30 魏書30 烏丸鮮卑東夷傳30 濊 "漢末 更屬句麗 …… 正始六年 樂浪太守劉茂 帶方太守弓遵 以領東濊屬句麗 興師伐之".

134 『後漢書』 卷85 東夷列傳75 濊 "元朔元年 濊君南閭等畔右渠 率二十八萬口 詣遼東內屬 武帝以其地爲蒼海郡 數年乃罷".

135 조공 기사에 흔히 보이는 '率衆'과 '擧土'의 표현은 戶口數를 황제에게 보고하고 地圖를 제출한다는 의미다(尹龍九, 1999 「三韓의 朝貢貿易에 대한 一考察: 漢代 樂浪郡의 교역형태와 관련하여」 『歷史學報』 162, 7쪽).

朝貢했다. (『三國志』 卷4 魏書 陳留王 景元2年)

魏나라 말기인 261년에 濊가 중국 측과 대외교섭을 벌였다. 韓은 馬韓을 중심으로 한 三韓 세력, 貊은 高句麗를 가리킨다. 이 시점에 동예는 고구려에 복속되어 있었으므로 위나라에 조공을 보낸 濊는 嶺西濊 세력으로 추정된다. 영서예는 기원전 75년 이래 낙랑군의 통제를 받았으나 2세기 중・후반에는 마한과 함께 그 세력이 강성해져서 낙랑의 郡縣民이 유입될 정도였다.

3세기 초에는 公孫康이 낙랑군의 남부도위가 관장하던 지역에 帶方郡을 설치했고 238년에는 魏가 다시 공손씨의 낙랑군과 대방군을 평정했다. 한편 3세기 전반인 古爾王代에는 伯濟國이 마한의 맹주로 성장하여 嶺西 지역을 놓고 帶方郡과 공방을 벌였다.136

위의 조공 기사는 2세기 중엽~3세기 전반에 걸친 한반도 중부 지역의 이와 같은 정세 변동을 배경으로 하여 嶺西濊 세력이 중국 측과 벌인 독자적인 교섭 활동을 전한다. 이때 예 측에서 어떤 물자를 가져갔는지 알 수는 없다. 그것이 영서 북부지역의 특산물이라고 하더라도 당시 급변하던 국제 정세 속에서 활로를 모색하던 濊의 상황을 고려하면 교역품이라기보다는 외교교섭을 위한 禮物로 보는 것이 합당할 것이다

기원전 108년 이래 임둔군, 낙랑군, 그리고 이어서 고구려가 옥저와 동예 지역을 복속하여 통제했다. 이들 사이의 관계는 魏와 영서예의 관계와 어떻게 다를까?

東沃沮의 使者가 와서 좋은 말 20필을 바쳤다. 그가 아뢰기를 "우리 임금께서 남쪽 韓에서 聖人이 나신 것을 듣고 저를 보내어 축하를 드리는 바입니다" 했다. (『三國史記』 卷1 新羅本紀1 赫居世居西干 53年)

---

136 『三國史記』 卷24 百濟本紀2 古尒王 13年 8月 "魏幽州刺史毋丘儉 與樂浪太守劉茂 朔方太守王遵 伐高句麗 王乘虛 遣左將眞忠 襲取樂浪邊民 茂聞之怒 王恐見侵討 還其民口". 同, 25年 "春 靺鞨長羅渴獻良馬十匹 王優勞使者以還之".

古陁郡主가 靑牛를 바쳤다. (위의 책, 卷1 新羅本紀1 婆娑尼師今 5年 5月)

夫沙郡에서 뿔이 하나 달린 사슴을 바쳤다. (같은 책, 卷3 新羅本紀3 奈勿尼師今 21年 7月)

史勿縣에서 긴 꼬리가 달린 흰색 꿩을 바쳤다. 왕이 이를 아름답게 여기고 縣吏에게 곡물을 내렸다. (같은 책, 卷3 新羅本紀3 訥祇麻立干 25年 2月)

위의 기록은 斯盧國이 고대국가로 성장해 가던 시기에 주변 정치체와 맺은 관계를 보여 준다. 신라의 사례이고 시기도 차이가 있으나 옥저, 동예가 漢郡縣 및 고구려에 보낸 물자의 성격을 이해하는 데 참고가 된다.

첫째 기록은 '東沃沮'가 사절을 보내 赫居世의 탄생을 축하하고 선물을 바쳤다고 전한다. 그 紀年은 믿기 어렵지만 동옥저 측이 바쳤다는 '좋은 말[良馬]'이 동예의 특산물인 果下馬일 가능성이 있어 유의된다. 그렇다면 이 기록은 옥저 혹은 동예 방면에서 사절을 보내 斯盧國을 중심으로 형성된 辰韓聯盟體와 교섭을 시도한 사실을 전한다고 볼 수 있다.

당시 사로국의 발전 수준을 고려하면, 실제로는 동옥저의 사절이 방문하여 자신이 속한 정치체 수장의 의사를 전달하고 증여품도 상호 주고받는 대등한 정치체 사이의 교섭 형식으로 진행되었을 것이다. 그러나 위의 기사는 마치 동옥저가 일방적으로 사로국에 공물을 바친[來獻] 것처럼 서술되어 있다. 이는 居柒夫 등이 中古期에 『國史』를 편찬할 때 사로국을 중심으로 하여 辰韓의 역사를 정리한 결과라고 생각된다. 尼師今 시기 이후에 사로국이 진한연맹체의 맹주로 성장하여 주변의 소국으로부터 服屬儀禮의 일환으로 그 특산물을 공납으로 수취하던 통제 방식을 동옥저와의 교섭에도 투영하여 기술한 것이다.

두 번째 이하의 기사가 斯盧國이 주변 小國과 맺은 복속관계를 보여 준다. 고타'군', 부사'군', 사물'현'이라고 했으나, 이때는 아직 郡縣制가 시행되기 전이므로 이 지역은 모두 사로국의 영역에 속한 곳이 아니었다. 따라서 고타의 '軍主'와 사물의 '縣吏'는 사로국이 파견한 地方官이 아니라 해당 지역의 수장을 가리킨다고[137] 보아야 한다.

사로국은 고타, 부사, 사물 지역에 있던 소국을 복속시킨 후 그 수장을 통해 공납품을 받았다. 푸른 빛이 나는 소, 뿔이 하나 달린 사슴, 흰색 꿩은 그 지역의 특산품이라고 하기보다는 祥瑞를 나타내는 상징적 동물이다. 각 지역의 특산품은 이 동물과 함께 사로국에 납부되었거나 다른 시기에 별도로 보내졌을 것이다.

상서로운 동물은 공납품의 일부이지만, 특히 이렇게 희소성이 높은 동물을 포획해서 사로국에 공물로 바친 행위는 그 儀禮的 성격을 잘 보여 준다. 피복속 소국의 사절이 방문하여 흔치 않은 물품을 바침으로써 사로국과의 정치적 상하관계를 현실에서 극적으로 보여 줄 수 있었다.

네 번째 자료를 보면, 訥祇麻立干은 史勿 지역에서 바친 흰 꿩에 대해서 일상적 물품인 곡물을 사여했다. 단편적인 자료에 불과하지만 이 사례는 복속국과 피복속국 사이의 정치적 비대칭성을 뚜렷이 보여 준다. 복속의례에서 물품이 서로 교환되는 경우에도 양자 사이에는 특수품과 일상품으로서 현격한 차이가 있었던 것이다. 사치품과 일용품의 차이 혹은 물품의 양의 차이도 충분히 예상할 수 있다. 이러한 불균등 교환을 교역이라고 볼 수는 없다.

신라의 사례를 다소 장황하게 인용했는데, 漢이나 高句麗와 옥저·동예 사이의 물품 이동도 동일한 성격이라고 생각된다. 한나라는 고조선을 멸망시키고 예족의 원주지라고 할 수 있는 臨屯 지역에 臨屯郡을 설치했다. 임둔 지역을 중심으로 한 정치체는 청동기시대 이래의 성장과 지역적 확산을 기반으로 하여 북옥저, 남(동)옥저, 동예, 영서예 등으로 분화했다. 그러나 漢郡縣, 그리고 뒤에는 高句麗, 百濟의 지배를 받게 됨으로써 그 복속의 경제적 표현으로서 지역의 산물을 납부했다.

앞서 살펴보았던 『說文解字』의 물범, 즉 鰅의 사례는 기원전 58년에 동예의 특산품이 당시 동예 지역을 관할하던 樂浪郡 東部都尉 소속의 東暆縣에 납부되었다가 다시 한나라 중앙에서 兵仗器를 제작하던 관부인 考工

---

137 강종훈, 1999 「상고기 신라의 영역 확장과정과 지방통치방식」 『역사와 현실』 31, 36쪽.

部에까지[138] 보내진 사실을 전해 준다. 이것은 피복속국이 종주국에 보내는 貢納物로서 복속의례의 일환으로 이뤄진 것이다.

복속의례에는 특산물 납부 외에도 여러 형식과 절차가 있었다. 피복속 정치체의 각급 수장들이 복속국의 국왕에게 정기적으로 정치체 내부의 사안을 보고하는 일, 그 국가 祭儀에 참여하는 일, 그리고 복속국으로부터 하사품과 정치・군사상의 지침을 수령해 오는 일 등이다. 옥저와 동예의 경우는 한나라에 대한 공납의 대가로 수장층의 인물은 세력의 크기에 따라서 侯・邑君・三老의 칭호와 위세품을, 그리고 그 휘하에 있던 手下層은 功曹・主簿 등의 관직을 제수 받고 수장의 吏屬으로서 활동했다.

따라서 공납물의 납부는 해당 정치체의 수장이 주도했을 것이다. 이를 직접 수행한 이는 교역상인이 아니라 수장의 手下나 吏屬과 같은 官人 성격의 존재로 보인다. 그리고 교환되는 물품의 非對稱性이 나타나므로 有無相通을 위한 것도 아니다. 종주국이 피복속국으로부터 그 특산품을 거의 일방적으로 취득했다. 경제적으로 볼 때는 無償의 收取라고 보아도 지나치지 않을 것이다. 두 정치체 사이의 정치・군사적 상하 관계가 이를 가능하게 했다. 피복속국의 수장은 공납을 포함한 복속의례를 통해서 자기 지역에 대한 전통적 지배권을 인정받고 그것을 顯示하는 威勢品이나 상징적 물품을 받는 것으로 만족했다.

(3) 옥저・동예 주민의 교역 활동

그렇다면 옥저, 동예로 대표되는 예족 집단은 강대국에게 공납만 바쳤을 뿐 주변의 정치체와 교역 활동은 벌이지 못한 것인지 궁금해진다. 옥저와 동예 지역은 산악과 하천, 그리고 해양을 끼고 있어 다양한 생업경제가 이뤄지고 있었다. 이를 바탕으로 기본적인 생활 물자는 자급자족이 가능했다고 생각된다. 대외교역의 필요성이 절실하지 않았다는 말이다. 더욱

---

138 『漢書』 卷52 列傳22 田蚡에 실린 顔師古의 注 "考工 少府之屬官也 主作器械".

이 그 서쪽으로는 함경–부전령–낭림–태백산맥이 가로막고 있어서 한반도 서북부와 만주 방면으로 왕래하기가 쉽지 않다는 점도 감안해야 한다.

그러나 예상과 달리 예족은 일찍부터 원거리 교역 활동에 참여하고 있었다.

> 燕은 또한 勃海와 碣石 사이의 도회지이다. …… 북쪽으로 烏桓·夫餘와 이웃하고 동쪽으로 穢貉·朝鮮·真番의 이익을 관장[綰]했다. (『史記』 卷129 貨殖列傳69)

위 기사에서 燕은 前漢 시기의 지명이다. 그러나 이때에 燕이라는 행정구역 명칭은 보이지 않으므로[139] 戰國時代의 연나라가 있던 渤海灣의 북서 지역을 前漢 시기에 연이라고 부른 듯하다.

그런데 연이 교류하던 정치체 가운데 그 동쪽에 있던 것으로 예맥과 조선, 진번이 열거되고 있다. 조선은 古朝鮮이고 眞番은 그 남부 즉 지금의 황해 지역에 있던 정치체다. 그렇다면 穢貉은 고조선의 동부에 있던 정치체로 비정할 수 있겠다. 옥저와 동예도 이 예맥에 포함되었을 것이다.[140] 그리고 당시에는 옥저, 동예 방면이 臨屯이라고 불렸다고 생각되므로 이하에서는 이를 후대와 구분하여 '임둔'이라고 지칭하겠다.

위 기록의 '綰' 자를 司馬貞은 『索隱』의 注에서 "그 주요한 나루[要津]를 통제한다"고 해석했다. 예맥, 조선, 진번으로 가는 교통로를 燕 지역에서 장악했다는 것이다. 지리상으로 中原에서 遼東 및 韓半島 북부 지역으로 이동하려면 山東半島에서 바다를 건너거나 燕을 거치는 방법이 최단 코스다. 따라서 늦어도 前漢 시기에는 연을 경유하는 교통로로서 연–발해만–요동반도–압록강 혹은 대동강으로 이어지는 연안 항로나 연–遼河–서안평–王險城으로 이어지는 육상 교통로가 개설되어 있었다고 추정된다.

---

139 전한 시기의 東郡에 燕縣이 확인되지만 위치가 현재의 河北省 지역이어서 渤海 연변에 있던 燕과 맞지 않는다.

140 武田幸男, 1989 「舊領域の支配形態」 『高句麗史と東アジア』, 岩波書店, 81쪽에서도 동해안의 예족을 '穢貉'에 포함시켜 이해했다.

연 지역과 한반도 북부를 잇는 교통로는 주로 대외교역에 활용된 듯하다.

燕의 땅은 尾와 箕로 나뉜 들판이다. …… 上谷郡에서 遼東郡까지는 땅이 넓으나 주민이 적어 자주 오랑캐가 침입했다. 풍습은 趙, 代의 땅과 비슷하다. 물고기, 소금, 대추, 좁쌀이 풍부하다. 북으로 烏丸, 夫餘와 대치하고 동으로 眞番과 장사하여[賈] 이익을 얻는다. (『漢書』 卷28下 地理志8下)

위의 『한서』 지리지 기록은 燕과 한반도 지역의 관계를 보다 구체적으로 전한다. 동방의 정치체로서 眞番만 언급했지만, 뒤 이어서 玄菟와 樂浪에 대한 서술이 나오므로 『사기』의 기록과 어긋나지 않는다. 그리고 "진번과 장사하여 이익을 얻는다"고 하여 연과 한반도 북부의 정치체 사이에 대외교역이 있었음을 분명히 하고 있다.

나중에 北沃沮로 발전하게 되는 지금의 함경북도 茂山의 범의구석(虎谷洞) 유적에서 五銖錢으로 추정되는[141] 중국 고대 화폐가 출토되었다. 외래 화폐의 사용은 대외교역의 강력한 증거다. 주지하듯이 五銖錢은 한나라 武帝代에 처음 주조된 것이므로 臨屯 일부 지역에서는 늦어도 기원전 2세기 말에는 중국의 연 지역과 교역이 이뤄졌음을 알 수 있다.[142]

연 지역은 발해 연안이어서 바다생선과 소금은 풍성했으므로 그 밖의 다른 해산물이나 貊布와 같은 직물을 옥저에서 들여왔을 것이다. 그 대가로 오수전을 지불하거나 연의 특산품과 교환했으리라고 생각된다.

특히 당시에 대외교역을 통해서 漢 세력으로부터 유입된 물자로는 鐵器가 주목된다. 함경북도 무산의 호곡 유적과 회령의 오동 유적, 그리고 함경남도 영흥의 소라리 토성에서는 鑄造鐵斧, 반달돌칼형 철기, 鐵鎌 등 戰國時期 燕의 전통을 잇는 前漢代의 철기가 출토된 바 있다.[143]

---

141 황기덕, 1975「무산범의구석유적 발굴보고」『고고민속론문집』6, 217쪽.

142 秦代 이전부터 사용된 布錢, 半兩錢이 임둔 지역에서 발견된 예는 아직 없다. 따라서 앞으로 관련 유적이 발견되기 전까지는 잠정적으로 임둔과 중국 세력 사이의 교역은 前漢 시기인 기원전 2세기경에 시작되었다고 보고자 한다.

이것은 신석기시대 이래 有無相通의 교역 전통을 이은 것이다. 임둔을 구성하고 있던 大小 정치체의 首長이 교역을 조직했을 것이다. 실제 교역단을 이끈 것도 수장의 측근에서 활동하던 인물이 맡았으리라 본다. 한반도 동해안에서 燕에 이르는 원거리를 이동하기 위해서는 중간에 교역 거점을 경유한다고 하더라도 교역을 뒷받침할 人力과 財力, 그리고 교역단의 自衛를 위한 武器의 공급 등이 필요했을 것이기 때문이다.

그리고 前漢 시기 燕 지역과 臨屯의 사회 분화 수준을 비교하면 연 지역에서는 이미 전업적인 교역상인이 출현하여 對臨屯 국제교역에 참여했을 가능성이 높다.

임둔 지역에서 수장이 주도하던 호혜적 대외교역은 앞서 지적한 바와 같이 옥저, 동예가 漢과 고구려에 복속당하면서 貢納 體制로 변질된다.[144] 옥저와 동예의 읍락공동체를 이끌던 大人들이 공납 대상품을 거두어 한과 고구려에 바칠 때도[145] 한편에서는 일반 읍락민이 국제교역을 대신했을 수는 있으나 한나라처럼 상대가 원거리에 있을 경우는 현실성이 떨어진다.

漢이 고조선을 멸망시킨 다음 樂浪郡에는 한나라 상인이 들어와 활동하였다.[146] 옥저, 동예 지역도 마찬가지로 현토군과 임둔군, 그리고 이어서 낙랑군이 이 지역을 지배할 때는 경제력이 있는 漢의 상인이 郡縣의 통제력이 미치는 범위까지 들어와서 대외교역 활동을 전개했다고 생각된다.

옥저와 동예를 중심으로 하는 濊族 정치체는 주변의 강대국에 공납을

143 한석정, 1961「함경남도지역에서 발견된 세형동검유적과 유물」『문화유산』1961-1.
박진욱, 1974「함경남도일대의 고대유적조사보고」『고고학자료집』4.
村上恭通, 2000「團結文化と滾兎嶺文化」『東夷世界の考古學』, 青木書店, 114~116쪽

144 임둔은 한나라에 복속되기 전 衛滿朝鮮의 통제를 받았다. 이 시기의 대외교역 체제와 위만조선의 역할에 관해서는 3장 1절에서 상술할 것이다.

145 『三國志』卷30 魏書30 烏丸鮮卑東夷傳30 東沃沮 "句麗復置其中大人爲使者 使相主領 又使大加統責其租稅".

146 『漢書』卷28下 地理志8下 "其民飮食以籩豆 都邑頗放效吏及內郡賈人 往往以杯器食郡初取吏於遼東 吏見民無閉臧 及賈人往者夜則為盜 俗稍益薄 今於犯禁寖多 至六十餘條".

바칠 때에도 동시에 복속국이 아닌 다른 정치체와 대외교역을 지속했다.

> 나라에서 鐵이 난다. 韓, 濊, 倭가 모두 와서 이를 가져간다. 물건을 사고 팔 때 철을 이용하는데, 마치 중국에서 돈[錢]을 쓰는 것 같다. 또 二郡에도 供給한다. (『三國志』 卷30 魏書30 烏丸鮮卑東夷傳30 弁辰)

변한 지역에서 생산된 철 자원을 입수해 간 정치체로서 마한, 진한, 왜, 낙랑군, 대방군과 함께 濊가 확인된다. 여기서 예가 예족 가운데 어느 정치체를 가리키는지는 분명치 않지만 3세기 전반의 상황에서 변한과 예 사이에는 어떠한 정치적 복속관계도 성립되어 있지 않았다. 따라서 양자 사이의 철 유통은 교역 행위에 의한 것이라고 볼 수 있다.

예족 정치체가 漢과 고구려 혹은 백제에 복속되어 공납을 바치면서도 변한 세력과 대외교역을 벌일 수 있었던 이유는 3세기 들어 公孫氏가 한반도 서부를 장악하여 종래의 군현 통치에 변동이 생겼고, 고구려와 백제의 지배 방식은 예족 정치체의 在地 首長을 활용한 간접지배였기 때문이다.

이 틈을 타서 예족의 일부 읍락공동체 수장이 교역단을 변한 지역에 파견하여 자신의 특산품과 철 소재를 교환했을 것이다.[147] 동예, 영서예 혹은 옥저의 교역단이 어떤 교통로를 이용하여 한반도의 남해안 지역까지 왕래했을지 의문이다. 현재로서는 추정에 불과하지만 옥저와 동예의 경우는 동해의 연안항로를, 그리고 영서예의 경우라면 현재의 강원 영서에서 육로를 통해 남하하여 경상 내륙의 낙동강 水路를 이용하여 김해 지역에 닿는 루트를 상정할 수 있다.

여하튼 한나라와 고구려, 백제에 복속되어 공납체제에 편입된 후에도 일부 예족 정치체는 한동안 제한된 형태로나마 대외교역을 지속했다고 생각된다. 기원전 2세기 말 한군현이 설치되기 전에 臨屯이 漢의 燕 지역

---

147 李賢惠, 1994 「三韓의 對外交易體系」 『李基白先生古稀紀念韓國史學論叢 上』, 一潮閣; 1998 『韓國 古代의 생산과 교역』, 一潮閣, 279~280쪽은 김해 지역과 동예의 교역을 보여 주는 유물로서 良東里 235호분 출토 銅鍑과 대형 鐵矛를 들었다.

등과 벌이던 호혜적 대외교역의 전통이 예족의 일부 지역에서 3세기 전반에도 이어지고 있었던 것이다.

이러한 양상이 언제까지 지속되었는지는 분명하지 않다. 그러나 「廣開土大王陵碑」를 보면 이에 관한 시사를 얻을 수 있다. 능비에는 414년에 長壽王이 정한 守墓人 가운데 "東海賈 國烟三 看烟五"가 적혀 있다. 이들은 新來韓穢가 아니라 舊民에 속하므로 광개토대왕이 즉위하기 전에 고구려의 주민이 된 자들이다. '동해'가 지역을 가리키므로 守墓役에 차출된 이 8개 가호는 동해 연안에 자리 잡고 있었을 것이다. 그리고 당시 고구려가 장악하고 있던 동해안 지역은 지금의 함경도와 강원도에 걸쳐 있었으므로 대략 옛 옥저·동예 지역에 해당한다.

그런데 비문은 이를 동해의 '장사꾼[賈]'이라고 표현하여 주목된다. 이를 北沃沮 방면의 정치체로 보고 태조왕 때 붉은 표범을 바친 東海谷이 바로 이 지역이라는 견해가 제기된 바 있다.[148] 타당한 지적이라 생각된다. 그런데 이를 '谷'이 아니라 '賈'라고 표기한 이유는 무엇일까? 谷에 비해 賈는 글자의 結構가 훨씬 복잡하므로 書者가 이를 혼동했을 가능성은 높지 않다. 비문에는 '谷'자를 사용한 '梁谷' '改(?)谷'의 지명이 나오므로 東海'谷'을 東海'賈'로 잘못 썼다고 보기는 어렵다. 두 글자의 발음이 '곡'과 '고'여서 서로 비슷하므로 당시에 통용되었다고 할 수가 있으나 의미가 완전히 달라서 그것도 현실성은 작다.

東海'賈'는 그 앞에 기록된 賣句余'民', 뒤에 나오는 敦城'民' 또는 俳婁'人'과 같은 맥락에서 보아야 하지 않을까? 매구여 지역의 民, 돈성 혹은 배루 지역의 人처럼 東海賈는 동해 지역의 賈라고 해석해야 자연스럽다. '東海'는 원래 東海谷으로 불리고 이를 줄여서 海谷[149]이라고도 썼던 듯하

---

148 박시형, 1966 『광개토왕릉비』 사회과학원출판사, 217쪽.
余昊奎, 1995 「3세기 후반~4세기 전반 고구려의 교통로와 지방통치조직: 南道와 北道를 중심으로」 『韓國史研究』 91, 25~28쪽.

149 『三國史記』 卷17 高句麗本紀5 西川王 19年 "夏四月 王幸新城 海谷太守獻鯨魚目 夜有光".

다. 賣句余民과 敦城民의 '民'과 '人'은 의미의 차이 없이 고구려의 주민 혹은 公民을 뜻한다고 보아도 좋을 것이다. 따라서 東海賈는 동해곡 지역의 주민 가운데 장사꾼만을 가리키는 것이 아니라 동해곡의 주민 일반을 지칭한다고 생각된다.[150]

5세기 초에 고구려 조정은 북옥저의 故地에 살던 주민을 賈, 즉 '장사꾼 무리'라고 인식했다. 이 정도라면 賈는 단순히 坐商, 즉 국내 상업에 종사하는 상인에 그치지 않고 원거리의 대외교역에도 참여했다고 보아야 한다. 북옥저 주민들이 고구려의 국내 곳곳은 물론 대외교역을 활발하게 벌이고 있었으므로 고구려 중앙에서는 동해곡 지역의 주민을 '賈'로써 표현했던 것이다. 대외교역의 대상으로는 북쪽으로 挹婁, 夫餘, 그리고 남쪽으로 新羅 및 加耶聯盟의 諸國 등을 상정할 수 있다.[151]

北沃沮를 포함한 濊族 정치체는 前漢代부터 원거리 교역에 나선 경험이 있고, 고구려에 복속된 다음에 공납품을 동해안에서 고구려 王都까지 운반하면서[152] 대상 물품을 수집하고 운송하는 시스템이 정비되고 이를 지원하는 행정력도 발전했을 터이다. 무엇보다 동해안 지역 산물의 높은 상품성은 예족이 후대까지 대외교역을 활발히 벌인 원동력이었다. 아래 자료는 비록 조선 초기의 것이지만 미역을 비롯한 해산물의 경제적 가치를 잘 보여 준다.

---

150 좀 더 깊이 생각해 보면, 賣句余나 敦城 등 '民' '人'으로 표기된 주민 집단이 고구려 왕권의 직접 지배를 받는 公民인 반면, 東海谷 지역은 여전히 공납 수취 같은 간접 지배가 이뤄졌고 그 주민은 정식 공민으로 편제되지 못했을 가능성이 있다. 주 149에서 보듯이 고구려에서 집권체제가 수립된 3세기 후반에도 海谷 지역은 중앙에 복속의례를 치르고 있다. 이러한 지역의 주민 집단은 '賈'처럼 특정 役名이나 문화적 특징을 표시하는 글자를 사용하여 '民' '人'으로 표기된 公民과 구별했을 수 있다.

151 武田幸男, 1989, 앞의 논문, 78~81쪽은 '東海賈'가 어로 생활을 하던 濊族 중의 商賈集團이며, 이를 통해서 중국-한반도 북부-동해안을 잇는 商賈의 길이 4·5세기까지 존속한 사실을 알 수 있다고 보았다.

152 『三國志』 卷30 魏書30 烏丸鮮卑東夷傳30 東沃沮 "又使大加統責其租稅 貊布魚鹽海中食物 千里擔負致之".

예조참의 李先齊가 상서하기를, "…… 대저 소금은 인민의 일상생활에서 하루라도 없을 수 없는 것이어서 천지 간에 없는 곳이 없사온데, 하물며 우리나라는 삼면이 바다에 닿아서 모두 소금 굽는 땅이 되오니 더 말할 것이 있겠습니까? …… 고기잡이와 미역 따기도 마찬가지입니다. …… 미역은 다른 나라에는 없고 오직 우리나라에만 곳곳에 다 있사온데, 濟州에서 나는 것이 더욱 많아서, 土民이 쌓아 놓고 부자가 되며 장삿배가 왕래하면서 매매하는 것이 모두 이것이옵니다. ……" 하였다. (『世宗實錄』 卷117 世宗 29年 9月 23日 壬子)

예문관 제학 이선제가 상서하였다. …… 그 셋째는 이러하였다. "帝王이 재정을 관리하는 도리는 한 가지 방도가 아니지만, 魚鹽이 가장 으뜸입니다. 禹貢 이래로 지금에 이르기까지 역대로 모두 이 방도를 썼는데 前朝에서도 또한 古制를 써서 그 이익을 취하였습니다. 지금 式目都監의 形止案을 보니, 각 고을의 鹽盆의 자리 수와 魚梁의 網所와 藿田의 結卜를 모두 빠짐없이 기록하였습니다. 말년에 이르러 權勢·豪族들이 이를 탈점하고 말하기를, '국가가 백성들과 이익을 다툴 수 없다'고 하였으니, 이것이 무슨 심보입니까? ……" 라고 하였다. (『文宗實錄』 卷4 文宗 卽位年 10月 10日 庚辰)

소금, 미역과 같은 해산물은 부를 축적할 수 있는 중요한 자원이어서 어민과 권세가는 물론이고 정부가 收稅源으로서 주목하고 있었다. 古代에도 해산물이 풍부한 지역의 사정은 크게 다르지 않았다.

적이도 5세기 초까지 北沃沮에서 대외교역이 이뤄졌음을 확인할 수 있지만 이것은 高句麗나 漢郡縣의 지배를 받기 전과 다른 형태였을 것이다. 守墓役 차출이 상징하듯이 고구려 왕권이 어떤 형태로든 예족의 대외교역권을 통제했다고 생각된다. 교역의 자율성을 허용하되 거래 품목을 제한하든지, 교역품의 일부를 중앙정부에 납부하는 일종의 交易稅 부과 방식, 그리고 교역단에 고구려의 官人이 동참하는 방식 등을 상정할 수 있겠다.

옥저와 동예로 대표되는 예족의 정치체는 이처럼 前漢代 이래 주변의 정치체와 활발히 교역을 벌였다. 그 범위는 燕, 弁韓 지역과 같이 원거리까지 미쳤다. 그리고 적어도 5세기 초까지는 부분적이지만 이들의 대외교역 활동이 확인된다. 예족 정치체가 벌인 교역 활동의 성격은 5세기

초까지도 기본적으로는 有無相通 차원의 호혜적인 것이었다고 생각된다.[153]

(4) 소결

東海賈는 개별 교역인이 아니라 옛 북옥저 지역의 주민 일반을 가리킨다. 이들은 '賈'로 통칭될 정도로 집단적으로 활발하게 교역에 종사했던 듯하다. 신석기시대 이래 공동체 단위로 교역을 벌이던 전통이 그 역사적 배경으로 자리 잡고 있었다.

초기에는 읍락공동체의 首長이 교역을 주도했으나 고구려 혹은 백제에게 복속당한 지역에서도 수장 주도의 대외교역이 지속되었는지는 미상이다. 복속국의 왕권이 어떤 식으로든 이에 간여했을 것이고, 이에 따라 재래의 수장층 대신 豪民과 같은 부유층이 교역을 주도했을 가능성도 있다. 그렇다고 하더라도 그 지역 주민을 東海賈라고 인식할 정도였다면, 전통적인 공동체가 단위가 되어 그 주민이 교역 대상품을 모으고 교역단에 참여하기도 하는 集團的 形態를 예족의 대외교역 활동의 특징으로 들 수 있을 것이다.

비슷한 양상은 州胡에게서도 찾아볼 수 있다.

> 또 마한의 서쪽 바다에 있는 큰 섬에 州胡가 산다. 그 주민은 마한 주민보다 [差] 키와 체구가 작고 言語도 韓과 같지 않다. 모두가 머리를 깎아 鮮卑族처럼 보이며, 다만 가죽 옷을 해 입고 소와 돼지를 잘 기른다. 그 옷은 상의만 있고 아래가 없어 거의 나체와 같다. 배를 타고 왕래하며 韓과 물건을 팔고 산다. (『三

---

153 시간이 흐르면서 호혜적 교역에서 점차 경제적 이익을 목적으로 하는 상업적 교역이 시도되었을 가능성이 있다. 대외교역에서 경제적 이익이 발생하려면 轉賣, 즉 A–B–C의 교역 관계에서 B가 A로부터 입수한 물품을 C에 되팔고 그 과정에서 매매 차익이 생기거나, B가 원료를 가공한 상품을 A와 C에 판매하여 부가가치를 실현시켜야 한다. 하지만 이를 입증할 수 있는 자료가 현재로서는 없어 濊族의 상업적 교역 여부를 판단하기 어렵다.

國志』 卷30 魏書30 烏丸鮮卑東夷傳30 韓)

주호가 삭발했다고 하므로 이들이 濟州道의 원주민이 아니라 外族의 포로이거나 표류민 집단이라고 보기도 한다. 州胡는 '州邑에 속한 胡人'일 수 있다는 것이다.[154] 그러나 '州'가 원래 '물 가운데 있는 살 수 있는 땅'을 가리키므로[155] 주호는 3세기 전반 무렵 제주도에 살던 주민집단으로 보아야 할 것이다.

이들은 배를 타고 지금의 제주해협을 건너 주로 마한의 남부에 있던 여러 小國과 교역을 벌였다. 제주도는 농경지가 부족하므로 마한 지역으로부터 곡물류를 주로 가져 오고 사치품과 위신재로서 綿布와 구슬로 만든 장신구류도 입수할 수 있었을 것이다. 그 대신 자신의 산물인 소, 돼지 등을 줄 수 있었다.

州胡의 대외교역 활동이 이렇게 특기된 이유는 交易이 그 생업경제에서 차지하는 비중이 컸고 외부인의 눈에 현저하게 뜨일 정도로 대외교역이 종족 차원에서 이뤄졌기 때문일 것이다. 교역품과 그 대상지, 그리고 교역의 공간 범위에서 차이가 있지만 東海賈 혹은 옥저・동예와 그 전 臨屯 시기에 예족 정치체가 벌이던 공동체 단위의 집단적 교역 활동의 모습을 州胡를 통해서 엿볼 수 있다

---

154 李丙燾, 1976 「州胡考」 『韓國古代史研究』, 博英社.

155 『漢語大詞典』(디지털 판), 州 항목.

제 2 장

3~4세기 加耶聯盟體의 교역 전략과 정치체제

제 1 절 서구 학계의 交易場 이론

제 2 절 金海 지역의 交易港

제 3 절 交易場의 중립성과 聯盟의 형성

4세기 이전의 前期 加耶史에[1] 대한 그간의 연구를 되돌아보면, 그 방법과 내용을 기준으로 하여 몇 갈래로 나눌 수가 있다.『三國遺事』소재 駕洛國記와『三國史記』樂志와 地理志,『三國志』弁辰傳을 위주로 한 문헌사학 방면에서는 加耶 諸國이 연맹을 형성하고 있었으며 그 맹주 세력은 金海와 高靈 일대에 자리 잡고 있었고, 특히 김해 지역은 해상교역의 중심이었음이 일찍이 지적되었다.[2] 이후 문헌사료의 공백을 고고학 자료를 이용하여 보충함으로써 가야 제국의 위치를 비정하고, 前·後期 加耶聯盟의 성립과 변천과정을 체계적으로 정리한 성과가 나왔다.[3]

日本의 문헌사학자들이 종래『日本書紀』의 가야 관련 기록을 근거로 해

표제지 설명 金海 양동리 322호분 출토 銅鼎(국립김해박물관 소장)
漢나라에서 제작된 청동 솥이다. 胴體 상부에 솥의 용량과 무게 등을 표시한 銘文이 새겨져 있다.

1 加耶史의 시기 구분은 金泰植의 견해(1993『加耶聯盟史』, 一潮閣)에 따라서 크게 4세기 말까지를 전기가야연맹, 5세기~562년을 후기가야연맹으로 나누고, 이를 포괄하여 '加耶'라고 지칭하겠다. 그러나 전기가야연맹은 3세기 후반에 大成洞 古墳 축조세력에 의해 형성되었다는 견해를(李賢惠, 1998『韓國 古代의 생산과 교역』, 一潮閣, 296~301쪽) 수용하여, 이를 3세기 전반 이전의 弁韓 小國 병립시기와 구분하고자 한다. 3세기 전반 이전의 김해 지역 정치체는 '狗邪國'이라고 특칭하지만, 범칭으로서 가야라고 부르기도 할 것이다. 그리고 전기가야연맹기 즉 3세기 후반 이후에 金官加耶, 駕洛國, 本加耶, 任那 등으로 나오는 김해의 정치체는 '금관가야'로 통칭하고자 한다.

2 李丙燾, 1976「加羅史上의 諸問題」『韓國古代史硏究』, 博英社.

3 金泰植, 1993『加耶聯盟史』, 一潮閣.

서 방대한 연구를 남긴 것은 주지의 사실이다. 그러나 이들은 대부분 任那日本府說을 바탕으로 하여 고대 한일관계의 역사상을 구성한 것이어서 가야사, 특히 전기 가야사를 규명하는 데는 한계가 있었다. 근래 한 연구는 그간 일본 고대사의 일부로 간주되어 온 任那史가 아니라, 倭와 동맹을 맺는 등 주변 세계와 교류하던 한반도 남부의 독자적인 정치체로서 加耶의 대외관계 전개를 살핀 바 있다.[4] 이는 일본 학계의 일각에서나마 가야의 역사와 문화에 대한 인식이 과거와 달라지고 있음을 보여 준다.

고고학계에서는 土器와 古墳의 編年을 중심으로 하여 전기가야의 성립 시기를 다룬 연구와 그에 따른 논란이 있었고,[5] 김해 良洞里・大成洞, 釜山 福泉洞, 고령 池山洞, 陜川 玉田, 咸安 末山里古墳群 등 가야의 주요 고분에 대한 발굴조사 결과가 보고되었다. 이 글의 검토 대상인 가야의 대외교역과 관련해서는 鐵鋌에 대한 분석,[6] 韓半島 남부 지역에서 발견되는 漢系 및 倭系 유적과 유물, 그리고 日本 列島의 韓系 유적・유물에 대한 조사 보고가[7] 주목된다.

한편 고고학계에서 유적과 유물의 형식 분류와 편년에 그치지 않고 이를 권역별로 구분하여 지역적 특색을 추출하고 이를 기초로 하여 加耶聯盟體의 성격과 내부구조를 살피려는 시도도 있었다.[8] 이는 종래 金官加耶

---

4 田中俊明, 2009『古代の日本と加耶』, 山川出版社.

5 金元龍, 1980『韓國考古學概說』, 一志社.
李殷昌, 1982「伽耶古墳의 編年硏究」『韓國考古學報』 12.
崔鍾圭, 1982「陶質土器 成立前夜와 展開」『韓國考古學報』 12.
신경철, 1989「가야의 무구와 마구」『國史館論叢』 7.

6 宋桂鉉, 1995「洛東江下流域의 古代 鐵生産」『伽倻諸國의 鐵』, 신서원.
東潮, 1999『古代東アジアの鐵と倭』, 溪水社.

7 辛勇旻, 2000「辰・弁韓地域의 外來系遺物」『고고학에서 본 변・진한과 왜』, 영남고고학회・구주고고학회.
洪潽植, 2000「考古學으로 본 金官伽倻」『考古學을 통해 본 加耶』, 한국고고학회.
武末純一, 2002「日本 九州 및 近畿地域의 韓國系 遺物」『古代 東亞細亞와 三韓・三國의 交涉』, 복천박물관.
鄭仁盛, 2003「弁韓・加耶의 對外交涉: 樂浪郡과의 교섭관계를 중심으로」『가야 고고학의 새로운 조명』, 혜안.

와 大加耶 중심의 단일연맹체설이 가진 문제점을 보완할 수 있다는 점에서 의미가 크다. 즉 '聯盟'의 개념을 보다 엄밀하게 규정해야 함을 지적했고, 다양한 層位의 연맹관계를 상정하여 연맹체의 구조를 盟主國과 聯盟國의 단순 상하관계에서 나아가 複數 연맹체 간의 관계까지 포괄할 수 있는 논의의 가능성을 열었다. 무엇보다도 가야연맹의 성립과 변천과정을 보다 구조적 · 동태적으로 탐색할 수 있는 시각을 제시했다고 생각한다.[9]

이상의 연구를 통해서 여러 異見도 드러났지만, 前期加耶史의 특징으로서 적어도 다음의 두 가지 사실은 받아들일 수 있게 되었다고 본다. 첫째는 그 정치체제가 聯盟體의 구조를 갖고 있었다는 점이다. 둘째는 전기가야연맹의 경제기반이 주로 鐵과 鐵製品의 생산과 교역이었다는 사실이다. 이 두 가지 특징은 서로 어떻게 연관되어 있었을까? 이 장에서는 가야 전기연맹의 성립 배경을 바로 그 경제기반을 이루고 있던 對外交易 體制의 특성에서 찾아보고자 한다. 가야의 교역체제를 검토하고, 그 기반 위에서 이에 조응하는 정치체제로서 연맹체제를 이해하는 방식이다.

그렇다면 교역체제와 정치체제를 연결하는 매개로서 자연스럽게 交易政策이 떠오를 것이다. 전기연맹의 교역정책의 실상을 밝힐 수 있다면 가야의 交易史는 물론 가야연맹체의 형성 배경과 그 특징까지 이해할 수 있는 것이다. 하지만 그 교역정책을 파악할 수 있는 관련자료는 전무하다시피 하다. 앞선 연구에서[10] 加耶와 주변 諸國과의 대외교역 양상을 살피면서 정치체제와의 관계를 주목하지 못한 것도 이러한 이유 때문이라고 생각된다.

필자는 자료의 한계를 극복하기 위하여 人類學 · 經濟史學界의 이론을 활용하고자 한다. 가야사는 아니지만 이미 衛滿朝鮮의 중계교역을 中心地

---

8 Kwon, Hak-Soo, 1992「Evolution of Social Complexity in Kaya, Korea」『韓國上古史學報』10.
權鶴洙, 1994「加耶諸國의 相互關係와 聯盟構造」『韓國考古學報』31.
백승충, 2005「加耶의 地域聯盟論」『지역과 역사』17.

9 이상 前期加耶에 대한 간략한 연구사 정리는 한국고대사학회 편, 2007『한국고대사 연구의 새 동향』, 서경문화사에 실린 김태식, 백승충의 글도 참조했다.

10 金泰植, 2006「韓國 古代諸國의 對外交易: 加耶를 中心으로」『震檀學報』101.

무역이론이나 Buffer Zone Theory를 토대로 이해한 성과가 있었고,[11] Hirth의 Gateway Community Model을 원용하여 가야가 關門地域 사회로서 대외교역에 유리한 입지 조건을 갖추었음이 지적된 바 있다.[12] 여기서는 한 걸음 더 나아가 대외교역이 이뤄지는 공간인 交易場이 가지는 정치·경제적 성격과 이를 통해서 구현되는 정치권력의 交易政策에 대해서 살펴보고자 한다. 그리고 고대 地中海世界와 近東地域 정치체들의 교역활동과 연맹체제, 民族誌 자료에 나오는 교역장과 교역정책의 사례를 소개하고, 고대의 僑民集團(Diaspora)에 주목하여 이를 가야의 그것과 대비해 보고자 한다.

제 1 절 서구 학계의 交易場 이론

20세기 초부터 서구 사회과학계는 古代社會의 交易에 관해서 관심을 갖고, 이후 그 特性과 體制를 연구해 왔다.[13] 이에 비해서 交易場 즉 '교역이

---

11 崔夢龍, 1983「韓國古代國家形成에 대한 一考察」『金哲埈博士回甲紀念史學論叢』, 知識産業社.
______, 1985「古代國家成長과 貿易: 衛滿朝鮮의 例」『韓國古代의 國家와 社會』, 一潮閣.
박선미, 2009『고조선과 동북아의 고대 화폐』, 학연문화사.
Buffer Zone Theory(완충교역론)은 衛滿朝鮮이 漢과 三韓 사이에서 교역 활동을 벌임으로써 한반도 남부지역에서 文化的 緩衝效果가 나타난다는 점을 강조하고 있다. 이는 일종의 結果論으로 이해될 여지가 있고, 위만조선의 교역을 漢이나 삼한 세력의 시각으로 파악하게 되어 정작 위만조선이 대외교역을 벌인 목적과 내용이 사상될 우려가 있다. 한편 중심지 교역론을 위만조선의 사례에 적용한 때의 문제점에 관해서는 이 책의 3장 1절에서 살펴볼 예정이다.

12 Kenneth G. Hirth, 1978 "Interregional Trade and the Formation of Prehistoric Gateway Communities", *American Antiquity* Vol. 43, No. 1.
李賢惠, 1988「4세기 加耶지역의 交易體系의 변천」『韓國古代史研究』 1; 1998『韓國 古代의 생산과 교역』, 一潮閣.

이뤄지는 공간'에 관해서는 불과 50여 년 전부터 본격적인 연구가 이뤄지기 시작했다. 서구의 人類學者와 經濟史學者들이 이를 주도하면서 세계 각지에 출현한 교역장의 사례를 검토했다. 그리고 교역장의 地政學的 위치와 사회경제적 기능, 그 성격에 대해서 이론적 탐색을 벌였다. K. Polanyi와 C. M. Arensberg, 그리고 H. W. Pearson이 공동 편집한 *Trade & Market in the Early Empires*(1957, Gateway Edition)를[14] 대표적인 성과로 들 수 있다.

이 책에서 Arnold는 서아프리카에 있는 Guinea 해안의 Whydah 지역을 조사했다. 그는 18·9세기의 民族誌 자료를 근거로 하여, 휘다 지역에서 교역은 철저하게 王宮이 관리했고 고위 관리들이 이를 주도했다고 보았다. 대외교역과 市場은 분리되어 있었다는 것이다.[15] 그의 연구에서 보다 주목되는 것은 Benin 왕국의 사례다. 4곳의 교역장이 있었는데 그곳에는 유럽의 무역상들을 위하여 숙박시설이 마련되어 있었다. 그리고 내국인은 외국인과 접촉할 수 없었고, 오직 지정된 상인이나 중개인만이 이들과 교역할 수 있었다. 내국인은 유럽인과 교역한 중개인의 손을 통해서만 외국산품을 구할 수 있었다.[16]

Revere는 고대의 교역장이 근대 이후의 市場 원리가 아니라 자체의 논리에 따라 작동되었으며, 정치적으로 볼 때는 中立地帶였다고 주장했다. 중립적인 교역장이 참가자들을 안심시킴으로써 적극적인 교역활동을 보장했다는 것이다. 이러한 교역장의 중립성은 교역 상대가 서로 마주치지 않고 거래하는 沈黙交易으로부터 유래한다고 보았다. 침묵교역이 이뤄지

---

13 Robert McC. Adams, 1974 "Anthropological Perspectives on Ancient Trade", *Current Anthropology* Vol. 1, No. 3.
Rahul Oka · Chapurukha M. Kusimba, 2008 "The Archaeology of Trading Systems, Part 1: Towards a New Trade Synthesis", *J Archaeol Res* 16.

14 국내에서도 다음의 번역이 나온 바 있다. 폴라니 엮음 · 이종욱 옮김, 1994 『초기제국에 있어서의 교역과 시장』, 민음사.

15 Rosemary Arnold, 1957 "Separation of Trade and Market: Great Market of Whydah", *Trade and Market in the Early Empire*, Chicago: Gateway Edition.

16 *Ibid.*, pp. 185~186.

던 유적에는 교역활동을 보호하기 위한 壁體와 神殿, 祭壇 등이 있었는데, 이러한 조건을 보다 잘 구비한 복합적인 기구가 해안의 交易港이었다.[17] 교역장은 그러나 해안에만 설치된 것이 아니고 큰 강의 유역이나, 사막과 山이 만나는 지점에도 있었다.[18] 이곳에서는 종교 시설이나 약한 정치권력 같은 非軍事的인 방법으로 異邦人들의 재산과 생명이 보호되었고, 荷役과 船積·저장·운송 등의 用役 공급이 보장되었다.[19]

Chapman은 교역장을 前近代 시기에 외국의 무역상들이 원거리 상업 활동을 전개하면서 교환과 거래를 위해 만남의 장소로 활용한 마을과 도시라고 정의했다. 이러한 곳은 교역품을 보관하기 위한 倉庫施設 등을 갖추었고, 지구상에서 원거리 교역이 이뤄진 지역에 널리 존재했다고 본다. 교역은 양자 사이의 협약(Treaty)에 기초해서 성립되고, 현지의 토착권력이 조직한 특별기구에 의해 관리되었다. 이곳에서 경쟁은 허용되지 않고 물품의 가격은 장기간에 걸쳐 조정되었다.[20]

그리고 교역장은 대부분 해안의 小王國이나 地域首長들의 연합체(Chieftains' Confederacies)처럼 정치적으로 미성숙한 곳에서 발달되었다고 한다. 왜냐하면 고대사회의 이방인들은 軍事的인 帝國에 복속된 지역을 회피했기 때문이다. 교역항은 배후에 있는 정치권력에게 있어서 주요한

---

17 Robert B. Revere, 1957 "No Man's Coast: Ports of Trade in the Eastern Mediterranean", *Trade and Market in the Early Empire*, Chicago: Gateway Edition.

18 *Ibid.*, p. 52.

이러한 측면을 고려하면, 서구 학계에서 일반적으로 사용하는 'Ports of Trade'라는 용어는 문제가 있다. 이는 해안에 자리 잡은 交易港만을 가리키기 때문이다. 항구가 교역장의 대표적인 형태이고 典型을 보여 주는 것은 사실이지만, 내륙에 있는 교통로상의 주요 지점에도 교역장은 형성될 수 있으므로 '교역항'만 가지고는 여러 입지와 형태의 교역장을 포괄할 수 없다. 이 책에서는 이 점을 유의하여 대외교역이 이뤄지는 공간을 총칭하여 '交易場(Places of Foreign Trade)'으로, 그리고 그 가운데서 해안에 위치하는 것만을 '交易港'이라고 부르고자 한다.

19 *Ibid.*, p. 52.

20 Anne M. Chapman, 1957 "Port of Trade Enclaves in Aztec and Maya Civilizations", *Trade and Market in the Early Empire*, Chicago: Gateway Edition.

수입의 원천이었으며, 이 때문에 강력한 통치자라고 하더라도 외국 상인들의 왕래가 갑자기 중단되는 사태를 피하기 위해서 이에 대한 간섭을 자제했다. 대신 代理人을 파견하여 간접통제를 꾀했다. 또한 Aztec과 Maya 帝國은 中美의 유카탄 반도에 있던 교역항을 이용했는데, 이들 항구는 自治權을 갖고 있어서 제국에 공물을 바칠 필요가 없었다. 그리고 교역항이 자리 잡고 있던 지역은 카카오(Cacao Bean)의 특산지였으며, 멕시코와 중미 지역에서 이것은 보편적인 화폐로서 사용되었다고 한다.[21]

이상의 여러 사례와 연구성과를 종합하여 Polanyi는 교역장이 수행한 역할과 정치・사회적 성격을 정리했다.[22] 그에 따르면, 교역장은 하나의 經濟機構(Economic Institution)였고, 여기서는 상인 사이의 경쟁이나 수요・공급을 통한 가격결정은 잠복하거나 뒷전으로 밀려나 있었다. 교역장은 해안이나 潟湖뿐 아니라 고원과 평지, 사막과 오아시스 도시의 접점처럼 다양한 지리적 경계지점에 설치되었으며, 역사적으로나 전세계적으로 널리 존속한 제도였다.[23]

그에 따르면, 종종 침묵교역으로부터 交易場이 파생되거나 그 變異로서 등장한 경우가 있었으며 이때 교역장은 中立的인 기구였다. 그러나 시간이 흐르면서 점차 정부가 가격을 결정하는 등 행정적인 수단을 써서 교역을 조직화해 나간다. 전근대의 遠洋交易은 원거리 수송과 도난・海賊・납치에 따른 노예화, 그리고 내륙지역으로부터의 侵害 등 교역에 수반되는 여러 위험요소를 해당 지역의 政治體가 어떻게 예방・조정하고 관리하느냐에 그 성패가 달려 있었기 때문이다.

또한 그는 대표적인 교역항으로서 위에서 언급한 사례들을 포함하여, 선사시대부터 존재한 지중해 연안의 Emporia, 인도의 Malabar 해안, 고

---

21 *Ibid.*, pp. 116~117.

22 Karl Polanyi, 1963 "Ports of Trade in Early Societies", *The Journal of Economic History*, Vol. 23, No. 1. 이 글은 뒤에 Karl Polanyi, 1968 *Primitive, Archaic and Modern Economies* (edited by George Dalton), Boston: Beacon Press에 실렸다.

23 *Ibid.*, pp. 30~31.

대 바빌로니아의 교역항인 kar를 추가로 거론했다. 이들은 海路上에 위치하고 다른 도시들로부터 격리되었으며, 대부분이 내륙에 있는 背後 王國의 수입항으로 기능했다. 그리고 부두·창고·숙소·행정용 건물 등을 갖추고 있어서 선박의 수리와 교체, 육로 수송, 물품의 저장과 보관이 가능했고 상인에게 숙박 등의 편의를 제공했다. 그리고 주변에 있던 諸國은 항구의 중립성을 확보하는 데 민감했다. 이 중립성은 국가적 협정이나 원거리 교역을 수행하는 유력자들 간의 합의 또는 교역항 자체의 해군력으로 보장되었다. 즉 중립적 교역항은 원거리 교역의 중심이었으며, 정치적으로 조직된 것이라고 주장했다.[24]

Polanyi의 주장은 비록 1960년대에 제기된 것이지만 交易場의 기능과 성격, 그리고 國家權力과의 관계에 대한 탁견으로 평가받았고, 현재도 미국 인류학계에서 널리 받아들여지고 있다. 管見이지만, 필자가 검토한 한에서 Polanyi의 정리 이후에 그의 교역장 이론에 대한 근본적인 반론을 발견하기 어려웠다. 여러 시기와 지역의 사례를 통해서 기왕의 이해를 재확인하고 보완하는 연구가 이어졌다고 할 수 있다.

하지만 Polanyi의 견해는 그 주장이 도식적이고, 지나친 일반화로 말미암아 역사 현실과 어긋나는 부분이 발견된다는 점에서 한계를 안고 있다고 생각된다. 交易場의 세 가지 유형으로 제시한 '중립구역' '행정력으로 통제되는 시장' '경쟁가격이 형성되는 시장'은 그가 물자유통의 세 가지 형태라고 주장한 '互惠性' '재분배' '시장교환'의 구분과 조응한다. 이것은 그가 社會統合의 일반원리라고 주장한 위의 세 유형을 교역장에 그대로 적용한 결과가 아닐까?

그리고 '중립구역'과 '행정력으로 통제되는 시장'의 구분이 모호하다. 왜냐하면 교역장의 중립성이 국가권력의 행정력으로 유지되는 경우도 확인되기 때문이다. 정치체들은 중립성을 보장함으로써 교역이 활발하게 이뤄지도록 하는 것이 유리했고, 따라서 고대사회에서 중립적 교역장은 그

---

24 *Ibid.*, pp. 31~38.

만큼 강한 생명력을 갖고 있었다고 생각된다. 이러한 측면을 감안한다면, 위의 구분은 다양한 방식을 통해 교역장의 중립성을 보장하는 단계와, 중립성 자체를 부정하고 중앙정부가 교역장 운영에 직접 간여하는 단계로 나누는 것이 보다 적절해 보인다.

교역장의 중립성을 沈默交易과 관련짓는 것도 이해하기 어렵다. 침묵교역이 원시적인 형태인 것은 분명하지만 이 역시 후대까지 강한 殘影을 남기고 있다. 예컨대 高句麗는 4~5세기에 挹婁와 침묵교역을 벌였다.[25] 침묵교역은 파트너의 種族的 특성과 交易品의 성격에 따라서 집권체제가 성립된 고대국가에서도 나타나곤 했다. 중립적 교역장도 대외교역의 역사에서 초기에 속하는 양상임은 분명하지만, Polanyi처럼 先史時代에 처음 등장했다거나, 古典古代 사회로 접어들면 그 성격이 변화한다고 볼 수는 없다. 교역장의 중립성이 대외교역에서 가지는 效用을 고려하면 오히려 교역장을 보유한 정치체는 고대사회 성립 이후에도 상당 기간 동안 그러한 환경을 보존하고 交易商들에게 이를 알리기 위해 노력했으리라고 보는 것이 합리적이다.

Polanyi의 교역장 이론이 안고 있는 이러한 문제점은 기본적으로 초기 연구가 가질 수밖에 없는 미숙성과, 그의 난해한 문장 때문에 나타나는 개념의 모호함과 함축성에서 비롯된 면이 크다. 그러나 보다 중요한 요인은 연구 대상으로 삼은 지역이 지중해 연안, Africa, 近東 및 Indus강 유역, 中・南美 등으로 제한되어 있었고, 그것도 先史로부터 18・9세기까지 시간적으로 넓게 퍼져 있어서 정교한 접근이 어려웠기 때문이다.

이제 교역장에 관한 이상의 論議를 바탕으로 해서 3~4세기 加耶의 교역 상황을 살펴보도록 하자. 이를 통해서 가야연맹체의 교역장이 어떤 특성을 갖고 있었는지, 그리고 가야의 사례가 기왕의 교역장 이론을 보완하고 풍부하게 할 수 있는 여지가 있는지도 검토할 수 있을 것이다.

---

25 이 책의 3장 2절을 참조할 것.

제 2 절 金海 지역의 交易港

『三國志』 魏書 倭傳에 다음과 같은 기사가 나온다.

> 倭人은 帶方郡의 동남쪽에 있는 큰 바다 가운데 산다. 산과 섬에 기대어 國邑을 이루었다. 옛날에는 100여 國이 있었고, 漢代에 이르러 조공을 하였다. 지금 使臣으로써 통하는 것은 30國이다. (대방)군으로부터 倭에 이르기까지는 해안을 따라서 뱃길로 가는데, 韓國을 거쳐[歷] 南行하고 다시 東行하다가 그 북쪽에 있는 해안의[其北岸] 狗邪韓國에 닿으니 7,000여 里가 된다. (여기서) 비로소 바다를 건너 1,000여 里를 가면 對馬國에 이른다. (『三國志』 卷30 魏書30 烏丸鮮卑東夷傳30 倭)

이 기록은 3세기 전반에 韓半島 서・북부를 출발하여 일본 열도의 對馬島에 이르는 교통로를 전해 준다. 대방군－韓國－狗邪韓國－대마도로 이어지는 行程이다. '한국'은 지리상으로 볼 때 馬韓이고, '구야한국'은 魏志 弁辰傳에 나오는 弁辰狗邪國을 가리킨다. 변진구야국은 변한의 小國 가운데 하나로서 지금의 김해 지역에 있었다.

그런데 여기서는 김해가 대방군에서 倭로 들어가는 海路上의 경유지로 나온다. 黃海道 지역으로부터 출항한 배가 對馬島에 닿기까지 당시로서는 장거리를 항해해야 하므로, 그 중간에 碇泊하여 필요한 물품을 조달하고 휴식을 취해야 했다. 이러한 沿岸의 항구는 한반도 서・남해안에 여러 곳이 있었으며 구야국도 그중의 하나였다.

그렇다면 구야국이 있던 김해 지역은 장거리 항해를 하던 선박들이 잠시 머물던 寄港地에 불과했을까? 이런 정도의 기능을 가진 항구라면 앞에서 살펴 본 대외교역장 즉 交易港이라고 파악할 수는 없을 것이다. 이를 검토하기 위해서 같은 책에 실려 있는 弁辰傳의 기사를 보자.

> 國出鐵 韓濊倭 皆從取之 諸市買皆用鐵 如中國用錢 又以供給二郡

魏志 弁辰條에는 辰韓에 관한 내용도 일부 섞여 있으므로 이를 弁韓 소국에만 한정할 수는 없다. 하지만 위에 나오는 '國' 중에 狗邪國이 속해 있었음은 분명하다. 김해를 중심으로 하여 慶南 해안지역의 여러 貝塚과 古墳에서 鐵鋌과 철제품이 출토되었고, 露頭鐵鑛床을 비롯한 鐵鑛도 이곳에 분포하고 있는 것이다.[26]

여기에 주변 세력이 내왕하고 있었고 鐵과 같은 물자가 유통된 것이다. 이들이 철을 입수한 방법이 문제인데, '取之' '供給'이 과연 어떤 의미인지 분명치 않다. '공급'은 마치 변한 소국이 樂浪郡과 帶方郡에 철 자원을 무상으로 貢納한 듯한 어감을 준다. 하지만 김해 봉황동의 옛 會峴里貝塚에서 발견된 貨泉을 비롯해서 경남 馬山의 城山貝塚, 昌原 茶戶里에서 발견된 五銖錢, 그리고 김해 良洞里 고분의 중국제 銅鼎, 固城 東外洞의 漢鏡 등을 고려하면 철 자원이 일방적으로 중국의 郡縣으로 유입된 것은 아니다.

倭傳의 기사에서 보듯이, 대방군에서 파견한 사절이 방문하여 공식 교섭이 이뤄질 때는 이 지역의 철 자원과 중국제 威勢品이 교환되었을 것이다. 그러나 古朝鮮 멸망 이래 중국 商人들이 南滿洲와 韓半島에서 교역활동을 벌였으며,[27] 이들이 연안 항해를 통해 경남 해안, 나아가서 日本列島까지 활동 범위를 넓혔을 것임은 충분히 짐작할 수 있다. 이곳에서 발견되는 中國의 고대 화폐나 유리구슬과 같은 사치품은 이들의 교역활동이 남긴 흔적이다. 설화 형태이지만 許黃玉 일행이 가져왔다는 "한나라 가게의 여러 물품[漢肆雜物]"도 이러한 사정을 반영한다.[28] 따라서 '공급'은 낙

---

26 金泰植, 1993, 앞의 책, 30~34쪽.
Park Cheun Soo, 2008 "Kaya and Silla in Archeological Perspective", *Early Korea 1*, Korea Institute at Harvard University, p. 123.

27 『漢書』 卷28 地理志8下 "郡初取吏於遼東 吏見民無閉藏 及賈人往者 夜則爲盜 俗稍益薄 今於犯禁 寖多 至六十餘條".

28 『三國遺事』 卷2 紀異 駕洛國記 "八月一日廻鑾 與后同輦 媵臣夫妻齊鑣並駕 其漢肆雜物 感使乘載 徐徐入闕 時銅壺欲午 王后爰處中宮 勑賜媵臣夫妻 私屬 空閑二室分入 餘外從者以賓舘一坐二十餘間 酌定人數 區別安置 日給豐羨 其所載珍物 藏於內庫 以

랑·대방군과 한반도 남부 철산지 사이의 물자 흐름 중 일부만을, 그것도 중국 군현의 시각에서 기록한 것에 불과하다.

'取之'는 그 주체가 馬韓, 濊, 倭이므로 더욱이 일방적인 공납이나 수취 관계일 수가 없다. 그들이 구야국 등에 와서 철 자원을 구해 가는 모습을 제3자의 관점에서 서술한 것이고, 실제로는 이에 대한 代金이 지불되는 교역형태였다고 생각된다. 이 역시 한반도 서남부와 남해안 지역, 그리고 일본의 對馬島, 九州 등에서 발견되는 다종다양한 外來 유물을 통해서 고고학적으로 증명된다.[29]

고대 한반도 지역에서 사용된 외래품 가운데 흥미를 끄는 것이 유리제품이다. 김해 良洞里에서 출토된 유리구슬 가운데는 印度産이나 Mutisalah라고 하는 동남아시아산 제품도 포함되어 있으며, 이는 여러 나라와 지역의 상인들이 참여하는 遠距離 交易의 연쇄를 거친 끝에 중국 상인들이 한반도 남해안까지 가져와 거래한 것으로 추정된다.[30] 낙랑·대방군에서 구야국을 거쳐 倭로 이어지는 南北交易路뿐 아니라 近東－西域－인도－벵골만－동남아시아－중국 동남해안－한반도 서남해안－일본 열도로 연결된 東西交易路도 존재했을 가능성이 큰 것이다.[31] 이 양대 교역로의 교차점에 狗邪國이 자리 잡고 있었다.

따라서 구야국의 경우 단순히 海運 교통로상의 기항지에 그치지 않았다. 주변 세력들이 찾아와 철 자원을 구해 가고, 이들 간에 교역활동이 벌어지던 國際交易의 거점이었다. 따라서 狗邪國은 고대 교역장 특히 해로를 통한 交易港을 보유한 정치체로서, 그간 연구의 손길이 미치지 못했

爲王后四時之費".

29 주 7의 논문 및 박천수, 2007 『새로 쓰는 고대한일교섭사』, 사회평론 참조.

30 James W. Lankton, 2011 "Glass Beads in Korea and their Silk Road Stories", *Resume of Early Korea Project workshop on Silk Road Glasses in Korea*, Korea Institute at Harvard University.

31 Ohyoung Kwon, 2011 "Historical and Archaeological Contexts of Inflow of Silk Road Glass in Early Korea", *Resume of Early Korea Project workshop on Silk Road Glasses in Korea*, Korea Institute at Harvard University.

던 고대 동북아시아 지역의 대외교역장의 성격과 특징을 살펴볼 수 있는 好例라고 생각된다.

구야국의 교역항은 과연 어디에 있었을까? 小國 首長들에게 항구의 위치는 주요 물자가 오가는 유통의 結節點이라는 점에서, 특히 對外交易港의 경우 異域의 珍異品이나 위신재가 유입되는 관문이기 때문에 정치·사회적으로도 중요한 의미가 있었다.

4세기 이전에 김해 지역의 정치체가 관할하던 교역항에 대해서는 학계에서 그간 뚜렷한 의견 제시가 없었던 것 같다. 우선 전제해야 할 것은, 가야 시기에 해안선이 지금보다 내륙 쪽으로 들어와 있어서 大成洞과 鳳凰洞 앞까지도 거대한 灣이 형성되어 있었다는 점이다.**32** 낙동강 하류의 삼각주와 김해평야는 당시 모두 바다에 잠겨 있었다.

이러한 상황을 고려할 때 주목되는 것은 김해 봉황동의 鳳凰臺 遺蹟이다. 봉황대는 인근에 傳首露王陵과 龜旨峯, 大成洞古墳群 등 금관가야의 주요 유적이 산재하여 일제강점기부터 조사가 이뤄진 바 있다. 근래 봉황대 일대를 대상으로 하여 이뤄진 발굴조사에서는 三國時期 문화층에서 竪穴住居址, 高床建物址, 貝塚 등의 생활유적과**33** 함께 土城이 발견되었다. 성벽은 봉황대 구릉을 중심에 두고 가장자리를 돌아가는 것으로 추정되며, 축성 시기는 유물을 통해서 볼 때 金官加耶期가 확실하다고 한다. 따라서 이 토성이 『三國遺事』 소재 駕洛國記에 나오는 '羅城'이며, 그 중심 구역인 봉황대 구릉에 금관가야의 궁궐이 있었을 것이라고

---

32 吳建煥, 1991 「完新世後半의 洛東江三角洲 및 그 周邊海岸의 古環境」 『韓國古代史論叢』 2, 駕洛國史蹟開發研究院.

33 釜山大學校博物館, 1998 『金海鳳凰臺遺蹟』.
國立昌原文化財研究所, 2005 『金海 鳳凰洞 單獨住宅敷地 試掘調査 報告書』.
釜山大學校博物館, 2006 『金海 鳳凰洞 442-7番地遺蹟』.
慶南考古學研究所, 2006 『金海 大成洞 遺蹟: 가야의 숲 조성공사 부지내 시굴조사 및 동편 지구 발굴조사 보고서』.
慶南考古學研究所, 2007 『金海 鳳凰洞 遺蹟: 金海 韓屋生活體驗館 造成敷地 內 遺蹟發掘調査 報告書』.

한다.[34]

문제는 봉황대 구릉의 斜面에서도 주거지 및 패총이 광범하게 발견되는데, 그 성격을 어떻게 파악할 것인가 하는 점이다. 특히 대외교역항과 관련해서는 弁韓時期에 바다에 접해 있던 봉황대 서·남·동쪽 사면의 生活遺蹟을 유의해야 한다. 이 가운데 會峴里貝塚은 봉황대 유적으로부터 동남쪽으로 뻗은 낮은 구릉의 鞍部에 자리 잡고 있다. 일제강점기의 조사에서 王莽 때의 貨泉과 彌生式土器가 발견된 바 있으며,[35] 최근의 재조사에서 貝殼層의 형성시기가 기원전 1세기 후반~기원후 3세기 전반으로 제시되었다.[36] 유적의 지리적 여건이나 고대 중국과 일본의 유물이 유입된 것으로 보아 회현리 지역이 대외교역과 관련된 공간이었음은 분명하다. 하지만 패총은 본래 退藏遺蹟이고, 이 지역에서 항만시설도 확인되지 않아서 현재로서는 회현리 지역이 바로 교역항이 있던 곳이라고 보기는 어렵다.

그 인근에서 교역항 후보지로 유력한 곳이 봉황동 466-4번지 일대다. 낙동강 하류에서 봉황대로 이어지는 海畔川의 천변으로, 봉황대의 서쪽 해안에 해당한다. 이 유적에서 掘立柱建物址와 石列 遺構, 土樓 등이 발견되었으며, 선박의 접안을 위한 항구시설이 있었다고 추정된다.[37] 현재로서는 봉황대 주변에서 교역항 후보지로 가장 유력한 곳이라고 할 수 있다.[38] 이 항구는 구야국 시기에 개설되어 다양한 외래품이 유통되었고,

---

34 慶南考古學硏究所, 2005 『鳳凰土城-金海 會峴洞事務所~盆城路間 消防道路 開設區間 發掘調査 報告書』, 10~13쪽.

35 梅原末治·濱田耕作, 1923 『大正九年度古蹟調査報告 第一冊: 金海貝塚發掘調査報告』, 朝鮮總督府, 26·37쪽.

36 三江文化財硏究院, 2009 『金海會峴里貝塚 II: 貝塚展示館 建立을 위한 發掘調査報告書』.

37 慶南發展硏究院 歷史文化센터, 2003 『金海 가야인 생활체험촌 조성부지내 유적 2차 發掘調査 약보고서』.

38 보고 내용만으로는 항구가 존속한 시기가 분명하지 않다. 倉庫址라고 추정한 굴립주건물지와 토기가마의 연대가 4~5세기라고 하므로(위의 보고서, 2~4쪽) 이는 전기가야연맹 시기에 해당한다. 하지만 石列과 土樓는 그보다 앞서 변한 소국 시기에

그림 3. 弁韓 狗邪國 시기의 교역항 추정지(@ 표시)

그 가운데 貨泉, 야요이식 토기가 인근의 회현리 지역으로 유입되었다고 생각된다.

그러나 金官加耶 시기가 되면 새로운 대외교역항이 만들어지는 듯하다. 駕洛國記에 실린 許王后 도래 기사를 통해서 그 실마리를 찾을 수 있다. 비록 說話 형태로 정리되어 있기는 하나, 여기에는 초기 금관가야의 首長層이 외부 세력과 접촉하던 空間의 構造가 반영되어 있다. 이에 대해서는 이미 상세한 고증과 지명 비정이 이뤄진 바 있다.[39] 이를 참고하여 허왕후 집단의 도착과 首露王의 영접 과정을 정리하면 다음과 같다.

허왕후 : 旗出邊→別浦→綾峴→행궁→合婚←행궁←乘岾←望山島← 왕궁 : 수로왕

설치되어서 전기연맹 때도 계속하여 활용되었을 가능성이 있다.

39 金泰植, 1998 「駕洛國記 所載 許王后 說話의 性格」『韓國史研究』102.

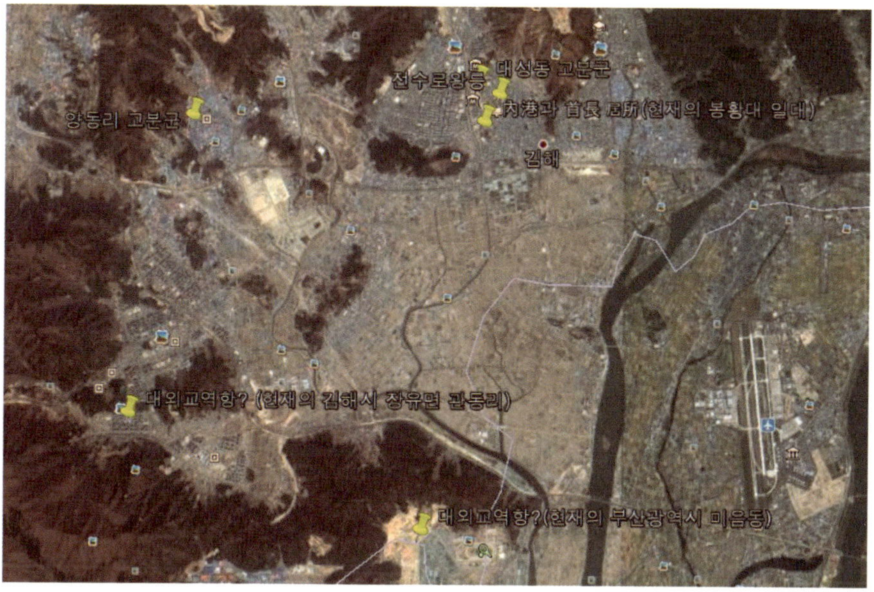

그림 4. 전기연맹시기 金官加耶의 內港과 對外交易港 추정지

허왕후 일행이 탄 배는 붉은 깃발을 날리며 金海灣으로 진입하여 別浦(主浦)에 정박했다. 여기서 상륙한 후 높은 언덕(綾峴)에 올라 휴식을 취하고, 山靈에게 폐백을 바치며 의례를 올렸다. 그리고 행궁에 나아가 수로왕을 만나 합혼한다. 수로왕 측을 보면, 望山島와 乘岾(古浦)에 신하를 파견하여 허왕후의 도착을 확인한 후 행궁을 만들고 행차하여 허왕후를 맞았다.

우선 눈에 띄는 것은 왕궁 근처에 있던 승점을 '古浦'라고 지칭한 점이다. '옛 포구'란 표현은 高麗 文宗代를 기준으로 한 것이므로 시기를 추정하기 어렵지만, 허왕후가 도착한 別浦보다는 오래된 항구라는 의미일 것이다. 古浦인 乘岾은 배가 드나드는 나루로서 지금의 鳳凰臺 부근에 비정할 수 있다.[40] 이 항구가 바로 봉황대 서편에서 발견된 봉황동 466-4번지 일대에 있던 것이라고 추정된다. 그렇다면 이 항구는 狗邪國 시기에는 對外交易港이었으나, 기원후 4~5세기대에는 전기가야연맹의 맹주국인 금관

---

40 위의 논문, 12쪽.

가야의 內港으로 轉用되었다고 생각된다. 乘岾이 내항이었기 때문에 이곳에 파견된 使者들이 금관가야의 수장 居所와 긴밀하게 연락할 수 있었을 것이다. 이 항구는 금관가야의 통제력이 미치는 지역에서 각종 수취물을 운반하여 倉庫에 보관하고, 봉황대 일대에 자리 잡은 최고지배층에게 이를 공급하는 역할을 했을 것이다.

허왕후 일행이 상륙한 항구는 '別浦'라고 되어 있다. 이는 봉황대 근처에 있던 항구 즉 乘岾(=古浦)과 다른 또 하나의 항구라는 의미다. 이곳은 內港이었던 승점과 달리 異邦의 交易人 혹은 使節이 이용하던 대외교역항 즉 外港이었다고 생각된다. 허왕후는 이들을 대표하여 설정된 상징적 존재다.

별포는 어디에 있었을까? 김해 지역에서 발굴된 나루터 가운데 長有面 官洞 유적이 있다. 보고서에 따르면, 계획적으로 배치된 建物址와 倉庫施設, 鋪裝道路, 그리고 船着場으로 추정되는 棧橋가 삼국시기 문화층에서 발견되어 이곳에 津・關 등의 공공시설이 있었을 것이라고 한다.[41] 이곳은 봉황대로부터 약 7.7km 떨어져 있다. 문헌사학 쪽에서는 別浦의 위치를 지금의 釜山廣域市 美音洞 나루터로 비정한 견해가 있는데,[42] 이곳은 봉황대로부터 약 8.8km 거리에 있다. 이처럼 '別浦'는 이 항구가 首長層의 居所로부터 거리가 떨어져 있다는 의미도 내포하고 있는 듯하다. 금관가야의 대외교역항은 정무공간으로부터 어느 정도 격리되어 있는 셈이다. 이 사실은 內港이 봉황대 인근에 있던 것과 대비되고, 뒤에 언급할 가야의 교역정책과도 관련하여 의미가 있다.

김해 지역의 津址에 대한 발굴조사가 부족하고 문헌자료도 영성하여 근거가 충분하지는 않지만, 이상의 논의를 통해서 변한 구야국과 금관가

41 三江文化財研究院, 2009『金海 官洞里 三國時代 津址: 김해 율하택지사업구간 내 발굴조사 보고』.
蘇培慶, 2011「金海 官洞里遺蹟과 加耶의 항구: 金海 官洞里 三國時代 津址를 중심으로」『가야의 포구와 해상활동』, 김해시・인제대학교 가야문화연구소.

42 金泰植, 1998, 앞의 논문, 14~17쪽.

표 2. 변한 및 전기가야연맹 시기 김해 지역 정치체의 주요 항구 추정지

주요 항구 / 시기	內港	外港 (대외교역항)	비고 (首長 居所 소재지)
狗邪國(변한)	미상	봉황동 466-4번지	양동리
金官加耶 (전기연맹)	봉황동 466-4번지	장유면 관동리 또는 부산광역시 미음동	봉황대

야 시기의 주요 항구 추정지를 試案으로서 제시해 보면 표 2와 같다.

제 3 절 交易場의 중립성과 聯盟의 형성

봉황대 서쪽 지금의 海畔川邊에 있던 항구가 변한 狗邪國 시기에는 대외교역항으로 사용되었다고 추정하였다. 교역항으로 기능하던 시기를 기원전 1세기 후반~기원후 3세기 전반으로 잡는다면, 이때 구야국을 주도한 것은 김해 良洞里古墳群을 조성한 지역집단이었다.43 수장의 거소가 자리 잡은 중심 邑落이 어디 있었는지는 미상이지만, 고분군이 있는 양동리 일내라고 보아도 무리는 아닐 것이다.44 봉황대 서편의 항구가 狗邪國 시기에 대외교역항이라는 위의 추정이 맞는다면, 당시 수장의 거소가 있었다고 추정되는 良洞里 지역과 6km 정도 떨어져 있는 셈이 된다. 交易港이 정치적 공간과 얼마나 떨어져 있었는가 하는 점은 대외교역장의 성격을 검토할 때 절대적으로 중요한 요소는 아니다. 하지만 그 물리적 거리는 해당 政治體의 교역정책에 관해서 시사해 주는 점이 있다.

---

43 林孝澤, 1993「洛東江 下流域 加耶墓制의 系統」『先史와 古代』4
김태식, 2002『미완의 문명 7백년 가야사 3』, 푸른역사, 19~25쪽.

44 뒤 시기이긴 하지만 대성동고분군과 봉황대 유적과의 상호 관계를 볼 때, 狗邪國 시기에도 양동리 고분군과 그 축조 집단의 취락은 그리 멀리 떨어져 있지 않았으리라고 생각한다. 일본의 경우 야요이 시대의 大塚古墳群과 歲勝土 취락이 동시기 유적으로서 상호 인접해 있다는 것을 참고로 삼을 수 있다.

고대의 교역인들은 원거리를 여행해야 하는 악조건 속에서 상품의 안전한 거래를 확신할 수 없으면 異域의 땅으로 오려 하지 않았다. 정치적 중립, 便宜의 보급, 자신들의 재산과 생명 보호가 사전에 보장되어야만 했다. 더불어서 상이한 집단 사이에 이뤄지는 교역은 상호 신뢰의 부족, 의사소통의 문제, 그리고 상대편의 행동에 대한 예측 불가능성을 안고 있을 수밖에 없고, 이는 결국 교역 실패의 위험을 야기하게 된다. 교역의 성공을 위해서는 양측의 안전을 보장해 줄 수 있는 제도적 장치가 필요했다.[45]

교역장이 속한 정치체의 首長도 교역에 유리한 환경을 조성함으로써, 외국의 상인들이 이곳을 떠나 교역이 중단되는 것을 막으려고 부심했다. 그 전략은 크게 두 가지로 나눠 볼 수 있는데, 첫째는 대외교역 여건을 상대적으로 자유롭게 함으로써 複數 국가의 교역자들이 활동할 수 있는 폭을 가능한 확대하는 것이다. 둘째는 국가의 통제를 강화하여 교역 대상국과 교역자들을 제한하고, 교역활동에 대한 관리를 철저히 함으로써 교역의 이익을 극대화하는 것이다.

첫 번째 방책 가운데 주목되는 것이 交易場을 중립화하는 방식이다. 교역장이 소속되어 있는 國家 혹은 地域集團은 분명히 존재하지만, 그 정치체는 교역장의 운영에 직접 간섭하지 않고 代理人을 파견하는 등 간접적인 방법을 사용한다. 특정 국가의 利害를 대변할 수 있는 여지를 줄이기 위해 그 정치체 출신이 아닌 外國人이나 중립적 인물을 파견하는 것이다.[46] 교역장의 중립성을 유지하기 위한 하부 전략의 하나인 셈이다. 또한 關稅 등의 수취도 최소한으로 자제했다. 단지 교역의 성사를 위한 군사적 보호조치, 荷役·運輸·창고 보관·거래 등의 편의를 보장하고, 이를 제공한 데 대한 대가를 통해 경제적 이득을 얻었다.

---

45 Philip D. Curtin, 1984 *Cross-Cultural Trade in World History*, Cambridge University Press, pp. 1~2. 이 책은 김병순 옮김, 2007 『세계 무역의 역사』, 모티브북으로 번역되었다.

46 Rosemary Arnold, 1957, *op. cit.*, pp. 185~186.

良洞里 집단은 봉황동 466-4번지 일대에 있던 교역항을 이러한 政治的 中立地帶로 운영했다고 생각된다. 구야국의 교역정책을 당시의 자료로써 구체적으로 증명하기는 힘들다. 그러나 중심 읍락으로부터 교역항이 6km의 거리를 두고 떨어져 있다는 것은 中立化 전략을 암시하는 요소 중의 하나다. 首長의 정치거점과 교역항을 공간적으로 분리함으로써 異國의 교역인들이 교역장의 정치적 중립성을 體感할 수 있도록 하는 것이다.

日本 福岡縣의 博多灣 연안에 있는 西新町 遺蹟은 3~4세기 무렵 北九州 지역의 국제교역항으로 알려진 곳이다. 이곳에서 가야계 土器와 板狀鐵斧는 물론 한반도에서 전래된 부뚜막 시설이 발견되어 한반도계 사람들이 거주했음을 보여 준다. 한편 東萊貝塚, 萊城·金海 府院洞·鎭海 龍院洞 遺蹟에서는 土師器와 이를 모방한 軟質土器가 출토되어, 같은 시기에 倭人들도 한반도 남해안 지역에 일부 거주했을 가능성이 제시되었다.[47] 교역장 혹은 그 인근에 외래인이 이주하여 생활하게 된 것은 狗邪國이나 北九州의 小國이 각각 이곳에 외국인을 관리자로서 파견하거나 교역장을 정치적 중립지로 조성한 결과라고 생각된다.

기원전 5세기 초 그리스의 상황도 참고가 된다. 당시 Athenae에서는 외국인 居留制度가 시행되었다. 이들은 市民은 아니었으나 아테나이 혹은 가장 규모가 크고 번영한 항구였던 Piraeus港의 영구 거주자로 등록되었다. 당시 많은 교역상들이 居留外人이었으며, 외국 상인은 누구나 稅金만 지불하면 항구를 이용하여 물건을 가져오고 사갈 수 있었다. 그리스 국가는 港口稅·市場稅 확보의 중요성을 인식하여, 항구시설을 유지하고 거래 분쟁과 소송을 신속히 처리하기 위해 노력했다.[48]

16세기 인도 남서부의 Malabar 해안의 사례도 있다. 이곳은 후추 특산지였는데, 그 지배자는 외국 상인들에게 居住權과 自治權을 부여했다. 이

---

47 박천수, 2007, 앞의 책, 70~79쪽.

48 Antony Andrewes, 1971 *The Greeks*, New York: Knopf; 김경현 역, 1991『고대 그리스사』, 이론과 실천, 191~195쪽.

들은 원주민과 분리되어 정해진 구역에서 살아야 했지만 때때로 免稅 등의 특권을 누렸다. 문화 배경이 원주민과 이질적인 거류외인의 공동체, 그리고 그들의 연계망을 'Trade Diaspora'라고 개념화하고, 이러한 집단과 조직이 고대로부터 출현하여, 18세기 후반 이후에 쇠퇴할 때까지 세계사에 보편적으로 나타났다는 주장도[49] 있다.

『三國志』 弁辰傳에 나오는 鐵 교역 기사가 바로 이 시기 狗邪國의 교역 상황을 전하고 있다. 구야국의 교역항은 정치적 중립지대로서, 문헌의 기록처럼 韓人·濊人·倭人·中國人 등 주변 정치체로부터 도래한 교역자들이 소속 정치체나 문화적 이질성에 따른 제약이 없이 교역활동을 벌일 수 있었다. 이들 중 일부는 狗邪國의 대리인으로서 혹은 교역활동을 위해서 교역항 부근에 거주하기도 했을 것이다.[50]

그런데 구야국의 교역항은 인류학계에 보고된 앞서의 사례와 다른 점도 있다. 즉 일반적으로 古代의 대외교역항이 原住民 사회와 격리되어 있었던 데 비해서 구야국의 경우는 이국의 교역자와 원주민 사이에서도 물적 교류가 이뤄진 듯하다. 『三國志』 弁辰傳의 "諸市買皆用鐵 如中國用錢"이라는 구절은 자칫 여러 시장[市]에서 철을 이용하여 물품을 산다고 이해할 수 있다. 그러나 '무릇 물품을 매매[市買]할 때는 철을 사용하는데, 중국에서 錢을 사용하는 것과 같다'고 해석해야 한다.[51] 철을 이용하여 거래하는 주체는 생략되어 있으나, 그 앞에 나오는 '國'과 '韓·濊·倭'가 모두 주체가 될 수 있다고 생각된다.

---

49 Philip D. Curtin, *op. cit.*, pp. 144~147, 382.

50 외래인 거주자 가운데는 물론 생계를 위한 流移民, 人口壓·전쟁·정치적 원인에 따른 이주민도 있을 수 있다. C. C. Lamberg-Karlovsky, 2008 "A Brutal Social Landscape: Mesopotamian Civilization as Exclusive and Exploitative?", *The Review of Archaeology* 29, pp. 8~10은 고대 메소포타미아 지역에서 인구증가에 따른 이주와 문화의 확산이 중요하다고 보고, 交易은 이주의 원인이 아니라 결과라고 강조했다. 구야국의 경우에도 물론 이방인들이 정치·사회적 이유로 유입되었다가 나중에 원주민과 교역을 벌이거나, 구야국이 이방인의 緣故地와 벌이는 교역에 이들이 직·간접적으로 참여하는 형태를 상정할 수 있다.

51 김창석, 2004 『삼국과 통일신라의 유통체계 연구』, 일조각, 166쪽.

현지 주민들은 물론이고, 교역항을 이용한 외국의 교역인들도 물건을 사고 팔 때 철을 現物貨幣로서 교환수단으로 사용했다는 것이다. 그 과정에서 외국 교역상인과 원주민 간의 거래도 자연스럽게 발생할 수 있었을 것이다. 會峴里貝塚에서 발견된 외래품들은 봉황대의 교역항과 거리가 가깝다는 점도 있지만 원주민 집단과 교역인들 사이에 직접 거래가 이뤄짐으로써 남겨졌다고 본다. 이렇게 대외교역항이 원주민 취락과 관계를 맺고 있는 양상은 狗邪國 시기 교역정책의 특징이자 초기성을 반영하는 것이 아닌가 한다.

3세기 후반~4세기의 전기연맹 시기에 맹주 세력인 金官加耶도 교역장에 대한 중립화 정책을 유지한 듯하다. 이때는 중심 읍락이 종래의 양동리에서 鳳凰洞・大成洞 지역으로 변화하는데, 앞서 보았듯이 김해 長有面 혹은 부산 美音洞에 새로운 대외교역항이 개설되었다. 봉황대 인근의 옛 교역항이 首長의 居所와 가깝게 바뀌었으므로 이를 內港으로 바꾸고, 대외교역항은 전통적인 방식에 따라 정치공간에서 떨어진 곳으로 이전시켰다고 생각된다.

새로운 교역항이 중립지대였다는 것은 許王后 일행의 진입과정을 통해서 짐작할 수 있다. 駕洛國記를 보면, 이들이 탄 배는 首露王의 왕궁이 있는 봉황대쪽 항구로 바로 오지 않고 7~9km 떨어진 別浦에 정박했다. 그리고 수로왕이 대기하던 行宮으로 이동하는데, 경로 중에 있는 綾峴이라는 고개에서 祭祀를 지냈다. 허왕후는 여기서 바지를 벗어 山靈에게 폐백으로 바쳤다고 한다. 이것은 여성의 혼례를 상징하는 일종의 통과의례이면서 동시에 두 공간의 중간 지점에서 치르는 境界儀禮였다.

그렇다면 당시 금관가야 사회에서 綾峴을 경계로 하여, 그 안쪽은 수로왕으로 상징되는 최고 首長의 직접 통치영역이고, 그 바깥쪽은 중립지대로서 정치적 성격이 서로 달랐다고 볼 수 있다. 이 바깥쪽 공간에 금관가야의 대외교역항이 자리 잡고 있었으므로 別浦는 중립화된 교역장이었다고 짐작된다. 그 사실은 허왕후 일행과 같은 외래인들도 이미 熟知하고 있었으며, 중립지대를 벗어나 금관가야의 직접 통치가 미치는 공간으로 들어가기 위해서 제사 절차를 밟았던 것이다.

脫解에 관한 일화도 금관가야 시기 교역항의 중립적 성격을 보여 준다. 탈해는 수로왕과 다투다가 패배하자 부근의 郊外로 나가서 中國의 배들이 입항하는 나루를 통해 도주했다. 이에 首露는 水軍을 출동시켜 그를 추격했다고 한다.[52] 역시 설화적 윤색이 강하지만, '중국배가 드나들던 郊外의 나루터'는 당시 김해 지역 수장의 거소가 있던 현재의 봉황대에서 꽤 떨어진 곳에 대외교역항이 존재했음을 시사한다. 그리고 이곳은 금관가야의 통제력이 상대적으로 약하게 미치는 중립지였기 때문에 탈해의 脫走가 가능했을 것이다.

한 걸음 더 나가면, 탈해를 뒤쫓은 금관가야의 水軍은 교역항이 아닌 內港, 즉 봉황대 주변의 항구에 주둔하고 있었다고 생각된다. 금관가야의 군사가 교역항인 別浦에 주둔하고 있었다면, 탈해로 상징되는 외래의 秩序攪亂者가 금관가야를 탈출하기 위해서 별포를 선택하기는 어려웠을 것이기 때문이다. 대외교역항에 대해서 중립성을 보장하고, 軍事的 帝國으로부터 통제받기를 꺼려하는 이방의 교역인들을 안심시키기 위해서 水軍을 교역항에 배치하지 않은 점은 앞서 지적한 교역항의 조건과 부합한다. 금관가야는 內港에 주둔한 군사력을 통해서만 배후에서 교역활동을 보호하고 만일의 사태에 대비했다고 생각된다.[53]

3세기 후반에 접어들면 狗邪國에서 성장한 금관가야가 변한의 맹주국으로서 여타 정치체들을 연맹관계로 포섭하게 된다. 前期加耶聯盟이 성립

---

52 『三國遺事』 卷2 紀異 駕洛國記 "脫解 …… 便拜辭而出 到麟郊外渡頭 將中朝來泊之水道而行 王竊恐滯留謀亂 急發舟師五百艘而追之 解奔入雞林地界 舟師盡還".

53 이런 점을 고려하면 古代 정치체가 교역장 중립화 전략을 썼다고 하더라도 無政府的인 自由貿易을 지향한 것은 분명히 아니었다. 국가가 전면에서 교역을 관장하는 방식에 비해서 통제와 관리의 방법이 간접적이고 강도가 약했을 뿐 교역을 통해 여러 가지 이득을 얻고 그것을 최대화하려는 목표는 동일했다고 보아야 한다. 또한 교역장은 중립지대였지만 이 중립화 정책을 실시하고 유지한 주체는 분명히 구야국과 금관가야라는 것을 유의해야 한다. 이러한 점에서 전기가야연맹의 교역사가 여러 주변국의 關係史나 無主體의 회색지대가 아니라 加耶史의 일부라는 것을 강조해 두고 싶다.

하는 것이다. 이에 대해서는 4세기 말까지도 가야는 연맹을 형성하지 못했다는 반론이 있지만, 다수 의견은 3세기 후반이 되면 가야 지역에 單一聯盟體 또는 複數의 小聯盟體가 성립되어 있었다고 본다.[54] 즉 연맹의 범위와 강도에 대해 견해 차이가 있으나, 여러 수준의 정치체 사이에 연맹관계가 존재했다는 점은 대체로 인정하고 있다.

聯盟體論은 전기가야의 정치체제를, 邑落共同體의 질서를 기초로 한 여러 小國이 병립해 있고 그 가운데 하나 혹은 몇 개의 盟主國을 중심으로 하여 정치·군사적으로 공동보조를 취하는 연맹관계가 형성된 수준에 불과한 것이었다고 본다. 그렇다면 그 배경은 무엇일까? 전기가야연맹이 존속하고 있던 4세기 말에 高句麗와 百濟는 이미 집권체제를 갖추었고, 新羅는 부체제로 접어들고 있었다. 풍부한 鐵 資源을 보유하고 외부세계와 文化交流도 활발했던 加耶가 연맹 단계에 머문 것은 이해하기 어려운 일이다. 良洞里·大成洞古墳群의 규모나 유물의 질과 양을 보면 이러한 의문은 더욱 커진다.

이 문제를 풀기 위해서는 결국 연맹체제와 대외교역과의 관계를 살펴보아야 한다. 구야국이 금관가야로 성장하고, 새로운 지배체제로서 聯盟體가 출현하여 유지될 수 있었던 경제적 기반은 구야국 시기, 그리고 전기연맹 시기의 對外交易이었기 때문이다. 이를 위해서 이제 전기연맹 시기에 금관가야가 펼친 교역정책을 연맹체제와 관련하여 검토해 보고자 한다.

우선 염두에 두어야 할 것은 3세기 前半 이전의 弁韓 시기에 김해의 정치체가 변한 지역의 대외교역을 독점하지 못했다는 점이다. 적어도 泗川－晉州－丹城, 固城－巨濟島, 昌原－馬山－鎭海, 東萊－釜山 지역의 정치체는 각기 구야국과 다른 별도의 交易窓口를 운영했다고 생각된다. 이미 고고학 자료에 의해서 勒島, 昌原 茶戶里, 固城 東外洞, 東萊 등이 대외교역의 거점이었음이 확인된 바 있다.[55] 『三國志』 倭傳에서 낙랑·대방

---

54 백승충, 2007 「가야 정치체에 대한 연맹론과 국가론」 『한국고대사 연구의 새 동향』, 서경문화사.

군을 출발한 이들이 "歷韓國" 하여 구야국에 도착했다는 것도 중간에 한반도 西·南海岸의 여러 교역항을 경유한 것을 전해 준다. 이렇게 여러 지역집단의 지배층들은 나름대로 채널을 가지고 주변 세력과 교역을 벌이고 있었으며, 이들 지역이 馬韓 혹은 弁韓이라는 테두리 속에서 일종의 교역 벨트를 형성하고 있었다. 『三國志』에서 여러 小國 가운데 狗邪國만이 특기된 것은 이곳이 중요한 교역항의 하나이면서, 동시에 바다를 건너 倭의 권역으로 들어가는 기점이었기 때문이다.

다만 김해 지역은 다른 해안지역과 달리 洛東江이라는 大河를 끼고 있었으므로, 내륙 깊숙이까지 접근하여 상대적으로 다양한 물산을 확보·운송할 수 있는 이점이 있었다. 이러한 유리한 지형조건을 배경으로 하여 3세기 후반에는 구야국이 변진의 盟主 세력인 金官加耶로 부상하고, 전기 연맹을 성립시킬 수 있었다. 양동리 고분군과 달리 대성동 고분군에서는 首長墓가 다른 무덤으로부터 독립되어 있고, 殉葬 인골과 다양한 馬具, 북방계의 銅鍑이 발견되어[56] 이제는 맹주국으로 성장한 금관가야 수장의 위세를 잘 보여 준다.

하지만 연맹체 성립 이후에도 종래 사천, 고성, 창원 지역 등을 중심으로 형성되어 있던 각 정치·경제 네트워크는 일종의 小聯盟體로서 존속하고 있었던 듯하다. 즉 전기가야연맹은 두 겹의 구조를 갖고 있었으니, 금관가야를 중심으로 한 대연맹체 속에 複數의 소연맹이 병존하였다. 그리고 이들 간에는 聯盟과 競爭의 상호관계가 동시에 작용했다고 보인다.[57]

---

55 金東鎬, 1984 「固城 東外洞貝塚 發掘調査報告」 『上老大島』, 東亞大學校博物館.
李建茂·李榮勳·尹光鎭·申大坤, 1989 「義昌茶戶里遺蹟發掘進展報告 I」 『考古學志』 1.
李健茂, 1992 「茶戶里遺蹟 出土 붓(筆)에 대하여」 『考古學誌』 4.
釜山廣域市立博物館 福泉分館, 1997 『釜山의 三韓時代 遺蹟과 遺物 1: 東萊貝塚』.
東亞大學校博物館, 2005 『洛東江·南海岸의 文化遺産』.
慶南考古學研究所, 2006 『勒島 貝塚 V 考察編』.

56 Park Cheun Soo, 2008, *op. cit.*, pp. 116~124.

이러한 二重構造는 금관가야의 교역정책과 밀접한 관련이 있다고 생각된다. 앞서 살펴보았듯이 구야국 시기의 교역장 中立化 政策을 금관가야도 계승하여 시행했다. 사천, 고성, 창원, 동래 등 교역항을 보유하고 있던 政治體들의 교역정책도 구야국과 별반 다르지 않았을 것이다. 이러한 상황에서 교역장 중립화 전략의 이점을 누구보다 잘 알고 있는 금관가야의 수장층은 휘하 소연맹체들의 교역항에 대해서도 그 중립성을 변경할 필요를 느끼지 못했을 것이다. 勒島 유적에서 보듯이 선진지역에서는 初期鐵器時代 이래 교역이 이뤄지고 있었으므로 이러한 전통을 부정하기 어려운 면이 있었고, 昌原 茶戸里遺蹟의 경우는 기원전 1세기에 文字를 사용하여 초보적인 文書를 작성할 정도로[58] 교역의 수준도 높았다.

맹주국에게는 산하 연맹국의 교역권을 그대로 인정하고 보장해 주면서도 교역의 이익을 얻는 방법이 있다. 각 정치체의 교역항에서 발생하는 수익의 일부를 貢納 형태로 받아내는 것이다. 협상에 의해서 정해진 공납액을 정기적으로 확보할 수 있다면, 굳이 이들의 교역에 개입하거나 이를 통제할 필요가 없다. 개입과 통제에 들어가는 行政力을 덜고 정치적 충돌을 피하는 효과도 기대할 수 있다. 전기가야연맹의 사례에서 이를 직접 보여 주는 자료는 찾기 어렵지만, 이것이 각 소연맹체와 금관가야가 종래의 交易權을 존중하면서도 그 이익을 공유·분집할 수 있는 방식의 하나가 될 수 있다.[59]

이러한 상황을 이해하는 데 고대 近東地域의 문화교류와 交易의 중심

---

57 李賢惠, 1994「三韓의 對外交易體系」『李基白先生古稀紀念韓國史學論叢 上』, 一潮閣; 1998『韓國 古代의 생산과 교역』, 一潮閣, 285~289쪽.
權鶴洙, 2003「가야의 사회발전 동인과 발전단계」『가야 고고학의 새로운 조명』, 혜안.

58 李健茂, 1992「茶戸里遺蹟 出土 붓(筆)에 대하여」『考古學誌』4.

59 이러한 측면에서 전기연맹에 소속된 소연맹들은 外交交涉權, 戰爭權도 독자적으로 행사했을 가능성이 크다(李賢惠, 1988「4세기 加耶지역의 交易體系의 변천」『韓國古代史研究』1; 1998『韓國 古代의 생산과 교역』, 一潮閣, 301쪽). 중앙의 핵심세력이 대외교역권이나 외교권을 독점하는 部體制에 이르지 못한 상태인 것이다.

지였던 Dilmun의 사례를 참고할 수 있다. 딜문의 위치는 아직 불분명하지만, 몇 가지 견해 가운데 Kuwait–Bahrain–Qatar로 이어지는 Arabia 반도 동부의 해안지대로 보는 의견이 다수설인 듯하다. 그리고 지금의 Bahrain이 딜문의 센터였음은 대부분의 연구자들이 동의하고 있다. 기원전 2200~1600년 시기에 딜문은 Mesopotamia 남부와 Indus Valley, 이란 남서부의 Susa, 그리고 Oman을 연결하는 교역으로 번성했다.60

딜문은 王이 있었고, Failaka(지금의 쿠웨이트)라는 Colony도 갖고 있었다. 그런데 딜문의 센터인 바레인 섬이 왕국 체제를 갖추었다고 하더라도, 그 관할 범위가 아라비아 반도 북동해안에 걸친 광역의 것이었다면 이는 단일 왕국이라고 볼 수 없다. 바레인이 맹주가 되고 일부 콜로니를 포함한 복수의 정치체가 연맹으로 묶인 구조일 가능성이 크다.

地中海 연안의 古代 都市國家의 존재형태도 유념할 필요가 있다. 기원전 2000년경 소아시아는 기본적으로 도시국가들이 난립하여 경쟁하고 있었으며, 帝國이라고 하더라도 도시국가들의 연합체 성격에 불과했다. 기원전 1000년 무렵 지중해 東岸 지역에 근거를 두고 활발한 해상교역을 벌인 Phoenicia인들은 한 번도 통합된 국가를 가져 본 적이 없었다. 그 도시들은 이따금 서로 협력하여 행동했지만 독립된 도시들이었는데, 이는 페니키아의 교역체계와 그 운영방식의 특성 때문에 나타난 현상이었다.61

기원전 9세기경 철기문화를 배경으로 등장한 Greece의 도시국가들은 상호 경쟁 또는 투쟁을 벌이면서도, 물물교환과 교역을 통해서 네트워크가 형성되어 있었다.62 이후 폴리스 사이에는 동족의식과 공통의 신앙을 배경으로 하여 부분적으로 결합을 이루기도 하고, 델로스 혹은 펠로폰네

---

60 C. C. Lamberg-Karlovsky, 1982 "Dilmun: Gateway to Immortality", *Journal of Near Eastern Studies*, Vol. 41, No. 1.

61 Philip D. Curtin, *op. cit.*, pp. 76~77.

62 Allen Zagarell, 1989 "Comment on the Uruk Expansion by Guillermo Algaze", *Current Anthropology*, Vol. 30, No. 5, p. 600.

소스 동맹처럼 정치・군사적인 연대를 맺기도 했다. 델로스 동맹의 경우 아테나이가 동맹국에 대해서 간섭을 강화하고 覇權을 지향하기도 했으나, 이에 저항한 폴리스들이 이탈하는 등 기본적으로 폴리스 단위의 독립성이 강하여 그리스 세계를 통합하는 국가를 형성하지는 못했다.[63]

Nigeria의 경우 나이저江 유역에 있는 중계교역 시장은 여러 개의 지역 시장이 연쇄되어 있었다. 개별 시장은 그것이 위치한 정치체에서 관리・보호하고, 강 유역의 관할권도 특정 종족집단이 지배했다.[64]

한편 연맹체제라고 하더라도 맹주국이 소속 정치체들을 간접 통제할 수 있는 방법이 있었다. 다른 나라의 사례를 보면, 맹주국은 대외교역에 관한 利權을 변경하여 연맹국에 압력을 가하거나 정치체들 사이에 경쟁을 유도하곤 했다. 경우에 따라서는 행정력을 동원하여 交易場의 위치를 바꾸거나 특정 상인을 배제하였고, 예하에 있는 도시들의 序列을 바꾸거나 상인집단 간의 경쟁을 유도하여 연맹체의 질서를 유지하고 맹주국의 의지를 관철시키기도 했다.[65]

그러나 연맹체제의 정치적 한계 또한 분명했다. 연맹에 소속된 여러 층위의 정치체에 대한 통제력이 部體制 국가나 集權國家처럼 강하지 못했고 이들 간의 결속력도 약했다. 전기연맹의 정치적 취약성이 현실화되어 나타난 것이 浦上八國의 亂이다.

> 가을 7월에 포상 8국이 加羅를 침공하려 하니, 그 왕자가 와서 구원을 청했다. 王은 태자 于老와 이벌찬 利音에게 6部의 병력을 이끌고 가서 구하도록 명했다. 이에 8국의 장수를 격살하고 포로 6,000명을 빼앗아 돌아왔다. (『三國史記』 卷2 新羅本紀2 奈解尼師今 14年)

포상팔국에 대해서는 『三國史記』 勿稽子傳과 『三國遺事』 勿稽子 條에

---

63 N. G. L. Hammond, 1986 *A History of Greece to 322 B.C.*, Oxford: Oxford University Press, pp. 256~260, 299~302.

64 Philip D. Curtin, *op. cit.*, pp. 28~30.

65 *Ibid.*, pp. 67~71.

骨浦國, 柒浦國, 古史浦國, 保羅國, 古自國, 史勿國의 이름이 보이며, 대략 固城·馬山·昌原·泗川 등 서부 경남 지역의 정치체로 비정되고 있다. 위 기록의 加羅는 김해의 정치체를 가리킨다. 반란이 일어난 시기는 이견이 있지만, 4세기 전반으로 보는 견해가 타당한 듯하다. 낙랑·대방군이 멸망하면서 종래의 교역체제에 변동이 생겼고, 이에 대한 반발로 포상팔국이 반란을 일으켰다는 것이다.**66**

그런데 이들의 이름을 보면, 骨浦·柒浦 등 항구를 뜻하는 '浦'가 들어간 정치체들이 있어서 주목된다. 해안에 交易港을 보유한 정치체들이라고 추정된다. 浦上八國은 바로 이들을 포함해서 결성된 8개 정치체들의 연합세력이었다. '浦上'이라고 했으므로 예로부터 이용되어 온 海上交通路가 그 연결고리가 되었을 것이다. 즉 전기연맹에 속해 있던 소연맹체 몇 개가 포상팔국의 主力이 되었으리라 추정된다. 김해의 金官加耶에 대항하기 위한 정치·군사적 목적이 포상팔국 연합의 촉진제로 작용했을 것이다. 이처럼 전기가야연맹 시기에 소속 정치체에 대한 통제력은 대규모의 반란이 발발할 정도로 취약했다.

연맹 세력이 이렇게 광범한 자율성을 보유하고 있었다면, 당시에 금관가야가 그들의 대외교역에 대해서도 크게 간여하지 않았으리라는 것은 분명하다. 포상팔국의 난은 이러한 점에서 변한 소국 시기에 자신의 交易場에 대해서 견지해 오던 중립성을 전기연맹 시기에도 소속 정치체들이 여전히 보장받고 있었다는 점을 강력히 시사해 준다.

금관가야가 集權的 領域國家로 발전하지 못한 이유도 그 교역정책에서 찾아볼 수 있다. 高句麗와 연합한 新羅, 그리고 百濟가 交易權을 장악하기 위해 가야 지역을 잠식해 들어온 것은 가야가 집권국가로 성장하는 데 방해 요인으로 작용한 것이 사실이다. 하지만 근본적으로는 금관가야 스스로 연맹체제를 유지해야 할 내적·경제적 필요성이 있었기 때문이라고 생각한다. 당시 금관가야의 처지에서는 연맹체제를 유지하는 것이 대외교

---

66 金泰植, 1993, 앞의 책, 80~84쪽.

역의 효율성을 극대화하는 데 유리했던 것이다.

이와 대비되는 것이 고대 집권국가의 교역정책이다. 예컨대 고구려의 경우 幘溝漊를 설치하여 대외교섭과 교역의 창구를 일원화함으로써, 교역 채널을 유지하면서도 예하 집단들에 대한 통제력을 높이는 전략을 택했다. 결국 3~4세기의 가야연맹체는 교역장의 중립화 정책을 구사하여 韓半島 中·南部와 日本 列島에 걸친 광역의 교역망의 중핵으로서 번영하였지만, 주변국이 그 이권을 장악하려는 움직임을 가시화하는 4세기 후반의 변화된 국제정세 속에서 종래의 중립화 전략을 固守함으로써 국제정세의 변동에 적절히 대응하지 못하여 해체의 길로 접어들게 되었다고 생각된다.

제 3 장

국제교역망의 형성과 구조

신석기시대에 정착생활이 이뤄지면서 원시공동체 사이에서 처음으로 교역이 시작되었다. 그 형태는 짐작컨대 침묵교역이었을 것이며 공동체의 통솔자가 주관하여 필요한 물자를 상호 교환하였다. 이렇게 有無相通하는 호혜적 교역은 청동기시대를 거쳐 대략 3세기 전반까지는 계속되었다고 보인다.

濊族의 경우는 유리한 자연 조건 때문에 5세기 초에도 해산물과 수렵품을 주변의 정치체와 교역한 것이 확인된다. 前期加耶聯盟은 대외교역장을 중립지대로서 운영하였는데, 여기서는 다양한 정치체의 다양한 교역인들이 모여 교역을 벌였다. 이러한 이유로 금관가야는 교역의 성공을 위해서 외부 정치체 출신의 교역 중개인을 활용했으리라 생각된다.

그런데 사실 예족이나 전기가야연맹보다 시기적으로 앞서는 대외교역의 사례가 있다. 古朝鮮이 중국 세력과 벌인 교역이 그것이다. 이는 문헌자료로써 확인되는 우리 역사상 최초의 대외교역이어서 그간 주목을 받아 왔다.[1] 더욱이 위만조선 시기가 되면 漢과 1 : 1의 교역 관계에 그치지

표제지 설명 忠州 탄금대토성 출토 百濟 鐵鋌(국립청주박물관 소장)
漢城期 百濟의 철 소재로서, 양단부가 부채꼴을 이루는 일반적인 형태와 달리 세장방형이다. 忠州 지역은 백제 중앙에 철 자원을 공급하는 주요 철산지 중 하나였다.

1 崔夢龍, 1983「韓國古代國家形成에 대한 一考察」『金哲埈博士回甲紀念史學論叢』, 知識産業社.
______, 1985「古代國家成長과 貿易: 衛滿朝鮮의 例」『韓國古代의 國家와 社會』, 一潮閣.
송호정, 2003『한국 고대사 속의 고조선사』, 푸른역사.

않고 臨屯, 眞番 등 위만조선의 주변에 있는 제 세력까지 연계된 새로운 교역체계가 형성되었다.

馬韓은 漢郡縣과 책봉-조공관계를 맺고 증여품을 교환하였다. 이를 통해서 중국의 선진 문물을 도입할 수 있었다. 3세기 중엽 이후 百濟가 맹주로 부상하면서 樂浪·帶方郡이 장악하고 있던 교역 기능을 놓고 高句麗와 각축하다가 결국 패배하고 王城까지 함락당했다. 그 후 백제는 加耶 지역으로 눈을 돌리고 南朝 및 倭와 더불어 국제교역의 一環을 형성했다.

高句麗는 4세기 이후 挹婁와 침묵교역을 벌이고 여기서 구한 물품을 다시 南朝와 교역하였다. 그리고 隋나라와 고구려 사이에서 발발한 대규모 전쟁의 배경에는 동북아시아의 국제교역의 주도권을 장악하려는 양국의 경제적 대립이 자리 잡고 있었다.

여기서는 이러한 사례들을 통해서 동북아 지역에서 교역을 둘러싼 多者間의 연계망이 형성되어 가는 과정과 그 내부 구조, 그리고 한국의 고대국가가 그 속에서 어떤 역할을 하고 있었는지 살펴보고자 한다.

제 1 절 古朝鮮과 百濟의 국제교역상의 위치

(1) 위만조선의 중계교역

고조선의 대외교역을 전하는 先秦文獻으로 『管子』가 있다. 그간 이 책에 대해서는 春秋時期 齊나라의 명재상인 管仲에게 가탁했을 뿐 실제로는 전국시대 사람이 저술했다고 하여[2] 사료로서의 가치를 낮게 보아 왔다. 그

박준형, 2004 「古朝鮮의 대외 교역과 의미: 春秋 齊와의 교역을 중심으로」『북방사논총』 2.

박선미, 2009 『고조선과 동북아의 고대 화폐』, 학연문화사.

강인욱, 2011 「古朝鮮의 毛皮貿易과 明刀錢」『韓國古代史硏究』 64.

러나 이를 근거로 삼아 기원전 7세기의 齊 桓公 시절에 요동・서북한 지역과 산동의 제나라 사이에 文皮, 毤服, 金, 보배 조개 등을 주고받는 교역이 이뤄졌다는 견해도 있다.[3]

『관자』의 관련 기록을 우선 살펴보자.

> 환공이 관자에게 물었다. "이 세상의 귀한 보물[玉幣]이 일곱 가지 있다고 하는데, 무엇인지 알려주시겠습니까?" 관자가 대답하기를, "陰山의 옥돌[礝瑉]이 그 하나요, …… 發・朝鮮의 무늬 있는 가죽이 그 하나요, …… 이것을 일러, 적은 것을 많게 하고 좁은 것을 넓게 한다고 하였으니 천하의 계책[數]은 輕重에서 마무리가 됩니다"고 하였다. (『管子』 卷23 揆度78)
>
> 환공이 말하기를, "사방의 오랑캐가 복종하지 않으니 우리를 역공할까 두렵습니다. 천하를 횡행하며 우리를 해칠 것이니, 이에 대처할 방법이 있습니까?" 관자가 대답하기를, "吳・越이 조공하지 않으니 구슬과 코끼리를 예물[幣]로 삼았습니까? 發・朝鮮이 조공하지 않으니 무늬 있는 가죽과 毤服을 청하여 예물로 삼았습니까? …… 표범 한 마리의 가죽은 한 줌의 황금[容金]과 같으니, 그런 뒤에야 8천 리를 떨어져 있는 發・朝鮮이 조공할 수 있을 것입니다. …… 그러므로 물건이 중심에 있지 않으면[物無主] 일이 이어지지 않습니다. 원근에 서로 왕복할 일이 없게 되면 四夷는 조근하지 않을 것입니다" 하였다. (『管子』 卷23 輕重甲80)

齊나라 桓公이 천하의 보물 가운데 하나인 發과 朝鮮의 文皮를 얻기 위한 방책을 管子에게 물었다. 조선은 고조선이고, 발은 원래 燕人을 가리키지만 여기서는 고조선 방면이라는 것만 알 수 있을 뿐 구체적인 위치는 미상이다.[4] 관중은 이에 대해, 四夷를 안정시키려면 이들로부터 조공을 받아야 하는데 그 특산품을 폐백으로 삼아 바치게 하면 안 되고 값어치를

---

2 金谷治, 1987 『管子の研究』, 岩波書店.
盧泰敦, 1990 「古朝鮮 중심지의 변천에 대한 연구」 『韓國史論』 23, 31~32쪽.

3 과학백과사전출판사, 1979 『조선전사 2(고대편)』, 31~32쪽.
박준형, 2004 「古朝鮮의 대외 교역과 의미: 春秋 齊와의 교역을 중심으로」 『북방사논총』 2.

4 송호정, 2012 「先秦文獻에 기록된 古朝鮮 사회와 주민집단」 『역사와 담론』 61, 227쪽.

쳐주어야 비로소 먼 거리에 떨어져 있더라도 조근하러 올 것이라고 하였다.[5]

예를 들어 古朝鮮의 특산인 文皮와 毻服을 구하려면 이를 외교적 禮物의 형식으로 무상으로 받으려고 하면 아예 오지 않고 오히려 제나라를 침공할 우려가 있으므로, 문피 1장에 황금 한 줌 정도로 그에 걸맞는 값을 쳐주면 고조선에서 원거리를 마다하지 않고 조공하러 올 것이라는 것이다.

이 기록과 『詩經』 大雅 韓奕篇을 근거로 하여 濊貊 정치체가 西周와 모피 교역을 하였고 그것이 춘추시기 齊나라와 고조선의 문피 교역으로 이어졌다고 보기도 한다.[6] 앞서 1장 2절에서 지적한 바와 같이 『시경』에 나오는 '韓' '貊'은 남만주와 한반도의 고대 종족과는 무관하다. 그리고 『관자』에 나오는 논의도 春秋 齊가 古朝鮮의 모피를 확보하기 위한 방안만을 보여 줄 뿐 실제 두 나라 사이에 모피와 그에 상당하는 물품이 오고갔다는 증거가 되지는 못한다.[7]

다만 관중이 제안했다는 조공의 방식은 유의할 필요가 있다. 그는 四夷와 조공관계를 맺음으로써 이들의 침략을 막고 변경을 안정시킬 수 있다고 보았다. 그리고 원격지에 떨어져 있는 四夷를 조공하러 오게끔 유도하기 위해서는 공납 수취와 같은 부등가 교환이 아니라 그 가치에 상응하는 물품을 지불해야 한다고 주장했다는 것이다. 이것은 등가의 가치가 교환되는 교역 관계에 다름 아니다.

古朝鮮은 중국의 정치체에 대해서 물품의 교환을 우선시 했고, 제나라는 정치적 복속관계와 군사적 안정이 우선이었고 이를 달성하기 위해서 경제적 誘因을 제공하고자 했다. 양자가 추구하는 궁극의 목적은 달랐지만 이상의 논의에서 交易이라는 공통분모를 찾을 수 있다. 만약 이것이 현실화되었다면 조공의 外皮를 쓴 교역 관계가 성립했을 것이다.

---

5 박준형, 2004, 앞의 논문, 70~73쪽.

6 위의 논문, 73~75쪽.

7 송호정, 2012, 앞의 논문, 229쪽.

실제로 교역이 실현된 것은 戰國時期 이후라고 생각된다. 燕나라의 화폐인 明刀錢이 내몽골 동남부, 大凌河 유역, 遼東, 그리고 압록강·대동강을 중심으로 한 한반도 서북부까지 분포하고 있다.[8] 燕의 발달된 鐵器文化가 고조선에 도입된 것은 주지의 사실이다. 이는 고조선이 기원전 4세기 무렵부터 燕과 교역하고 있었음을 분명히 보여 주며 毛皮도[9] 그 품목에 들어 있었다.

연나라와 고조선 사이에 冊封이나 朝貢이 이뤄진 기록이 없고, 오히려 稱王 문제를 두고 서로 다투거나 기원전 3세기 초에는 燕將 秦開가 고조선을 침공했으므로[10] 양국은 대등한 수준의 정치체라고 보아도 좋다. 따라서 구체적인 교역 체제는 알 수 없으나 조공이나 공납 관계에 기초한 교역은 분명히 아니었다.

고조선의 산물이 燕의 鐵器뿐 아니라 교환가치만을 가진 화폐와 교환되었다는 점은 앞 시기와 비교하여 중요한 변화다. 외국의 화폐가 고조선 사회에서 얼마나 큰 유통력을 가졌는지는 알 수 없다. 호랑이와 표범의 文皮는 춘추시기에 覇者를 상징하는 귀중품으로서 제후에게 나눠 줄 사여품으로 거론되기도 했다.[11] 이러한 전통이 전국시기에도 이어졌다면, 燕의 군주는 고조선에서 반입된 모피를 휘하의 제후를 통합하는 데 사용했을 것이다.

따라서 명도전과 모피의 용도가 명확하게 밝혀지지 않은 한계가 있지만 전국 燕과 고조선 사이의 교역은 크게 보아 호혜적 교역이라 할 수 있다. 그리고 대외교역의 정치적 성격, 즉 교역품을 지배자의 권위를 고양시키는 데 활용하려는 목적이 전보다 강화된 것으로 보인다.

이러한 추세는 衛滿朝鮮 시기에 보다 뚜렷해졌다.

---

8 박선미, 2009, 앞의 책, 214~222쪽.

9 강인욱, 2011, 앞의 논문.

10 『三國志』 卷30 魏書30 烏丸鮮卑東夷傳30 韓 所引 魏略.

11 박준형, 2004, 앞의 논문, 76~78쪽.

惠帝와 高后의 치세가 되어 천하가 비로소 안정되었다. 요동태수는 衛滿을 外臣으로 삼을 것을 약속하고, (위만으로 하여금) 塞外의 오랑캐가 변경을 도적질하지 못하게 하고 오랑캐의 군장이 天子를 뵙고자 하면 막지 않도록 했다. 황제가 (요동태수의 보고를) 듣고 이를 허락하니, 위만은 군사의 위엄과 재물을 얻어 주변의 小邑들을 쳐서 항복시켰다. 眞番과 臨屯도 모두 와서 복속하니 (고조선의 권역이) 사방 수천 리가 되었다. (『史記』 卷115 朝鮮列傳55)

기원전 2세기 초에 漢의 혜제가 위만을 外臣으로 책봉함으로써 우리 역사상 처음으로 중원 帝國과 古朝鮮 사이에 공식적인 외교관계가 성립되었다. 그 실제 내용은 차치하더라도[12] 이를 통해서 한나라와 우호관계가 수립되자 고조선은 眞番, 臨屯을 포함한 주변의 정치체를 복속시켰다.

진번은 고조선의 남쪽인 지금의 황해도 지역, 임둔은 그 동부인 지금의 함경남도 남부와 강원도 북부 지역에 있었다고 추정된다. 나중에 沃沮가 되는 정치체도 이때 임둔에 속해 있다가 위만조선에 복속된 듯하다.[13] 臨屯은 濊族이 중심을 이룬 정치체의 하나였고 고조선이 멸망한 후 이곳에 臨屯郡이 설치되는 것이다.

위의 기록에 의하면, 漢의 조정은 위만조선과 외신관계를 맺으면서 藩屛의 역할과 함께 주변 군장들의 來朝를 방해하지 않도록 요구했다고 한다. 그러나 고조선은 이를 묵살했다.

(왕위가) 아들에게 전해지고 손자인 右渠에 이르러 漢나라로부터 망명한 이들이 더욱 많이 (고조선에) 들어갔다. 또한 (우거왕은) 漢에 들어와 朝觀하지 않았다. 眞番의 주변에 있던 여러 정치체가 글을 올려 천자를 뵙고자 했으나 (고조선

---

12 한대의 '外臣'은 국경 바깥에 존재하는 정치세력을 일컫는 용어에 불과하다고 하여 당시 漢 중심의 국제질서를 인정하지 않고, 외신관계도 고조선과 燕·齊 지역 사이에 맺어진 것으로 한정하여 이해하는 견해가 있다(김병준, 2010 「3세기 이전 동아시아 국제질서와 한중관계: 조공·책봉의 보편적 성격을 중심으로」 『동아시아 국제질서 속의 한중관계사: 제언과 모색』, 동북아역사재단, 63~66쪽).

13 『三國志』 卷30 魏書30 烏丸鮮卑東夷傳30 東沃沮 "漢初 燕亡人衛滿王朝鮮 時沃沮皆屬焉".

이) 이를 막아서 들어오지 못했다. (『史記』 卷115 朝鮮列傳55)

기원전 2세기 말인 우거왕 때에 고조선은 정기적인 入朝와 朝貢이라는 외신의 의무를 수행하지 않았다. 그뿐 아니라 진번 주변에 있던 정치체들이 한나라와 교섭하려는 것을 차단했다. 진번 주변이라면 그 남쪽에 있던 馬韓 계통의 소국과 일부 예족 정치체들을 가리킬 것이다. 임둔에 대한 언급은 없지만 상황은 진번 방면과 크게 다르지 않았을 터이다.

위만의 치세 이래로 우거왕대에 이르기까지 고조선은 서북 방면의 대외정세 안정을 기반으로 하여 한반도 동남 방면으로 세력을 확장해 나갔다. 그 발판이 된 것이 臨屯과 眞番 지역이었고, 이를 거점으로 삼아 다시 임둔과 진번 주변의 정치체들이 대외교섭을 진행하는 데 통제를 가했다. 당시 王城이 있던 平壤 지역으로부터 멀어질수록 통제력은 약해지지만, 대체적으로 보면 도읍(王險城)－연맹 소속 정치체(尼谿 등)－복속 정치체(임둔, 진번 등)－주변의 읍락(韓・濊族의 군소 정치체)으로 구성된 위만조선 시기의 국가구조를 떠올릴 수 있다.

따라서 임둔과 진번 지역에 대한 고조선의 지배 방식을 구체적으로 알 수는 없으나, 진번 주변에 있던 정치체에 대해서 대외교섭을 방해한 것보다는 한 수준 높은 통제가 이뤄졌음에 틀림없다. 추정컨대, 고조선이 한나라와 맺은 外臣關係를 변용하여 임둔 및 진번에게 적용했다고 생각된다. 즉 고조선에 대한 진번과 임둔의 정치적 臣屬이 이뤄졌고, 진번과 임둔은 이에 따라서 고조선과의 상하 관계를 표현하는 服屬儀禮를 행하고 유사시에는 인력을 제공했을 것이다.

> 正始 8년에 (不耐의 侯가) 궁궐에 이르러 조공하니 詔를 내려 다시 不耐濊王으로 삼았다. (그는 세력이 약하여) 民間에 섞여 살았지만 四時에 郡에 나아와 朝謁했다. 二郡이 전쟁을 치르기 위해 賦稅를 걷으면 (불내예 측이) 이에 필요한 役使를 공급해 주었으니 (두 郡은 불내예의 주민을 마치 자신의) 백성처럼 대우했다. (『三國志』 卷30 魏書30 烏丸鮮卑東夷傳30 濊)

247년에 성립한 不耐 지역의 濊 집단과 魏 사이의 관계를 보여 주는 기록이지만, 불내예가 임둔의 후예에 속하는 집단이므로 고조선과 임둔의 관계를 고찰할 때 참고할 바가 있다. 高句麗에 속해 있다가 다시 위나라의 樂浪郡·帶方郡에 항복한 不耐濊는 2군이 전쟁을 벌일 때 軍資를 수송하는 노동력을 제공한 듯하다. 임둔과 진번을 복속한 위만조선도 이와 크게 다르지 않은 정도의 공납과 노동력을 수취했으리라 본다.

그렇다면 이 시기의 漢과 위만조선 사이의 교역을 어떻게 이해할 수 있을까? 위만조선 측에서 주변 諸國이 한나라와 교섭하는 것을 방해하고 스스로도 朝覲을 하지 않은 것으로 보아 外臣關係는 분명히 책봉-조공관계가 아니었다. 한나라 측이 책봉-조공관계를 염두에 두었다고 하더라도 그것은 일방적인 요구로 그쳤고 현실에서는 관철되지 못했다.

따라서 한나라가 고조선에 보낸 물품은 下賜를 통한 증여품의 형식을 띠었지만 실제로는 戰國 燕이 보낸 것과 같은 성격의 교역품이라고 생각된다. 고조선이 한에 보낸 물품도 내용상으로는 교역품이지만 형식은 조공의 외피를 썼을 것이다. 漢과 衛滿朝鮮 사이에는 여전히 교역이 이뤄졌지만 형식적이나마 조공관계를 취했다는 점은 앞 시기와 달라진 모습이다. 이러한 점에서 燕-古朝鮮 때의 교역보다 외교교섭의 명분이 더 강조되었다고 보아야 한다.

또 교역의 체제가 새로운 양상을 보인다. 그전에는 戰國時期 연나라와 고조선, 漢과 고조선, 그리고 한나라의 燕 지역과 임둔이 일대일로 교역을 벌였다. 원거리 교역이었으므로 중간에 교역의 거점이나 중계를 담당하는 제3의 정치체가 있었을 가능성이 높으나, 자료에 드러나지 않는 것으로 보아 교역에서 중심 역할은 하지 못했다고 보아도 좋을 것이다.

위만조선 시기가 되면 종래의 일대일 교역의 기본 체제가 달라지지는 않지만 내부 구조에 변화가 나타난다. '漢-衛滿朝鮮'의 기본 구도 내부에 '위만조선-臨屯, 眞番'의 관계가 포섭되어 중층 구조를 이루게 된다. 이것은 부분적으로 공납 관계가 작용하고 있어서 제한이 있기는 하지만 일종의 國際交易網이 형성되었다고 할 수 있다.

그리고 그 중심에 위만조선이 있었다. 衛滿은 한나라로부터 받은 兵威와 財物로써 주변 세력을 침략하고 복속시켰다. 병위는 각종 무기류와 그 제작 기술 또는 兵器 匠人을 가리키고 재물은 각종 보석과 장신구, 漆器 등의 위신재일 것이다. 위만조선은 이를 활용하여 주변의 정치체를 무력으로 병합하거나 그 수장에게 사여하여 세력권 안으로 포섭했다. 중원으로부터 유입된 선진문물을 정치적으로 활용하는 방식의 전형이다.

위만조선이 漢으로 보낸 교역품 가운데는 그 예하에 있던 진번, 임둔 등으로부터 수취한 공납품도 들어 있었음에 틀림없다. 특히 임둔의 경우는 나중에 옥저, 동예, 영서예 등으로 분화하는데, 특히 東濊의 특산품 중 班魚皮와 文豹는 한이 고조선을 멸망시킨 다음에 郡縣 조직을 통해서 수취한 품목이다.[14]

고조선은 원래 임둔, 진번 등과 교역을 벌여 이들 물자를 확보했을 것이다. 그러나 衛滿代에 이들을 복속시킴으로써 이제는 공납물로 수취할 수 있게 되었다. 그 가운데 일부를 漢에 보냄으로써 전보다 훨씬 많은 差益을 얻을 수 있었다. 즉 피복속지의 산품을 보낸 대가로 漢으로부터 받은 물품이 전과 같은 양일지라도 그 상대적 가치는 전에 비해 상승하는 것이다. 그리고 臨屯이 漢과 일대일로 교역할 때는 다수의 중간 거점을 경유함으로써 轉賣 차익이 분산되면서 이익이 분점되는 데 비해서 위만조선은 中間 轉賣權을 독점함으로써 높은 차익을 실현할 수 있었다.

종래 이를 中心地 交易이라고 파악한 견해가 있었다.[15] 중심지 교역론은 C. C. Lamberg-Karlovsky 교수가 제기한 것인데, 그는 교역의 유형을 직접 접촉 교역, 교환의 연쇄를 통한 간접 교역, 중심지 교역의 세 가지로 분류한 바 있다. 이들 세 유형은 서로 배타적이지 않고 공존할 수 있지만, 특히 중심지 교역은 다음과 같은 특징을 갖는다고 한다. 중심지는 주변 지역과 다른 문화를 갖고 있으며, 자체의 生產物과 原料를 교역품으로 활용하고 운송이나 안전 보장 등의 用役을 제공한다. 그리고 물자 수송 같

14 이 책의 1장 3절 참조.

15 崔夢龍, 1985, 앞의 논문.

은 일은 중심지에 거주하는 外來人들이 수행하기도 한다. 따라서 교역 중심지에는 다른 지역 사람들이 왕래하고 생활한 다양한 흔적이 남게 된다고 보았다.[16]

중심지 교역론의 핵심은 여러 정치체가 참여하는 대외교역이 중심지에서 이뤄진다는 사실이다. 그러나 위만조선의 세력권 안에 있는 交易場에서 이러한 대외교역이 이뤄졌다는 적극적인 자료를 제시할 수 있을지 아직은 회의적이다. 위만조선보다는 2장에서 검토한 前期加耶聯盟의 중립적 교역장이 중심지 교역의 모델에 가깝다고 할 수 있다. 狗邪國과 金官伽倻는 鐵이라는 자체 생산품과 전략적인 물자를 보유하고 있었기 때문에 교역의 중심지 역할을 수행할 수 있었고 다양한 문화적 배경을 가진 주변의 교역자들이 모여들었던 것이다.

'한나라－위만조선－임둔, 진번'으로 이뤄지는 대외교역의 형태는 中繼交易의 모습이라고 생각된다. 물론 고조선 자체의 산품을 교역하기도 했지만, 주변의 정치체와 맺은 정치적 연계를 배경으로 해서 다양한 특산품을 확보하고 이를 교역 상대국에 양도하여 그 중계 이익을 얻는 것이다. 이것이 위만조선이 진번과 임둔을 복속시키고, 그 배후에 있는 군소 세력들이 漢과 교류하려는 것을 막은 경제적 이유다.

衛滿朝鮮의 중계교역은 前期加耶聯盟의 중심지 교역보다 시기적으로는 앞서지만 교역에 대한 국가 권력의 개입의 폭은 오히려 중심지 교역보다 컸다. 고조선의 王權은 교역 과정에 직접 간여하여 교역품의 입수와 운송, 교환 등을 주관했다. 한나라와의 外臣關係라는 외부의 변수가 작용하여 국가의 개입이 강해진 면이 있다. 이 밖에 가야와 고조선의 두 정치체 사이에 대외교역 형태의 차이가 나타나게 된 원인이 무엇인지, 즉 교역 환

16 C. C. Lamberg-Karlovsky, 1972 "Trade mechanisms in Indus-Mesopotamian Interrelations", *Journal of the American Oriental Society*, Vol. 92, No. 2, American Oriental Sociery, p. 222. 이에 따르면 외래인의 흔적 가운데는 이들이 교역 중심지에 건설한 'Colony'도 있다. 그러나 이것은 근대적 의미의 식민지와 달라서 '식민주의(Colonialism)가 없는 Colony'이다.

경이 다른 데서 비롯된 것인지 아니면 교역의 발전 단계를 보여 주는 것인지에 관해서 앞으로 추가 검토가 필요하다.

(2) 馬韓의 對中 교섭과 百濟의 교역망 확대

漢은 기원전 109년에 위만조선을 침공하였다. 衛滿朝鮮이 한의 주민을 포섭해 가고 右渠王이 外臣으로서의 직분을 지키지 않는다는 명분을 내세웠으나, 침공을 강행한 데는 국제교역상의 이유도 있었다. 교역 상대국인 고조선의 멸망은 곧 기왕의 교역 체제가 완전히 바뀌는 것을 의미한다.

한나라 武帝는 고조선과의 교역 대신 조세 혹은 공납 수취 방식을 택했다. 고조선의 故地에 樂浪郡과 玄菟郡을 둔 것은 물론 그 복속지인 임둔, 진번에 각기 臨屯郡과 眞番郡을 설치하여 종래 교역을 통해 입수하던 물자를 거의 無償으로 확보하고자 한 것이다. 이로써 종래 위만조선이 중계교역을 통해서 흡수하던 이득을 한나라가 차지할 수 있게 되었다.[17]

그리고 앞서 누차 지적했듯이 漢의 민간 상인은 郡縣의 비호 아래 옛 고조선의 내륙 깊숙이까지 들어와 활동했다. 沿岸과 島嶼 지역에서 발견되는 貨泉, 五銖錢 등의 중국 고대화폐는 이들이 연안 항해를 통해 한반도 서·남해안과 나아가서 日本列島까지 활동 범위를 넓혔음을 보여 준다.[18] 이곳은 漢郡縣의 직접 통제가 미치지 못했으므로 안전을 위해서 해안과 도서 지역을 중심으로 활동했던 듯하다.[19]

三韓과 倭 사회에까지 진출하여 국제교역 활동을 벌인 중국 상인들은 군현의 지원을 받았다고 할지라도 종국에는 자신의 경제적 이익을 목적으로 움직였을 터이므로 貿易商이라고 할 수 있다. 그런데 정작 중국 상

17 한편 尹龍九, 1999 「三韓의 朝貢貿易에 대한 一考察: 漢代 樂浪郡의 교역형태와 관련하여」 『歷史學報』 162, 11~16쪽은 낙랑군이 주변 정치체와 조공 형식의 '교역'을 벌였으며 이는 그 전에 위만조선의 교역 형태를 답습한 것이라고 보았다.

18 김창석, 2004 『삼국과 통일신라의 유통체계 연구』, 일조각, 161~165쪽.

19 李賢惠, 1994 「三韓의 對外交易體系」 『李基白先生古稀紀念韓國史學論叢』 上; 1998 『韓國 古代의 생산과 교역』, 一潮閣, 273쪽.

인을 상대한 三韓 측의 파트너는 자료상에 잘 드러나지 않는다. 기원전 1세기 무렵의 弁韓 小國의 首長墓인 창원 다호리 1호분에서는 五銖錢, 漢鏡, 철 소재 등 교역품과 함께 서류 작성에 사용된 붓, 削刀, 그리고 무게 측정용의 砝碼가 발견되어 수장급 인물이 중국 측과의 교역을 주관했음을 보여 준다.[20] 이것은 기원전 2세기 무렵 臨屯 지역과 漢의 燕 지역이 벌이던 호혜적 교역과 유사한 형태였다고 생각된다.

서기 2세기 이전의 漢郡縣과 馬韓 사이의 공적인 관계가 어떤 성격이었는지는 명확하지 않다. 마한이 낙랑군에 속하여 朝謁했다는 기록이 있으나[21] 이는 중국 측의 依例的 표현이거나, 조공관계가 실재했다고 하더라도 형식에 그쳤던 듯하다. 辰韓의 경우 벌목을 하던 漢人 1,500명을 포획하여 노역을 시킨 바 있으며, 2세기 후반에는 韓과 濊의 세력이 강성해져서 樂浪郡의 많은 주민이 이쪽으로 유출되기도 했다.[22] 2세기 이전 낙랑군과 마한의 관계는 마치 漢과 衛滿朝鮮의 外臣關係처럼 형식적이었다.

이러한 상황은 3세기 초에 公孫氏가 낙랑군을 장악하고 帶方郡을 신설하면서 변화의 계기를 맞는다.

> 建安 연간에 公孫康이 (낙랑군) 屯有縣 이남의 荒地를 帶方郡으로 삼았다. 公孫模와 張敞 등을 보내 (낙랑군)의 遺民을 모아들이고, 군사를 일으켜 韓・濊를 쳤다. 옛 주민들을 점차 복구했고, 이후로 倭와 韓이 마침내 帶方郡에 속했다. (『三國志』 卷30 魏書30 烏丸鮮卑東夷傳30 韓)

공손강은 韓濊를 공략하여 2세기 후반에 이 지역으로 유출되었던 주민을 환원시켰다. 그리고 帶方郡이 三韓 및 倭와의 교섭과 대외교역을 맡도록 했다. 이것은 단순히 한반도 남부와 일본 열도에 대한 관할권을 낙랑군에서 대방군으로 옮기는 것에 그치지 않고 종래 형식에 머물렀던 채봉-

20 김창석, 2004, 앞의 책, 160~161쪽.

21 『三國志』 卷30 魏書30 烏丸鮮卑東夷傳30 韓 "漢時 屬樂浪郡 四時朝謁".

22 위의 책, "至王莽地皇時 …… 男子曰 我等漢人 名戶來 我等輩千五百人伐材木 爲韓所擊得 皆斷髮爲奴 積三年矣 …… 桓靈之末 韓濊彊盛 郡縣不能制 民多流入韓國".

조공관계를 강화하려는 의도가 작용했다고 보인다.

다음 기록을 살펴보자.

> 景初 연간(237~239)에 (曹魏의) 明帝가 몰래 대방태수 劉昕과 낙랑태수 鮮于嗣를 파견하여 바다를 건너 2郡을 평정했다. 韓의 여러 小國 臣智들에게 邑君의 印綬를 더해 내려 주고, 그 다음 (수장층에게는) 邑長(의 인수를) 내려 주었다. 그 풍속에 衣幘을 좋아하여, 下戶가 郡에 와서 조알할 때 대부분 衣幘을 假한 상태였고, 스스로 인수・의책을 장만한[服] 자가 1천여 명이었다. (같은 책)

3세기 전반에 魏나라는 요동 지역에 진출하여 공손씨 정권을 타도하고 낙랑・대방군을 빼앗았다. 더불어 韓의 여러 수장층에게 작호와 물품을 '加賜'했다는 것은 마한에 대한 일종의 유화책이라 할 수 있다. 이들을 회유하여 책봉-조공질서를 재정비하겠다는 위나라 조정의 의지를 보여 준다.

여기 등장하는 인수와 의책은 무엇일까? 印은 '某某邑君'이나 '某某邑長'을 새긴 인장이고, 綬는 폭이 넓은 비단을 가지고 길게 만든 일종의 리본으로 허리에 두르고 내려뜨려 신분을 표시하는 威儀品이다.[23] 그리고 衣幘은 관모와 의복으로 구성된 복식 일반을 뜻하지만, 인수와 더불어 생각한다면 위나라의 관복일 가능성이 크다.

이 시기의 綬・衣・幘은 한반도 지역에 남아 있는 예가 없지만, 인장은 高句麗 영역에 속했던 吉林省 集安에서 '晉高句麗率善邑長'銘 銅印 등이 발견된 바 있어,[24] 중국 정권과의 외교관계를 실증하고 있다. 또 『三國志』 韓傳을 보면, 馬韓 소국의 臣智 아래 '위솔선읍군・귀의후・중랑장・도위・백장'의 관위가 정해져 있었다고 한다.[25]

---

23 林巳奈夫, 1976 『漢代の文物』, 京都大學人文科學硏究所, 100쪽.

24 韓國古代社會硏究所 編, 1992 『譯註 韓國古代金石文 Ⅰ』, 서울: (財)駕洛國史蹟開發硏究院, 452쪽.

25 『三國志』 卷30 魏書30 烏丸鮮卑東夷傳30 韓 "馬韓在西 …… 各有長帥 大者 自名爲臣智 其次爲邑借 …… 辰王治月支國 臣智或加優呼臣雲遣支報安邪踧支濆臣離兒不例

따라서 인수와 의책은 魏 조정과의 정치적 관계를 드러내 보이는 최고의 위세품이라 할 수 있다. 이러한 특수 물품은 삼한의 최고 지배층에 해당하는 大小의 수장들에게만 사여되었을 것이다. 그런데 위에 인용한 『三國志』 기록을 보면, 三韓의 下戶도 인수와 의책을 받은 것처럼 되어 있어 그 성격을 의심케 한다.

종래 이 구절의 해석을 살펴보면, "삼한 사회의 습속이 의책을 좋아해서 하호가 郡에 나아갈 때는 자기가 소속되어 있는 소국 수장의 의책을 빌려[假] 갔고, 이로 인해 인수와 의책을 스스로 입은 자가 천여 명이 되었다"고[26] 이해하기도 했다.

하지만 이런 해석에는 문제가 있다고 생각된다. 印綬, 衣幘처럼 고도의 정치성을 띤 물품을 빌려 준다는 것은 현실성이 약하다. 만약 그렇다 하더라도 郡에서 돌아온 후에는 마땅히 이를 반환해야 했을 터이다. 그런데 이를 스스로 입은[自服] 사람이 이렇게 다수였다는 것은 인수, 의책의 출처가 다양했을 가능성을 시사한다.

'假衣幘'의 의미는 수장층으로부터 빌렸다고 하기보다는 承制假授 제도에서 비롯된 현상이라고 생각된다. 이는 중국 왕조와 외교관계를 맺고 있는 주변 국가의 통치자가 황제의 명을 받아서[承制], 일정 범위의 중국 관직을 대신 수여[假授]할 수 있게 한 제도다. 그리고 이 관직을 정식으로 인정받기 위해서는 황제의 공식적인 윤허[除正]가 필요하다.[27]

490년 백제 東城王이 齊의 武帝에게 올린 表文을 보자.

> 假行寧朔將軍 臣 姐瑾 등 4인은 충성과 힘을 다하여 나라(백제)의 어려움을 물리쳐 없앴습니다. 그 뜻이 용감하고 굳센 것이 名將에 견주고 扞城이라 할 만

拘邪秦支廉之號 其官有魏率善邑君 歸義侯 中郞將 都尉 伯長".

26 일부 차이는 있지만 徐榮洙 外, 1986 『국역 中國正史 朝鮮傳』, 國史編纂委員會과 全海宗, 1996 「三國志 東夷傳 譯註」 『韓國史學』 16, 韓國精神文化研究院에서 모두 이러한 의미로 해석하였다.

27 坂元義種, 1978 「五世紀の日本と朝鮮: 中國南朝の册封と關連して」 『古代東アジアの日本と朝鮮』, 吉川弘文館, 277~283쪽.

합니다. 번국의 사직을 지켜낸 공로를 따지면 마땅히 널리 드러내야 하지만, 일단 例에 따라서 假行의 職을 주었습니다. 엎드려 바라건대, 은혜로이 보살피사 假한 바를 除授해 주시기 바랍니다. 寧朔將軍 面中王 姐瑾은 대대로 임무를 완수하고 武功도 뛰어나므로 假行冠軍將軍 都將軍 都漢王이라 하였고, 建威將軍 八中侯 餘古는 젊은 나이에 저(동성왕)를 보좌하여 밤낮 없이 충성을 다했으므로 假行寧朔將軍 阿錯王으로, 建威將軍 餘歷은 본성이 충성스럽고 文武가 함께 뛰어나니 假行龍驤將軍 邁盧王으로, 廣武將軍 餘固는 충성스럽게 임무를 다하고 國政을 선양하였으니 假行建威將軍 弗斯侯로 삼았습니다. (『南齊書』 卷58 列傳39 百濟國)

東城王은 자신의 근신 4명에게 南齊의 장군호와 왕・후호를 미리 假授하고, 표문을 보내서 이를 윤허해 줄 것을 요청하고 있다.[28] 여기서 장군호 앞에 '行'을 붙인 것은 아직 정식 제수를 받지 않았음을 뜻한다.[29] 武帝는 이에 대해 장군호만을 제정해 주고, 동성왕을 '使持節都督 百濟諸軍事 鎭東大將軍'으로 책봉했다. 그리고 그 징표로서 章綬等玉과[30] 銅虎竹符 4개를 주었다.[31]

이러한 승제가수 제도는 남북조시대의 北魏, 劉宋, 齊 등 중국 왕조와 百濟, 倭, 河西, 高昌 등 주변의 여러 국가들 사이에 시행되었다. 앞서 검토한 『삼국지』 한전의 하호 관련 기록은 이와 관련된 것이라고 생각된다. 즉 曹魏 정권이 公孫氏로부터 낙랑・대방군을 빼앗은 후 그 관할 하에 있던 소국의 수장들에게 등급에 따라 인수를 사여하여 외교관계를 공식화했다. 이를 배경으로 하여 마한 소국 내 군소 수장층의 질서 체계도 魏의 職官制에 따라 재편되었을 것이다.

『三國志』의 "下戶詣郡朝謁 皆假衣幘" 부분은 승제가수 제도의 측면에서 보면 새로운 이해가 가능해진다. 고대 동아시아 사회에서 '下戶'는 지역과 시기에 따라서 다양한 의미와 성격을 갖고 있었다.[32] 중국 군현을

---

28 梁起錫, 1984 「五世紀 百濟의 '王'・'侯'・'太守'制에 對하여」 『史學硏究』 38, 72쪽.

29 坂元義種, 1978, 앞의 논문, 270~277쪽.

30 武英殿本에는 '玉'이 '五'자로 되어 있다.

31 노중국, 2012 「백제의 文書行政과 官印制」 『백제와 주변세계』, 진인진, 52쪽은 '章綬'를 인장과 綬, 그리고 '銅虎竹符'를 동호부와 죽부로 보았다.

방문한 삼한의 하호는 일반 읍락민이나 하층민이 아니라 수장층을 대리한 外交 使節이었다고 생각한다. 수장보다 상대적으로 하위의 인물이라는 의미에서 이들을 '下戶'라고 칭했을 것이다.

이들을 대방군이나 낙랑군에 파견할 때 그 수장은 魏의 하위 관직을 미리 '假'해 주었고 그 표시로 그에 해당하는 衣幘을 준 것이다. 그렇다면 이 의책은 위나라에서 제작한 관복이 아니고 삼한에서 이를 본떠 만든 倣製品이었을 것이다. 이를 임시로 수여한 것은 삼한 수장이 魏 조정으로부터 '某某邑君' '某某邑長'이라는 책봉을 받음으로써 보유하게 된 假授權을 행사하였음을 뜻한다.[33]

"自服印綬衣幘 千有餘人" 부분은 '服'의 해석이 문제다. 일반적으로는 인수와 의책을 '입는다'고 해석하는데, 이는 앞의 '假衣幘'을 '의책을 빌린다'고 해석하는 것과 관련되어 있다. 하지만 '服'은 衣物을 착용한다는 뜻 외에 '따른다, 복종한다'는 의미가 있다. 그리고 '自服'은 '스스로 나아가 服從・從事한다'는 의미다.[34]

「광개토대왕릉비문」의 영락 8년(398)조를 보면 "教遣偏師 觀帛愼土谷 因便抄得莫□羅城加太羅谷 男女三百餘人 自此以來 朝貢□事"라고 썼다. 맨 뒤의 '□事'는 '論事'로 판독하는 것이 일반적이지만, 이는 '服事'로 읽어야 한다고 본다. 위 문장은 고구려가 帛愼을 징벌하고 남녀 300여 명을

---

32 武田幸男, 1967「魏志東夷傳に見える下戶問題」『朝鮮史研究會論文集』3.
盧泰敦, 1975「三國時代의 '部'에 關한 研究」『韓國史論』2.

33 金基興, 1987「고구려의 성장과 대외교역」『韓國史論』16, 50쪽은 假授의 주체를 중국 측으로 보았다. 실제로 晉代에 郡에서 承制하여 假授한 사례를 확인할 수 있다. 중국 내에서 중앙 정부의 하위 기구인 郡이 조정을 대신하여 가수하는 것은 자연스러운 일이다. 그러나 三韓과 百濟의 경우는 중국 조정의 책봉을 받았을 뿐 중국의 군현이 설치되지는 않았으므로 각기 그 수장과 王이 假授權을 행사했다고 보아야 한다. 한편 曹魏代에 왜의 사절과 卑彌呼에게는 조정에서 奉號와 인수를 가수하였다(『三國志』 倭傳). 이는 황제의 親授가 아니고 왜의 사절을 통한 간접 수여이기 때문에 '假'를 썼다고(水野 祐, 1987『評釋 魏志倭人傳』, 雄山閣, 492쪽) 보인다. 여하튼 '假'가 '빌려 입는' 것이 아니고 '假授'의 의미임은 변함이 없다.

34 諸橋轍次, 1985『漢和大字典』五・九, 大修館書店의 '服' '自服' 항목 참조.

포획한 이래로 그 집단이 고구려에 조공을 '□事'해 왔다는 의미다. 따라서 대등한 세력 사이에 무엇인가를 논의했다는 '論事'보다는 하위 세력이 상위국에게 '귀복하여 따른다'는 '服事'가[35] 문맥상으로도 의미 전달이 자연스럽다.

능비의 원석탁본으로 인정되는 水谷本을 보면 글씨체도 '服'자에 가깝다. 영락 10년(400)조의 "昔新羅寐錦 未有身來□□" 부분의 불명자를 '朝貢' 혹은 '論事'라고 읽기도 하지만, 이 역시 '服事'로 판독한 견해가[36] 있다.

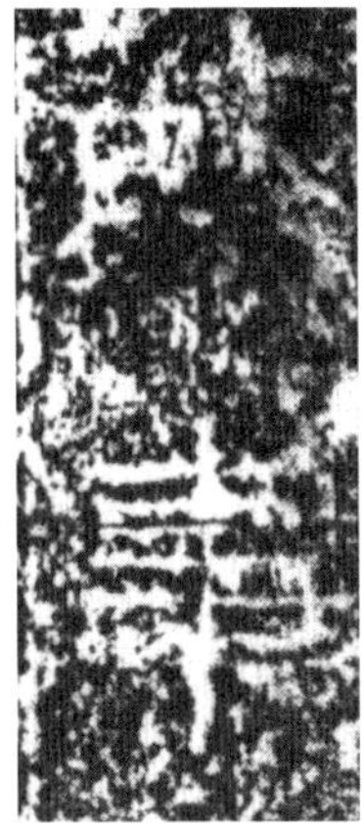

그림 5. 광개토대왕릉비 영락 8년조의 '服事' 추정 부분

그렇다면 『三國志』 韓傳의 "自服印綬衣幘 千有餘人" 구절은 이미 삼한의 수장으로부터 가수를 받은 下戶가 군현에 나아가 정식으로 제수 절차를 밟고 曹魏의 관복과 인장을 수령했다고 볼 수도 있고, 앞의 '自' 자를 유의하여 본국에서 가수를 받지 못한 하호 가운데 스스로 위나라 조정에 복속을 맹서하고 인수 등을 받는 사람이 매우 많다는[37] 의미로 볼 수도 있다.

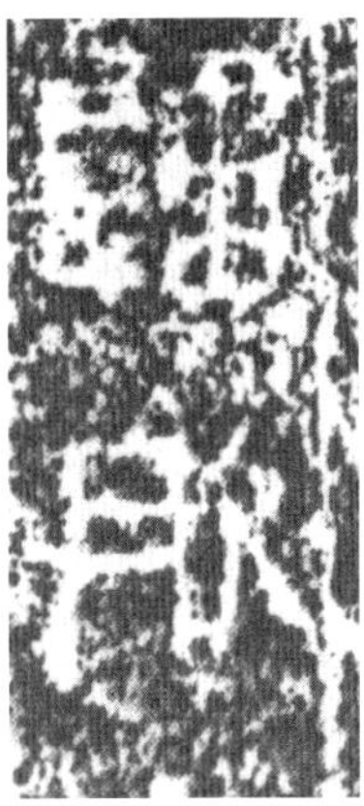

그림 6. 광개토대왕릉비 영락 10년조의 '歸服'

어느 쪽이 옳은지 단정하기 어렵지만, 문장 자체를 존중하고 당시 曹魏 정권의 주변 정치체에 대한 분할·통제책을 고려한다면 후자가 보다 실상에 가까울 것이다. 그리고 이렇게 해석하면, 앞에 나오는 假授者에 대한 정식 제정 조치는 전제된 셈이 된다. 즉 魏는 假授받은 자에 대해서 除正을 하고, 自服한

35 위의 책, 五, '服事' 항목 참조.

36 金泰植·宋桂鉉, 2003 『韓國의 騎馬民族論』, 한국마사회, 367쪽.

37 여기서 앞에 나오는 '皆'나, '천여 인'은 모두 그 숫자가 많음을 보여 주기 위한 과장된 표현이므로 의미 그대로 받아들일 수는 없겠다.

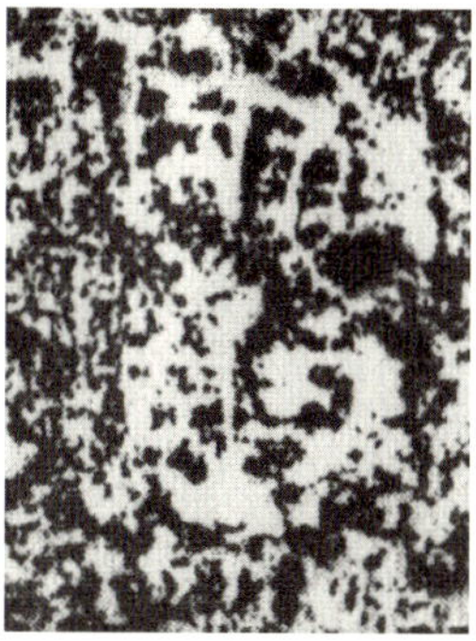

그림 7. 광개토대왕릉비 영락 10년조의 '朝貢' '論事' 혹은 '服事' 추정 부분(이상 모두 水谷本)

자에 대해서도 인수·의책을 사여해 주었다고 이해할 수 있다. 그렇다면 "自服印綬衣幘"의 구절에서 '自服'과 '印綬衣幘'의 사이에 몇 글자가 생략되었다고 보아야 한다. 이런 문제점이 있기는 하지만 잠정적으로 "其俗好衣幘下戶詣郡朝謁 皆假衣幘 自服印綬衣幘 千有餘人"을 "그 풍속에 衣幘을 좋아하여, 下戶가 郡에 와서 조알할 때 대부분 衣幘을 假한 상태였고, 스스로 인수·의책을 장만한 자가 1천여 명이었다"고 해석해 두고자 한다.

문제의 핵심은 3세기 초에 공손씨가 帶方郡을 신설하고 曹魏 정권이 다시 대방군과 낙랑군을 장악한 이래 馬韓에 대한 책봉-조공질서가 강화되었다는 사실에 있다. 마한의 수장층에게 그 지위에 걸맞는 印綬와 衣幘을 사여하는 대신 각종 특산품을 조공의 명목으로 받아들였을 것이다.

따라서 3세기 이후부터 4세기 초에 낙랑·대방군이 소멸할 때까지 두 군과 馬韓 小國 및 百濟 사이에 오고간 물자의 이동은 相互 贈與라고 보아야지, 대외교역의 범주에 넣어 파악하기 어렵다고 생각된다. 그사이 246년에 韓이 대방군의 崎離營을 공격한 것과 274년 西晉이 낙랑군·대방군과 별도로 東夷校尉를 설치하는 등 기복이 있었지만 기본적으로 두 세력 사이의 관계는 외교교섭 차원에서 이해해야 한다.

4세기 초에 낙랑군과 대방군이 고구려에 의해 소멸된 후 특히 帶方郡의 故地 지배를 놓고 백제는 고구려와 상쟁을 벌였다. 그 과정에서 대방군의 遺民 가운데 일부가 百濟로 유입되었다. 이들은 중국 군현 시기 자신의 경험을 살려 백제가 중국 왕조와 교류하는 데 전면에 서서 활약한 것으로 보인다.[38] 당시가 중국 측으로서는 남북조시대 초창기의 혼란스

---

38 강종훈, 2001 「4세기 백제-왜 관계의 성립과 그 배경」『역사와 현실』 40, 3~7쪽.

러운 상황이었으므로 이들은 공식 외교활동 외에 대외교역에도 참여했을 것이다.

특히 291년 8王의 亂으로 인해 西晉이 혼란에 빠지고, 이어서 5胡가 남하하자 317년에 晋이 강남으로 천도한 이래로 372년 백제가 東晋과 통교할 때까지의 시기에는 馬韓 혹은 百濟와 중국 왕조 사이에 외교교섭에 관한 기록이 없으므로 交易이 양측 관계의 중심이 되었다고 생각된다.[39]

한편 백제는 3세기 중엽인 古爾王 때부터 嶺西濊 지역을 잠식하기 시작하여 4세기까지는 그 대부분의 지역을 장악한 듯하다. 漢城의 백제 왕실은 이 지역의 濊族 수장으로부터 공납을 받아 교역품의 원료를 확보할 수 있었다. 이러한 상황은 4세기 중엽 近肖古王代에 백제의 남부에 있던 馬韓 잔여 세력을 공략한 뒤에도 재현되었을 것이다.

백제 역시 주요한 대외교역의 상대는 중국 세력이었으나 그 배후에 嶺西濊와 馬韓을 거느리고 있었으니, 위만조선과 비슷한 형태의 국제교역망을 운영한 셈이다.

그러나 百濟가 위만조선보다 교역권의 범위에 있어 훨씬 광범했다. 近肖古王은 바다 건너 倭와 접촉하여 외교관계를 맺었다.

> 百濟王이 久氐, 彌州流, 莫古를 보내 朝貢했다. 이때 調를 바치는 新羅의 사신이 구저와 함께 왔다. 이에 皇太后와 太子 譽田別尊은 크게 기뻐하며 말하기를, "先王께서 고대하던 나라의 사람들이 와서 조근하는데, 천황에게까지 미치지 못하니 슬프도다!" 하였다. 뭇 신하들이 모두 눈물을 흘렸다. (『日本書紀』 卷9 神功皇后 攝政 47年 4月)

『日本書紀』는 倭 조정에 대한 백제의 사절 파견을 조공으로 기록했다. 그러나 그간의 사정을 보면 왜와 백제가 조공을 매개로 한 상하관계에 있

39 成正鏞, 2003 「百濟와 中國의 貿易陶磁」 『百濟研究』 38은 백제 漢城期에 중앙에서는 西晉과 東晋製 도자기를 實用器로 사용했으며 지방에 위세품으로 분배하기도 했다고 보고, 이렇게 폭넓은 수요층을 가진 다량의 물품은 경제적 교환행위에 의해 도입된 것이라고 이해했다.

지 않았음을 알 수 있다. 3세기 이래 왜는 帶方郡을 통한 對中國 조공외교를 활용하여 중국의 선진문물을 도입하고 弁韓 소국과 교역하여 鐵 소재를 공급받았다.

그러나 4세기 초에 한반도의 중국 郡縣이 소멸하고 교역 체제상 대방군과 연결되어 있던 前期加耶聯盟이 쇠퇴함으로써 왜는 선진문물 도입의 창구가 막히는 난관에 봉착하게 된다. 이러한 상황을 극복할 수 있는 대안으로 떠오른 것이 百濟였던 것이다.[40]

따라서 백제와 왜는 대등한 위치에서 교섭을 벌였다고 생각된다. 다만 그때 두 정치체 사이에 오간 물품의 성격이 문제가 된다.

> 이에 斯摩宿禰가 從者인 爾波移와 卓淳國 사람 過古를 百濟에 파견하여 그 왕을 위로하였다. 그때 백제의 近肖古王은 깊이 기뻐하며 (이들을) 후대했다. 그리하여 여러 가지 색깔의 비단 1필, 角弓의 화살, 아울러 鐵鋌 40매를 爾波移에게 선물로 주었다. 그리고 다시 보물고를 열어 여러 진귀하고 이색적인 물품을 보여 주며 말하길, "우리나라에는 이러한 珍寶가 많다. 너희 나라에 (이것을) 보내고 싶으나 가는 길을 알지 못해 뜻한 바대로 할 수가 없다"고 하였다. (『日本書紀』 卷9 神功皇后 攝政 46年 3月)

近肖古王은 倭의 使節이 멀리서 백제를 방문했다고 후대하여 비단과 무기, 철정을 선물로 주었다. 다채로운 색깔의 비단은 중국산일 가능성이 높고, 鐵鋌은 3세기에 倭가 가야를 오가며 교역해 갔던 물품이지만 충북 진천의 석장리 유적, 청주 명암동 유적 등을 보면 4세기 중엽의 시점에서는 백제도 철 소재를 자체 생산하고 있었다.[41] 각궁은 한반도뿐 아니라 중국

---

40 李道學, 1991 「百濟의 交易網과 그 體系의 變遷」 『韓國學報』 63, 76쪽.
Kim Taesik, 2007 "Koguryo and Gaya: Contacts and Consequences", *Journal of Northeast Asian History* 4-1, pp. 41-57.

41 김창석, 2008 「백제 왕실 수공업의 성립과 생산체제」 『백제 생산기술의 발달과 유통체계 확대의 정치사회적 함의』, 학연문화사, 48쪽.
근래 忠州 탄금대토성에서 百濟 漢城期의 제철유적과 철정이 발굴되었다. 철정은 5매를 단위로 모두 40매가 발견되어 위의 『日本書紀』 기록에 나오는 철정 40매와 상통하는 점이 흥미롭다(車勇杰 外, 2009 『忠州 彈琴臺土城 I』, 中原文化財硏究院,

과 북방의 유목 종족도 사용했으므로 그 화살의 산지는 추정이 어렵다.

백제 측은 倭의 대표라고 할 수 있는 사절에게 중국의 고급 섬유제품과 왜에게 절실히 필요한 전략 물자인 철 소재, 그리고 무기를 선물했다. 당장 倭 사회가 필요로 하는 물자는 물론 고급의 사치품까지 백제가 보유하고 있음을 보여 주기 위한 조치라고 생각된다. 비유하자면, 상품을 판매하기 위해 그 샘플을 증정한 것이라고 볼 수 있다. 한 걸음 더 나아가 근초고왕은 王室의 寶庫를 열어 왜의 사절에게 보여 주었다는 것이다. 왜 측의 교역 욕구를 자극하기 위한 행동이라고 하지 않을 수 없다.

이에 대한 왜의 반응은 어땠을까?

> 이에 두 나라(백제와 신라)의 貢物을 검사했다. 신라의 공물은 珍異한 것이 매우 많았으나, 백제의 그것은 양이 적고 흔한 것이어서 품질이 좋지 않았다. …… (백제 사신이) 대답하여 말하기를, "저희들이 길을 잃어 신라 땅[沙比]에 닿았는데 신라인이 우리를 체포하여 가두었습니다. …… 그리고 백제의 공물을 빼앗아 자기(신라)의 공물로 삼고, 신라의 흔한[賤] 물건으로써 백제의 공물을 삼았습니다. ……" 하였다. (『日本書紀』 卷9 神功皇后 攝政 46年 3月)

앞서 살펴본 바와 같이, 倭 조정은 중국의 정세 변동과 加耶의 침체로 인해 구득이 어려워진 외래 선진 물품을 百濟를 통해 다시 입수할 수 있게 된 것을 대단히 기뻐했다. 그런데 그 물품을 검사하는 과정을 보면 종류와 원산지, 품질을 꼼꼼히 따지고, 사실 여부는 분명하지 않지만 신라에서 보낸 물자와 비교를 하고 있다.

이는 백제가 보낸 물품의 가치를 측정하기 위한 행동으로서, 왜 측이 백제에 제공하기로 한 물품 혹은 軍事力에 상응하는지를 따져 본 것이라고 이해된다. 원문에는 '공물'이라고 하여 공납물 혹은 조공에 따른 증여품처럼 분식되었지만 실제로는 백제와 왜 사이의 等價物의 교환, 즉 對外交易이 이뤄진 것이다.

이것은 호혜적 교역이라고 할 수도 있으나, 백제의 경우 근초고왕 때

128~130쪽).

달성된 集權體制를 배경으로 해서 王權이 對倭 교역을 주도하고 있으므로 國家交易의 성격을 띤다고 본다.[42] 종래 공동체 질서를 토대로 하여 首長이 주도하던 호혜적 교역보다 한 차원 성장한 모습이다. 그리고 백제를 통해 왜로 유입된 물품 중에는 중국산품도 들어 있었으므로 당시 백제 중심의 국제교역망은 중국 왕조와 백제 내부의 피복속 세력은 물론 왜까지 포함된 광역의 중층적인 것이었다.

제 2 절 高句麗 초·중기의 對中 교섭과 교역

1장 1절에서 언급한 바 있지만 劉敬叔의 『異苑』에 실린 글을 다시 한 번 살펴보자.

> 담비가 고구려에서 산출된다. 항상 어떤 짐승[物]이 (담비와) 함께 구덩이[穴] 속에 사는데, 모습은 사람과 비슷하고 길이는 3척이다. 그 짐승은 능히 담비를 잡을 수 있다. 손칼[刀子]을 좋아하여, 그 습속에 다른 사람이 담비 가죽을 얻고자 하면 칼을 그 구덩이 입구에 던져 놓는다. 그 짐승이 밤에 구덩이를 나와 담비 가죽을 칼 옆에 놓아 두면, 기다리던 사람이 가죽을 가져가고 그 뒤에야 (짐승은) 비로소 칼을 집어 간다. (『異苑』 卷3)

여기에는 인류 사회의 초기 교역의 모습이 나타나 있어 주목된다. 파트너가 서로 대면하지 않고 벌이는 沈默交易(Silent Trade)은 세계 각지에서 그 유례를 확인할 수 있으며, 異人의 사악한 시선을 피하기 위한 방편이라고 해석되기도 한다.[43]

단 담비 가죽은 고구려 산품이 아니고 그전부터 유명했던 '挹婁貂'로 보아야 한다. 고구려인이 읍루 지역과 교역하여 담비 가죽을 입수한 후

42 국가교역의 개념에 대해서는 이 책의 3장 2절과 4장 2절을 참조할 것.

43 相田洋, 1997 「鬼市と邪視」 『異人と市: 境界の中國古代史』, 研文出版.

이를 중국에 중계했으며[44] 遠方에 사는 읍루에 대해 지식이 없던 南朝人이 이를 고구려산으로 오해했던 것이다. 이를 제외하면 위의 자료는 劉宋代 이전 '읍루-고구려-南朝' 사이에 이뤄진 국제교역의 일면을 담고 있는 자료라고 평가할 수 있다.

담비 가죽은 고급 모피로서 상품 가치가 높고 고대에는 그 산지가 제한되어 있었다. 이를 산지에서 고구려산 물품과 교역하여 다시 남조까지 왕래하면서 그곳 상품과 교환하는 교역체계는, 그 이동 거리의 遠隔性이나 교역 구조상의 연쇄성을 주목하지 않을 수 없다. 이는 그간 고구려 국제교역 및 대외교섭이 발전해 온 장구한 경험의 축적 위에서 출현했을 것이다. 여기서는 남조 정권과 고구려의 대외교역이 어떠한 역사적 과정을 통해 성립했는가를 밝히기 위해서 고구려의 對中 교역체계가 성립하고 변화하는 과정을 검토해 보고자 한다.

고구려의 대외관계에 관해서는 그간 상당한 연구 성과가 축적되었고, 이를 통해 3~6세기의 동아시아 국제정세와 고구려의 대외정책에 관한 체계적인 이해가 가능해졌다. 하지만 고구려의 대중 외교의 주요한 목적 가운데 하나라고 할 수 있는 대외교역에 대해서는 太祖王 때 설치된 幘溝漊에 대한 관심 정도에 머물러 있는 실정이다. 고구려의 대외교역에 대한 전론도[45] 발표된 바 있어 도움이 되지만, 신자료를 통해 보완할 점이 있다고 생각된다.

이 분야 연구가 부진한 이유는 무엇보다 관련 자료가 부족해서이다. 하지만 근래 고구려 지역의 고고학 발굴 성과와 유적·유물에 대한 분야별 집성이[46] 이뤄지고, 주변국 특히 백제의 대중 교섭에 대한 연구가[47] 활발

44 松田壽男, 1962「東西交涉とシベリア森林民」『東西文化の交流』, 至文堂, 151~152쪽에서는 고구려가 상업적 이익을 지키기 위해 일부러 원산지를 감추었다고 보았다.

45 金基興, 1987「고구려의 성장과 대외교역」『韓國史論』16.

46 東潮, 1997『高句麗考古學研究』, 吉川弘文館.
余昊奎, 1998『高句麗 城 Ⅰ: 鴨綠江 中上流篇』, 國防軍史研究所.
_____, 1999『高句麗 城 Ⅱ: 遼河流域篇』, 國防軍史研究所.
崔鍾澤, 1999「高句麗土器研究」, 서울대학교 고고미술사학과 박사학위논문.

해지면서 고구려 대외교역의 실상과 변화 과정에 대한 새로운 모색이 가능해졌다. 그리고 集安 國內城 내부에 대한 발굴에서 출토된 東晋製 靑磁는[48] 고구려와 南朝의 외교관계와 문물 교류의 단면을 드러내는 것으로서 주목된다.

여기서는 지금까지의 연구 성과와 근래 공개된 자료를 통해 漢代~남북조시대에 이르는 고구려의 대중 교섭을 주로 교역체계의 변화라는 관점에서 세 단계로 구분하여 검토하고자 한다. 전한대 首長層 중심의 다원적 교섭과 교역, 책구루 설치 후 3세기까지의 중앙 통제 교섭과 교역, 그리고 4~6세기 중엽의 대중 직접 교섭과 교역의 다변화 단계가 그것이다.

(1) 前漢代의 교섭 양상

『三國志』 高句麗傳을 보면,

> 漢나라 때 현악기와 관악기를 연주하는 技人[49]을 내려 주었다. (고구려는) 항상 玄菟郡에 와서 朝服과 衣幘을 받아 갔다. (현토군의) 高句麗令이 그 名籍을 주관했다.

李淸圭, 2003「韓中交流에 대한 考古學的 접근: 청동기시대에서 철기시대까지」『韓國古代史硏究』 32.

47 權五榮, 1988「考古資料를 중심으로 본 百濟와 中國의 文物交流」『震檀學報』 66
______, 2003「백제의 對中交涉의 진전과 문화변동」『강좌 한국고대사』 4, 가락국사적개발연구원.
朴淳發, 1999「漢城百濟의 對外關係: 國家 成立期 對外交涉의 實狀과 意義」『百濟硏究』 30.
한신대학교 학술원, 2004『漢城期 百濟의 물류시스템과 對外交涉』, 학연문화사.

48 吉林省文物考古硏究所·集安市博物館 編, 2004『國內城: 2000~2003年集安國內城與民主遺址試掘報告』, 文物出版社.

49 종래 '鼓吹技人'을 여러 가지로 해석해 왔다. 그러나 『三國志』 魏書 卷21 王粲 附阮瑀傳을 보면 "太祖時 征長安 大延賓客 怒瑀不與語 使就技人列 瑀善解音 能鼓琴 遂撫弦而歌 因造歌曲日 ……"이라 하여, 거문고를 타는 것을 '鼓'라 하고, 기인은 음악을 연주하는 악사임을 알 수 있다. 鼓를 북이라고 볼 수도 있지만, 북을 치는 것은 특별한 기술이 필요하지 않으므로 그 技人을 따로 보냈다고 보기 어렵다. 따라서 鼓는 거문고처럼 絃을 퉁겨서 연주하는 현악기를 가리킨다고 생각된다.

고 하여, 고구려와 한의 관계와 문물 교류 사실을 전하고 있다.

당시 고구려는 한나라 조정에 직접 사절을 파견하지 못하고, 현토군이라는 중간 기구를 통해서 교섭하고 있었다. 고구려가 한에 보낸 물품은 나와 있지 않지만, 한나라는 고구려에 樂士와 조복, 의책을 보내주었다고 한다. 이러한 형태의 교환 행위를 어떻게 이해해야 할까?

우선 현토군에 내왕하는 고구려인의 명부를[50] 고구려현의 현령이 관장하고 있었다는 사실이 주목된다. 이는 조복, 의책을 받기 위해 현토군을 찾는 고구려 사람들이 다수였고 그들을 보낸 집단도 각기 달랐음을 암시한다. 여러 那集團의 수장들이 漢과 교섭하고 威勢品을 획득하기 위해 현토군에 독자적으로 사절을 파견하였다고 생각된다. 3세기 전반에 마한 소국의 수장들이 帶方郡에 사절을 보내 印綬와 衣幘을 받아 온 것을 연상시킨다.

이때 주고받은 물품과 그 성격에 대해 살펴보자. 한나라가 조복, 의책을 고구려에 보낸 것은 그 受贈者가 해당 지역의 정치적 대표자임을 공인해 주는 일종의 책봉 행위이고, 그것을 보증해 주는 물질적 징표가 조복과 의책이다. 그리고 고구려의 수장들은 이를 통해 자신의 지위와 신분을 과시하는 용도로 활용했을 것이다.

현악기와 관악기를 연주하는 技人들은 책봉을 해 주는 상위국으로서 피책봉국보다 선진적인 문화 수준을 향유하고 있음을 과시하고, 이를 하위국에 전파하려는 데 그 파견 목적이 있었다. 고대사회에서 音樂이 단순히 여흥을 즐기는 오락이나 예술 활동에 그치지 않았음은 신라의 국가 보물인 萬波息笛이나 낙랑국의 自鳴鼓 설화를 통해 엿볼 수 있다. 樂士 역시 의례적·정치적인 성격을 갖고 있었다.

이에 대해 고구려 측이 현토군을 통해서 漢에 전한 것도 같은 성격의

---

50 '名籍'이 戶籍을 뜻하기도 하지만 인적사항을 적은 명단을 가리키는 것이 일반적인 용례다. '主其名籍'의 '其'는 앞선 언급된 조복, 의책의 증여와 관련되어 쓰였으므로 이 명적은 고구려인의 호적이 아니라 조복, 의책을 받아 가는 고구려 수장층의 명단이라고 보아야 한다.

물품이었을 것이다. 이 역시 관련 내용을 전해 주는 기록이 없으므로, 후대이긴 하지만 비슷한 상황에 있던 주변 집단들의 예를 검토해 보자.

> 樂浪檀弓이 그 땅에서 난다. 바다에서는 班魚의 가죽이 나고, 육지에는 무늬 있는 표범[文豹]이 많다. 또 果下馬가 산출된다. 後漢 桓帝 때 이를 헌상했다. (『三國志』 卷30 魏書30)

東濊는 중국 군현 중 樂浪郡 및 그 관하에 있던 東部都尉와 관계를 맺고 있었다. 桓帝代(147~167)에도 이들 중간 기구에 물품을 헌상하고 '不耐侯' 등의 관작에 해당하는 인수와 의책을 받았을 것이다. 이때 동예가 후한으로 보낸 물품이 낙랑단궁 이하 과하마까지를 모두 포함했는지 분명치 않지만, 이들이 동예 지역을 대표하는 토산품이었음은 분명하다.[51] 오히려 역으로 『삼국지』 찬자가 이들 물품을 동예의 특산품으로 摘記할 수 있었던 것은 후한대에 동예와 교섭한 경험과 그 기록이 전해졌기 때문일지도 모른다.

이런 시각에서 보면 『삼국지』 동이전에 실린 각 집단의 특산물은 대부분 중국 왕조에 증여, 아니면 공납으로 수취된 물품이었다고 할 수 있다. 부여의 名馬·赤玉·貂·검은 원숭이[狖]·美珠, 읍루의 楛矢·青石鏃[52]·적옥·貂, 마한의 大栗·細尾雞 등을 들 수 있다. 그리고 고구려는 小馬와 小水貊의 貊弓 정도를 들 수 있다.

이런 지역별 특산품과 중원 정권의 위세품이나 의례용품의 교환을 과연 교역이라 부를 수 있을까? 교역은 특정한 교환 형태로서 교역의 당사자가 등가라고 인식한 가치를 교환하는 것이다.[53] 그런데 前漢 시기에

---

51 이 책의 1장 3절 참조.

52 읍루는 숙신의 후예다. 이들이 역대에 걸쳐 중국 왕조에 자신의 전통적인 무기를 증여한 사실은 『晉書』 卷97 列傳67 肅愼氏 "周武王時 獻其楛矢石砮 逮於周公 輔成王 復遣使入賀 爾後千餘年 雖秦漢之盛 莫之致也 及文帝作相 魏景元末 來貢楛矢石砮弓甲貂皮之屬 魏帝詔歸於相府 賜其王傉雞錦罽緜帛 至武帝元康初 復來貢獻"을 통해 확인할 수 있다.

고구려를 구성하는 여러 소집단의 사절들이 현토군에 가서 자신이 속한 지역집단의 특산품을 전달하고 漢 왕조의 官服과 衣幘을 받아올 때 과연 양자의 가치를 따져보고 이를 행했을지 의문이다. 현토군의 입장도 마찬가지였을 것이다. 물론 여기에는 정치적 가치나 문화적 가치, 즉 외교교섭이나 문화 수입과 확산을 통한 간접 효과도 고려되어야 하지만, 교역이라고 할 때는 역시 경제적 등가성이 절대적인 비중을 차지할 수밖에 없다.

이렇게 본다면 前漢代까지 고구려의 대중국 교섭은 교역 차원이라기보다는 증여와 답례를 통해 상호 정치·군사적 이득을 얻는 비경제적 교환행위, 즉 책봉과 조공이 그 핵심 내용이라고 할 수 있다. 여기에는 복수의 집단이 교섭에 참여했으며, 이에 대해 중국 왕조는 현토군이라는 단일 창구를 통해 조복, 의책, 技人 등을 수여하거나 각 집단의 수장층과 사절에게 중국 관작을 封해 주는 형태로 대응하면서 일면 고구려 내부의 분열을 조장했다.

이는 남북조시대에 고구려 왕실의 사절이 직접 그 都城을 왕래하여 조공을 하고 그 답례로 국왕에 대한 册封과 근신들의 除正을 받으며, 인수·의책 이외에 여러 가지 回賜品을 받는 외교교섭의 원초적 모습을 보여 주는 것으로 판단된다. 이는 1장에서 살펴본 濊族의 服屬儀禮의 연장선에 있는 것으로서 본격적인 대외교역에 이르지 못한 단계라고 파악된다.

(2) 後漢代~3세기의 交涉과 交易

고구려에 소속된 여러 집단이 현토군을 매개로 해서 前漢 정권과 벌이던 多對一 교섭은 이후 변화를 맞는다.

> (고구려가) 점차 교만해져서 郡에 오지 않았다. (이 때문에 고구려와의) 동쪽 경계에 작은 城을 쌓고 조복과 의책을 그 안에 두면 해마다 와서 이를 가져

53 金昌錫, 2004「韓國 古代 流通體系의 성립과 변천」『震檀學報』97, 3쪽.

갔다. 지금 오랑캐들이 이 성을 幘溝漊라고 하는데, 구루는 고구려 말로 城을 뜻한다. (『三國志』 卷30 魏書30)

종래 여러 지역의 那集團들이 현토군을 직접 왕래하면서 조복과 의책을 받아가던 교섭 행위가 중단되고, 대신 책구루라는 小城을 설치하여 이곳에서 정기적으로 교섭을 진행하게 되었다는 것이다. 이는 고구려 각 정치세력의 대외교섭권과 교역권이 桂婁部의 왕권으로 一元化되는 과정을 보여 주며, 책구루가 설치된 시기는 太祖王 때라고 생각된다.[54]

책구루의 구체적인 위치에 대해서는 정설이 없지만, 위 기록을 통해 볼 때 그 설립 주체가 後漢의 玄菟郡이었고, 고구려는 현토군과의 교섭에 소극적이었음을 알 수 있다. 그리고 그 국세가 강성해지고 계루부 왕실이 대외교섭권을 장악하여 일원적으로 관리하게 되자, 현토군이 조복·의책 수여를 통해 고구려 내부의 나집단들 혹은 나집단 내부를 분열시키고 조종·통제하는 것도 어려워졌다.

문제는 책구루의 기능과 성격이 무엇인가 하는 것이다. 이에 대해 책구루를 국경에 설치한 교역장으로서 互市라고 보는 견해가[55] 있다. 호시란 중원 왕조의 변경에 설치된 교역장으로서, 주변 異種族과 經濟關係를 통해서 교섭하던 중국 전근대 외교 방식의 하나였다. 이종족과 중국의 쌍방 합의하에 개설되었으며, 해당 지방의 행정기구가 그 관리·통제의 책임을 맡았다. 예컨대 주변 이종족이 호시를 개설할 것을 요청해 오면 지방관은 이를 중앙에 보고하고, 윤허를 받으면 호시를 열었다. 개설 기간 동

---

54 盧泰敦, 1975 「三國時代의 '部'에 關한 硏究」 『韓國史論』 2.

55 權五重, 1992 『樂浪郡硏究』, 一潮閣, 160~161쪽.
李賢惠, 1990 「三韓의 對外交易體系」 『韓國 古代의 생산과 교역』, 一潮閣.
尹龍九, 1999 「三韓의 朝貢貿易에 대한 一考察: 漢代 樂浪郡의 교역형태와 관련하여」 『歷史學報』 162.
한편 金基興, 1987, 앞의 논문, 38~39쪽은 호시라고 명시하지는 않았지만, 책구루의 주요 기능을 대외교역의 통제로 보고 요동군, 낙랑군의 접경지대에도 이러한 기구를 설치했을 가능성이 크다고 하였다.

안 지방 관청은 거래가 원활하게 이뤄지도록 관리・감독하고, 호시가 종료된 뒤에는 거래량과 가격 등의 내역을 정부에 보고해야 했다. 이리하여 중국의 육상 대외교역은 호시를 통해 발전해 갔다.[56]

『冊府元龜』의 互市條를 보면,

> 무릇 王者가 四夷를 통어함에 懷柔의 도리와 羈縻 정책을 펴는 뜻이 있다. 변방이 편안하고 중원을 쉴 수 있도록 하기 위해 互市를 여는 것이니, 이야말로 회유와 기미의 취지다. 이에 漢初부터 (호시를 열자는) 의론이 일어났다. 사람의 왕래가 잦은 곳을 골라 關市를 열어 그들의 貨物을 통하게 하고 신의를 두텁게 하기를 역대로 지켜왔으니, 이 또한 오랑캐와 평화롭게 지내는 방법의 하나다. (『冊府元龜』 卷999 外臣部 互市)

라고 한 다음, 한 고조대 越과의 關市로부터 흉노・오환・선비・고막해・하남・토욕혼・토번・돌궐・위구르 등과 호시를 벌인 사실을 기록했다. 호시는 관시・合市・交市・西市・胡市 등으로도 표현되었다. 그런데 漢~唐代까지 고구려와 이들 정권이 호시를 벌인 사례는 한 건도 발견할 수 없다.[57] 이것은 중원 왕조가 주로 북방과 서방에 있던 遊牧 국가들의 來侵을 예방하고 변방의 안정을 기하기 위해 호시를 활용하고 있었음을 보여준다.

호시에서 거래된 교역 품목을 보면 말, 소, 양 등과 漢의 재물, 비단 등을 서로 교환했다.

> (한) 무제 때 明和는 친히 厚待할 것과 關市에서 (물자를) 풍부하게 공급할 것을 약속했다. 흉노는 스스로 선우 이하 모두가 친히 長城 아래로 왕래했다. 흉노는 樂을 탐내고 관시에서 漢의 재물을 즐겼다. 또한 관시를 끊이지 않고 열게 하여 그 뜻을 이뤘다. (위의 책)

---

56 黎虎, 1998「唐代地方外交關涉機構」『漢唐外交制度史』, 蘭州大學出版社, 450~452쪽.

57 後魏 宣武 때 西域과 東域이 珍物을 바쳤고 남쪽에서도 南貨가 이르렀다고 했으나, 이것은 주변 제 민족과 활발한 교류가 이뤄진 사실을 포괄적으로 언급한 것이어서 이를 가지고 고구려와 북위 사이에 互市가 설치되었다는 사실까지 유추하기는 어렵다.

(당) 숙종 건원 연간에 回鶻이 매년 市에 와서 말 1필로 비단 40필을 바꿔 갔는데 (끌고 온) 말이 수만 마리에 이르렀다. (같은 책)

호시에서 유목 민족의 가축류와 중국산 물품은 그 가치를 비교하여 일정한 비율에 따라 교환되었고, 이는 분명히 국가 간 혹은 종족 간의 대외교역이라 할 수 있다. 호시의 개설은 흉노족의 單于처럼 이종족의 수장이 요청하거나 중국 측에서 먼저 제의하는 등 공식적인 國家交易의 형태를 띠지만, 여기에는 상인 등 민간인도 참여할 수 있었다.

원화 원년(84) 무위태수 맹운이 上言하기를, "북선우가 다시 吏人과 시장 열기를 원합니다" 했다. 조서를 내려 맹운으로 하여금 驛使를 파견하여 이를 맞이하고 위로하도록 했다. 북선우는 이에 大且渠伊莫訾王 등을 보내 소와 말 1만여 두를 몰고 와서 漢의 상인과 교역했다. (『後漢書』 卷89 南匈奴列傳79)

또 북위 때의 庫莫奚는 항상 塞內로 들어와 民과 교역하기를 원했다. 凉州와 敦煌郡은 서역과 호시를 개설하는 요지여서, 많은 소그드 상인들이 양주에서 재화를 판매했으며 서역 상인들은 돈황에서 교역할 때 현지 세력가들의 침탈을 받기도 했다.[58] 호시 교역은 국가 차원의 교역이지만 이처럼 민간 상인도 거래에 참여할 수 있었다. 그리고 奉獻을 명분 삼아 왔다가 교역을 하거나 공헌품을 호시에서 구하는 예도 있었다.[59]

따라서 고구려와 현토군의 境界에 설치된 幘溝漊를 호시로 볼 수는 없다는 생각이다. 책구루에서 전해진 물품을 보면 조복, 의책과 같은 중국 측의 전통적인 위세품이다. 그리고 이 시기에 고구려가 교만해졌다고 하므로 고구려는 이에 상응할 만한 답례품을 전달하지 않았을 가능성도 있다. 그렇다면 이것은 교역의 기본적인 조건을 갖추지 못한 것으로서, 교역이라기보다는 이전 시기부터 행해지던 조복, 의책 등을 매개로 한 외교적 물품 교환행위의 연장으로 보아야 한다.

---

58 黎虎, 1998, 앞의 책, 235~237쪽.

59 같은 책, 235~236쪽.

단 책구루가 소규모 城이라고 하더라도 여기서 조복, 의책, 일부 특산물 같은 의례적 물품만 교환되었을지는 장담할 수 없다. 호시 중에는 성 시설을 활용한 예도 있기 때문이다.[60] 그리고 책구루가 현토군과 고구려의 경계 지점에 설치된 점은 그 입지가 호시와 일치한다. 이런 면을 감안하면 외교교섭 및 의례용품 교환에 附隨하여 경제적 교역도 있었을 가능성이 있다. 前漢代 이전에 여러 나집단 그리고 이들이 통합된 5부 집단이 독자적으로 수행하던 대외교역을, 高句麗 王室이 장악하여 玄菟郡과 필요물품을 교환하는 형태로 교역이 이뤄졌을 것이다. 이를 통해 왕실과 귀족층의 비단, 장신구 등 중국제 사치품에 대한 수요를 충족시켰을 수 있다. 그렇다고 하더라도 책구루의 기본 기능은 외교적 예물을 교환하는 것이었고, 이 같은 교역은 그 부가 기능에 불과했다는 점을 유의해야 한다.[61]

(3) 4세기~6세기 중엽 交易體系의 변화

그럼 고구려에서는 본격적인 국가교역이 언제 시작되었을까? 국가교역이란 외교적 목적으로 조공품과 회사품이 교환되는 것이 아니라는 점에서 경제적 '교역'이며, 공식적인 使節 派遣을 통해 이뤄진다는 점에서 민간의 무역활동과도 다른 '국가'교역이다.

이 책의 서론에서 언급한 대로, 조공무역은 '무역'이 근세 이후에 전면화되는 현상이므로 고대사회에 적용하기에 적합하지 않고, '조공'이란 관형어도 그 교역의 목적이나 성격을 모호하게 만드는 문제가 있다. 따라서 이 책에서는 국가교역이라는 개념으로써 중세 이전의 국가 간 교역 활동을 파악하고자 한다.[62] 3장 1절에서 검토한 백제 근초고왕 때의 對倭 교

---

60 후한 광무제 때 烏桓校尉를 上谷甯城에 두고 호시를 열었고, 당 현종 대에는 受降城을 돌궐과의 호시 장소로 삼았다.

61 책구루의 기능과 성격을 구체화하기 위해서 앞으로 다른 종족 사례에 대한 광범한 조사와 비교 연구가 필요하다.

62 고대사회에서의 '무역' 및 '조공무역' 개념의 문제점에 대해서는 이 책의 서론을 참고할 것.

역이 국가교역의 성격이라고 추정된다. 그리고 752년 신라가 일본에 사절을 보낼 때 외교적 증여품인 '調物'과 별도로 「買新羅物解」에 적혀 있는 교역품을 가져간 것이 국가교역의 전형이라고 생각된다.

고구려의 경우는 남북국시기 신라와 교역품의 제작·수합·교환·분배 방식 등에 시대적 차이가 있을 것임은 물론이다. 책구루가 폐지되고 그 기능이 소멸한 시기는 정확히 알 수 없다. 현토군과의 교섭 과정에서 이를 설치했으므로 일단 현토군이 소멸하는 시점을 책구루 존속의 하한으로 잡을 수 있겠다. 그러나 현토군은 몇 차례의 이치와 변천을 거쳐 4세기 말 무렵까지 유지되므로[63] 현토군의 소멸보다는 실질적으로 그 기능이 쇠퇴되는 시점이 의미를 갖는다.

그 계기가 된 것이 274년 西晉의 東夷校尉府 설치다. 이후 현토군, 낙랑군, 대방군이 가졌던 邊郡으로서의 중개 기능은 현저히 약화되었다.[64] 따라서 현토군에 대한 관할 주체가 公孫氏 정권과 曹魏로 넘어가면서 책구루의 기능이 점차 약화되다가 3세기 말 무렵이 되면 유명무실해진다고 생각된다. 그리고 291년을 마지막으로 東夷 사회의 동이교위부에 대한 遣使가 중단되는 것으로 보아, 서진과 동이 사이에서 중간기구 역할을 하던 동이교위도 3세기 말·4세기 초가 되면 현저히 약화되는 듯하다. 이 시기는 서진 말에 해당하고, 북중국에 5호가 남하하는 혼란기이기도 하다.

313년과 314년에 걸쳐 낙랑군과 대방군이 소멸되고 317년 東晋 정권이 성립된 이후에는 고구려가 본격적으로 중간기구를 거치지 않고 직접 중국 정권과 교섭에 임하게 된다. 이에 따라 종래 幘溝漊나 중국 군현 혹은 동이교위 근처에 설치된 交易場을 활용하여 교역을 벌이던 방식도 변화할 수밖에 없었을 것이다. 책구루가 존립하던 시기에 외교교섭과 경제적 교역이 같은 공간에서 이뤄진 데 비해 양자가 분리될 여지가 생긴 것

---

63 李丙燾, 1976 「玄菟郡考」 『韓國古代史硏究』, 博英社, 158~161쪽.

64 임기환, 2000 「3세기~4세기 초 위(魏)·진(晉)의 동방 정책: 낙랑군·대방군을 중심으로」 『역사와 현실』 36, 24~31쪽.

이다.

4~5세기에 걸친 동진, 劉宋 및 북조의 정권들과 고구려의 교섭 관련 기록을 검토해 보면 조공・책봉・전쟁・외교교섭과 관련된 기사로 채워져 있을 뿐 국가 간의 교역 상황을 전해 주는 기록은 찾아볼 수 없다. 물자교류에 대해서도 특별한 외교교섭이 필요한 상황에서 진귀품을 보내거나,[65] 중국 측의 요청에 의해 군수품을 조달한[66] 외에는 대부분 고구려가 '사신을 파견하여 방물을 바쳤다[遣使 獻方物]'는 상투 문구로 일관하고 있다.

중국 측의 증여품 내역도 자세치 않지만, 梁代에 衣冠과 劍佩를 내린 기록이 있다.

> 보통 원년(520)에 고구려 세자 安이 사신을 보내 입공했다. 2월 계축일에 안을 영동장군 고구려왕으로 삼고 사신 江法盛을 보내 안에게 의관과 검패를 주었는데, 北魏의 광주 병사들이 바다로 나가 이를 잡아 낙양으로 보냈다. (『資治通鑑』 卷149 梁紀5 高祖武皇帝5 普通 元年)

의관과 검패는 안장왕을 책봉하면서 같이 보내준 儀裝用品이다. 이는 이전부터 이뤄지고 있던 인수, 의책 수여의 전통에서 비롯된 것이다.

이와 관련하여 주목되는 것이 晉式帶具이다. 진식대구란 서진과 동진 시기에 형태가 갖추어져 4세기대에 동아시아 사회에서 크게 유행한 허리띠다. 戰國時期・漢代에 사용된 마형, 호형 혹은 곡봉형 帶鉤는 서진대에 새로운 형태로 변모하고, 남북조시대에는 다시 남북의 지역별 분화 양상을 보이면서 요서, 요동, 한반도, 일본 열도 등지로 퍼져 나갔다.[67]

---

65 고국원왕대에 前燕에 珍異한 물품을 보낸 것(『三國史記』 卷18 高句麗本紀6 故國原王 13年)은 모용황으로부터 부친의 시신을 돌려받기 위해서였고, 장수왕대에 동진에 赭白馬를 보낸 것(같은 책, 卷18 高句麗本紀6 長壽王 元年)은 즉위 사실을 알리기 위해서였다.

66 『宋書』 卷97 列傳57 夷蠻 高句麗 "十六年 太祖欲北討 詔璉送馬 璉獻馬八百匹."

67 權五榮, 2004 「晉式帶具의 南과 北」(第10回 加耶史國際學術會議 발표논문), 金海市.

그런데 고구려 지역에서 진식대구 유물이 출토된 바 있다. 고구려의 진식대구는 전형적인 것과 함께 일부는 北朝 계통 특히 三燕 지역 대구의 영향을 받은 것도 있다고 한다.[68] 고구려가 西晉 및 남북조 국가들과 교섭하고 책봉을 받으면서 그와 함께 전해진 衣幘·官服類의 일부인 것이다.[69]

중국에서 들어온 또 다른 물품으로 陶磁器가 있다. 이는 대구와 마찬가지로 실물이 남아 있어 고구려의 대중국 교섭과 물자 이동의 양상을 뚜렷이 보여 준다. 2003년에 발굴된 集安 國內城 안의 체육장 지점에서 東晋製 青磁가 출토되었다.[70] 이 유적은 국내성 한복판에서 약간 서쪽에 자리잡고 있다. 모두 5개의 층위로 형성되었는데, 이 가운데 고구려 문화층인 3층 아래, 즉 4층 표면에서 4기의 건물지가, 4층 아래에서는 문제의 청자가 출토되었다.[71]

청자 출토 상황을 보면, 4층의 퇴적물을 제거한 바닥에서 7개의 灰坑이 발견되었다. 회갱은 지름 39~46cm, 깊이 35~53cm의 평면이 원형인 구덩이이고 거의 일정한 간격을 두고 7개가 평면 F자 형태로 배치되어 있었다. 각 구덩이는 施釉陶器, 자기 등 그릇류로 채워졌는데, 완형은 없고 깨진 잔편들로서 중간에 풀과 나무를 태운 소량의 흑회색 재가 섞여 있었다. 자기편은 모두 청자로서 그 제작 기법이나 기형을 보아 浙江 지역의 동진대 자기 가마에서 제작되었다고[72] 한다.

---

68 위의 논문, 73·4쪽.

69 이와 관련하여 晉式帶具가 衣冠, 服物, 車旗 장식의 하나로서 고급 무관의 신분을 상징하기 위해 晉朝에서 증여한 것이라는 견해와(町田章, 1970「古代帶金具考」『考古學雜誌』56-1) 몽촌토성 출토 금동대금구와 진식대구의 비교를 통해서 4세기 초 百濟와 東晋의 교섭을 추정한 견해가(朴淳發, 1999「漢城百濟의 對外關係: 國家 成立期 對外交涉의 實狀과 意義」『百濟硏究』30) 주목된다.

70 國家文物局 主編, 2004「吉林集安 高句麗王城與王陵」『2003 中國重要考古發現』, 文物出版社, 121~122쪽.
吉林省文物考古硏究所·集安市博物館 編, 2004『國內城: 2000~2003年集安國內城與民主遺址試掘報告』, 文物出版社.

71 위의 보고서, 110~112쪽.

이들은 그간 주로 백제 지역에서 발견된 盤口壺·甁, 耳附壺·罐 등 동진~유송대의 중국 도자들과 기형과 문양이 유사하다.[73] 그리고 집안의 우산하 3319호분에서도 4세기 중엽으로 비정되는 동진제 長頸壺가 출토된 바 있으므로,[74] 이들은 모두 중국 남조 시기 초에 만들어진 청자로서 고구려에 유입되었다고 생각된다.

그런데 이 회갱과 그곳에 매납한 도자들은 몇 가지 특징을 갖고 있다. 7개의 회갱은 크기와 형태가 비슷하고 층위 관계가 동일하며 배열도 일정한 규칙성을 갖고 있다. 갱에서 출토된 유물은 생활용기들이지만 모두 깨져 있고, 어떤 용기는 잔편이 다른 갱 속에서 흩어져 발견되기도 했다. 또 이차적으로 고온을 받아 변형되거나 유약이 녹고 벗겨지는 현상도 발견되었다. 따라서 이 유구는 뭔가 불[火]과 관련된 제사 의식이 끝난 뒤에 그 후속 행사에서 고온으로 변형되고 터진 그릇들을 땅속에 묻으면서 형성된 것으로 추정된다. 그리고 고구려인의 종교 행위 가운데 특수한 毁器습속이 있었을 가능성도 제기되었다.[75] 또 회갱 유구 동쪽 20m 지점에서 單層의 돌로 쌓아 같은 시기에 사용된 담장[墻體]이 발견되었다.

따라서 國內城 체육장 지점의 남조 청자들은 적어도 마지막에는 특수한 용도, 특히 祭器로 사용되었을 가능성이 높다. 하지만 施釉陶器를 포함

---

72 같은 보고서, 134~135쪽.

73 백제 지역 출토 중국 도자기에 대해서는
李鍾玟, 1997「百濟時代 輸入陶磁의 影響과 陶磁史的 意義」『百濟硏究』27.
李蘭英, 1998「百濟 지역 출토 中國陶瓷 硏究: 古代의 交易陶瓷를 중심으로」『百濟硏究』28.
김영원, 1998「百濟時代 中國陶磁의 輸入과 倣製」『百濟文化』27.
成正鏞, 2003「百濟와 中國의 貿易陶磁」『百濟硏究』38.
이명엽, 2006「百濟土器 新器種의 出現과 中國陶磁器의 影響」『古文化』67이 참고된다.

74 東潮, 1997『高句麗考古學硏究』, 吉川弘文館, 560·561쪽.

75 제사 후 사용 용기를 인위적으로 打切하는 행위는 풍납토성 경당지구 9호 유구 등 국내 유적뿐 아니라 일본에서도 발견 예가 증가하고 있다. 이에 대해서는 김창석, 2004「한성기 백제의 국가제사 체계와 변화 양상: 풍납토성 경당지구 44호, 9호 유구의 성격 검토를 중심으로」『서울학연구』22 참고.

한 다량의 도자기가 일회의 제사를 위해서만 준비되고 사용되었다고 볼 수 있을까? 이들은 王城 안에서 생활용기로 사용되다가 특정 시점의 특정 제사에서 제기로 전용되었다고 보는 것이 합리적이다. 漢城期 백제의 중앙에서는 중국 도자기가 실생활 용기로 사용되었다는 견해도[76] 참고가 된다. 물론 아직 고구려 지역에서 출토된 중국 도자의 예가 많지 않아 단정할 수 없지만, 국내성이나 평양성의 왕족과 귀족들이 사용한 중국 도자기는 威勢品이면서 동시에 高級 實用品으로서 남조와의 交易을 통해 유입되었을 가능성을 배제할 수 없다고 본다.

고구려가 중국 측에 전한 물품은 무엇이었을까? 6세기 초에 있었던 고구려와 北魏 사이의 교섭은 이에 대한 시사를 준다.

> 正始 연간(504~507)에 世宗이 東堂에서 (고구려의) 使者 芮悉弗을 보았다. 실불이 나아가 말하기를, "고구려는 하늘과 같은 지극한 정성을 누대에 걸쳐 다했으며, 우리 땅에서 나는 土毛를 빠트리지 않고 바쳤습니다. 단 황금은 부여에서 나고 마노[珂]는 섭라에서 산출되는데, 지금 부여는 勿吉에게 쫓겨났고 섭라는 백제가 병합했습니다. 저(문자명왕)는 끊어진 나라를 잇는 뜻을 살펴서 (이들을) 모두 경내로 옮겼습니다. 두 물품을 王府에 올리지 못하는 것은 실로 두 도적 때문입니다" 하였다. 세종이 말하기를, "고구려가 대대로 上將으로서 해외를 오로지 제어하고 九夷를 정벌하여 다스렸다. 예전에 方物을 소홀히 한 것은 連率에게 책임이 있다. 경은 마땅히 나의 뜻을 국왕에게 전하라. (이로써 고구려의 왕은) 위력과 회유의 방략을 다하여 못된 무리를 제거하고 동방의 무리들을 편안히 하며, 2읍(부여와 섭라)이 옛 터전을 되찾아 土毛를 빠트리지 않고 바치도록 할 것이다" 하였다. (『魏書』 卷100 列傳88 高句麗)

6세기 초인 文咨明王代에 北魏에 보낸 증여품 가운데 夫餘와 涉羅의 특산인 황금과 마노가 누락된 사정을 설명하면서, 이를 '토모' 혹은 '방물'이라 칭하였다. 섭라의 실체에 대해서는 이론이 있지만, '부여'는 5세기 말 靺鞨 세력에 의해 패망한 夫餘다. 부여는 4세기 중엽 고구려의 침공을 받

---

76 成正鏞, 2003, 앞의 논문, 27쪽.

고 4세기 후반에는 고구려에 신속해 있었다. 따라서 고구려가 북위에 보낸 황금과 마노는 섭라와 부여가 고구려에 바친 공납물의 일부라고 보아야 한다.

하지만 이와 다른 성격의 물품도 있었다. 서두에서 거론한 『異苑』의 담비 가죽 같은 종류가 그것이다. 당시 挹婁와 담비 교역을 벌인 고구려인은 여러 성격의 존재를 상정할 수 있다. 우선은 국가 권력과 무관한 民間交易人을 들 수 있다. 이들이 간단한 철제 공구나 무기를 갖고 읍루 지역에 가서 담비 가죽과 교환하고 다시 이를 남조에 되파는 것이다. 원거리 교역인데다 복수의 종족 집단과 국가에 걸쳐 있으므로, 민간 상인이라고 하더라도 중앙의 高位 貴族이 조직한 대규모 商團이었을 것이다.

또 하나는 고구려의 중앙 권력을 들 수 있다. 王室이나 대외교섭과 교역을 관장하는 中央 官府가 주도하여 읍루의 특산물을 구입하고, 南朝에 사절을 파견할 때 이를 증여품과**77** 별도로 준비해 가서 國家交易을 통해 판매하는 것이다. 담비 가죽은 생활용품이면서도 高價의 사치품이었으므로 남조 왕실이나 귀족층이 有償으로라도 구입하여 소유하고 싶어 하던 商品이었다. 이러한 점에서 담비 가죽은 비단이나 도자기 등 중국제 사치품과 교환되는 교역품일 가능성이 크다고 생각된다. 상당량의 담비 가죽이 교역을 통해 유입되어 동진과 유송의 상류층 사회에서 유행하지 않았다면, 『이원』 같은 설화집에 채록되기가 어려웠을 것이다.

왕실이나 관부가 교역의 주체일 경우는 조공이란 명목으로 무상으로 증여하는 물품과 별도로 고구려 국가가 주도하는 교역이라 볼 수 있다. 이는 현존하는 자료만 놓고 볼 때는 고구려에서 본격적인 國家交易이 개시된 것을 뜻하며, 백제 근초고왕 때의 對倭 교역과 함께 한국 고대 대외교역 체계의 발전과정에서 큰 의미를 갖는다.

---

77 『三國志』 卷47 吳書2 孫權傳2 嘉禾 2年條에 의하면, 233년에 오나라 손권이 고구려 東川王에게 요동을 공략하자는 詔書를 전하자 고구려 측이 기뻐하며 표문을 올리고 貂皮 1,000매와 鶡鷄皮 10具를 보냈다고 한다. 3세기 전반에 고구려 왕권이 모피를 외교적 증여품으로 사용한 예다.

전자 즉 고위 귀족이 조직한 상단이 활약했을 경우 이는 민간 부문의 대외교역이라 할 수 있다. 원래 민간이 주도하는 국제교역은 중국에서 금지의 대상이었지만, 남북조시대의 특수한 상황에서 默認되었거나, 아니면 密貿易 형태로 전개되었을 수도 있다. 그렇다면 이는 같은 민간 교역이라 하더라도 이전에 책구루와 같이 지정된 교역장에서 왕권의 통제 아래 벌이던 것과 달리, 광역의 공간과 종족을 대상으로 하여 조직적인 상단 활동을 통해 대외교역이 이뤄졌다는 점에서 한 단계 발전한 것이라 할 수 있다.

그러나 4세기 이후는 고구려에 이미 집권체제가 확립되어 있었고, 읍루 측으로부터 모피를 구할 때 민간 상인이 활약하더라고 그 배후에 고구려 왕권이 작용하고 있을 수 있으므로 '읍루-고구려-남조'로 이어지는 국제교역은 고구려 국가 차원에서 추진되었을 가능성이 높다고 본다. 여하튼 4세기~6세기 중반의 고구려의 대외교역 체계는 앞 시기와 비교하여 교역의 공간이 한층 확장되고 교역품의 종류가 다양해졌다는 점을 특징으로 들 수 있다.

(4) 소결

기원전 2세기 말~기원후 6세기 중엽에 이르는 고구려의 대중국 교섭 관계는 대외교역 체계를 중심으로 볼 때 크게 세 단계로 구분할 수 있다. 첫 번째, 前漢 시기에는 현토군을 상대로 하여 大小의 수장들이 초기적인 책봉-조공관계를 맺고 있었다. 고구려 각지의 특산품을 증여하고 그 대가로 정치적 지배자임을 表象해 주는 官服 등의 위세품을 받는 형태다.

두 번째 단계는 1세기 후반 幘溝漊가 설치된 후 3세기 후반까지 對中교섭 창구가 一元化되면서 계루부 왕실이 주도하여 예하 집단들의 외교권과 교역권을 통제하던 시기다. 이 시기에도 외교적 의례용품과 특산품을 매개로 한 외교교섭이 주 내용을 이루고 있었지만, 책구루는 交易場의 성격도 일부 갖고 있었다. 유목민족과 漢族 사이에 개설된 互市와는 다르지만, 여기서는 종래 지역집단별로 이뤄지던 대외교역이 왕실의 통제 아래 행해졌다고 생각된다. 이것은 전통적인 외교 물품의 교환에서 國家交易이 분화되어 나오는 이행기의 모습으로 파악할 수 있다.

마지막 단계는 책구루와 같은 중간 기구의 기능이 소멸하고 남북조 국가들과 고구려 왕권이 직접 교섭에 임하는 4~6세기 중엽의 시기다. 책봉-조공의 儀禮的 관계는 이전의 중간 기구로부터 중국 왕조 혹은 고구려의 都城으로 공간만 바뀌었을 뿐 지속되었다. 晉式帶具와 南朝의 도자기는 이를 단적으로 보여 준다. 하지만 최근 國內城에서 발견된 중국제 청자는 생활용기로 사용되었을 가능성이 커서, 교역의 대상품이기도 했다고 보인다. 비단, 도자기 같은 사치품은 고구려 왕족이나 고위 귀족들의 수요를 자극했을 것이다.

한편 고구려는 東晋, 劉宋에 대해 읍루의 담비 가죽을 중계하여 교역했다. 담비 가죽 역시 고급 모피로서 남조 귀족들의 소유욕에 값하는 상품이었다. 그 주체는 고위 귀족 휘하의 민간 商團보다는 고구려 왕실・중앙 관부로 생각된다. 이는 본격적인 國家交易이라고 볼 수 있으므로 고구려 대외교역 체계의 발전 과정에서 획을 긋는 것이다.

漢代~남북조시기에 이르는 고구려의 대중 교역체계는 6세기 후반에 隋가 대륙을 통일하고 이후 고구려와 긴장관계가 조성되면서 다시 한 번 변화하게 된다. 이에 대해서는 다음 절에서 살펴보고자 한다.

제 3 절 高句麗・隋 전쟁의 경제적 배경

고구려・수 전쟁(이하 高隋전쟁으로 약칭)은 598년 발발하여 4차에 걸쳐 진행되었으며, 614년에 終戰된다. 그러나 이후 일어난 高唐전쟁까지 시야에 넣게 되면, 668년 고구려가 멸망할 때까지 70년이라는 장기에 걸쳐 지속된 국제전의 서막이라는 점에서 그 역사적 의미는 심중하다.

고구려인에게도 이 전쟁은 깊은 인상을 남겼으니, 일종의 전승 기념물로 京觀을 쌓았는데 唐이 631년 사신을 보내 이것을 파괴하자 이를 침략으로 간주하여 곧 천리장성을 쌓은 바 있다.[78] 수에 대한 승리를 상징하는 경관은 고구려 사람들에게 단순한 기념물로 그치지 않고 중국 세력에 대한 정신적 방어벽 역할을 한 듯하다.[79] 618년에는 倭에 사절을 보내 수나라 煬帝의 대군을 격파한 사실을 알리면서 그 포로와 악기, 무기를 왜에 증여하기도 했다.[80] 근래 중국 학계 일각에서 고구려가 중국의 지방정권이고, 고수전쟁도 馴致되지 않은 지방정권을 통합하기 위한 內戰 혹은 통일전쟁의 일환이라는 주장이 제기되었으나,[81] 이처럼 倭와 같은 제3국과 독자적인 외교 활동을 벌이고 對隋 전승 사실을 과시한다거나 그 기념물을 세운 나라를 중앙 정부의 통일전쟁에 맞선 지방정권으로 볼 수 없음은 자명하다.

수나라 대군의 패배는 동시대인에게는 물론 후대의 중국인에게도 큰 충격으로 여겨졌다. 조선 전기의 學人 崔溥가 중국에 표착하고 나서 귀국을 위해 여행하던 중 蘇州에서 명나라 관리를 만나 나눈 대화는 이를 잘 보여 준다.

> "당신 나라는 무슨 비결로 隋와 唐의 군대를 물리칠 수 있었소?"
> "지략 있는 신하와 용맹한 장수가 군사를 잘 지휘했으며, 병졸들은 모두 충성스러워 죽음을 두려워하지 않았소. 그 때문에 고구려는 변방의 작은 나라였으나 족히 중국의 백만 대군을 두 번이나 물리칠 수 있었소." (최부 지음, 서인범・주성지 옮김, 2004 『표해록』, 한길사, 246쪽)

고수전쟁은 이와 같이 고구려사와 수나라의 향후 역사 전개뿐 아니라

78 『三國史記』 卷20 高句麗本紀8 榮留王 14年.
79 金昌錫, 2005 「古代 領域 관념의 형성과 王土意識」 『韓國史硏究』 129, 16~17쪽.
80 『日本書紀』 卷22 推古天皇 26年 8月.
81 張博泉, 1985 『東北地方史稿』, 吉林大學出版社, 158~168쪽
楊秀祖, 1996 「隋煬帝征高句麗的幾個問題」 『通化師院學報』 1996-1, 49~55쪽.

후대 지식인들의 역사 인식에도 지대한 영향을 끼쳤다고 보아야 할 것이다.

이러한 중요성 때문에 고수전쟁에 대해서는 그간 적지 않은 연구가 이뤄졌다. 전쟁의 제반 문제에 대한 개설적인 연구가 제출된 바 있고,[82] 특히 전쟁의 배경에 대해서 많은 관심이 기울여졌다. 책봉체제론, 중화사상론, 주변국 동맹론, 수의 고구려 인식론, 수의 정권구조론, 말갈・거란을 둘러싼 갈등설 등이 제기된 바 있다.[83] 그리고 최근에는 그 이념적 배경을 구체적으로 분석한 연구도 나왔다.[84]

그러나 고수전쟁의 배경은 좀 더 다양한 측면에서 깊이 있게 검토해 볼 여지가 있다고 생각한다. 예컨대 煬帝가 대군을 동원하여 고구려를 원정할 명분을 제공한 裵矩의 정벌 이념은 중국의 전통적인 대외관의 양 축인 華夷論과 德化論의 흐름 속에서 파악될 필요가 있다.

그리고 이러한 극단적 이념이 나오게 된 현실적 배경으로서 경제적 요인을 고려해야 한다고 본다. 이에 대해서도 언급이 이뤄진 바 있지만,[85] 遼西 지역의 교역 양상은 4세기 이래 고구려 대외 교역체계의 발전 과정 속에서, 그리고 이를 확보하려는 수의 입장 양자를 동아시아라는 큰 틀

---

82 李丙燾, 1975「高句麗對隋唐抗戰」『韓國古代史研究』, 博英社.
임기환, 1994「고구려와 수・당의 전쟁」『한국사 4』, 한길사.
李昊榮, 1996「수・당과의 전쟁」『한국사 5』, 국사편찬위원회.

83 전쟁의 배경에 관한 그간의 연구 성과에 대해서는 金子修一, 2001「隋唐交代と東アジア」『隋唐の國際秩序と東アジ』, 名著刊行會, 108~110쪽 및 여호규, 2002「6세기말~7세기초 동아시아 국제질서와 고구려 대외정책의 변화: 대수관계(對隋關係)를 중심으로」『역사와 현실』 46, 2~4쪽 참조.

84 윤용구, 2005「隋唐의 對外政策과 高句麗 遠征: 裵矩의 '郡縣回復論'을 중심으로」『북방사논총』 5.
박한제, 2006「隋唐 世界帝國과 高句麗: 朝貢秩序 및 羈縻體制와 관련하여」『한국고대국가와 중국왕조의 조공・책봉관계』, 고구려연구재단.

85 노태돈, 1999「6세기 중반의 정세변동」『고구려사 연구』, 사계절.
李成制, 2000「嬰陽王 9年 高句麗의 遼西 攻擊」『震檀學報』 90.
그리고 임기환, 1994, 앞의 논문, 168~169쪽도 전쟁의 경제적 배경에 대해 간략히 지적하고 있다.

속에서 검토해야 한다. 이러한 문제의식에서 고수전쟁의 배경을 고찰할 때 수차에 걸쳐 반복적으로 대규모 戰役이 이뤄진 이유를 보다 풍부하게 이해할 수 있을 것이다.

(1) '大一統'의 이념

수나라는 남북조의 분열시대를 마감하고 통일 帝國을 건설했다. 그러나 수 정부는 이에 만족하지 않고 이종족 국가까지 포괄하는 광의의 천하[86] 통일 즉 '大一統'을 지향했다.[87] 그 영역을 둘러싸고 突厥, 吐谷渾, 契丹, 高句麗 등 여러 족속과 나라들이 버티고 있었기 때문이다. 비록 중원을 장악한 統一帝國이라고 하더라도 주변 세력과 어떠한 관계를 맺을 것인가는 제국의 안정과 발전을 좌우하는 중요한 문제였던 것이다.

역대 중국 왕조는 이를 위해 여러 가지 방식으로 대처하였는데,[88] 주지하듯이 주로 책봉-조공관계라는 외교적인 상하 질서를 통해 이를 해결하려 하였다.[89] 여기에다 큰 나라는 작은 나라를 사랑하고, 작은 나라는 큰 나라를 섬겨야 한다는[字小事大] 유교적 윤리를 끌어다 붙여 국제적 불평

---

86 고대 중국인이 생각한 天下의 범위는 중층적이고 유동적이어서 하늘 아래의 모든 지상 세계, 天命을 받은 天子가 다스리는 공간(中國, 海內, 九州), 그리고 夷狄의 세계(四海)와 중국을 포함한 공간 등을 뜻했다(李成珪, 1992 「中華思想과 民族主義」 『哲學』 37, 33~40쪽). 광의의 천하는 이 가운데 세 번째 것을 가리킨다.

87 중국의 천자가 천하를 통일해서 여러 종족과 국가를 그 치하에 포섭해야 한다는 이념은 이미 전국시대에 제기되어 주로 公羊學者들에 의해 체계화되었다(堀敏一, 1993 「中華思想と天下觀念」 『中國と古代東アジア世界: 中華的世界と民族』, 岩波書店, 58~59쪽).

88 이로 인해 맺어진 중원 왕조와 주변국의 관계는 그 밀접도에 따라 '영역화 즉 내지화 → 羈縻 지배 → 책봉 관계 → 단순 조공 관계'로 구분하기도 한다(栗原益男, 1979 「七・八世紀の東アジア世界」 『隋唐帝國と東アジア世界』, 汲古書院, 140~141쪽).

89 책봉-조공관계의 기원과 변천에 관해서는 西嶋定生, 1962 「六~八世紀の東アジア」 『岩波講座 日本歷史 古代 2』, 岩波書店과 金翰奎, 1982 『古代 中國的 世界秩序 研究』, 一潮閣 및 노태돈, 2006 「고구려와 북위 간의 조공・책봉관계에 대한 연구」 『한국 고대국가와 중국왕조의 조공・책봉관계』, 고구려연구재단 참조.

등관계를 합리화했다.

이러한 朝冊 관계의 저변에는 周代 이래 중국의 전통적인 대외정책 논리 가운데 하나인 華夷論이 깔려 있었다. 즉 中華와 夷狄을 준별하지만 오랑캐 땅을 직접 통치하는 것이 아니라, 그것을 존속시킨 상태에서 중화제국이 문화 선진국으로서의 명분상의 우위만을 지킨다는 것이다. 중화 조정은 책봉-조공관계라는 외교 형식을 통해 멀리 떨어진 이종족 국가를 통제할 수 있는 여지가 있었다. 하지만 이러한 수직적 국제질서는 삼국시기 중국과의 관계에서 보듯이 명분과 형식에 그치는 경우가 많았고, 실제로는 각국의 현실적인 힘과 利害에 따라서 외교 관계가 좌우되었다.[90]

그런데 수나라는 형식적인 상하 관계에 만족하지 않고 명실상부한 지배・종속 관계를 원했다.[91] 특히 고구려와 같이 강한 군사력을 바탕으로 배후에서 수를 위협하는 세력에 대해서는 무력 정벌을 통해서 정권을 전복하고 이를 직접 지배하려는 욕구가 절실했을 것이다. 이를 이념적으로 뒷받침한 것이 또 하나의 대외정책 논리인 德化論이다. 이에 따르면 중국의 天子가 온 천하의 주인이고 주변국의 人民은 그 지배를 받아야 할 어린아이[赤子]로 간주된다.[92] 그러므로 중국 황제는 자신의 德, 즉 법률과 무력을 가지고 세계를 敎化하는 최고의 지배자가 되어야 한다. 이는 바로 주변 국가와 종족에 대한 정복과 통치를 의미하며, 더 이상 華와 夷의 구별과 차이는 무의미해지고 이들 모두는 황제의 臣民으로 간주된다. 이러한 덕화론에 의해 주변 지역에 대한 정치적 압력과 무력 침공이 합리화되고 郡縣 지배로 실현되기도 했다.[93]

그런데 실제 역사의 전개를 보면, 중국 역대 왕조의 통일의 대상 즉 '천하'라고 불린 지역은 秦이 통일한 지역을 크게 벗어나지 않았다. 이념상으로는 천하에 四夷도 포함되지만 적극적인 통합의 대상으로 설정되지 않

---

90 盧泰敦, 1984「5~6世紀 東아시아의 國際情勢와 高句麗의 對外關係」『東方學志』44.

91 박한제, 2006, 앞의 논문, 135~136쪽.

92 수 문제가 평원왕에게 보낸 璽書의 다음 구절을 보라. "朕於蒼生 悉如赤子 賜王土宇 授王官爵 深恩殊澤 彰著遐邇"(『隋書』 卷81 列傳46 東夷 高麗).

93 金昌錫, 2002「唐의 東北亞 戰略과 三國의 對應」『軍史』47, 242~243쪽.

았고, 책봉-조공 체제를 통해 臣屬關係를 유지하는 것으로 만족했다.[94] 수 조정도 덕화론 일색이었던 것은 아니어서 劉炫의 撫夷論과[95] 같은 온건한 입장도 있었고, 高熲은 598년, 耿詢은 611년에 각각 고구려 정벌을 반대한 바 있다.[96]

덕화론에 입각한 고구려 정벌론은 煬帝代인 607년에 裵矩가 본격 제기하였다.

> 배구가 上奏하기를 "고구려의 땅은 본래 고죽국이 있던 곳입니다. 周代에 그 땅을 기자에게 봉했고 漢代에는 3군으로 나누었으며 晋氏 또한 요동을 다스렸습니다. 지금 신하가 되지 않고 따로이 外域이 되었으니 先帝가 근심하여 정벌하려고 한 지 오래되었습니다. 다만 楊諒이 불초하여 출병했지만 공을 이루지 못했습니다. 폐하의 시기에 와서도 (고구려가) 섬기지 않는 것을 즐겨하니 이 예의의 땅이 오랑캐의 땅으로 바뀌도록 두시겠습니까? 지금 그 使者가 돌궐에 와서 啓民可汗이 (수와) 나라를 합치고 교화에 따르는 것을 직접 보았으니, 반드시 皇靈의 遠暢을 두려워하여 뒤늦게 굴복하면 그보다 앞서 망하게 됨을 염려할 것입니다. 入朝하도록 위협하면 반드시 이를 것입니다"고 했다. (『隋書』 卷67 列傳32 裵矩)

그리고 고구려 왕의 親朝를 요구하고, 듣지 않으면 돌궐을 동원하여 정벌하는 방책까지 제시했다.[97] 이를 양제가 받아들여 고구려 사신에게 그대로 전달했고, 611년 선포한 東巡 조칙에서는 이때 제시한 親朝 요구를 영양왕이 거부한 것을 침략의 명분으로 삼고 있다.[98]

1차 전쟁은 고구려의 선제공격으로 시작되었으므로 수나라가 주도적으

---

94 李成珪, 1992 「中國帝國의 分裂과 統一: 後漢解體 이후 隋·唐統一의 形成過程을 중심으로」 『歷史上의 分裂과 再統一 上』, 一潮閣, 80쪽.

95 『隋書』 卷75 列傳40 儒林 劉炫.

96 『隋書』 卷41 列傳6 高熲 및 卷78 列傳43 藝術 耿詢.

97 "帝曰 如何 矩曰 請面詔其使 放還本國 遣語其王 令速朝覲 不然者 當率突厥 卽日誅之 帝納焉".

98 『隋書』 卷3 帝紀3 煬帝 上 3年 8月 및 7年 2月.

로 원정을 개시한 것은 양제 때의 2차 전쟁부터다. 그리고 위의 상주가 그 시발이 되었다는 점에서 유의할 필요가 있다. 孤竹國, 箕子, 漢四郡 등을 거론하여 고구려와의 역사적 연고를 제시한 것은 새로운 면이 있지만, 결국 고죽국 등에 의해 뿌려진 德化의 씨앗이 고구려의 지배에 의해 더럽혀지고 있음을 강조하기 위한 역사적 전제에 불과하다.

이는 한때 唐 高祖가 갖고 있던 인식과 분명히 다르다.

> 이름과 실제는 모름지기 부합해야 한다. 고구려는 수나라의 신하라고 일컬으면서 마침내 양제에게 맞서려고 했으니 어찌 신하라고 할 수 있겠는가? 짐은 만물을 존중하고 교만하고자 하지 않는다. 단지 세상에 의거하여 인민을 함께 평안케 하는 데 힘쓸 뿐, 어찌 반드시 (고구려로 하여금) 신하를 일컫게 하여 스스로를 높이겠는가. (『舊唐書』 卷61 列傳11 溫大雅 弟彦博)

수의 고구려 침공 실패를 경험한 결과이기도 하지만, 당 고조는 고구려를 복속시킬 생각이 없음을 밝혔다. 고구려가 당에게 적대적이지 않는 한 고구려 중심의 세력권과 공존할 뜻을 천명한 것이다. 이는 남북조시기의 華夷論으로의 복귀임과 동시에 현실의 역관계를 인정한 결과다. 그러나 이때도 德化論者는 있었으니, 고구려 땅이 원래 箕子와 漢 郡縣의 교화가 미친 지역임을 지적하며 高祖의 인식을 비판했다.

> "만약 고구려를 (중국과) 대등한 예법으로 대우한다면 사방의 오랑캐가 어찌 (우리를) 우러러 보겠습니까? 또한 중국과 夷狄의 관계는 태양과 뭇별의 관계와 같으니, 어느 것을 높이고 어느 것을 낮출 수 없습니다. 고구려를 다른 오랑캐처럼 대우하십시오."

이 언급에서 溫彦博은 배구의 논리를 그대로 빌리고, 만약 고구려의 '不臣'을 용인한다면 다른 四夷들도 중국을 이반할 우려가 있음을 덧붙였다. 비록 수나라가 고구려를 정벌하려 했던 무모함을 간과하고 있지만, 사방에 이종족 국가들이 버티고 있는 중국 입장에서는 이 또한 현실적 요구를 반영한 것이라 할 수 있겠다. 이러한 입장은 곧 군사적 침략을 정당화하는 논리로[99] 이어지게 된다.

수 양제 때 배구의 견해로 돌아가 보자. 夷狄化된 고구려를 옛 성현의 땅으로 되돌리려면 두 가지 방법이 있는데, 하나는 朝覲을 통해 스스로 中華의 제도를 받아들이게 하는 것이고, 다른 하나는 天子가 직접 순행하여 강제로 실시하는 것임을 제시했다. 그런데 양제는 일단 첫 번째 방법을 택하면서도 의례적인 조공 사절 파견이 아닌 국왕의 親朝를 요구했다. 이는 600년 1월에 遣使한 뒤로는 당시까지 수와 교섭을 중단하고 있던 고구려로서는 받아들일 수 없는 극단적인 요구다. 더욱이 남북조시기에 天孫意識에 바탕을 둔 독자적인 天下觀을 갖고 있던 고구려로서는[100] 용납할 수 없는 것이었다.

裵矩와 煬帝의 제안은 어차피 실현 가능성이 낮은 형식적인 것이라고 할 수 있다. 그렇다면 이는 곧 그들이 고구려를 무력으로라도 정복하겠다는 의지를 이미 굳히고 있었음을 시사하는 것이 아닐까? 양제는 즉위 초부터 "遼·碣에 뜻을 두어 軍府를 증치하고 땅을 쓸듯이 병력을 늘렸으니 이로부터 조세 수입이 점차 줄어들었다" 함은[101] 이를 증명한다. 따라서 親朝 요구는 무력 정벌을 합리화하기 위한 구실을 찾기 위해 일방적으로 제시한 것으로서 사실상 선전포고나 다름없었다고 생각된다.

한편으로는 정벌 대상국의 폭정을 종식시키고 백성들을 위무한다는 논리로 침략을 호도하기도 했다.

> (고구려는) 법령이 가혹하고 수취가 무거우며 强臣과 호족이 모두 권력을 전횡하면서 무리 이루기를 즐겨한다. 뇌물 주고받기가 시장에서 물건 사듯 하고 억울한 자는 호소할 데가 없다. 여러 해 흉년이 들어 백성들은 줄줄이 굶주리는

---

99 『舊唐書』 卷66 列傳16 房玄齡 "彼高麗者 邉夷賤類 不足待以仁義 不可責以常禮".

100 盧泰敦, 1988 「5세기 金石文에 보이는 高句麗人의 天下觀」 『韓國史論』 19.

101 『隋書』 卷24 志19 食貨.
같은 책, 卷74 列傳39 酷吏 元弘嗣 "大業初 煬帝潛有取遼東之意 遣弘嗣往東萊海口監造船"도 이를 뒷받침한다.

데도 전쟁은 그칠 줄 모르고 요역은 끝나지 않았으며, 물자 수송에 힘을 다하고 몸은 구렁텅이에 구르게 되니 백성의 근심과 고통을 누가 감당할 수 있겠는가? …… (짐이) 풍속을 살피려고 幽州, 朔州에 들렀으므로 인민을 조문하고 (고구려 왕의) 죄를 묻기 위해 다시 오기를 기다릴 필요가 없다. 이에 친히 六師를 거느리고 九伐의 뜻을 펴서 그 위난을 없애고 하늘과 뜻을 함께하여 추악한 무리를 멸함으로써 선대의 모범을 따르겠노라. (『三國史記』 卷20 高句麗本紀8 嬰陽王 23年)

그러나 이것이 허구이며 침공의 빌미에 불과함은 644년 당 태종이 조서에서 “수 양제는 신민에게 잔폭하게 한 데 비해 고구려 왕은 그 백성을 사랑하였다. 반란의 뜻을 품은 군대로 화합한 무리를 친 까닭에 이길 수 없었다”고[102] 한 데에서 분명히 알 수 있다. 침략을 정당화하기 위해 儒家에서 전통적으로 주장하던 ‘弔民伐罪’의 義戰論을 동원한 것에 불과하다.

그렇다면 수나라는 왜 이처럼 고구려를 자신의 질서 속으로 편입하려 했을까? 오랜 동안의 분열을 끝내고 대륙을 통일한 신생 제국의 야망이 주변 종족과 나라로까지 확장되었기 때문이라고도 볼 수 있지만, 이러한 ‘大一統’의 이념과 정책의 바탕에 또 다른 의도가 숨어 있지는 않을까? 아래에서는 전쟁 과정에서 나타나는 경제적 측면에 유의하여 고수전쟁의 경제적 배경을 살펴보고자 한다.

(2) 高隋戰爭의 발발

고구려와 수나라의 전쟁은 고구려의 선제 공격으로 시작되었다. 영양왕 9년(598) 말갈의 기병 1만여 명이 요서 지역을 공격함으로써[103] 고수전쟁의 막이 오르는 것이다. 영주총관 韋沖이 이를 격퇴했다고 하므로 이때

102 『三國史記』 卷21 高句麗本紀9 寶藏王 3年.

103 『隋書』 卷81 列傳46 東夷 高麗 “明年 元率靺鞨之衆萬餘騎 寇遼西 營州總管韋沖 擊走之”.

고구려군의 타격 대상은 營州總管府였을 가능성이 높다.[104]

요서 경영과 교역의 거점이었던 영주가 공략당하자 文帝는 그해 2월 수군과 육군 30만을 동원하고 6월에는 영양왕에게 주었던 책봉호를 박탈했다.[105] 막북의 돌궐과 대결을 벌이는 상황에서 30만 대군을 고구려 원정에 동원한 것은, 건국 후 20년이 채 되지 않는 신생 수나라에게 동방의 정세 안정과 나아가서는 이 방면으로의 세력 확장이 얼마나 중요했던가를 잘 보여 준다.

하지만 이 최초의 고구려 원정에서 수나라는 출정 시기를 잘못 선택하는 결정적 실수를 저질렀다.

> 漢王 諒의 군사가 臨渝關을 나왔는데 홍수를 만나고 보급이 이어지지 않아 군사들이 굶주렸으며 전염병까지 일어났다. 周羅睺는 동래에서 바다에 배를 띄워 平壤城으로 향했는데, 또한 풍랑을 만나 많은 배가 침몰했다. 가을 9월 己丑에 군사가 돌아왔는데 죽은 자가 열에 여덟, 아홉이었다. (『資治通鑑』 卷178 隋紀2 文帝 開皇 18年)

임유관에서 평양성까지 이동 거리와 중간 전투를 감안하면 수개월이 소요될 것인데 음력 6~9월이라면 바로 장마와 태풍기인 것이다. 실제로 육군은 柳城에 이르러 홍수를 만나고 군수품 보급이 끊어졌으며 전염병이 돌아 回軍할 수밖에 없었으며, 水軍 또한 풍랑을 만나 많은 배가 침몰했다. 戰時를 잘못 선택하여 전투도 벌여 보지 못하고 출정시의 군사 중 태반이 돌아오지 못하는 상황이 벌어진 것이다.

영주총관부를 중심으로 한 요서 지역에 대한 隋의 장악력도 그리 강하지 못했다. 612년 양제의 조서를 보면 "(고구려가) 거란의 무리와 함께 隋의 해안 防戍를 죽이고 말갈족과 친하여 요서를 침범했다"고 한다.[106]

---

104 李成制, 2000, 앞의 논문, 19쪽.

105 『隋書』 卷2 帝紀2 高祖 下 18年 "二月 甲辰 幸仁壽宮 乙巳 以漢王諒爲行軍元帥 水陸三十萬 伐高麗 …… 六月 景寅 下詔 黜高麗王高元官爵".

106 『三國史記』 卷20 高句麗本紀8 嬰陽王 23年.

또 605년 돌궐의 병력을 이용하여 거란을 공격할 때 柳城에서 돌궐과 고구려가 교역하는 것으로 위장하여 거란을 속였는데[107] 이는 실제로 당시 양자 사이에서 교역이 벌어지고 있었기 때문에 가능한 일이겠다. 즉 교전 상대국인 고구려가 당시 돌궐과 교역을 벌일 정도로 이곳에 대한 수의 지배는 강력하지 않았고[108] 따라서 고구려의 전통적인 교역망도 상당 부분 유지되었다고 보아야 한다. 607년 동돌궐 啓民可汗의 牙帳을 찾은 고구려 사신이 양제와 遭遇한 사건도 고구려와 돌궐의 긴밀한 교섭 관계를 시사해 준다.[109]

604년 즉위한 양제는 막내 동생 楊諒의 반란을 진압한 후 황제지배체제를 확립하여 '一統天下'를 완성하고 나아가 주변 세계까지 포괄하는 '大一統'의 새로운 세계질서를 구축하고자 했다. 이로 인해 서돌궐과 막북의 투르크계 부족이 약화되었고, 동돌궐의 톨리스 카간은 문제대에 啓民可汗으로 책봉받은 이후 수의 부용집단과 같은 처지에 있었다. 유리한 국제정세가 조성되자 양제는 608년 낙양~涿郡을 연결하는 永濟渠를 착공하여 東巡을 준비했다. 그러나 돌궐의 정세가 다시 악화되고 吐谷渾 통제의 필요성이 대두되면서 北巡과 西巡을 먼저 추진함으로써 고구려 원정은 미수에 그쳤다.[110]

609년 西巡이 성공하여 동돌궐와 토욕혼, 서돌궐의 연계가 차단되었고 동서 교역이 활발해졌다. 수의 세력은 치렌(祁連)산맥을 넘어 張掖에서 서방 사절을 모아 祭典을 벌이고 교역 활동을 장려했으며, 낙양에서는 北魏代의 국제교역이 재현되었다. 이에 양제는 610년 江都(지금의 강소성 揚

---

107 『資治通鑑』 卷180 隋紀4 煬帝 上之上 大業 元年.

108 노태돈, 1999, 앞의 책, 426~428쪽.

109 이에 대해서는 고구려가 돌궐과의 연맹을 모색하기 위한 것으로 보기 어렵다는 견해가 있다(여호규, 2002, 앞의 논문, 30쪽). 그러나 『隋書』 卷84 列傳49 突厥, "先是高麗私通使啓民所 啓民推誠奉國 不敢隱境外之交"를 보면 고구려와 돌궐 사이에 수를 배제한 교섭이 이뤄지고 있었고, 그 목적에는 동맹, 교역 등이 포함되어 있었다고 보는 것이 자연스럽다.

110 丁載勳, 2004 「隋 煬帝(604~617)의 對外政策과 天下 巡行」 『中國史硏究』 33.

州)~會稽를 연결하는 강남 운하를 정비하여 東巡 준비에 나섰다. 그리고 611년 2월 江都에서 직접 북상하면서 東巡 조칙을 반포했다.[111]

이에 따라 전쟁 준비가 본격화되고, 614년까지 4차에 걸친 고구려 원정이 이뤄졌으나 주지하듯이 실패로 끝났다. 615년 10월에 원정이 재론되기는 했으나 이후 수 멸망 때까지 다시 실행되지는 못했다. 이미 수차례의 패전과 원정 실패를 겪었기 때문에 조야의 반대가 심했다. 예컨대 8월 양제가 돌궐 군사에게 포위당하자, 고구려 원정을 중단하여 국력을 보존하고 돌궐 방어에 전력하자는 건의가 있었고 양제도 이를 좇을 수밖에 없었던 것이다.[112]

隋는 이와 같이 대규모 고구려 원정을 몇 차례나 반복하여 감행했다. 앞서 언급했듯이 '大一統'이라는 정치적 이념은 물론 광역의 국제교역망을 중국 중심으로 재건하려는 경제 利權의 문제가 걸려 있었기 때문에 나타난 현상이라고 생각된다. 隋軍은 원정이 거듭될수록 출정 시기, 지휘·명령체계, 공격 방법, 무기체계가 개선되고 새로운 전술적 시도도 있었지만 실효를 거둘 수 없었다. 여기에는 고구려도 마찬가지로 수에 밀려서는 안 되는 경제적 이해관계가 걸려 있었기 때문이다.

(3) 국제 교역체제의 변동

수는 중국을 통일하고 중앙집권적인 황제지배체제를 복구하면서 이를 뒷받침할 전국적인 교통망을 구축하였다. 양제는 즉위한 해인 604년에 山西·河南 지방과 洛陽·長安을 연결하는 방어선 겸 陸路를 건설하였

---

111 위의 논문, 57~59쪽.

112 『資治通鑑』卷182 隋紀6 煬帝 大業 11年 8月 "民部尚書 樊子蓋曰 陛下乘危徼幸 一朝狼狽 悔之何及 不若據堅城以挫其銳 坐徵四方兵使入援 陛下親撫循士卒 諭以不復征遼 厚爲勳格 必人人自奮 何憂不濟 內史侍郎蕭瑀以爲 突厥之俗 可賀敦預知軍謀 且義成公主 以帝女嫁外夷 必恃大國之援 若使一介告之 借使無益 庸有何損 又 將士之意 恐陛下旣免突厥之患 還事高麗 若發明詔 諭以赦高麗 專討突厥 則衆心皆安 人自爲戰矣 瑀 皇后之弟也 虞世基 亦勸帝重爲賞格 下詔停遼東之役 帝從之".

다.[113]

그리고 양자강 이남의 杭州로부터 중국 대륙을 남북으로 관통하여 北京까지 이르는 대운하가 양제 때 완성되었다. 문제 개황 4년(584) 장안 大興城~황하를 연결하는 廣通渠를 개통했고, 양제 대업 원년(605)에는 淮水~황하를 연결하는 通濟渠를 완성했다. 개통 시기는 알 수 없지만 610년에는 양자강~항주를 잇는 江南河를 정비하고, 대업 4년(608)에는 황하~涿郡(지금의 북경 부근)을 잇는 永濟渠를 열었다.[114] 587년 개통한 山陽瀆(장강의 揚州~회수의 山陽)처럼 이미 춘추시대 吳王 夫差가 만들었다는 邗溝의 옛 수로를 활용하여 이를 확대한 경우도 있지만,[115] 문제・양제대를 거쳐 강남과 화북을 잇는 경제 유통의 대동맥이 건설되었음은 분명하다.

부녀자까지 동원하여[116] 대역사를 일으킨 이유는 군수 물자 보급로를 확보한다는 전략적 목적과 함께, 강남의 경제력을 흡수하여 북쪽에 치우쳐 있는 대흥성・낙양성의 정치 거점에 공급하기 위한 유통로가 필요했기 때문이다. 양제는 즉위하기 전인 590년부터 10여 년 동안 揚州 총관을 역임했고 수차례 강남을 巡行했으며, 610년에는 장안・낙양과 함께 양주를 수도로 삼아 三京制를 실시한 바 있다.[117]

이와 함께 대운하가 통하는 낙양에는 곡물 창고인 河陽倉, 洛口倉이 있었는데, 그 부근에는 특별 軍府인 都尉府를 설치하여 東都(낙양) 방어와 함께 운하와 창고 시설을 보호하고자 했다.[118] 이를 통해서 그가 漕運을 이용하여 물자의 유통과 집중을 도모했음을 짐작할 수 있다. 낙양에 東京 건설이 완료된 후 천하의 富商大賈 수만 家를 이주시킨 것도[119] 같은 맥락에서

113 李成珪, 1992, 「中國帝國의 分裂과 統一: 後漢解體 이후 隋・唐統一의 形成過程을 중심으로」 『歷史上의 分裂과 再統一 上』, 一潮閣, 196쪽.

114 누노메 조후・구리하라 마쓰오 외 지음・임대희 옮김, 2001 『중국의 역사: 수당오대』, 혜안, 35쪽.

115 胡戟, 「隋煬帝與大運河」 『煬帝與揚州』, 邗江縣文物管理委員會, 39~43쪽.

116 『隋書』 卷24, 食貨志.

117 丁載勳, 2004 「隋 煬帝(604~617)의 對外政策과 天下 巡行」 『中國史硏究』 33, 36~44쪽.

118 김선민, 2003 「隋 煬帝의 軍制改革과 高句麗遠征」 『東方學志』 119, 155~159쪽.

119 李成珪, 1992, 앞의 논문, 197쪽.

이해할 수 있다. 낙양성은 강남에서 취합하여 올라오는 막대한 양의 稅米 등 각종 물자를 집적하기 위한 중계기지로서 건설되었던 것이다.[120]

대운하를 활용한 국내 유통망의 확충과 더불어 수 왕실은 주변국과의 대외교역망 복원 및 장악에도 腐心했다. 583년 文帝는 서남방에 있던 吐谷渾을 공격했는데, 그 나라는 "정해진 세금이 없고 상인들로부터 충당한다"고 할 정도로 河西回廊을 통과하는 상인이나 조공 사절로부터 이익을 얻고 있었다. 또 토욕혼은 오아시스 국가들과 중국 왕조 사이에서 교역을 중개하기도 했다.[121] 수는 토욕혼을 공격하여 서변에 대한 통제권을 강화함은 물론 서역과의 동서 교역로를 장악하고자 한 것이다.[122]

양제의 서역 경영에 자문 역할을 한 인물이 대고구려 강경책을 주장한 裴矩였다는 사실도[123] 흥미롭다. 양제는 배구로 하여금 張掖에서 이뤄지는 서역 여러 나라와의 교역을 관장하도록 파견했다. 그는 서역을 경영하려는 양제의 뜻을 알고, 상인들에게 그 나라의 풍속과 산천, 물산 등을 물어서 44개국의 사정을 지도와 함께 『西域圖記』 3권으로 지어 양제에게 바쳤다. 그 서문이 『수서』 배구전에 실려 있다.

> 황제께서는 하늘의 뜻을 받들어 만물을 육성하심에 華와 夷의 차이가 없으니, 온 세상의 백성들이 (이 같은 은혜를) 시모합니다. 바람이 불어 미치고 해가 비치는 곳까지 職貢이 모두 통하여 먼 곳이라도 이르지 않는 곳이 없습니다.[124]

다분히 수사적인 표현으로서 중화 천자의 교화가 異域에까지 미치고 있음을 역설하고 있다. 그러나 여기서도 문제·양제 대에 이룩된 대외교역망의 확장을 夷의 中華化라는 정치·문화적 논리로 분식하고 있음을

---

120 愛宕 元, 1996 「隋代前期の政治: 文帝期」 『中國史 2』, 山川出版社, 292쪽.

121 『隋書』 卷83 西域列傳, 吐谷渾.

122 丁載勳, 2001 「隋 文帝(581~604)의 統一 指向과 對外政策: 西北民族에 대한 對策을 중심으로」 『中國史研究』 13, 86쪽.

123 愛宕 元, 1996 「隋代後期の政治: 煬帝期」 『中國史 2』, 山川出版社, 303쪽.

124 『隋書』 卷67 列傳32 裴矩 "皇上膺天育物 無隔華夷 率土黔黎 莫不慕化 風行所及 日入以來 職貢皆通 無遠不至".

확인할 수 있다.

6세기 중반 북방 초원지대에 등장하여 隋朝와 상쟁을 벌인 돌궐에 대해서도 유사한 양상을 찾아볼 수 있다. 돌궐은 영역을 확대하면서 포섭한 소그드 상인들을 지원하여 동서 교역을 활성화시켰다. 소그드인의 원주지는 현재의 우즈베키스탄에 해당하는 아무다리야강과 시르다리야강의 중간 지역으로서 교통의 요충이었으며, 특히 이들 중 일부는 교역 활동에 능하여 광범한 지역에 흩어져 살면서 원격지 교역에 종사했다.[125]

돌궐의 카간은 권력 기반을 강화하기 위해 소그드 상인을 활용하려 했다. 그리하여 이들과 교역할 물품을 중국 왕조로부터 공납으로 받아내고자 압력을 가하기도 했다.[126] 그렇다면 北周・北齊로부터 唐까지 이어진 중원 왕조와 돌궐과의 相爭 배경에는 소그드인의 활동 범위를 둘러싸고 대외교역의 주도권을 장악하려는 시도가 자리 잡고 있었다고 보아야 할 것이다.

이러한 관점에서 隋의 동방 지역을 검토해 보자. 탁군 북방에 奚・霫・室韋가 있고, 그 동쪽으로 거란과 말갈, 그리고 다시 그 남쪽으로 고구려, 백제, 신라와 바다 건너 왜가 자리 잡고 있었다. 그런데 583년 이후 속말말갈의 突地稽 집단이 隋로 들어갔으며, 584년 거란 8부의 하나인 莫賀弗과 奚가 수에 조공함으로써 수가 요서 지역에 진출할 수 있는 발판이 마련되었다. 593년에는 거란・해・습・실위가 수에 遣使했고, 608년에는 이들이 동돌궐에 복속했다. 隋의 동북방에 있던 여러 종족에 대해서는 수와 고구려, 그리고 돌궐 삼자 간에 쟁탈전이 치열했고, 특히 거란・말갈에 대해서는 수와 고구려가 대립하고 있었다.[127]

고구려인의 대외교역에 관해서는 알려진 바가 별로 없지만, 앞서 살핀 바와 같이 철제 공구나 무기를 가지고 읍루 지역에 가서 담비 가죽과 바

---

125 이 책의 5장 1절 참조.

126 金浩東, 1993「北아시아 遊牧國家의 君主權」『東亞史上의 王權』, 한울, 146~149쪽.

127 李龍範, 1959「高句麗의 遼西進出企圖와 突厥」『史學硏究』 4, 68~73쪽.
노태돈, 1999『고구려사 연구』, 사계절, 351~353쪽.

꾸고, 다시 이를 南朝에 되팔아 중국제 사치품과 교환하는 일종의 삼각교역을 전개한 바 있다.[128]

6세기 후반에 고구려는 南室韋와도 교역을 벌였다.

> 실위는 5부로 나뉘어 있고 …… 대군장이 없으며 인민은 빈약하다. 돌궐이 吐屯 셋을 두어 이들을 거느리도록 했다. 남실위는 거란의 북쪽 2천 리에 있으며 토지는 습하다. …… 나라에 鐵이 나지 않아 고구려로부터 이를 구한다. (『隋書』 卷84 列傳 室韋)

고구려가 부여성 일대에 진출하면서 기존에 돌궐의 지배를 받던 남실위에 철을 공급하고 이 지역과 관계를 맺은 것이다.[129] 실위에서도 담비가 난다고 하므로[130] 고구려로 교역되어 들어온 실위의 담비 가죽이 남조로 공급되었을 가능성도 있다.

하지만 고구려와 읍루・남실위, 그리고 남조는 상호 거리가 멀다는 교역상의 단점이 있었다. 이를 극복하기 위한 방안으로 중간 교역 거점이 필요했고 그 대상지의 하나로 遼西 지역을 주목했던 듯하다. 고구려는 요서 진출의 거점으로 武厲邏(지금의 요녕성 新民市 소재)를 두었고,[131] 그곳 거란족 서주지에 전진 기지가 존재했을 가능성도 있다.[132]

대외교역망의 장악과 확충을 위해 무력 동원까지 불사하던 隋가 이를 간과할 리 없다. 590년 무렵 수 문제는 營州總管府를 설치하여 요서 진출

---

128 459년 肅愼이 고구려를 통해 宋에 楛矢石砮를 바친 것(『宋書』 卷29 志19 符瑞 下 孝武帝 大明 3年)도 고구려를 매개로 한 국제 교역체계를 시사해 준다.

129 노태돈, 1999, 앞의 책, 424~426쪽.

130 『北史』 卷94 列傳82 室韋國(南室韋).

131 무려라의 설치 시점에 대해서는 北魏 孝昌 연간(525~527)에 고구려가 요서를 침공하여 설치했을 것이라는 견해가 있다(井上直樹, 2001 「"韓曁墓誌"を通してみた高句麗の對北魏外交の一側面: 六世紀前半を中心に」 『朝鮮學報』 178, 28쪽).

132 노태돈 1999, 앞의 책, 411쪽.
한편 윤용구, 2005 「고대중국의 동이관(東夷觀)과 고구려: 동이교위(東夷校尉)를 중심으로」 『역사와 현실』 55는 고구려가 5세기 후반에 대릉하 동쪽에서 시라무렌하 방면으로 영향력을 확대했다고 보았다.

의 거점으로 삼았다.[133] 그 치소가 있던 柳城(지금의 朝陽市)은 6세기 후반 이래 교역과 교통의 요지로서 이후 遼西郡이 설치되는 곳이다.[134] 수는 영주총관부를 설치함으로써 고구려와 돌궐을 견제하는 전략적 거점은 물론, 이를 통해서 주변 지역으로까지 확장된 교역망을 장악하려고 한 것이다.[135]

수나라는 이처럼 주변 諸族에 대한 정복과 복속을 통해 교역의 이익도 확보하려 했기 때문에 교통로의 건설과 대외 전쟁이 동전의 양면과 같이 밀접한 관계를 맺고 있었다. 588년 陳에 대한 전면 공격을 단행하기 전 해에 淮水와 長江을 잇는 邗溝, 즉 山陽瀆을 완공한 것은 전쟁의 보급로를 확보하기 위한 군사 목적 외에 통일을 완성한 후 江南을 포괄하는 전국적 유통망을 확보하기 위한 준비의 일환으로 생각된다. 황하와 탁군을 잇는 永濟渠를 건설한 것도 고구려 정벌을 위한 전략이 그 배경으로 작용하고 있었다.[136]

고구려 측에서 보면, 589년 남조의 陳이 멸망함으로써 고구려 대외교역의 한 축이 사라졌다. 더욱이 이어서 영주총관부가 설치됨으로 인해 고구려의 대외 교역체계는 심대한 타격을 받을 수밖에 없게 되었다. 598년 고구려가 수를 선제 공격할 때 영주를 택한 것은 요서 지역의 주도권 장악이라는 의미와 함께 위축된 교역망을 회복하려는 의도가 작용했기 때문이라고 본다.

(4) 소결

중국 고대 왕조는 전통적으로 화이론과 덕화론에 입각한 대외 정책을 펴

133 李成制, 2000 「嬰陽王 9年 高句麗의 遼西 攻擊」『震檀學報』 90, 12쪽.

134 노태돈, 1999, 앞의 책, 426~428쪽.

135 영주총관 韋藝가 산업을 일으키고 北夷와 교역하여 재부를 축적했고(『隋書』 卷47, 列傳12, 韋藝), 그 동생 韋沖이 다시 영주총관이 되어 595년 거란·말갈을 위무하고 해·습을 조공토록 한 사실(같은 책, 卷47, 列傳12, 韋沖)도 이를 시사해 준다.

136 愛宕 元, 1996a, 앞의 논문, 292~293쪽.

왔는데, 고수전쟁은 裵矩가 제창한 덕화론을 양제가 전격 채택함으로써 본격화되었다. 이는 남북조의 통일은 물론 주변 諸國까지 일원적 세계질서에 편입하려는 '大一統'의 이념에서 나온 것이다.

이러한 극단적 이념과 무력 동원의 배후에는 경제적 요구가 자리 잡고 있었다. 隋는 대운하를 완성하여 강남과 화북을 잇는 유통망을 구축한 다음 이를 주변 제국과의 대외교역망과 연결시키고자 했다. 吐谷渾, 돌궐과의 상쟁에는 분명 그러한 의도가 작용했다. 이를 동북방에도 적용하여 요서 지역을 장악하고자 했고, 이를 위해서 營州總管府를 설치했다. 그러나 이 지역에 이미 대외교역의 거점을 마련하고 읍루, 남실위 그리고 남조에 걸쳐 광역의 교역망을 운영하고 있던 고구려도 이를 방관할 수 없었다. 이 때문에 598년 1차 전쟁은 영주를 중심으로 벌어졌다. 고수전쟁은 동북아와 남조까지 포괄하는 고구려 중심의 교역망을 장악하려는 수와 이를 유지하려는 고구려 사이에 벌어진 경제 패권의 쟁탈전의 성격도 띠고 있었다.

수나라가 4차에 걸쳐 대규모 원정을 단행한 데는 직접 대상은 고구려였지만 이를 통해 주변 제국에게 새로운 교역체계의 중심이 隋라는 것을 시위하고, 요서는 물론 고구려 전 영역을 확보함으로써 한반도 남부와 왜까지 포괄하는 광역의 교역체계를 수립하려는 목적이 있었다. 이는 漢 무제가 고조선 故土에 설치한 낙랑군 · 대방군이 주변 제종족에 대한 정치 · 군사적 통제와 함께 왜까지 미치는 교역망의 중심축 역할을 한 것과 상통한다.

수가 국력을 소진하면서 대고구려전을 감행한 것은 여러 가지 이유가 복합적으로 작용한 결과일 터이지만, 천하를 통일하려는 '大一統'의 이념 아래, 중국 강남과 강북의 유통망을 연결하고 이를 주변으로까지 확대하여 광역의 교역망을 건설함으로써 대제국의 물적 기반을 확보하려는 경제적 목적을 간과해서는 안 된다.

제 4 장

8세기 南·北國과 日本의 교역 및 교통로

제1절 남북국시기 新羅·日 關係의 전개와 교역

676년에 삼국 간 전쟁이 완료되고 神文王代의 체제 정비를 거친 후, 新羅는 대내적으로는 안정기에 접어든다. 그러나 8세기 초까지 對唐 관계는 전쟁의 여파 때문에 원활하지 못했으며, 高句麗 故地에서 건국한 渤海와도 외교관계의 틀이 정립되지 못한 상태였다. 이러한 조건에서 對日 관계의 조정은 신라로서는 중요한 대외적 과제의 하나였다.

신라의 대일 외교의 추이는 7세기 말까지의 빈번한 교섭과 그 후 8세기 중엽까지의 대립, 760년대~780년의 소강상태 및 외교 중단의 형세로 전개된다. 그리고 使節의 왕래에 수반된 물품의 증여와 교역, 영접 의례의 거행 등의 배경에는 國家 혹은 王權의 대외전략과 국제정세에 대한 나름의 인식이 자리 잡고 있었다.

남북국시기 신라의 對日 關係에 대해서는, 그간 주로 日本學界에서 연구가 이뤄져 왔다.[1] 新羅와 日本 간에는 기본적으로 天皇國과 蕃國이라는 상하관계가 설정되어 있었으며, 이는 현실의 국제관계를 반영한 측면이

표제지 설명 『蝦夷嶋奇觀』에 실린 인물도(日本 東京國立博物館 소장)
盛裝한 에도시대 아이누족 남성의 모습을 그린 것이다. 아이누는 古代 蝦夷(에미시)의 후예로 알려져 있다.

1 鈴木靖民, 1985 『古代對外關係史の研究』, 吉川弘文館.
石井正敏, 2001 『日本渤海關係史の研究』, 吉川弘文館.
濱田耕策, 2002 『新羅國史の研究: 東アジアの視點から』, 吉川弘文館.

크고 이전 시기부터 지속되어 온 역사적 현상이라는 것이 일본학계의 전통적인 견해라고 할 수 있다.

이에 대하여 최근 한국 연구자들에 의해서 반론이 제기되고 있다.[2] 신라가 일본에 調를 바치고 천황이 주재하는 國家儀禮에 참여한 것은 일본의 강요에 의한 것이 아니라 신라 측의 필요에 따라 이루어졌고 일본이 요구한 형식이 관철되지도 않아서, 이를 근거로 양국 간에 상하관계를 설정하기는 어렵다고 보았다. 그리고 『日本書紀』, 『續日本紀』 등의 일본 측 사료를 불신하여, 신라의 '進調'나 '請政' 외교를 사실이 아니거나 일본의 일방적이고 관념적인 의미 부여에 의한 것으로 이해하기도 했다. 新羅 使節의 조공의례를 통해서 天皇權을 강화하려는 일본 국내정치상의 요구도 지적되고 있다.

이러한 한국 연구자들의 견해는 기본적으로 양국관계를 대등하게 보면서, 일본 측 사료가 8세기 天皇制 律令國家의 自國中心 史觀에 입각해서 쓰여졌기 때문에 이를 비판적으로 이해해야 한다는 점에서 공통된 입장을 보인다. 이는 그간 무비판적으로 이용해 왔던 8・9세기대의 史料에 대한 재검토의 필요성을 제기하고, 신라 측의 입장과 요구도 고려할 것을 환기시켰다는 점에서 연구사적 의의가 있다.

일본에서는 이후 신라-일본 간 상하관계를 인정한 위에서, 신라가 蕃國의 위치를 감수하면서 대일 관계를 지속한 배경에 대해 몇 가지 견해가 제시되었다. 森克己, 濱田耕策, 石井正敏 등은 唐, 渤海를 포함한 당시 동아시아 국제정세에 대한 이해를 기반으로 하여, 新羅-日本 사이에서 8세기부터 상업적 교역이 시작되었고, 신라는 이러한 교역상의 이익을 얻기 위해 朝貢國의 처지를 받아들이면서 일본과의 교섭을 계속했다고 보았

---

2 金恩淑, 1991 「8세기의 新羅와 日本의 關係」 『國史館論叢』 29.
朴昔順, 2001 「日本古代國家の對'蕃'認識」 『日本歷史』 6月號.
_____, 2002 「일본 율령국가의 왕권과 대 신라외교: 8세기 사절 방환 사례를 중심으로」 『한국고대사연구』 25.
延敏洙, 2003 「統一期 新羅와 日本關係: 公的 교류를 중심으로」 『강좌 한국고대사 4』, 가락국사적개발연구원.

다.[3] '정치 목적의 교섭에서 상업 목적의 교섭'으로 신라 외교의 성격이 변화했다는 것이다.

이에 대해서는 使行의 정치적 목적을 강조하여, 일본과 발해의 協擊을 우려한 신라가 일본 중심의 세계관에 영합하여 朝貢을 한 것이라는 비판이 제기된 바 있다.[4] 李成市도 「毛氈貼布記」와 「買新羅物解」의 내용과 제작 경위에 대한 새로운 이해를 통해, 위 논자들이 근거로 들고 있는 752년 교역이 通商을 목적으로 한 것이 아니고, 당시 양국의 정치적 필요에 의해 이뤄졌다고 주장했다.[5] 그리고 국내・외 정세가 변화하면서 760년대 이후 비로소 상업적 교역이 본격화된다고 보았다. 이는 古代 交易의 복합적 기능에 대한 착안과 동아시아 세계의 틀 속에서 각국의 역사를 바라보는 넓은 시야에서 나올 수 있는 새로운 이해라고 생각된다. 하지만 신라-발해 관계를 적대적으로만 인식하고, 이들과 唐・日本 사이에 형성된 국제관계를 정치・군사 논리 일변도로 해석하는 경향도 엿보인다.

지금까지 8세기 신라-일본 간 외교관계의 추이에 대해서는 상당한 연구 성과가 축적되었음에도 불구하고 위에서 지적한 여러 문제로 인해 명확한 歷史像이 제시되지 못하고 있는 실정이다. 여기에 더해서 한・일 간의 민족의식까지 영향을 미쳐 객관적인 이해를 방해하고 있다.

여기서는 이러한 연구의 한계를 극복하기 위한 방안으로, 당시 신라-일본 사이에 이뤄진 交易의 성격 변화과정에 초점을 맞추려고 한다. 古代의 對內・外 交易과 外交, 國家儀禮는 서로 밀접한 관계를 맺고 있으며, 그것이 어떻게 변화하고 또 그 변화의 계기는 무엇인지를 해명하는 것은 고대

---

3 森克己, 1951「遣唐使と新羅·渤海との關係」『史淵』48.
濱田耕策, 1983「新羅の中・下代の內政と大日本外交: 外交形式と交易をめぐって」『學習院史學』21.
石井正敏, 2002「八・九世紀の日羅關係」『日本前近代の國家と對外關係』, 吉川弘文館.

4 酒寄雅志, 1977「八世紀における日本の外交と東アジアの情勢: 渤海との關係を中心として」『國史學』103; 2001『渤海と古代の日本』, 校倉書房.

5 李成市, 1998「正倉院所藏新羅氈貼布記の研究: 新羅・日本間交易の性格をめぐって」『古代東アジアの民族と國家』, 岩波書店.

사의 전개과정에서 중요한 의미를 갖는다. 고대 동아시아 국가 사이에서 이뤄진 외교의 형식과 절차를 보면, 前代 이래로 계속되어 오던 국가 간 문물과 정보의 교환, 즉 交易의 場에서 흔히 일어나던 전통적 행위가 교섭 활동 과정에 수반되는 양상이 나타난다. 그리고 이는 실질적인 상하관계가 성립되지 않은 국가 사이에서는 쌍방 간에 동일하게 일어날 수 있다고 본다. 交易의 성격 변화과정을 주목하면서 新羅-日本 間 外交關係를 고찰하고자 하는 이유가 여기에 있다.

이러한 관점에서 8세기 신라-일본 외교의 전개과정을 양국 간 交易의 변화를 통해 살펴보고자 한다. 특히 외교교섭에서 증여 혹은 교역을 통해 교환된 물품의 내역과 형식, 그리고 그 변화가 갖는 의미에 유의하고자 한다.

(1) 증여품의 변화 양상

일본은 飛鳥淨御原令을 거쳐 701년 완성된 大寶律令 단계에 천황 중심의 율령체제를 갖추게 된다. 대보율령의 모체가 된 율령은 651년 편찬된 당의 永徽律令이었다. 이것이 신라에 도입되어 일차로 변용된 다음 일본에 수용되어 고대국가체제를 성비하는 네 기여하게 된다. 대보율령은 대내적으로 천황을 중심으로 하여 관료들이 전 인민을 지배하는 국가체제를 지향했다. 그리고 대외적으로도 일본을 중심으로 한 새로운 국제질서의 논리를 제공하였다.[6]

당시 隋・唐과 같은 통일제국은 물론 신라와 발해도 부분적으로 자국중심 천하관을 갖고 있었으므로 이는 일본만의 독특한 현상은 아니다.[7] 일본의 경우는 천황의 王化가 미치는 지역을 化內, 미치지 않는 지역을 化外로 설정하고, 화내는 다시 신라・백제・고구려, 그리고 고구려의 계

6 田中史生, 1997『日本古代國家の民族支配と渡來人』, 校倉書房.
田中聰, 2002「夷人論: 律令國家形成期の自他認識」『日本史硏究』475.

7 酒寄雅志, 1993, 앞의 논문.

승국인 발해 등의 蕃國과, 蝦夷(에미시)·隼人(하야토) 등의 夷狄으로 구성된다고 인식했다.[8]

이러한 세계관에 입각하여 신라는 일본의 하위국으로 설정되었고, 이는 율령의 규정에 의해 법적으로 지지되었다. 즉 일본 조정은 신라에 대해서 蕃國禮를 적용했고, 그에 걸맞는 對日 외교형식을 신라 측에도 요구했다. 신라는 이를 받아들였지만 제한된 시기와 경우에만 그러했다. 즉 시기적으로 보면 668년 金東嚴을 파견하여 대일 관계를 재개한 이후 720년대까지이고, 사절단이 渡日한 이후 현지에서만 이러한 일본 측의 차별적 대우를 감수했다고 보인다.

이는 신라 쪽 사료 상황을 통해서도 엿볼 수 있다. 『삼국사기』 신라본기를 보면, 對唐 사절에 대해서는 그 파견과 귀환에 걸쳐서, 오고간 인물과 國書의 내용, 물품 내역 등을 비교적 상세히 기록하고 있다. 그러나 對日 사절의 경우는 구체적인 내용을 싣지 않고, 일본의 遣新羅使에 대해서만 접견 혹은 '放還'한 사실을 적거나 일본과 교빙했다는 결과만을 간략히 쓰고 있다. 이는 『삼국사기』 편찬자의 중국에 대한 慕華意識이나 사료 인멸의 결과라고만 볼 수 없으며, 편찬의 기초 자료가 된 신라 측 자료 자체가 이러한 형태였을 가능성이 크다고 생각한다.

신라도 국내적으로는 자국 중심의 天下觀과 제도를 갖추고, 대외적으로 唐에 대해서는 册封을 받고 事大의 예를 갖추었지만, 일본에 대해서는 이를 蕃國視하고 문화적 후진국으로 치부하는 중층적 대외 인식을 갖고 있었다.[9] 일본은 신라에게 있어서 군사를 지원받거나 적대국을 견제하기 위한 일시적 동맹국, 유사시의 정치적 망명처 정도의 의미만 있었지, 교섭의 내역을 세세히 밝힐 정도로 국가체제나 제도·문화의 典範이 되는 국가는 아니었던 것이다. 『삼국사기』 신라본기의 대일 관계 기록 상황은 이러한 신라인의 대일관이 반영된 결과다.

그리고 고대사회에서 물건의 증여와 受贈, 답례는 재물의 유통임과 동

8 石井正敏, 2003 『東アジア世界と古代の日本』, 山川出版社, 7·28쪽.

9 김창석, 2005 「통일신라의 천하관과 대일(對日) 인식」 『역사와 현실』 56.

시에 주술·종교적인 행위이며, 정치적·사회적 성격도 갖고 있어서 그 사회를 지탱하고 재생산하는 주요한 기제의 하나라고 할 수 있다. 국가 간 연맹 혹은 朝貢, 回賜 관계의 원초적 형태도 증여와 답례의 이러한 성격에서 유래했을 가능성이 크다.

대외교역의 종교적·의례적 성격은 외형의 변화에도 불구하고 오래도록 잔존하게 된다. 예컨대 752년 金泰廉 일행의 訪日이 있기 3년 전부터 東大寺 大佛의 塗金에 필요한 金이 부족하여 몇 개의 지방에서 임시로 황금을 조달한 바 있다. 그런데 「買新羅物解」에도 金이 들어 있으므로, 신라가 대불의 도금 작업을 의식하고 이때 대량의 금을 일본에 가져왔을 것이라는 견해는[10] 주목된다. 신라에서 가져온 금의 일부가 이처럼 佛事에 이용되었다면, 고대국가 간 증여 혹은 교역의 전통적 성격을 보여 주는 좋은 예라고 할 수 있겠다.

이처럼 외교의 형식과 절차에는 전통적 행위가 수반될 수밖에 없다. 기존에 7세기 후반~8세기 전반의 신라-일본 관계에 대해서, 기본적으로 일본 우위의 상하관계를 인정한 위에서 그 배경을 국제정세에서 찾거나, 아니면 경제적 목적에서 구하는 견해는 이러한 측면에서 볼 때 동일한 한계를 안고 있다고 할 수 있다. 고대사회에서 집단 간 증여나 교역이 갖는 고유한 의미와 기능, 즉 사람까지 포함한 文物의 교환을 통해 정치·문화·종교적 메시지를 전달한다는 측면을 유의해야 한다.[11]

이제 이러한 측면까지 고려하면서 신라와 일본 사이에 사절 왕래를 통해서 교환된 물품의 내용과 변화 양상을 검토해 보자. 관련 자료에 실린 신라-일본 간 외교교섭 사례 가운데 증여 혹은 답례품의 細目이 보이는 것만 정리해서 표로 만들어 보면 다음과 같다.

---

10 青木和夫 等 校注, 1993『續日本紀 三』, 岩波書店, 495~497쪽, 補注 18-34·38.

11 新川登龜男, 1988「日羅間の調(物産)の意味」『日本歷史』481; 1999「日羅間の調」『日本古代の對外交涉と佛教: アジアの中の政治文化』, 吉川弘文館. 이 논문은 신라가 일본에 제공한 증여품을 일종의 문화적 記號로 보고, 이를 통해 그 정치적 상징성을 분석한 것이어서 주목할 만하다.

표 3. 신라-일본 간 증여의 형식과 물품 내역

기년.월 (서력)	신라 → 일본		일본 → 신라		비 고	전 거
	증여 형식	물품	증여 형식	물품		
垂仁 3.3 (기원전 27)	將來物 (一云에는 貢獻物)	羽太玉, 足高玉, 鵜鹿鹿赤石玉, 出石小刀, 出石桙, 日鏡, 熊神籬 (一云에는 葉細珠, 出石槍, 膽狹淺大刀가 추가로 보임.)			但馬國에 보관하고 神物로 삼음.	『日本書紀』
仲哀 9.10 (200)	齎	金, 銀, 彩色, 綾, 羅, 縑, 絹			新羅王 波沙寐錦이 微叱己知 波珍干岐를 인질로 보냄. 이로부터 항상 80척 배에 실은 調를 일본에 바침.	〃
神功 攝政 47.4(247)	貢調	貢物에 珍異한 것이 많음.			신라 調使가 백제 사신과 같이 옴.	〃
仁德 17.9 (329)	貢獻調	絹, 種種雜物 80척 분			倭에 조공하지 않은 것을 문책하자 調를 보냄.	〃
敏達 4.6 (575)	進調	調가 예년보다 많음.			多多羅, 須奈羅, 和陀, 發鬼 4邑의 調를 같이 바침.	〃
敏達 8.10 (579)	進調	佛像을 같이 보냄.				〃
推古 6.4 (598)	貢	鵲 8월 孔雀을 바침.			鵲은 難波吉士磐金이 新羅로부터 돌아와 바침. 이를 難波杜에서 기르도록 함.	〃 『扶桑略記』
推古 24.7 (616)	貢	佛像				〃
推古 31.7 (623)	貢	佛像, 金塔, 舍利, 大灌頂幡, 小幡			葛野秦寺, 四天王寺에 안치	『日本書紀』
大化 3. (647)	獻	孔雀, 鸚鵡			金春秋를 인질로 삼음.	〃

표 3. 계속

기년.월 (서력)	신라 → 일본		일본 → 신라		비 고	전 거
	증여형식	물 품	증여형식	물 품		
天智 7.9 (668)	調		賜	絹, 綿, 韋 신라왕과 김유신에게 각 船 1척		〃
天智 10.6 (671)	調	別獻物: 水牛, 山鷄				〃
天智 10.10 (671)	調	袈裟, 金鉢, 象牙, 沈水香, 旃檀香, 諸珍財(추정)	賜	絹, 絁, 綿, 韋	신라의 調物은 같은 해 10월 法興寺 봉진물을 통해 추정(新川登龜男, 1999, 앞 논문, 11쪽)	『日本書紀』
天武 8.10 (679)	朝貢	金, 銀, 鐵, 鼎, 錦, 絹, 布, 皮, 馬, 狗, 騾, 駱駝 別獻物: 金, 銀, 刀, 旗			別獻物은 天皇, 皇后, 太子에게 바침.	〃
天武 10.10 (681)	朝貢	金, 銀, 銅, 鐵, 錦, 絹, 鹿皮, 細布 別獻物: 金, 銀, 霞錦, 幡, 皮				〃
天武 14.5 (685)	獻物	馬, 犬, 鸚鵡, 鵲, 種種物				〃
朱鳥 1.11 (686)	調	細馬, 騾, 犬, 鏤金器, 金, 銀, 霞錦, 綾羅, 虎豹皮, 藥物 別獻物: 金, 銀, 霞錦, 綾羅, 金器, 屛風, 鞍, 皮, 絹, 布, 藥物 (使臣 金智祥, 金健勳이 바침.)			皇后, 皇太子, 諸親王等에게도 別獻物 바침.	〃
持統 1. (687)		金, 銀, 佛像, 珍寶				『扶桑略記』
持統 2.2 (688)	調賦	金, 銀, 絹, 布, 皮, 銅, 鐵 別獻物: 佛像, 種種彩絹, 鳥, 馬 金霜林 所獻: 金, 銀, 彩色, 種種珍異之物				『日本書紀』
持統 3.4 (689)	別獻	金銅阿彌陀像, 金銅觀世音菩薩像, 大勢至菩薩像, 彩帛, 錦, 綾			신라에 유학한 明聰, 觀智를 돌려보냄.	〃

표 3. 계속

기년.월 (서력)	신라 → 일본		일본 → 신라		비 고	전 거
	증여 형식	물 품	증여 형식	물 품		
文武 2.1 (698)	貢調				大極殿의 朝賀 의례 참석 신라 공물을 諸社와 陵에 바침.	
文武 4.10 (700)		孔雀, 珍物			일본 사신이 귀국 시 가져옴.	『續日本紀』
大寶 1.1 (701)			賻儀, 賜	신라 사신 金所毛의 죽음에 絁, 綿, 布를 내림. 水手 이상에게 祿을 사여	大極殿 朝賀 의례 참석(추정)	『續日本紀』
大寶 3.10 (703)			賜	錦, 絁(使臣에게는 衾, 衣 사여)	신라 왕에게 사여	〃
慶雲 3.1 (706)	貢調		賜	使臣에게 祿 사여	신라사가 元日 朝賀에 참여 조정의 儀衛가 상례와 다름. 향연 시 諸方樂 연주 신라의 調를 伊勢神宮과 7道의 諸社에 봉안	〃
和銅 2.3 (709)	貢方物		賜	絹, 美濃絁, 糸, 綿 (使臣에게는 祿을 내림.)	신라 왕에게 보냄.	〃
靈龜 1.3 (715)			賜	綿, 船(使臣에게는 祿, 綿을 내림.)		〃
養老 3.7 (719)	獻	調物, 騾馬	賜	祿	신라 왕과 사신에게 내림.	〃

표 3. 계속

기년. 월 (서력)	신라 → 일본		일본 → 신라		비 고	전 거
	증여 형식	물 품	증여 형식	물 품		
神龜 3.6·7 (726)	貢調		賜·贈	使臣에게 祿 사여 金順貞의 賻物로 黃絁, 綿 증여		〃
天平 4.5 (732)	進	種種財物, 鸚鵡, 鴝鵒, 蜀狗, 獵狗, 驢, 騾	賜	신라 왕과 使臣에게 祿을 내림.	견사 횟수를 3년 1회로 정함.	〃 『扶桑略記』
天平勝寶 4.7(752)	貢調	調物 金泰廉의 私獻物: 國土微物	賜	使臣에게 絁, 布, 酒肴를 내림.		『續日本紀』
寶龜 1.3 (770)	貢土毛		賜	신라 왕과 使臣에게 祿으로 絁, 糸, 綿를 내림.	토모 개칭 논란	〃
元聖 2.10 (786)				사신을 보내 金 50兩으로 萬波息笛을 청함.	787년 金 1,000兩으로 다시 청하자, 사신에게 銀 3,000兩을 주어(賜) 돌려보냄.	『三國遺事』 元聖大王
哀莊 5. (804)			進	黃金		『三國史記』 新羅本紀
憲康 8. (882)			進	黃金, 明珠		〃

* 『三國史記』와 『日本書紀』의 초기 기사의 기년은 믿기 어렵지만, 이 시기의 절대연대는 중요한 의미를 갖지 않으므로 그대로 표기했다.

** 증여의 형식은 각 사서의 기록을 따라 進調, 朝貢, 調賦, 貢, 獻, 賜, 送 등으로 표기했다.

위의 내용은 『일본서기』와 『속일본기』 『부상략기』, 그리고 『삼국사기』 『삼국유사』의 기록 중 양국의 증여품 내역에 대한 언급이 있는 사례만을 뽑은 것이다. 『일본서기』의 경우 仲哀代부터 신라가 '調'를 바쳤다고 되어 있고 그 내역을 기록하기도 하였으나, 仁德紀까지는 그 기년이나 증여의 형식, 그리고 그 물품 내역의 사실성을 보장할 수 없다.[12]

敏達紀 이후 720년대까지를 살펴보면, 신라는 일본으로 "調, 朝貢, 獻物 등을 바쳤다(貢, 獻)"고 되어 있다. 전술한 대로 668년 이후는 신라 측의 급박한 사정으로 일본의 요구를 일정 부분 수용하였지만, 민달 4년(575)~대화 3년(647)의 증여 형식은 『일본서기』의 기록대로 믿기 어렵다. 이는 『일본서기』를 편찬하던 8세기 초엽에 신라를 일본의 번속국처럼 인식하던 현실이 그 서술에 반영되었고, 더 나아가 7세기 전반 이전의 시기도 양국 관계가 당시와 비슷했을 것이라고 추단하여 소급 적용한 결과라고 생각된다. 일본이 신라에 증여한 형식을 일관되게 '賜'라고 표현한 것도 마찬가지 맥락이다.

따라서 위 표의 내용은 크게 인덕기 이전, 6세기 후반~7세기 전반, 7세기 후반~720년대, 그리고 730년대 이후로 나눌 수 있다.[13] 6세기 후반부터는 증여 형식은 그대로 믿을 수 없지만, 물품의 내역은 대체로 사실을 반영한다고 보아도 좋을 것이다. 우선 別獻物을 포함하여 신라의 증여품을 보면, ① 불상, 금탑, 사리, 幡의 불교용품류 ② 鵲, 공작, 앵무, 水牛, 山鷄, 말, 개, 노새, 낙타, 鵁鶄, 나귀의 동물류 ③ 금, 은, 동, 철의 금속류 ④ 鼎, 刀, 鏤金器의 금속기류 ⑤ 錦, 絹, 綾羅, 彩帛, 布의 직물류 ⑥旗, 皮, 약재, 병풍, 彩色 등 기타 품목으로 나눌 수 있다. 이 가운데 ① ③ ④ ⑤는 신라 자체 제작품일 가능성이 크고, ②의 대부분과 ⑥의 일부는

12 坂本太郎 外 校注, 1967 『日本書紀 上』, 岩波書店, 580쪽, 補注 3-18에 의하면, 『일본서기』의 紀年은 대체로 允恭紀 이전은 연장되어 있고, 雄略紀 이후는 한국 측 기년과 부합한다고 한다.

13 730년대 이후도 8세기 중엽, 8세기 후반, 9세기 등으로 다시 세분하여 이해할 필요가 있으나, 이를 위해서는 별도의 면밀한 고찰이 필요하다. 여기서는 일단 앞 시기와 대별하여 730년대 이후를 하나의 시기로 묶었다.

외래품이다.

新川登龜男은 이들 증여품의 의의에 대해서, 唐의 意識을 모방한 신라가 일본에 대해 자국의 권력과 문화를 보여 주는 表象이며, 신라와 일본 양국 왕권의 通有性을 확인해 주는 것이라고 보았다. 예를 들어 불교용품은 신라가 일본과 달리 西域과 天竺을 실견하고 공부했다는 선진의식을 과시하고, 공작·앵무 등의 이국적인 동물은 신라의 광범한 교역권과 문화기반을 상징하는 효과를 발휘했다고 한다. 진귀한 물품을 받은 일본의 집권층은 감탄과 경외심을 느끼게 되는데, 이는 마치 文武王이 피책봉국인 報德國의 王에게 보낸 물품의 성격과 같이 양국 간의 정치·문화적 차등관계를 확인하는 기회였다고 이해한다. 그러므로 신라의 일본에 대한 증여는 문화적·권력적 攻勢이고 자기 증명을 위한 대단히 動態的이고 전략적인 행위였다는 것이다.[14]

한편 일본의 답례품은 직물, 솜, 가죽, 옷, 신발 등 의생활 용품 위주이고, 이밖에 668년에 신라 국왕과 金庾信에게 船을, 786년 이후에는 황금과 明珠를 보냈다. 일본의 증여품은 신라에 비해 단순·소박하고 대부분이 국산품이며, 선박과 황금 등은 당시의 상황에 따른 예외적인 사례라 볼 수 있다.

(2) '土毛' 개칭의 의미

신라 증여품의 내역을 보면 시기적으로 변화하는 양상이 나타난다. 즉 6세기 후반~7세기 전반은 불교용품과 異國産 동물처럼 종교적이거나 상징적인 물품에 한정된 데 비해, 7세기 후반에는 위의 물품과 더불어 다양한 국산품과 외래품이 급증하는 것이다. 특히 671~700년에는 향, 약재, 彩色,[15] 種種의 珍異之物에 대한 언급이 등장한다. 공식 사절이 전한 것은

14 新川登龜男, 1999, 앞의 논문, 16~31쪽.

15 이는 雜丹을 가리키며 高價의 塗料이다(坂本太郎 等 校注, 1965『日本書紀 下』, 岩波書店, 491쪽, 頭注 29).

아니지만, 675년(天武 4) 新羅仕丁 등이 올린 藥과 珍異等物도[16] 같은 종류의 물품이다. 이들은 「매신라물해」를 통해서도 확인할 수 있듯이 주로 향료, 약재, 안료, 염료 등 중국 남해・서역산을 포함한 외국 물품을 가리키는 것이다.[17]

701~726년까지는 신라 증여품의 목록이 거의 실리지 않은 데 비해 일본의 답례품은 그 대상과 내역을 빠짐없이 기록하였다. 그런데 732년의 신라 증여품에 앵무, 鴝鵒(구관조) 등의 이국 동물과 種種財物이 들어 있으므로, 8세기 초에도 기본적인 양상은 7세기 후반과 비슷하지만 그 종류나 수량이 급감해서 이러한 현상이 나타난 것이 아닐까 한다. 신라는 6세기 후반부터 730년대까지 외국산물을 포함한 다종 다양한 증여품을 '調' '朝貢' '獻物' 등의 명목으로 일본에 무상 공급했지만 그 수량은 시기에 따라 변화가 있었다고 생각된다.

그리고 일부 품목은 752년의 예처럼 신라 사절과 일본 고위층 사이의 교역을 통해 공급되었을 것이다. 원래 중국이나 일본과는 공적인 교역만이 허용되었다. 唐은 780년에 신라・발해・거란 등과 互市하는 것을 금지하는 칙령을 반포했으며, 이에 의거하여 836년에도 諸蕃 및 외국인과 사사로이 교역하는 것을 금지했다.[18] 국가 사절의 사적인 거래행위도 엄격히 제한했다.[19] 그리고 일본의 경우 關市令과[20] 『類聚三代格』 卷18 延

16 위의 책, 天武 4年 正月 "丙午朔 大學寮諸學生 陰陽寮 外藥寮 及舍衛女 墮羅女 百濟王善光 新羅仕丁等 捧藥及珍異等物進". 이 新羅仕丁은 天武 9年에 신라로 돌아간다. 이들을 齊明 元年(655)에 신라 사절과 함께 온 才伎者로 추정하기도 한다(같은 책, 416쪽, 頭注 10).

17 永正美嘉, 2005 「新羅의 對日香藥貿易」 『韓國史論』 51.

18 『冊府元龜』 卷999 外臣部 互市 唐 開成元年 6月 "淄靑節度使 奏新羅渤海將到熟銅請不禁斷 是月 京兆府 奏准建中元年十月六日勅 諸錦罽綾羅縠繡織成細紬絲布氂牛尾眞珠銀銅鐵奴婢等 並不得與諸蕃互市 又准令式 中國人不合私與外國人交通買賣婚娶來往 又擧取蕃客錢以産業 奴婢爲質者 重請禁之".

19 『舊唐書』 卷149 列傳99 歸崇敬 "大曆初 以新羅王卒 授崇敬倉部郎中兼御史中丞 賜紫金魚袋 充弔祭冊立新羅使 …… 故事 使新羅者 至海東多有所求 或携資帛而往 貿易貨物 規以爲利 崇敬一皆絕之 東夷稱重其德 ……". 이는 8세기 후반 신라에 파견된 당의 사절단이 唐物을 가져가서 교역하여 이득을 취한 상황을 전해 준다. 이는 비

喜 3年(903) 8月1日 官符를 보면, 蕃과 교역할 때 官司가 우선권을 갖고 그 후에 私人들이 적정한 가격으로 거래하도록 규정했다.

이는 동아시아의 전통적인 使行 交易의 대상과 교역의 원칙을 보여 준다. 그것이 신라에서 언제부터 시작되었는지 확인하기 어렵지만, 적어도 752년의 신라-일본 사이에서는 사절과 고위 귀족 간에 교역이 이뤄졌음은 분명한 사실이다. 그리고 이 교역에 정부가 개재하고 있고 「매신라물해」와 같은 문서를 통해 이뤄질 만큼 정비된 형태를 띠고 있다는 것은 이미 그전부터 이러한 형태의 공적인 교역이 시행되어 온 결과라고 보아도 좋을 것이다.

그렇다면 8세기 초엽에 신라가 일본에 보낸 물품의 내역이 소략한 것은, 종래 무상으로 공급하던 품목 가운데 상당 부분을 신라 측에서 점차 교역 대상품으로 바꿔서 752년 교역과 같은 형태로 유통이 이뤄졌기 때문이라고 생각된다.

신라와 일본 사이에 '土毛' 개칭을 둘러싸고 벌어진 외교 분쟁을 이러한 시각에서 새롭게 검토해 보고자 한다. 743년 4월 金序貞이 이끄는 신라 사절은 종래의 '調'를 '土毛'로 고치고 物數(품명과 수량)만을 기록하여 일본 조정에 제출하였다고 한다. 이에 대해 일본 측은 常禮를 잃어버렸다고 하여 신라를 비난하고 新羅使를 '放却'시킬 것을 명했다.

> 甲午 檢校新羅客使多治比眞人土作等言 新羅使調改稱土毛 書直注物數 稽之舊例 大失常禮 太政官處分 宜召水手已上 告以失禮之狀 便卽放却 (『續日本紀』 卷15 天平 15年 4月)

요컨대 新羅가 물품을 보내면서 이를 '調'가 아니라 '土毛'로 개칭했기

록 사절단이 지참한 것이라고 하더라도 사적인 무역 행위라고 할 수 있다. 이 때문에 양국 간에 문제가 되었고 당 측에서 이를 금지한 것이다.

20 井上光貞 等, 1977 『律令』(岩波書店) 卷10 關市令 27-8 "凡官司未交易之前 不得私共諸蕃交易 爲人糺獲者 二分其物 一分賞糺人 一分沒官 若官司於其所部捉獲者 皆沒官".

때문에 事端이 발생했다는 것이다. 그렇다면 土毛의 의미는 무엇일까? 保科富士男은 당·신라·발해·일본 사이에 오고간 贈進物의 명칭을 검토한 후 증여 국가의 국제적 위상에 따라 특정한 용어가 사용되었고, 이로 인해 같은 증여품일 경우에도 증여자와 수증자의 입장에서 이를 달리 인식하였고 각기 다른 용어로 표기하는 사례가 있었음을 지적했다.[21] 이에 의하면, 하위국이 상위국에 올린 물품은 '調' '職' '貢物' '獻物' '進物' '方物' '苞苴'로, 상위국이 하위국에 내린 물품은 '國信' '信物'(이는 대등국 사이에서도 쓰인다)로, 그리고 대등한 경우에는 '土宜' '土物' '土毛'로 썼다고 한다.[22]

하지만 이러한 견해는 현재 사료가 남아 있는 당과 일본 측의 자료를 주요 근거로 하여 제시한 것으로, 이를 8세기 동아시아의 일반적 용례라고 볼 수는 없다. 신라인들이 '調'나 '土毛'를 어떻게 인식했는지를 전해주는 자체의 자료가 남아 있지 않은 여건에서, 이를 신라와 일본의 쌍방에 모두 적용한다면 일방적 해석이라는 비판을 피할 수 없을 것이다.

土毛의 일본 용례를 검토하기 위해 「養老律令」의 賦役令 규정을 보자.

凡土毛臨時應用者 並准當國時価 価用郡稻[23]

이는 부역령 가운데 調의 부과 기준과 품목, 합성법, 調庸物, 歲役, 計帳, 義倉에 관한 규정에 이어 7번째로 나오는 규정이다. '土毛臨時應用物'은 調·庸과는 별도로 지방재정, 즉 郡稻를 재원으로 삼아서 중앙에 조달한 것이다. 이는 諸國貢獻物처럼 國衙가 郡稻를 활용하여 필요한 물품을 구입해서 마련했다.[24] 중앙정부가 調로 입수하기 어려운 물품을 郡稻 교

---

21 保科富士男, 1989 「古代日本の對外關係における贈進物の名稱: 古代日本の對外認識に關聯して」『白山史學』25; 2002『張保皐關係研究論文選集: 中國·日本篇』, 해상왕장보고기념사업회.

22 위의 논문, 480~482쪽.

23 井上光貞 等, 1977, 앞의 책, 卷4 賦役令 10-7.

24 榮原永遠男, 1984 「律令國家の經濟構造」『講座 日本歷史 1』, 東京大學出版會, 307~319쪽.

역을 통해 조달한 것이 '토모임시응용물'이고, 이는 뒤에 交易雜物로 발전해 갔다.[25]

그 재원이 된 郡稻의 기원에 대해서는 舊 國造領에서 징수한 稻를 國衙로 이관한 후 중앙에서 부임한 國司를 위해 마련된 것으로 본다.[26] 따라서 일본 고대율령의 '土毛'는 단지 해당 지역에서 공납해야 할 물품을 가리킬 뿐이다. 구체적인 품목은 알 수 없지만, 그 후신인 交易雜物에 피혁류, 곡물 종자, 일부 수공업품, 귀금속 등 調의 품목에 보이지 않는 것이 많아서 참고가 된다.

토모는 이처럼 調와 수취 품목상의 차이가 있고 수취 방식이 다른 것이지 상하의 의미가 있다고 보기는 어렵다. 土毛에 대한 古記의 注도 "當國所生 皆是土毛耳"라 하였다.[27] 그리고 渤海使를 일관되게 朝貢使로 간주하던 日本이 발해가 '土毛' '土物' '土宜' 등의 용어를 사용하는 것에 대해 문제 삼지 않았다는 것도 유의할 필요가 있다.

高句麗와 北魏 사이에서 土毛는 토산물 혹은 臣屬國으로부터의 공납물이라는 의미로 통용되었다.

> (고구려의 使者) 芮悉弗이 말하기를, "고구려는 하늘과 같은 지극한 정성을 누대에 걸쳐 다했으며, 땅에서 나는 土毛[地産土毛]를 빠뜨리지 않고 바쳤습니다. 단 황금은 부여에서 나고 마노[珂]는 섭라에서 산출되는데, 지금 부여는 勿吉에게 쫓겨났고 섭라는 백제가 병합했습니다. ……" 하였다. (북위의) 세종이 말하

---

25 榮原永遠男, 1994「貢納と財政」『岩波講座 日本歷史 4』, 岩波書店, 165~166쪽.

26 井上光貞 等, 1997, 앞의 책, 586쪽, 補注 7.
한편 이에 따르면 이 조항의 원형은 唐 부역령 중 租의 雜折에 관한 "諸租 …… 其雜折 皆隨土毛 准當鄕時價"의 규정이다.

27 『律令』賦役令의 1條 調 항목에도 "凡調絹絁糸綿布 並隨鄕土所出"이라 하였고, 『日本書紀』에 실린 大化改新詔에도 "其四曰 罷舊賦役 而行田之調 凡絹絁糸緜 並隨鄕土所出"이란 구절이 보인다. 이는 일본 調制의 특징인 향토소출주의, 즉 지역 특산품을 雜物과 副物로서 걷는 것을 의미한다(早川庄八, 1965「律令財政の構造とその變質」『日本經濟史大系 一』, 東大出版會). 위 古記의 기록처럼 사전적 의미로만 보면 土毛와 調의 내용은 차이가 없고, 다만 조달 방식과 구체적인 수취 품목이 다를 뿐이다.

기를, "……예전에 (고구려가) 方物을 소홀히 한 것은 連率에게 책임이 있다. 경은 마땅히 나의 뜻을 국왕에게 전하고, …… 2읍(부여와 섭라)이 옛 터전을 되찾아 土毛를 빠트리지 않고 바치도록 할 것이다" 하였다. (『魏書』 卷100 列傳88 高句麗)

6세기 초인 문자명왕대에 북위에 보낸 증여품 가운데 부여와 섭라의 특산인 황금과 마노가 누락된 사정을 설명하면서 이를 '토모'라 칭하였다. 따라서 고구려와 북위에서 토모는 신속국으로부터의 공납물까지 포함한 그 域內의 土産物을 의미하는 용어로 사용되었다.

618년(영류 1) 고구려가 왜에 전한 증여품 내역을 살펴보자.

고구려가 사신을 보내 方物을 바치고[貢] 말하기를, "隋 煬帝가 30만 군사를 일으켜 우리를 공격했으나, 회군하는 과정에서 우리에게 격파당했습니다. 이에 포로인 貞公과 普通 2명, 鼓・吹・弩・抛石 등 열 가지 물건, 아울러 土物과 낙타 1필을 바칩니다"라고 했다. (『日本書紀』 卷22 推古天皇 26年 8月 癸酉)

고구려의 방물은 수나라의 포로와 전리품, 土物, 낙타로 구성되었다. 낙타를 고구려 산물로 볼 수 없는 만큼 여기서 말하는 토물은 고구려의 토산품을 가리키고 있음이 분명하다. 신라에서도 유사한 의미로 '토모'를 사용하였다고 생각된다.

신라 사절이 온 이유를 물은 날 金初正 등이 말하기를, "당에 있는 大使 藤原河淸과 學生 朝衡 등이 宿衛王子인 金隱居가 귀국하는 즈음에 (자신들의) 서신을 본국의 부모에게 보내 달라고 부쳐 왔습니다. 이 때문에 신라 國王이 저희들로 하여금 藤原河淸 등의 서신을 보내도록 하고, 또 그 편에 土毛를 올리도록[貢] 했습니다" 하였다. (일본 측이) 또 묻기를, "신라가 調를 바친 것은 그 유래가 오래되었는데, 土毛라고 개칭한 것은 무슨 까닭입니까?" 하니, 대답하기를 "편의에 따라 덧붙여 올리는 것이므로[便以附貢] 調라고 칭하지 않았습니다" 하였다. (『續日本紀』 卷30 寶龜 元年 3月 丁卯)

770년 김초정 일행은 在唐 일본인의 서신을 전한다는 명목으로 방일했다. 그리고 이 편에 토모를 가져왔다. 여기서 토모는 일차적으로 일본인의 서신에 대비되는 의미로서 신라 물품이라 할 수 있다. 그리고 이를 調라고 칭하지 않은 것에 대해 일본의 항의를 받자, 정식 물품 증여가 아니고 서신 전달에 덧붙인 부수적인 것(便以附貢)이라서 토모라고 하였음을 밝혔다. 즉 신라는 일본에 대해서 '土毛'라는 용어를 自國産品이란 의미로, 그리고 정식 증여 물품이 아니라 부차적인 증여일 경우에 사용한 것이다.

774년 이번에는 國信物 개칭 문제가 논란이 되었다.

> 이날 新羅國使 예부경 사찬 金三玄 이하 235인이 대재부에 도착했다. …… 그 來朝한 이유를 물으니 삼현이 말하기를 "本國王의 敎를 받들어 舊好를 닦고 서로 聘問하기를 청합니다. 아울러 國信物과 唐에 있는 大使 藤原河淸의 서신을 갖고 왔습니다"라고 했다. 묻기를 "무릇 舊好를 닦고 서로 聘問하기를 청함은 대등한 이웃 나라끼리 할 수 있는 것이지, 職을 바치는 나라가 청할 바가 아닙니다. 또 貢調를 國信이라 칭한 것은 옛 것을 바꾸고 상례를 어긴 것입니다. 그 이유가 무엇입니까?" 하였다. 답하여 말하기를 "…… 또한 저는 貢調使가 아니고, 우리 나라가 사절을 파견할 때 덧붙여서 편의로[便因使次] 土毛를 드리고자 한 것입니다. 이 때문에 御調라고 하지 않고 편의상 (國信이라) 부른 것입니다. 그 밖의 일은 알지 못합니다"라고 하였다.28

이때도 신라 사절은 재당 일본인의 서신과 함께 土毛를 가져오고 이를 '國信'이라 칭했다. 그리고 정식의 貢調使가 아님을 내세우고 있다. 國信物의 실제 내용은 土毛였고, 그것은 역시 부수적인 증여품으로서 신라 국산품을 의미한다고 볼 수 있다. 물론 그 배경에는 金邕의 집권에 따른 대일 정책의 변화가 자리 잡고 있었지만,29 표면적으로는 신라 국신 물품을 부

---

28 위의 책, 卷33 寶龜5年 3月 癸卯.

29 全德在, 1997「新羅 中代 對日外交의 推移와 眞骨貴族의 動向: 聖德王~惠恭王代를 중심으로」『韓國史論』37. 다만 김옹이 그 조부인 金順貞과 함께 대일 유화론자라는 점을 감안하면 그 집권 시에 과연 '調'를 '國信'으로 바꾸는 외교 형식의 변화를

수적으로 증여한다는 의미로 사용하고 있는 것이다.

그러나 일본 측에서는 이를 외교 형식상의 변개로 받아들여 집요하게 문제를 삼았다. 신라도 일본의 외교 관례와 용어를 소상하게 알고 있었을 것이다. 그럼에도 불구하고 신라는 土毛 용어 사용을 고집하고 이를 관철하기 위해 노력했다. 그 이유는 대일 증여품의 변화에 있다고 본다. 즉 이전에는 신라에서 일본에 대한 국가 간의 증여품으로서 新羅에 전래된 外國의 異物도 '調'로서 無償으로 제공하였지만, 이제 일본에 대해서는 신라 국산품만을 제공하겠다는 의지의 표현이라고 생각한다.

新羅의 증여품 가운데는 香藥(향료와 약재)과 染料 등 東南亞·印度·西域産 제품도 포함되어 있었다.[30] 이를 통해 日本은 皇室과 貴族의 사치품 수요를 충족시키고 새로운 文物을 접할 수 있었다. 新羅는 日本에게 있어서 외부 세계와 통하는 주요한 통로였던 것이다. 그런데 이러한 外國産品의 부가가치를 간파한 新羅는 이제 이를 무상 공급 항목에서 제외시킨 것이다. 이에 대해 일본 측은 외교 형식과 慣例의 위반을 들어 항의하고 있지만, 실질적으로는 신라의 대일 정책의 변화, 즉 외국산품에 대해서 전면적으로 교역을 추진한 것에 대해 반발한 것이라고 생각된다. '調' '土毛' '國信' 등 외교 형식상의 문제로 표면화되었지만 그 내면에는 국제교역상의 이해 관계가 작용하고 있었던 셈이다.[31]

752년 交易의 성격도 이러한 관점에서 이해하면 새로운 의미 부여가 가능해진다. 이에 대해서는 通商 목적의 교역 혹은 국가 권력이 깊이 개입한 政治 목적의 교역이라는 견해가 대립하고 있다. 그러나 당시 교역의 내용을 보여 주는 「買新羅物解」를 보면 일본 귀족들이 구입을 희망한 신

시도했을지 의문이다. 만약 이것이 대일 관계의 전환을 의도한 것이 아니라면, 國信物이라는 용어도 통상적인 외교 용례와 다른 의미를 가졌을 가능성이 있다.

30 永正美嘉, 2005, 앞의 논문.

31 東野治之, 1984 「日唐間における渤海の中継貿易」『日本歴史』438; 1992『遣唐使と正倉院』, 岩波書店도 신라 정부가 교역정책을 변경함으로써 '調'를 '土毛'로 개칭했을 것이라는 아이디어를 제기한 바 있다. 비록 구체적인 자료 검토와 논증을 거친 것은 아니지만 선구적인 지적이라고 할 수 있다.

라 물품 속에 香藥 등의 南海産 물품이 많이 들어 있다. 新羅는 부피와 무게가 작으면서도 高價인 이들 물품의 상품성을 알고 '調'가 아닌 교역의 대상품으로 활용하고 있는 것이다.

하지만 이를 通商 목적의 상업적 교역, 즉 무역 행위로 이해할 수는 없다. 명백히 國家와 王權이 개입하여 交易이 이뤄졌고, 752년 新羅使의 訪日 목적에는 大安寺와 東大寺 예불을 통하여 일본과 문화적·종교적 동질성을 확인하고 이를 통해서 발해를 견제하려는 외교적 전략이 깔려 있었기 때문이다. 하지만 古代의 국가 간 물자 유통에서 交易이라는 경제의 논리가 작동한 사실은 중요한 의미를 갖는다. 이제 이어서 752년의 신라-일본 교역의 내용과 성격에 대해서 자세히 살펴보도록 하자.

제 2 절 752년 교역의 진행 과정과 물품

(1) 진행 과정

752년(경덕 11) 신라는 대아찬 金泰廉이 이끄는 사절단을 일본에 파견하였다. 『삼국사기』는 이에 관한 기록을 싣고 있지 않으나, 『속일본기』에는 비교적 상세한 내용이 아래와 같이 기록되어 있다.

> (3월) 己巳(22)일에 대재부에서 아뢰기를, "신라 왕자 韓阿飡 김태렴과 貢調使兼大使 김훤, 送王子使 김필언 등 700여 명이 배 7척을 타고 왔습니다" 하였다. 을해(28)일에 使者를 大內, 山科, 惠我, 直山 등의 능에 보내어 신라 왕자가 來朝하였음을 고했다. (『續日本紀』 卷18 孝謙天皇 天平勝寶 4年 3月)

732년(성덕 31) 신라의 사절과 증여품을 맞은 이래 20년 만의 일이었으므로 일본 조정은 대대적으로 이를 반겼다. 그사이 734년(성덕 33)과 738

년(효성 2), 그리고 743년(경덕 2)에도 신라는 대일 사절을 파견한 바 있다. 그런데 이들은 모두 일본과 외교 마찰을 빚어 사절의 임무를 제대로 수행할 수 없었다.

734년 신라 사절이 '王城國'을 칭하자 일본 측이 이를 '返却'했다고 한다.[32] 738년의 경우는 일본의 사자가 대재부에 와서 영접하는 것으로 그치고 신라 사절은 平城京에 들어가지 못했다.[33] 이유는 밝히지 않았지만 정상적인 교섭이 이뤄지지 않았음은 분명하다. 743년은 『속일본기』의 기록에 의하면, 신라사가 "調를 土毛라고 개칭하고 물품 목록만을 적은" 것에 대해 일본 측이 "常例를 잃었다고 하여 이를 물리쳤다"고[34] 한다.

이러한 상황에서 신라 측이 왕자를 일컫는 고위 관료와 대규모 사절단을 파견했으므로 일본 조정은 몇 곳의 역대 천황릉에 이 사실을 고할 정도로 환영했던 것이다. 이에 더해서 신라는 그간 외교 마찰 과정에서 일본 측이 주장하던 바를 상당 부분 수용하는 자세를 취한 듯하다. 천황을 배알하는 자리에서 김태렴이 했다는 말을 『속일본기』의 기록을 통해 살펴보자.

> 우리 국왕께서 전하시기를, "신라는 오래전부터 대대로 그치지 않고 뱃머리를 나란히 하여[舟檝竝連] 일본을 받들었다. 이제 국왕이 친히 조공하고 調를 드리고자 하나, 생각컨대 하루라도 國主가 없으면 국정이 어지러워진다. 그래서 왕자인 한아찬 김태렴을 대신 보내 우두머리로 삼아, 수행원 370여 인을 이끌고 入朝하고 여러 종류의 調를 바치도록 한다"고 하셨습니다. 삼가 아룁니다. (같은 책, 卷18 孝謙天皇 天平勝寶 4年 6月)

주지하듯이 신라는 일본에 대해서 口頭 외교로 일관했다. 외교상의 메시지를 문서로 작성하여 전달하지 않고, 국왕의 뜻과 의사를 사절단의 대표가 말하는 것으로 그쳤다. 물론 본국에서 미리 작성해 온 글을 보고 읽

---

32 『續日本紀』, 卷12 聖武天皇 天平 7年 2月.

33 같은 책, 卷13 聖武天皇 天平 10年 6月.

34 같은 책, 卷15 聖武天皇 天平 15年 4月.

었을 테지만, 그것은 외교문서의 형식을 갖추지 않았고 일본 측에 넘겨주지도 않았다. 따라서 신라 측의 言辭가 그 표현대로 일본의 역사 기록에 남겨졌다고는 보기 어렵다. 구술 내용을 받아 적는 과정에서 일본 측이 생각하는 禮法 형식에 맞춰 기록이 이뤄졌을 가능성이 크다.

그리고 사절과 日 천황 사이에 통역이 개재하게 된다. 더욱이 알현 현장에서 작성한 접견 자료 등을 모아서 『속일본기』와 같은 國家史書를 편찬하는 경우, 그 과정에서 책의 체제나 형식에 맞춰 다시 改書가 이뤄질 수 있다. 따라서 위 기록을 문면 그대로 받아들일 수는 없다.

하지만 당시 신라가 기왕의 태도를 바꾸어 일본 측의 요구를 존중하는 유연한 모습을 보인 것은 인정할 수 있다. 종래 신라 사절단의 大使가 주로 11등 奈麻~8등 沙飡의 관등을 갖고 있었던 데 비해, 김태렴이 5등 대아찬의 고위 인사라는 사실이 이를 단적으로 보여 준다. 이 때문에 일본 조정은 그 일행을 대대적으로 환대했던 것이다.

그렇다면 신라가 20년 만에 이렇게 입장을 바꾼 이유는 무엇일까? 濱田耕策, 石井正敏, 東野治之[35] 등은 신라와 일본 사이에, 구체적인 기점에 대해서는 논자에 따라 차이가 있지만 대체로 8세기 무렵부터 상업적 교역이 시작되었고, 신라는 이러한 교역상의 이익을 얻기 위해서 朝貢國의 처지를 받아들이고라도 일본과의 교섭을 지속하려 했다고 보았다.

이에 대해서 酒寄雅志와 李成市는 당・발해를 포함한 당시 동아시아 국제정세에 대한 이해를 바탕으로 하여 752년 교역이 양국의 정치적 필요에 의해 이뤄졌다고 주장했다.[36] 田村圓澄은 김태렴 일행이 도착한 직

---

35 石井正敏, 2001『日本渤海關係史の硏究』, 吉川弘文館.
濱田耕策, 2002『新羅國史の硏究: 東アジアの視點から』, 吉川弘文館.
東野治之, 1974「鳥毛立女屛風下貼文書の硏究: 買新羅物解の基礎的考察」『史林』57-6; 1977『正倉院文書と木簡の硏究』, 塙書房.

36 酒寄雅志, 1977「八世紀における日本の外交と東アジアの情勢: 渤海との關係を中心として」『國史學』103; 2001『渤海と古代の日本』, 校倉書房.
李成市, 1998「正倉院所藏新羅氈貼布記の硏究: 新羅·日本間交易の性格をめぐって」『古代東アジアの民族と國家』, 岩波書店.

후에 東大寺의 大佛開眼式이 열리고, 나중에 東大寺 예불에도 신라 사절이 참가한 점을 들어 이들이 종교적 목적으로 파견되었다고 보기도 했다.[37]

한편 石井正敏은 752년 신라 사절단의 訪日과 관련된 사료를 精緻하게 분석하여, 신라가 무역을 목적으로 하여 자발적으로 파견했다는 기존의 견해를 재확인했다.[38] 752년 3월 일본에 도착한 김태렴 일행은, 같은 해 1월 25일 遣新羅使로 임명된 山口忌寸人麻呂가 신라에 일본 측의 요구를 전달했고 이를 수락해서 파견한 것이라는 李成市의 견해에[39] 대해서, 『속일본기』에 실린 견신라사 파견 사례를 검토하여 반박했다. 즉 견신라사는 임명된 후 출발을 보고하는 辭見까지 통상 1~2개월이 걸리며, 그 후 難波・筑紫・對馬를 거쳐 신라에 닿기까지의 시간, 신라 측에서 이를 맞아들이고 다시 김태렴 일행이 대량의 물자를 수집하는 등 준비를 마친 후 신라를 출발하여 大宰府에 오기까지의 시간을 감안하면 신라 사절이 3월 15일 무렵에 방일하는 것은 불가능하다는 것이다. 따라서 일본조정이 山口忌寸人麻呂의 파견을 준비하던 중에 도착한 김태렴 일행은 일본 측과 사전 양해 없이 독자적으로 방일한 것이며, 역시 무역을 원활하게 진행하기 위해서 일본의 요구에 영합하는 자세를 취했다고 이해했다.[40]

이 주장은 752년을 전후한 遣新羅使 파견 사례를 면밀히 검토하여 얻어진 것으로서, 일본이 공식 사절을 파견하여 신라사의 방일을 요청한 것이 아니라는 점은 타당한 지적이라 생각한다. 하지만 이것이 곧 김태렴 일행의 방일 목적이 경제적인 것이었음을 보장해 주는 것은 아니다. 이를 검토하기 위해서 752년 사절단의 활동을 좀 더 추적해 보자.

신라 사절의 도착을 알리는 대재부의 보고는 3월 22일에 있었다. 천황의 능에 이를 고한 것은 같은 달 28일이었다. 그리고 석가 誕日의 다음

李成市 지음・김창석 옮김, 1999 『동아시아의 왕권과 교역』, 청년사.

37 田村圓澄, 2002 「平城京の新羅使」 『古代東アジアの國家と佛教』, 吉川弘文館.

38 石井正敏, 2002 「天平勝寶四年の新羅王子金泰廉來日の事情をめぐって: 渤海の對日外交目的の變化と關連して」 『日本渤海關係史の研究』, 吉川弘文館.

39 李成市, 1998, 앞의 논문.

40 石井正敏, 2001, 앞의 논문, 51~55쪽.

날인 4월 9일 東大寺 노사나불의 개안공양회가 열렸다. 이날 천황은 문무 백관을 이끌고 행사에 참가했지만[41] 신라 사절은 참석할 수 없었다. 대불 개안회가 열릴 때 신라 사절은 平城京으로 이동 중이었으며, 6월 14일 비로소 천황에게 '拜朝'했기 때문이다.

조정에서의 알현과 향연이 끝난 다음 6월 22일 김태렴 일행은 大安寺와 東大寺를 찾아 예불했다.[42] 동대사는 일본이 국가적 사업으로서 노사나불 조영을 마치고 얼마 전에 開眼 供養會를 치른 곳이므로 新羅使의 참배는 자연스러운 것이다. 그런데 해당 기록을 보면 김태렴 일행이 "대안사와 동대사에 가서 예불했다"고 하여, 大安寺를 먼저 들고 있는 점을 주목하고자 한다. 이는 大安寺를 먼저 참배했다는 의미로 해석할 수 있기 때문이다.

대안사는 聖德太子가 개창했다고 전해지는 유서 깊은 사찰로서 몇 차례 이건하면서 百濟大寺, 古市大寺, 大官大寺로 불리다가, 평성경 천도 후 京內로 이를 옮기고 大安寺라고 칭했다.[43] 당시 대안사는 남대문・중문・금당・강당 등 가람의 중추부를 완성한 상태였고, 특히 華嚴院에는 높이 3丈의 노사나불 畵像을 주존으로 하고 천수관음과 不空羂索觀音의 畵像이 이를 협시하고 있었다.[44] 그리고 이들 화상의 開眼 공양을 위해서 造東大寺司가 수도하여 화엄경 寫經 사업을 펼쳤다.

신라 유학승으로 法藏과 元曉 계통의 화엄학을 배운 審祥이 바로 대안사의 승려였으며, 대안사는 신라계 華嚴 敎學의 중심 도량이었다. 심상은 740년부터 3년 동안 良弁의 초청으로 金鍾寺(동대사의 전신)에서 華嚴經을 강설했다. 그런데 성무천황은 이 강설이 끝난 직후인 743년 10월에 동대사 대불 조성을 명하고 있는 것이다.[45]

동대사 대불은 대안사의 화엄 교학과 밀접한 관련을 맺고 있으며, 이를

---

41 『續日本紀』 卷18 孝謙天皇 天平勝寶 4年 4月.

42 위의 책, 卷18 天平勝寶 4年 6月.

43 青木和夫 等 校注, 1989 『續日本紀 一』, 岩波書店, 312쪽, 補注 2-54.

44 田村圓澄, 2002, 앞 논문, 262쪽.

45 青木和夫 等 校注, 1992 『續日本紀 三』, 岩波書店, 500~501쪽, 補注 18-57.

연결한 인물이 良弁과 審祥이었다. 그리고 심상은 다시 신라 화엄학과 관련을 맺고 있었다.[46] 신라 사절단이 대안사와 동대사를 찾아 예불을 드린 배경에는 이처럼 신라 화엄종과의 관계가 자리 잡고 있었던 것이다.[47]

그렇다면 김태렴 일행이 대안사와 동대사를 찾은 것을 어떻게 이해해야 할까? 신라의 화엄학이 일본에 전해져 이룩된 거대한 기념물을 확인하는 것이 주요한 목적의 하나라고 생각된다. 이를 통해서 신라와 일본 조정이 동질적인 문화 기반을 공유하고 있음을 인식시키는 동시에 그 원류가 신라에 있음을 顯示할 수 있다. 따라서 대안사를 의도적으로 먼저 방문했을 가능성이 크다고 본다. 그렇다면 752년 신라 사절의 방일은 일본의 견신라사 파견과 같은 공식적인 루트는 아닐지라도 승려 교류와 같은 비공식적인 통로를 통해서 일본 불교계의 상황을 사전에 파악한 다음에 이뤄졌다고 보는 것이 합리적이다.

대안사와 동대사의 대불 개안회는 양국이 문화적·종교적 가치를 공유할 수 있는 장으로서, 신라 쪽에서는 그간 소원했던 대일 외교관계를 호전시킬 수 있는 최적의 기회라고 판단했을 것이다. 그리고 일본 불교계의 이러한 상황을 신라에 전한 인물은 審祥 계열의 인물일 가능성이 높다. 이렇게 볼 때 752년 신라가 고위급 사절단을 일본에 파견한 주요한 목적

---

46 審祥의 출신국에 대해서는 大野達之助, 1960 『日本佛教思想史』, 吉川弘文館; 平岡定海, 1972 「新羅の審祥の教學について」 『印度學佛教學研究』 20-2; 梁銀容, 1994 「新羅 審祥과 日本의 華嚴學」 『伽山學報』 3 등이 신라 승려로 보았고, 堀池春峰은 신라에 유학한 일본 승려라고 보았다(1973 「華嚴經講說よりみた良弁と審祥」 『南都佛教史の研究』 上, 法藏館).

47 이와 함께 田村圓澄이 지적한 바, 한반도 도래인의 神이라 할 수 있는 宇佐八幡이 동대사 건립을 기원하는 神託을 내린 것, 성무천황이 예불을 드린 知識寺가 신라 화엄이 전래된 사찰이었고, 주변의 카와라(香春. 현재 후쿠오카현 다가와군)에서 신라계 도래인 赤染氏가 구리를 생산하여 동대사 대불 제작 시 공급한 것, 대불 주조의 총감독인 國中公麻呂의 조부가 백제 멸망 후 渡日한 백제 고위 귀족이었던 점, 749년 의자왕의 후손인 敬福이 황금을 헌납하여 대불 도금을 완성한 점 등(田村圓澄, 1980 『古代朝鮮佛教と日本佛教』, 吉川弘文館; 노성환 옮김, 1997 『고대 한국과 일본불교』, 울산대학교 출판부, 205~245쪽)도 동대사와 한반도의 渡日人 및 신라 불교와의 관련성을 보여 준다.

중의 하나는 역시 大安寺와 東大寺 참배라고 생각된다. 이를 통해서 양국이 화엄 불교라는 동질적 문화기반에 서 있음을 일본 조정에 보여줌으로써 우호관계를 회복하고자 했다.

(2) 물품의 내역

752년 사절단의 방일 활동은 천황 알현과 佛寺 참배로 끝나지 않았다. 김태렴 일행의 도착을 알린 대재부의 보고에서 大使 金暄을 '貢調使'라고 하였고, 김태렴이 천황을 '拜朝'할 때 '貢調' 즉 '조를 바쳤다'고 『속일본기』는 기록했다. 이러한 표현과 용어는 앞서 지적한 바와 같이 원래대로의 것인지 단정할 수 없다.

하지만 이에 대한 천황의 반응을 보면,

> (천황이) 답하여 말씀하시기를, "신라는 오래전부터 대대로 끊이지 않고 우리나라를 받들어 왔다. 이제 다시 왕자 태렴을 보내 入朝하고 더불어 御調를 바치니 그 왕의 정성이 아름답다. 이제부터 오랫동안 (신라국을) 보존케 할 것이다"고 하셨다. …… 말씀하시기를, "신라가 (우리) 조정을 받든 것은 神功皇后가 그 나라를 평정한 뒤부터였고, 지금까지 우리의 울타리가 되어 왔다. 그런데 전왕인 承慶(효성왕)과 大夫 思恭 등이 언행을 태만하게 하고 恒禮를 잃었다. 이에 사신을 보내 그 죄를 물으려는 사이에, 그 왕 軒英(경덕왕)이 지난 과오를 뉘우치고 몸소 오고자 하였다. 그러나 국정을 염려하여 왕자 태렴 등을 보내 대신 入朝하고 御調를 바쳤으니, 나는 그 예의와 정성을 기쁘게 생각하고 위계와 물품을 내린다"고 하셨다. (『續日本紀』 卷18 孝謙天皇 天平勝寶4年 6月)

라고 하여, 신라 사절이 '調를 바쳤음'을 기정사실화하고 있다. 이는 일본의 최고 집권자가 전통적인 일본 우위의 新羅觀을 기조로 하여 밝힌 것이고, 또 자국의 조정에서 기록한 것이므로 적어도 당시 일본 측의 인식은 정확하게 반영된 표현이라고 생각된다. 그렇다면 당시 신라 사절이 명시적으로 증여품을 '調'라고 표현하지는 않았을지라도, 일본 측에서 이를 '調'라고 인식하고 기뻐할 정도의 형식적 요건은 갖추었다고 보아야 하겠다.

調는 원래 지방에서 중앙의 왕경으로 보내는 수취 품목의 하나다. 일본에서는 미츠기(ミツギ)라고 부르는 服屬儀禮로부터 비롯되었고, 율령제 아래서 正丁·次丁·中男에게 부과한 인두세였다.[48] 따라서 調를 납부한다는 것은 곧 그 지역이 국가의 일부로서 중앙 정권의 지배와 통제를 받는다는 것을 의미한다.

주지하듯이 일본은 701년 大寶律令을 반포함으로써 당나라의 율령체제를 전면적으로 수용했다.[49] 이로부터 국내적으로는 천황 중심의 율령체제를 정비하고, 대외적으로는 자국 중심의 차별적 국제질서를 지향하게 되는 것이다. 이에 따라 신라와 발해를 일본의 蕃國으로 간주하고, 일본에 대해 朝貢의 禮와 調의 헌상을 요구하게 되었다. 특히 신라에 대해서는 神功皇后의 親征 전설과도 연관하여 아주 오래전부터 일본이 신라의 종주국이었고, 신라는 이 때문에 대대로 調를 바쳐 왔다는 인식이 자리 잡게 된다.

이와 함께 7세기 후반에는 국제정세가 급변하고 있었다. 신라는 백제 멸망 후 倭와 白江 전투를 벌이는 등 적대 관계에 있었다. 그리고 당이 백제 故地에 熊津都督府를 설치하고 663년에는 경주에까지 鷄林大都督府를 설치함으로써 한반도 지배전략을 노골화하기 시작한다. 이로써 조성된 신라와 당의 긴장관계는 고구려라는 공동의 적 앞에서 전면화되지는 않았지만, 668년 고구려가 멸망한 후에는 필연적으로 표면화할 수밖에 없었다.[50]

신라는 이처럼 남북에 적대국을 둔 상황에서 일단 倭와의 관계 개선을 도모하고자 하였다. 일본 역시 羅唐 연합군이 고구려를 멸망시킨 뒤 일본

---

48 早川庄八, 1984「律令國家の權力機構」『日本歷史大系 1』, 山川出版社, 511쪽.

49 이 대보율령의 母法을 隋·唐의 율령으로 보는 전통적인 견해에 대해, 7세기 후반 일본의 견당사 파견이 중단되고 신라와 교섭을 벌인 것을 근거로 해서 신라의 율령이 그 모체였다는 반론(李成市 지음, 1999, 앞의 책, 18쪽)이 제시된 바 있다.

50 金昌錫, 2002「唐의 東北亞 戰略과 三國의 對應」『軍史』47.

까지 공략해 올 것이라는 위기감에 휩싸여 있었다. 이리하여 657년 이래 중단된 양국 간의 교섭은 668년에 신라가 金東嚴을 일본에 사절로 보내고, 일본이 다시 신라 王과 金庾信에게 각기 배 1척을 증여함으로써 재개되었다.(표 3 참조)

과거 전쟁까지 벌였던 나라에게 관계 개선을 요청하는 상황에서는 상대국의 자세를 바꾸기 위해 여러 가지 방법을 강구하게 된다. 신라는 일본에 대해 한동안 중단했던 각종 문물 증여를 재개하는 것으로 돌파구를 삼았다. 그것도 大量·多種의 물품을 보냄으로써 일본이 신라와의 관계 개선을 통해 얻을 수 있는 혜택이 막대하다는 것을 보여 주고자 했다. 이를 倭 조정에서는 번속국의 '調'로 인식했던 것이다.

신라도 이러한 왜의 인식을 양해한 듯하다. 743년 신라사가 "調를 土毛라고 개칭"한 것에 대해 일본이 항의한 사실은[51] 그 전에는 신라가 일본 측의 '貢調' 인식을 외교적으로 양해했을 뿐 아니라 일본에 파견된 사절의 경우에는 스스로가 이를 '調'라고 표현했을 가능성도 보여 준다.

이러한 역사적 경험 때문에 8세기 이후 奈良時代에는 신라에 대한 번속국 의식이 보다 강화된다. 하지만 주지하듯이 698년 발해가 건국되고 이어 벌어진 당과의 군사 충돌에서 신라가 당을 원조함으로써, 8세기 초에 신라와 당의 외교 관계는 정상화된다. 이로써 신라 외교에서 일본이 차지하는 비중은 축소될 수밖에 없었다. 이제 형식적이나마 '貢調'의 예를 감수하면서까지 대일 외교를 펼칠 이유가 약해진 것이다. 734년부터 시작된 일련의 對日 외교 분쟁은 이러한 국제정세의 변화 때문에 일어난 것이다.

그렇다면 752년 김태렴 일행은 왜 다시 일본에 대량의 물품을 가져왔을까? 이제 그 물품의 명목과 내역을 분석해 보자.

이때 신라가 보낸 물품은 크게 증여품과 교역품으로 나뉘고, 증여품은 다시 '貢調物'과 '私獻物'로 구성되어 있었다. 6월 14일 알현 시에 공조물

51 『續日本紀』卷15 聖武天皇 天平 15年 4月.

을 바쳤다고 하나 그 세부 내역에 대한 언급은 없다. 사헌물도 같은 날 건네졌는데, "사사로이 국토의 하찮은 물품을 삼가 드립니다"라는[52] 김태렴의 말과 함께 이뤄졌다. 사헌물의 내역도 알 수는 없지만, 이 언급을 통해서 적어도 신라 국산의 물품임을 짐작할 수 있다. 그렇다면 그에 앞서 증여한 '調物'은 일단 '國土微物'과 상대되는 외국산품이거나 국산이라도 고급의 물품이라고 추정할 수 있겠다.

하지만 '국토미물'이라고 하더라도 일국의 왕자를 표방하는 인물이 상대국의 최고 권력자에게 증여하는 것이라면 최고 수준의 국산품이었음에 틀림없고, 단지 謙辭로서 '미물'이라고 표현했다고 생각된다. '미물'보다는 '국토'에 '조물'과 대비되는 의미가 강하게 담겨 있다는 뜻이다. 따라서 '국토미물'에 상대되는 '調物'은 대부분 신라에 들어와 있던 외국산품으로 구성되었다고 보아도 좋을 것이다.

이와 함께 일본에서 다른 물품과 교환하기 위해서 가져온 교역품이 있다. 그 내역은 「買新羅物解」를 통해 구체적으로 알 수 있다. 「매신라물해」는 일본 고위 皇族과 貴族들의 신라 물품 구입신청서로서, 김태렴이 천황을 알현한 직후인 6월 15일부터 7월 8일까지의 날짜가 적혀 있다. 일본 조정이 개별 신청서를 받는 즉시 검토 후 신라 측에 넘겨 교역이 이뤄졌는지, 조정이 신라 사절로부터 받아서 보유한 물품과 비교하고 그 합당한 가치를 헤아려서 일괄 제공하고 그 대가를 신청자로부터 받아 신라 측에 넘겨주는 방식이었는지는 분명치 않다. 여하튼 김태렴 일행이 7월 24일에는 難波館에 귀환하므로, 이 교역은 빠르면 6월 16일부터 7월 20일 무렵까지[53] 한 달여에 걸쳐 이뤄진 셈이다.

현재까지 확인된 26점의[54] 「매신라물해」에 적힌 신라 교역품을 분류해 보면 표 4와 같다.

---

52 위의 책, 卷18 孝謙天皇 天平勝寶 4年 6月.

53 그사이 6월 17일에는 천황 주재의 향연, 22일에는 大安寺와 東大寺 예불이 있었다.

54 池田溫, 1995 「天寶後期の唐·羅·日關係をめぐって」『春史卞麟錫敎授還曆紀念唐史論叢』; 2002 『東アジアの文化交流史』, 吉川弘文館, 78~91쪽. 이 밖에도 5점의 단편이 있지만 「매신라물해」의 일부인지 여부에 관해서 논란이 있다.

표 4. 「買新羅物解」의 신라 물품

종류	품명	건수
향료	薰陸香(薰陸)	9
	靑木香	6
	丁香(丁字・丁子・丁子香)	10
	沈香(枕香)	8
	藿香	1
	零陵香	2
	甘松香	2
	龍腦香	2
	安息香	2
	衣香	1
	薰衣香	3
	薰香	1
	裛衣香	2
	雜香	2
	和香	1
	香油	1
	白檀	1
	鷄舌香	1
	鬱金香	1
	소계	56
약재	麝香	8
	呵(可)梨勒	8
	人參	4
	桂心	6
	太(大)黃	6
	牛黃	3
	畢拔(華撥・密拔)	4
	甘草	4
	肉縱容	2
	遠志	1
	臘蜜	1
	芒消	1
	犀角	1
	石腦	1
	蜜汁	5
	蜜	1
	羊膏	1
	人心	1
	소계	58
안료	同黃(銅黃)	9
	烟子	1

종류	품명	건수
안료	朱沙	10
	胡粉	2
	黃丹	1
	金靑	4
	雌黃	1
	白靑	1
	烟紫	1
	曾靑	1
	소계	31
염료	蘇芳	11
	紫根	1
	茱芳	1
	紫	1
	蘇方木	1
	소계	15
금속	金(黃金)	4
	鐵精	1
	鐵靑	1
	소계	6
생활용품・집기류	鏡	17
	白銅火爐	1
	香爐	5
	鋺	12
	盤	5
	匙	4
	箸	5
	鉢	2
	白銅水甁	2
	白銅錫杖	1
	燭臺	1
	黑作鞍具	1
	韉面	1
	勒鞦	1
	梳	3
	[illegible]	2
	髮刺	1
	牙笏	1
	如意	1
	蠅拂	1
	氈	3
	屛風	2

종류	품명	건수
	帶	1
	風爐	1
	壺	2
	多羅(良)	2
	水精念數	1
	誦數	1
	소계	80
기타	口脂	1
	木槵子	2
	松子	2
	熟布	1
	石	1
	靑胎	1
	漆子	1
	牙量	1
	ㅁ草	1
	ㅁ脂	1
	ㅁ布	1
	ㅁ骨	1
	ㅁ消	1
	소계	15
총계		261

* 이 표는 東野治之, 1974「鳥毛立女屛風下貼文書の研究: 買新羅物解の基礎的考察」『史林』57-6; 1977『正倉院文書と木簡の研究』, 塙書房의 내용과 분류 기준을 기본으로 하고, 여기에 皆川完一, 1994「買新羅物解 拾遺」『正倉院文書研究』2, 正倉院文書研究會의 내용을 추가하여 작성했다.

** 건수는 해당 물품을 신청한 「매신라물해」의 수량을 의미한다. 예컨대 氈 3건은 氈을 신청한 「매신라물해」가 3건이란 의미다. 동일한 문서에 花氈, 緋氈 등이 같이 들어 있을 경우 1건으로 처리했다.

「매신라물해」를 보면, 품명뿐 아니라 그 수량까지 적혀 있는 예가 있어서, 이 문서를 작성하기 전에 그 신청자들이 어떤 경로를 통해서든 신라 사절단이 가져온 물품의 내역을 파악하고 있었음을 알 수 있다. 따라서 위의 표에 정리한 물품들은 752년에 일본으로 반입된 신라 교역품의 전부가 아니고, 그 일부에 해당하는 셈이다.

이들 가운데 金과 鐵, 鋺과 盤, 氈은 신라의 대표적인 특산품이고, 실제 正倉院에는 신라제 佐波理加盤과 花氈, 色氈이 남아 있다. 기타 항목에 들어 있는 松子는 잣을 가리키며 일본에서 약용으로 쓰이기도 했는데 이것도 신라산일 가능성이 크다. 약물 중 사향, 우황, 인삼 등도 북중국, 만주, 한반도에 걸쳐 생산되는 약품이므로 신라산일 가능성이 있다.

하지만 대부분의 향료와 약재, 안료, 염료는 중국 남・서부, 동남아시아, 인도, 아라비아, 북아프리카에서 생산되는 물품으로 당나라의 揚州 등을 경유하여 신라로 들어온 것들이다.[55] 그리고 생활용품・집기류에 들어 있는 匙, 箸, 馬具類, 裝身具, 儀禮用品은 신라산인지 당 제품인지 그 산지를 확정하기 어렵다.

김태렴 일행이 교역품으로 가져온 물품을 産地別로 구분해 보면, 이처럼 신라산과 唐産, 그리고 기타 외국산품으로 나눌 수 있다. 이 가운데 신라산일 가능성이 높은 금속(6), 생활용품 및 집기류(80)가 86건인 데 비해서, 향료(56), 약물(58), 안료(31), 염료(15)가 160건으로 단순 비교해 보아도 후자가 2배 정도 많다.

그리고 앞서 無償으로 제공한 '調物'이 외국산 물품, '私獻物'이 국산품이라면, 교역품은 이들 모두를 포괄하고 있다. 특히 南海・서아시아산의 향료, 약물, 채색료처럼 소량으로 高價를 매길 수 있는[56] 부가가치가 큰 품목이 다수 들어 있는 점이 주목된다. 이는 752년 교역에서 확인되는 두드러지는 현상이다. 앞서 백제의 對倭 교역과 고구려의 對挹婁 및 對南朝

---

55 東野治之, 1974「鳥毛立女屏風下貼文書の研究: 買新羅物解の基礎的考察」『史林』57-6; 1977『正倉院文書と木簡の研究』, 塙書房, 317~322쪽.

56 위의 논문, 325쪽.

교역에서 상정했던 국가교역의 형태가 바로 이것이다.

종래 조공외교 과정에서 발생하는 교역을 '공무역' 혹은 '조공무역'이라 불러 왔다. 그것이 결과적으로 무역의 효과를 갖더라도 외교교섭의 일환으로 이뤄지는 조공-회사 행위와, 752년 김태렴 일행이 일본에서 한 것처럼 외교 사절이 부가적으로 수행하는 경제적 목적의 교역 활동은 구분해야 한다. 전자는 의례적인 증여품과 답례품의 교환이고, 후자는 국가 간 외교교섭의 일정한 발전 단계에서 출현한다. 즉 동아시아의 국가교역은 국가 간에 외교관계의 틀이 잡히고 여러 국가가 대외교역 체제에 연계되는 국제교역망이 형성되면서 시작되었다. 그리고 국가교역은 초기에 王權과 王室이 주도하다가 고위 귀족들이 이에 동참하는 듯하다. 이것이 이 책에서 '국가교역'이라고 일컫는 것이다.[57]

그렇다면 신라는 일본에 대해서 752년에 처음으로 국가교역을 시작했을까? 자료가 남아 있지 않을 뿐 그전에도 이러한 형태의 교역은 이뤄졌을 것이다. 752년의 교역과 증여 행위는 앞 시기의 사례와 함께 비교 검토하여 역사적 맥락 속에서 파악할 필요가 있다.

신라의 對日 국가교역이 언제부터 시작되었는지는 단정할 수 없으나 8세기 초를 기점으로 잡아볼 수 있다. 이때부터 대일 증여품, 즉 '調'에 대한 기록이 소략해지기 때문이다. 그리고 713년(성덕 12) 唐이 성덕왕의 책봉호를 加授함으로써 국교를 정상화한 것이[58] 그 기폭제가 되었다.

이로써 나당전쟁 이후 소원했던 對唐 관계가 회복되었으며, 733년에 당의 요청으로 발해를 공략하고, 735년에는 이에 대한 보상으로 浿江 이남 지역을 신라가 확보함으로써 당과의 군사적 긴장도 완전히 해소되었

---

57 발해의 경우, 826년에 藤原緒嗣가 발해 사절은 "사실 商旅이지 隣客이라 할 수 없다"고 비난한 것과 872년에 발해 사절이 平安京의 주민 및 市人과 교역한 것을 통해서 일본과 국가교역을 벌였음을 알 수 있다. 국가교역은 고구려, 백제, 신라의 삼국 간에서도 이뤄졌을 것이다. 그런데 적어도 6세기 이후에는 삼국 간에 책봉-조공관계가 존재하지 않았으므로 이 점에서도 '조공'무역이라는 용어를 삼국 간 교역에 적용할 수가 없다. 다만 삼국 간의 국가교역 양상을 전하는 자료가 없어 이 책에서는 다루지 못했다.

58 『三國史記』 卷8 新羅本紀8 聖德王 12年.

다. 대당 관계가 정상화되면서 당과의 國家交易이 활발해지고, 이를 통해 간접적으로 西域과 南海産 물품이 신라로 유입될 수 있었다. 이러한 국제 정세의 변화와 대외 교역량의 확대를 배경으로 하여 일본에 대한 증여물은 점차 신라 국산품으로 한정하고, 상품 가치가 높은 외국산품은 교역의 대상으로 바꾸고자 한 것이다.

743년의 土毛 개칭을 둘러싼 외교분쟁은 이러한 상황의 연장선상에서 일어난 것이다. 일본은 무상 증여품, 특히 異國 물품이 축소되는 경향에 대해 우려하고 있다가 신라 사절이 외교 형식마저 이에 맞춰 변경하려고 하자 일본 조정이 노골적으로 반발한 사건이라고 이해된다. 결국 신라는 토모 개칭을 통해 對日 교역의 현실을 공식화하고, 더불어서 대일 관계도 '調'로 상징되는 일본에서의 차별적 국가 관계를 외교 형식 면에서 교정하려고 시도했다고 생각된다. 734년의 王城國 개칭 논란**59** 역시 이러한 맥락에서 이해할 수 있다.

결국 일본 측의 반발로 신라는 743년 이후 9년 동안 사절 파견을 중단했다. 그러나 이 사이 신라-당과 渤海 사이의 대립이 고조되고, 발해는 외교적 고립을 탈피하기 위해 對日 외교를 적극화한다.**60** 신라는 이에 외교적으로 대응할 필요가 있었고, 국가 경제에 있어 대일 교역의 이익도 놓칠 수 없었을 것이다. 752년 김태렴이 이끄는 사절단이 일본 측의 요구를 적극 수용하여 증여 물품 칭호를 다시 '調'로 환원한 데는 이러한 이유가 있었던 것이다.

이때 신라가 보낸 물품은 앞에서 살펴본 대로 증여품과 교역품으로 구성되어 있었고, 증여품 가운데 '貢調物'은 외국산품으로 생각된다. 일본 조정의 반발을 무마하기 위해 752년에는 일부 외국산품을 '調'에 넣어 무상으로 증여했던 것이다. 하지만 이보다 훨씬 많은 외국산 물품은 별도의 교역품으로 반입하여 유상으로 공급했다. 결국 '調'로의 환원은 명목상의

---

59 이에 관해서는 김창석, 2005「통일신라의 천하관과 대일(對日) 인식」『역사와 현실』 56 참조.

60 李成市 지음, 김창석 옮김, 1999『동아시아의 왕권과 교역』, 청년사, 143~149쪽.

것이거나 형식적인 것에 그쳤고, 실제로는 8세기 초부터 계속되어 오던 대일 국가교역이 재개된 것이다.

入京하지 않고 筑紫, 大宰府 지역에 남은 수행원들도 그 지역에서 교역 활동을 벌였을 가능성이 크다.[61] 그리고 왕자를 표방한 고위급 인물을 파견한다거나 '調'를 증여하는 등 蕃國禮에 속하는 차별적 예법은,[62] 대안사와 동대사 예불을 통해 문화적 선진성을 과시함으로써 만회하고자 했다.

하지만 752년 김태렴 일행의 방일을 계기로 하여 일본은 명실상부한 번국의 예를 신라에 요구했던 듯하다. 그 가운데는 對日 '貢調'의 전통을 거론하며 이로써 제공되는 외국산품을 확대해 줄 것도 포함되어 있었을 것이다. 景德王이 753년의 일본 사절을 오만 무례하다는 이유로 접견하지 않은 것은[63] 이에 대한 신라 측의 반발을 보여 준다. 이후 750년대 말까지는, 755년에 발발한 安史의 亂과 이에 편승하여 발해와 일본이 신라를 압박하는 상황이 전개되면서 '調'의 증여와 교역이 병행하는 체제가 지속된다. 여기에는 당 내부의 혼란 때문에 신라의 대외교역이 침체에 빠진 것도 하나의 요인으로 작용했을 것이다.

---

61 윤선태, 1997「752년 신라의 대일교역과 '바이시라기모쯔게(買新羅物解)'」『역사와 현실』 24.
田村圓澄은 이들이 교역 활동을 벌이기는 했지만, 그것은 궁극의 목적인 동대사 등의 巡拜를 위한 頭陀行에 불과하다고 보았다(田村圓澄, 2002「平城京の新羅使」『古代東アジアの國家と佛教』, 吉川弘文館, 264~265쪽).

62 朴南守, 2011「통일신라의 대일교역과 애장왕대 '교빙결호'」『한국 고대의 동아시아 교역사』, 주류성, 226쪽은 일본 측의 영접에 대해 김태렴 일행이 말 위에서 답례한 것(『續日本紀』 卷35 寶龜10年 4月條)을 통해서 신라 사절단의 일본에 대한 자세를 엿볼 수 있다고 하였다. 흥미로운 사실이라서 앞으로 관련 자료를 탐색해 볼 필요가 있다. 그러나 현재로서는 일종의 에피소드와 같은 단편적인 자료라고 판단되어 이를 근거로 삼아 신라 측의 對日 인식이나 사절단의 성격까지 확대 해석하는 것은 위험하다고 생각한다.

63 『三國史記』 卷9 新羅本紀9 景德王 12年 "秋八月 日本國使至 慢而無禮 王不見之 乃廻". 『續日本紀』 卷23 天平宝字4年 9月 季卯 "新羅國遣級飡金貞卷朝貢 …… 問日 凡是執玉帛行朝聘 本以副忠信通禮義也 新羅既無言信 又闕禮義 弃本行末 我國所賤 又王子泰廉入朝之日 申云 每事遵古迹 將供奉 其後遣小野田守時 彼國闕禮 故田守不行使事而還歸 王子尙猶无信 況復輕使 豈足爲據 貞卷日 田守來日 貞卷出爲外官 亦復賤人不知細旨".

그러나 760년대 중엽 안사의 난이 진정되고 동아시아 諸國 간에 긴장이 완화되면서 신라의 교역망은 복원된다. 770년 신라가 다시 일본에 대해서 '土毛' 개칭을 들고 나온 배경에는 760년대 이후의 국제정세의 변화와 교역이 활성화되던 상황이 자리 잡고 있었다.

그런데 이 시기에는 대외교역에서 새로운 현상이 확인된다. 8세기 중엽 이후에는 民間 商人이 대외교역 활동의 새로운 주체로 등장하는 것이다.[64] 비록 법적으로는 민간 상인들의 교역 활동이 금지되어 있었지만, 이들은 자체의 商團을 구성하여 대외교역의 범위를 확대해 갔다. 그리고 신라 下代의 국정 혼란상과도 맞물려서 종래 국가가 주도하던 대외교역 부문을 대체해 가고 있었다. 표 3에서 보듯이 780년대 이후 일본에 공급된 물품에 관해서 특별한 기록이 보이지 않는 것은 이러한 이유 때문이라고 생각된다.

9세기에 들어서면 대일 교역에서 민간 상인의 활동이 현저해지며, 이러한 추세 속에서 이를 조직적으로 수행한 張保皐와 같은 현격한 인물도 탄생할 수 있었던 것이다.

(3) 소결

전체적으로 신라의 對日 외교에서 8세기 전반기는 전환기라고 할 수 있다. 이 시기부터 外國産物을 중심으로 일본과의 國家交易이 이뤄졌고, 신라-일본 간의 물품 유통에 경제 논리가 작동하기 시작한 것이다. 이를 기반으로 하여 신라는 대일 외교관계의 예법과 절차를 교정하고자 했다. 즉 종래에는 新羅 중심의 天下觀에 입각하여 본국에서는 상대국을 번국시하고 일본에 파견된 사절은 역으로 번국의 禮를 감수해야 하는 관계로부터, 신라의 사절이 일본에 가서도 최소한 대등한 나라에서 온 사절로서 대우를 받는 관계로 전환을 시도했던 것이다.

---

64 김창석, 2004 『삼국과 통일신라의 유통체제 연구』, 일조각, 210~213쪽.

한 가지 유의할 점은 외교교섭 과정에서 교역이 이뤄지고 있었다고 하여 이를 通商 목적의 외교라고 할 수는 없다는 것이다. 8세기 전반의 대일 교역에서 민간 상인이 활동한 흔적을 찾을 수 없고, 교섭의 목적도 외교·종교·문화적인 것 등으로 다양했다. 752년의 사절 파견도 기본적으로는 이러한 맥락에서 파악해야 한다. 하지만 「매신라물해」를 통해서 알 수 있듯이 그 교역품의 규모가 다종·다량이었고, 大宰府 지역에 남은 수행원 중에는 민간 교역인도 참여했을 가능성이 있으므로, 752년의 교역은 8세기 후반 이후 민간이 주도하는 상업적 대외교역, 즉 무역 활동의 先端을 보여 준다고 할 수 있다.

이러한 의미에서 752년 대일 교섭의 성격은, 8세기 초에 정치적 목적과 국가교역이 일체화된 외교에서, 8세기 후반에 교역 부문이 민간 영역으로 점차 이탈하면서 국가교역의 외교적 비중이 약화되는 상황으로 넘어가는 과도적 양상을 보여 준다고 생각한다.

제3절 渤海의 對日 交通路와 蝦夷 세력

발해의 교섭 대상으로서 일본은 당나라 다음 갈 정도로 중요한 나라였다. 이를 반영하듯 8~9세기의 일본 유적에서 발해 사절이 남긴 陶器片이나 발해와 관련된 木簡 등이 발견된 바 있다. 그리고 무엇보다 발해에서 일본으로 가는 교통로인 '日本道'가 사료에 전해지고 있다.

발해와 일본 사이에는 東海가 가로막고 있기 때문에 양국은 험난한 항해를 통해서만 교류할 수 있었다. 발해인은 멀고도 위험한 바닷길을 보다 안전하고 빠르게 건너기 위해서 고민했을 것이다. 또 어려운 항해를 감행한 만큼 최대의 수확을 얻기 위해 노력했을 것이다. 동해를 건너야 하는 교통로의 여건을 감안할 때 발해의 對日 사절단에게는 여러 가지의 복합적인 임무가 부여되었을 가능성이 크다.

이 절은 발해가 일본으로 사절을 파견한 목적을 다양한 측면에서 파악하기 위해서 구상되었다. 일본 朝廷과의 외교교섭과 교역이 주목적임은 분명하지만 또 다른 교섭의 대상이 있었다고 생각되기 때문이다. 8세기에 발해 사절의 일본 열도 도착지는 남부의 對馬島부터 북부의 出羽 지역까지 펼쳐져 있었으며, 航路도 단일하지 않았다. 그리고 항로의 선택, 발해 사절의 도착지, 그리고 교섭의 대상과 목적은 상호 유기적으로 연관되어 있었다.

이에 대해서 그간 상당한 연구가 축적되어 있다. 발해와 일본 간 교섭의 역사를 전반적으로 정리한 연구들을 우선 들어야 할 것이다.[65] 이들 연구는 기초 문헌자료를 수집하고 체계적으로 정리하여 시기별 변화상을 파악하는 데 큰 도움을 준다.

발해 사절의 대일 교통로를 심층 분석한 연구는 新妻利久에 의해 개척되었다. 그는 발해 사절난의 노착지와 그 시기를 분석한 결과를 토대로 하여 항로와 航海術에 대해 고찰했다.[66] 뒤에서 구체적으로 검토하겠지만 이 연구는 몇 가지 문제를 안고 있다. 특히 일본 측의 律令 규정에 따라 발해 사절단의 항해 방향이 결정되었다는 시각은, 발해 측의 渡日 목적을 고려하지 않았을 뿐 아니라 고대 일본 정부의 외교적 명분론에 집착한 이해라고 생각된다. 교섭에 임한 양국의 입장을 함께 고려하고 외교 정책의 이면에 숨어 있는 실제 의도를 파악해야 한다.

이러한 문제점을 초기 연구가 안고 있는 미숙함이라고만 볼 수 없는 이유는 근래의 연구도 기본적으로 이러한 시각을 따르고 있기 때문이다. 石井正敏은 발해 사절의 항로와 도착지에 대해서, 발해를 蕃國으로 보는 일본 정부의 인식과 지방관부의 외교기능 강화라는 측면에서 접근했다.[67] 항로 및 외교교섭에 관한 法的 規定도 중요하지만 그 배경을 이루

65 王承禮 저・宋基豪 역, 1987『발해의 역사』, 翰林大學 아시아文化硏究所.
방학봉, 2000『발해의 주요교통로 연구』, 연변인민출판사.
上田 雄, 2002『渤海使の研究(上)(下)』, 明石書店.

66 新妻利久, 1969『渤海國史及び日本との國交史の研究』, 東京電機大學出版局.

고 있었던 대외관계상의 요구가 본질이 아닐까?

여기서는 이러한 문제의식을 갖고 8세기 발해의 對日 교통로와 그 변화의 배경에 대해 살펴보고자 한다. 이를 규명하기 위해서는 공간적으로 시야를 확대해서 발해와 일본뿐 아니라 일본 東北地方 이북에 살던 종족 집단인 蝦夷, 즉 에미시 세력에 주목해야 한다. 시간적으로도 三國時期 이전까지 소급하여 東海를 둘러싼 여러 국가, 종족 집단 간의 교류의 역사 속에서 발해의 대일 관계에 접근해야 한다고 본다. 근래 蝦夷 및 오호츠크 문화의 실체와 대륙과의 교류에 대한 검토는[68] 이런 측면에서 볼 때 주목할 만한 연구 성과다.

이러한 先學들의 연구에 기초하여 발해 사절단이 수행한 복합적 임무를 발해와 蝦夷, 그리고 일본 사이의 국제 역관계 속에서 살펴보고자 한다. 이를 통해서만 일본 朝廷이 발해에 대해 항로 변경을 요구한 실제 의도와, 이를 거부하고 전통적인 교통로를 선택한 발해 측의 항해 목적이 드러날 수 있을 것이다.

(1) 발해의 對日 교통로의 변천

가. 史都蒙의 渡日과 교통로

777년 2월 史都蒙이 이끄는 발해의 對日 사절단이 폭풍을 만나 표류하다가 越前 지역에 도착했다. 이곳은 일본 本州의 중서부 해안 지역으로서 東海를 면하고 있다. 그런데 이때 平城京의 일본 정부는 발해 사절단의 도착지를 문제 삼았다.

---

67 石井正敏, 2001「大宰府の外交機能と外交文書」『日本渤海關係史の研究』, 吉川弘文館.
______, 2001「光仁・桓武朝の日本と渤海」『日本渤海關係史の研究』, 吉川弘文館.

68 小嶋芳孝, 1996「蝦夷とユーラシア大陸の交流」『古代蝦夷の世界と交流』, 名著出版.
______, 1997「日本海の島島と靺鞨・渤海の交流」『境界の日本史』, 山川出版社.
酒寄雅志, 2001「日本と渤海・靺鞨との交流: 日本海・オホーツク海域圏と船」『渤海と古代の日本』, 校倉書房.

使者를 보내 渤海使인 史都蒙 등에게 묻기를, "지난 寶龜 4년(773)에 烏須弗이 발해로 돌아갈 때 太政官에서 내놓은 處分에 '발해의 사절은 이후에는 마땅히 古例에 따라 大宰府로 와야 하고 北路를 이용하면 안 된다'고 했습니다. 지금 이 약속을 어겼으니, 어찌 된 것입니까?" 했다. 발해사가 대답하기를 "오수불이 귀국할 때 틀림없이 그 내용을 전했습니다. 그래서 우리 일행은 南海府의 吐号浦를 출발하여 서쪽으로 對馬嶋의 竹室 나루를 향했으나, 바다에서 풍랑을 만나 이곳 금지된 땅에 닿게 된 것입니다. ……" 했다. (『續日本紀』 卷34 光仁天皇 宝龜 8年 正月)

4년 전에 발해 사신의 항로를 '北路'가 아니라 南路, 즉 九州의 大宰府로 도착하는 남쪽 교통로를 이용하도록 조치했으나, 사도몽 일행은 이를 어기고 북로로 왔다는 것이다. 이에 대해 발해 사절은 남로로 오고자 하였으나 풍랑으로 인해 불가했음을 들어 일본 측의 양해를 구하고 있다. 발해 사절단의 對日 교통로에 대해서 일본의 문제 제기가 있었고, 발해도 사도몽 일행을 파견할 때는 이를 수용하여 항로를 변경하려고 시도했던 것이다.

그렇다면 773년 烏須弗이 이끄는 사절단이 일본에 왔을 때 교통로가 문제된 이유는 무엇일까?

使者를 보내 발해 사절 烏須弗에게 이르기를, "太政官이 처분하여, 전에 사절로 온 壹萬福 등이 올린 國書의 내용이 교만하므로 그 실상을 알려주고 본국으로 돌아가도록 한 바가 있습니다. 지금 能登 지방의 관리가 보고하기를, '발해사 烏須弗 등이 올린 국서가 격식에 어긋나 무례하다'고 하니 朝廷에 부르지 않고 본국으로 돌려보내고자 합니다. …… 또한 발해 사절이 이 길을 따라온 것은 전부터 금지한 바이니[承前禁斷], 이후로는 마땅히 舊例에 의거하여 筑紫道로 와야 합니다."라고 했다. (『續日本紀』 卷32 光仁天皇 宝龜 4年 6月 戊辰)

오수불 일행이 가져온 발해의 국서가 일본의 禮法에 어긋난다고 하여 평성경에 들어오지 못하게 하는 조치를 취했다. 그리고 그전에 壹萬福이 왔을 때도 이런 전례가 있었음을 들었다. 그리고서 교통로를 문제 삼아, 오수불 일행이 도착한 能登 지역(越前보다 약간 북쪽)은 북로에 해당하므로

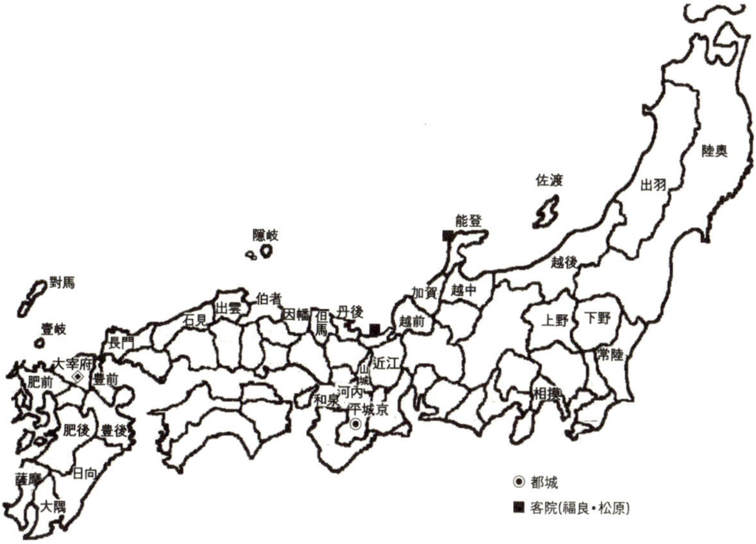

그림 8. 8세기 발해-일본의 교통 관련 지역

앞으로는 筑紫道, 즉 九州의 大宰府를 경유하는 南路를 이용하도록 통고했다. 위의 기록만으로는 발해 國書가 예법에 어긋난다는 점과 북로를 이용하지 말라는 권고가 병렬되어 있을 뿐 양자 사이에 어떤 연관이 있는지 알기 어렵다. 굳이 추정하자면 북로로 오는 것도 외교상의 缺禮라고 일본 측에서 인식했을 가능성이 있다.

자료에서 확인할 수 있는 남로 이용의 근거는 '舊例'다. 史都蒙에게 이야기 한 '古例'에 해당하는 것이다. 그 시점이 烏須弗 일행이 일본에 온 773년보다 前이라는 것은 분명하다. 그렇다면 구체적으로 어느 시기를 말하는 것일까? 772년까지 발해 사절은 일본에 7회 왔으며, 뒤에 상술하겠지만 도착지는 本州의 중부 이북에 해당하는 出羽·越後·越前 지역이 대부분이고, 단 1회 對馬島에 도착한 적이 있다. 759년에 高南申이 이끌고 온 사절단이 바로 그들이다. 대마도는 史都蒙이 남로를 이용하여 올 때 목표로 한 곳이어서, 고남신 일행도 남로를 이용했을 가능성이 있다. 그러나 이들이 對馬島에 도착한 것은 정상 항로에 따른 것이 아니고 도중에 풍랑을 만나 漂着한[69] 결과였다. 남로를 이용했다고 보기 어려운 것이다.

그렇다면 '舊例'는 무엇을 가리키는가? 언제부터 북로 이용을 금지했는지에 대해서, 이를 대외교섭의 창구 역할을 맡고 있던 大宰府의 업무와 관련시킨 이해가 있어[70] 주목된다. 이 견해는 대재부가 蕃國과의 외교와 접대를 맡는다는 律令 조항이[71] 있고, 발해가 일본의 번국에 해당하므로 이 규정에 따라 大宰府를 거치는 筑紫道로 올 것을 요구했다고 보았다.

그런데 대재부는 淨御原令의 제정에 따라 7세기 말에 성립했다고 한다.[72] 발해가 일본에 사절을 처음 파견한 것이 727년이므로 대재부가 설립된 이후이긴 하지만, 773년 오수불 일행이 오기 전까지 대재부를 목표로 삼아 출항한 적은 한 번도 없었다.

따라서 '舊例'는 발해가 아니라 高句麗의 사절이 筑紫道를 이용하여 倭에 왔던 사실을 가리킨다고 보아야겠다.[73] 고구려는 668년에 멸망했으므로 이때의 고구려는 安勝이 세운 金馬渚의 고구려이다. 금마저의 고구려는 671~685년에 왜와 교섭하였으며, 특히 674년 이후에는 新羅 사절의 護送을 받아서 筑紫 지역에 도착했다.[74]

당시 신라는 안승을 報德國王으로 책봉하고 이를 일종의 附庸國으로 삼았으며, 이런 처지에 있는 금마저의 고구려가 일본 조정에 대해서도 蕃國으로 자처했으리라는 것은 충분히 짐작할 수 있다. 그리고 이때의 경험이 왜 측에 각인되어 멸망 전의 高句麗도 마찬가지로 왜의 번국이었다는,

---

69 『續日本紀』 卷22 淳仁天皇 天平宝字 3年 10月 辛亥 "迎藤原河淸使判官內藏忌寸全成 自渤海却廻 海中遭風 漂着對馬".

70 新妻利久, 1969, 앞의 책, 396쪽.

71 『律令』 卷2 職員令2 大宰府 "帥一人 掌祠社 …… 蕃客 歸化 饗讌事".

72 倉住靖彦, 1985 『古代の大宰府』, 吉川弘文館, 125~138쪽.

73 新妻利久, 1969, 앞의 책, 396쪽.

74 『日本書紀』 卷29 天武天皇 2年 八月 癸卯 "高麗遣上部位頭大兄邯子 前部大兄碩干等朝貢 仍新羅遣韓奈末金利益 送高麗使人于筑紫".
671년과 673년 金馬渚의 고구려가 단독으로 사절을 파견했을 때 어느 지역에 도착했는지는 기록이 없지만, 금마저가 지금의 전북 익산 지역이라는 점을 고려하면 南海를 경유하여 九州로 향했을 가능성이 높다. 한편 삼국시기의 고구려가 對日 사절을 보낼 때는 東海를 횡단하는 항로를 이용했을 것이라는 견해가 있다(上田 雄, 2004 『渤海國』, 講談社, 213~216쪽).

실제 사실과 다른 인식이 생겼고, 더 나아가 고구려의 계승국인 발해도 역시 전례를 따라 筑紫道로 입국해야 한다고 생각하게 된 것이다.[75]

이러한 관념이 율령 조항으로 굳어져 앞서 본 「職員令」의 大宰府條로 나타났다. 따라서 발해 사절에게 '舊例'를 들어 축자도, 즉 南路를 이용하도록 요구한 것은 근거가 없는 허상의 것은 아니다. 하지만 발해가 과거에 실제로 남로를 이용한 적이 없었고, 그나마 선례라고 할 수 있는 것이 고구려가 멸망한 다음에 신라 측이 창건한 附庸國이 행한 것이어서 그야말로 관념 속의 법규라고 할 수 있다.

발해를 蕃國으로 설정한 것과 筑紫道를 통해 오도록 요구한 것은 일본 측의 일방적인 희망 사항에 불과하고, 발해 측에게는 현실적인 근거가 없는 것이었다. 776년 사도몽 일행이 對馬島를 목적지로 하여 출항하기 전까지 발해 사절이 筑紫道를 이용한 적이 한 번도 없다는 사실이 이를 단적으로 보여 준다.

그렇다면 위의 논자가 북로 금지의 근거를 대재부 업무에 관한 율령 규정으로 본 것은 문제가 있다. 이에 의하면, 筑紫道 이용이 발해 사절이 지켜야 할 海路法規였는데도 일본 정부는 이를 강요하지 않고 北路 이용을 묵인해 왔다고 한다. 그러다가 烏須弗 일행이 왔을 때는 무례한 國書를 빌미로 하여 정식으로 해로법규를 발해에 적용했고, 史都蒙 때는 다시 발해사에 대해 호의를 느껴 북로 이용을 묵인하게 되었다고 한다.[76] 이것은 발해를 蕃國으로 보던 8세기 일본인의 渤海觀을 그대로 수용하여 반복한 것이라고 하지 않을 수 없다. 이러한 이해를 가지고서는 오수불 일행보다 불과 2년 전에 일본에 왔고, 국서에서 발해의 왕을 '天孫'이라고 칭하여 역시 외교상의 '무례'를 범했다고 비난받은 壹萬福 일행에게는 航路 문제를 제기하지 않은 이유를 설명할 수 없다.

발해의 對日 교통로에 관한 논란은 일본의 국내 법규인 율령을 적용하

---

75 盧泰敦, 1985 「對渤海 日本國書에서 云謂한 '高麗舊記'에 대하여」 『邊太燮博士華甲紀念史學論叢』, 三英社.

76 新妻利久, 1951 「渤海國使に對する海路法規の研究」 『國史學』 56.

느냐, 마느냐의 단순한 문제가 아니었다. 또한 발해 측이 일본 정부가 설정한 外交儀禮에 부응했느냐, 하지 않았느냐 하는 정치적 판단의 문제도 아니었다고 생각된다. 일본이 율령 조항과 金馬渚의 고구려가 南路를 이용한 前例를 들어 항로 변경을 요구하고 있지만, 보다 실질적인 이유는 다른 데 있었던 것이 아닐까?

일본 측 문헌에는 발해를 蕃國으로 설정하고 번국이 지켜야 할 법규로서 축자도 이용을 요구하고 있다. 그러나 이는 다분히 이념적인 표면상의 구실에 불과하다고 보이기 때문에 다른 방향의 접근이 필요하다. 이를 해결하기 위해서 발해 측의 입장에 서서 왜 '北路'를 고집했는지도 살펴보아야 하는 것이다. 우선 발해의 對日 사절들의 왕래 현황에 대해 검토해 보자.

나. 航路와 도착지

발해의 對日 사절은 727년부터 919년까지 거의 200년에 이르는 기간 동안 35회 일본을 방문했다. 이 가운데 8세기에 해당하는 14차까지의 사절이 언제, 어느 곳을 출발하여, 어디에 도착했고, 돌아갈 때의 상황은 어떠하였는지를 정리하면 표 5와 같다.[77]

일본에 도착한 시기를 보면 7~2월에 걸쳐 있지만, 시기를 알 수 있는 13회의 일본 방문 가운데 10~12월이 9회로 압도적으로 많다. 이것은 일본에 도착한 시점이므로 언제 발해에서 출항했는지를 직접 말해 주지는 않는다. 일본으로 가는 데 걸리는 항해 일수를 알면 추정이 가능할 텐데 이에 대해서도 전해 주는 기록은 없다.

그런데 1997년에 발해~일본의 항로를 탐사하기 위한 시험 항해의 결과를 정리한 자료가 있어[78] 도움을 준다. 이에 따르면 1997년 12월 31일

---

77 이 표는 上田 雄, 2002「渤海使の軌跡: 渤海國・日本國國交略史」『渤海使の研究(上)』, 明石書店과 石井正敏, 2001『日本渤海關係史の研究』, 吉川弘文館에 부록으로 실린 일람표를 참조해서 작성했다. 특히 일본 도착 및 출발 시기는 현행 그레고리안 曆法에 의한 것으로, 上田 雄이 환산한 결과에 따랐다.

78 김윤배・권용인・이소희, 2007「발해건국 1300주년 기념 발해해상항로 학술뗏목탐사를 통한 발해의 동해해상항로 연구」『東北亞歷史論叢』16.

표 5. 8세기 발해의 對日 사절 파견 현황

차수	大使	도착시기	도착지	일본출발시기	출발지	비 고
1	高仁義	727년 10월	出羽	728년 8월	미상	蝦夷의 땅[蝦夷境]에 표착하여 16명이 살해당하고 8명만 入京 長屋王 사저에서 교역
2	胥要德	739년 8월	出羽	740년 ?월	미상	일본에 오는 도중 遭難하여 40명 사망 唐에 파견되었던 일본 사절을 대동하고 옴.
3	慕施蒙	752년 11월	越後 佐渡嶋	미상	미상	조난 없이 도착 국서 문제로 일본이 항의
4	楊承慶	758년 10월	越前	759년 ?월	미상	발해에 파견되었던 일본 사절이 귀국할 때 함께 옴. 藤原仲麻呂의 사저에서 연회
5	高南申	759년 11월	對馬	760년 ?월	미상	발해에 파견되었던 일본 사절이 귀국 때 함께 옴. 표류하다가 對馬에 도착
6	王新福	762년 10월	越前 加賀郡	763년 ?월	미상	발해에 파견되었던 일본 사절이 귀국할 때 함께 옴. 藤原仲麻呂가 베푼 연회에 참석
7	壹萬福	771년 8월	出羽 野代湊	772년 10월	미상	17척의 배, 325명의 대규모 사절단 賊地에 도착하여 常陸 지역에 안치
				773년 ?월	能登 福良津	국서 문제로 일본이 항의 귀국 시 폭풍으로 표류하여 福良津에서 재출항
8	烏須弗	773년 7월	能登	773년 ?월	能登	국서 문제로 일본이 항의 일본은 北路 대신 筑紫道로 올 것을 요구
9	史都蒙	777년 2월	越前 江沼·加賀郡	777년 8월	미상	對馬를 목표로 南海府 吐號浦를 출발했으나 폭풍 때문에 금지된 땅[禁境]에 도착 일본은 北路 대신 筑紫道로 올 것을 다시 요구 일본은 사도몽의 요구에 따라 황금, 수은 등을 추가로 증여
10	張仙壽	778년 10월	越前 三國湊	779년 ?월	미상	발해에 파견되었던 일본 사절이 귀국할 때 함께 옴.
11	高洋粥	779년 10월	出羽	780년 ?월	미상	359명의 대규모 사절단 국서 문제로 일본이 항의 鐵利의 官人이 통역관 高說昌과 서열 경쟁
12	李元泰	786년 10월	出羽	787년 ?월	越後	표류하다가 도착 12명이 蝦夷에게 살해당하고, 41명 생존
13	呂定琳	795년 12월	出羽 志理波村	796년 7월	미상	표류하다가 오랑캐의 땅[夷地]에 도착하여 약탈당함. 국서 문제로 일본이 항의
14	大昌泰	798년 ?월	隱岐 智夫郡	799년 ?월	미상	발해에 파견되었던 일본 사절이 귀국할 때 함께 옴. 표류하다가 도착 발해 사절 파견의 週期에 대한 논의

러시아 블라디보스토크를 출항한 선박은 울릉도 북쪽, 경상북도 후포 동쪽 해역을 거쳐 일본 隱岐島 부근에서 1998년 1월 23일 좌초했다. 선박이 가로 5m, 세로 15m의 소형 帆船이었고, 발해 당시 日本道의 출항지로 알려진 포시에트만의 크라스키노에서 출발한 것이 아니어서 문제는 있다. 그러나 연해주 방면에서 일본 열도로 향하는 항로의 측면에서 보면, 이런 점이 항해 여건에서 발해 당시와 큰 차이를 유발한다고 보기는 어려울 것이다. 그리고 출항 시기도 동절기여서 발해 때의 상황을 유추하는 데 활용할 수 있다고 본다.

이 자료를 참고하면 8세기에 발해에서 일본으로 가던 항해 소요 일수를 20~25일 정도로 잡을 수 있다. 일본 도착 시기 가운데 다수를 차지하는 10~12월을 기준으로 하여, 소요 일수를 빼면 발해에서 출항한 시기는 대략 9~11월이 된다.

종래 발해 사절의 일본 往來史를 8세기의 前期와 9세기 이후의 後期로 나누고, 전기에는 東京龍原府 부근인 지금의 러시아 포시에트만에서 출항했다는 견해가 있었다. 이에 따르면 포시에트만은 겨울에 바다가 얼기 때문에 가을 이전에 출항할 수밖에 없었고, 이때는 남동 계절풍이 불기 때문에 逆風을 뚫고 남동쪽으로 가기 위해 지그재그로 항해하는 방식을 썼다고 한다. 따라서 遭難도 잦았고 표류하다가 원래 목표한 지점에서 벗어난 곳에 도착하기도 했다는 것이다.[79] 이에 대해서는 일본 도착 시기를 현행 曆法으로 환산하지 않고, 사료에 나오는 陰曆 月日을 그대로 이용했기 때문에 방법상의 오류가 있다는 점이 지적된 바 있다.[80]

출항 시기를 위에서 검토한 대로 9~11월로 고쳐 보게 되면, 이때는 가을에서 초겨울에 해당하여 한반도를 포함한 동북아시아 지역에 북서 계절풍이 불기 시작하는 시기다.[81] 따라서 발해는 727년 처음으로 일본에

79 新妻利久, 1969, 앞의 책, 403~410쪽.

80 上田 雄, 2002『渤海使の研究(下)』, 明石書店, 693~695쪽.

81 金蓮玉, 1985『한국의 기후와 문화』, 이화여자대학교 출판부, 171~200쪽.
권원태 외, 2004『한국의 기후』, 기상청 기상연구소, 99~124쪽.

사절을 파견할 때부터 북서 계절풍을 타면 수월하게 동해를 건널 수 있다는 사실을 알고, 이에 便乘하기 위해 9~11월을 출항 시기로 선택한 것이라고 생각된다.[82]

발해가 8세기에 일본으로 항해할 때 계절풍의 존재와 그 변화 주기에 대해 알고 있었고, 이를 활용하려고 노력한 사실은 출항 시기로 보아 분명하다. 아마 高句麗 때부터 이어진 동해 항해의 전통과 경험도 활용되었을 것이다.

고구려와 倭 사이의 사절 왕래가 언제부터 시작되었는지는 『日本書紀』 초기 기록의 신빙성에 문제가 있어 확실하지 않다. 그러나 6세기 이후가 되면 고구려 사신의 이름 등 구체적인 내용이 기록되어,[83] 적어도 일본으로 도착한 시기나 지역을 확인할 수 있다. 그 가운데 주목되는 것은 668년에 도착한 고구려 사절의 사례다.

> 가을 7월에 고구려가 越의 길[越之路]을 따라 사절을 보내 증여품[調]을 바쳤다. 풍랑이 높아 돌아갈 수 없었다. (『日本書紀』 卷27 天智天皇 7年)

668년 9월에 평양성이 함락되었으므로[84] 고구려가 멸망 직전에 파견

이에 따르면, 북서 계절풍은 9월부터 시작하여 11~1월이 최성기이고 3월에 끝나는데 기압의 기울기가 급하기 때문에 풍력이 강하다. 이에 비해 여름 계절풍은 남동풍으로 4월에 시작하여 6월 중순~7월 중순까지 왕성하다가 8월에 끝난다.

82 9세기 들어 출항 시기가 11~2월로 늦춰지는 것은 북서 계절풍을 최대한 이용하기 위한 것이었다. 그러한 면에서 볼 때 9차 사절인 史都蒙 일행이 南京南海府(현재의 함경남도 북청)의 吐號浦에서 출발한 사실은 酷寒을 피하기 위한 새로운 출항지의 모색이라는 점에서도 주목된다. 한편 김종복, 2008 「8~9세기 渤海와 日本의 외교적 갈등과 해소」 『韓國史學報』 33, 서울, 119~123쪽에서는 발해 측에서 일본의 賀正 의례에 참석하는 것을 피할 목적으로 도착 시기를 늦췄다고 이해했다. 여러 가지 목적과 조건이 복합적으로 작용한 결과라고 추측되나, 9세기 이후의 발해-일본 교섭과 교통 문제에 대해서는 다른 기회에 살펴보고자 한다.

83 『日本書紀』 卷17 継体天皇 10年 9月 "戊寅 百濟遺灼莫古將軍 日本斯那奴阿比多 副高麗使安定等 來朝結好".

84 『三國史記』 卷22 高句麗本紀10 寶藏王 27年.

한 사절이다. 일본 도착 시기가 舊曆으로 7월이지만 日字가 기록되지 않아 현행 역법으로 계산이 어렵다. 대략 추정하면 고구려를 출발한 시기는 빠르면 한여름이고 늦으면 초가을에 해당할 것이다. 나라가 멸망의 위기에 처한 급박한 상황에서 계절풍을 고려할 여유가 없었을 것이다.

보다 중요한 것은 고구려 사절이 온 경로를 일본 조정에서 '越의 길'로 인식했다는 점이다. '越'은 越前·越中·越後 지역을 가리키며, 바로 발해 사절이 왕래하던 '北路'에 해당하는 길이다. 정부에서 '월의 길'을 교통로의 하나로서 인식할 정도라면 이는 高句麗와 일본 사이에 이 루트가 공식적으로 이용되고 있었음을 시사한다.[85]

이러한 항해와 遭難의 경험이 축적된 상황이었으므로 발해가 일본으로 사절을 파견할 때 北西 季節風의 존재와 그 활용법을 충분히 알고 있었다고 보는 것이 자연스럽다. 뒤에서 언급하겠지만 靺鞨族이 東海를 건너가 교류했던 경험도 참고가 되었을 것이다.

다음에는 발해 사절이 도착한 지역에 대해 살펴보자. 5차의 對馬와 14차의 隱岐를 제외하고 나머지는 모두 越前 이북의 本州 중·북부 지역이다. 그리고 9차 史都蒙 일행은 越前에 도착했지만, 원래 對馬를 목표로 했다고 밝혀져 있다.

이것을 제외하면 발해 사절이 원래 의도한 목적지가 어디였는지에 대해 언명한 기록은 없다. 다만 표류나 조난의 기록이 없는 차수는 원 목적지에 도착한 경우라고 볼 수 있겠다. 그에 해당하는 것이 3차의 越後, 4·6·10차의 越前, 8차의 能登 지역이다. 따라서 9차를 제외하고 보면 8세기 발해 사절이 목표로 삼은 지역은 能登半島를 중심으로 한 本州의 중부 지역이라고 볼 수도 있다.

그런데 도착지 가운데 出羽가 6번이나 나타나 빈도가 높은 것이 눈에

---

85 장인성, 2009「倭 왕권과 蝦夷(에미시): 고대 동아시아 국제정세와 관련하여」『역사와 담론』52도 高句麗와 倭의 교섭을 중시했다. 한편 그는 7세기 중엽에 왜가 고구려의 위치를 일본 열도 북방으로 오인하고 고구려와 교류하기 위해 蝦夷를 공략했다고 이해했다.

띈다. 이는 9차 사절을 제외한 13회의 사례 가운데 46%를 차지하는 것이다. 이렇게 큰 비중을 차지한 出羽 지역이 과연 『續日本紀』의 기록대로 漂流 혹은 遭難에 의해 우연히 도착한 지역이라고만 할 수 있을까? 7차 사절을 보자.

> 壬午日에 발해 사절인 靑綬大夫 壹萬福 등 325인이 배 17척을 타고 出羽 지방의 오랑캐의 땅[賊地]인 野代湊에 도착했다. 常陸 지방으로 옮겨 머물게 하고 (물품을) 공급했다. (『續日本紀』 卷31 光仁天皇 宝亀 2年 6月)

발해 사절단이 도착한 出羽의 野代湊는 현재의 秋田縣 能代市 부근이라고 한다.[86] 本州의 최북방에 해당한다. 일본 정부는 이곳을 '賊地'라고 하여 적대시하고 다른 안전지대로 사절단을 옮기도록 조치했다. 하지만 壹萬福 일행이 野代湊에 도착하기 전에 표류하거나 조난을 당한 흔적은 기록에서 찾을 수 없다. 그렇다면 7차 사절은 처음부터 出羽 지역을 목적지로 삼고 출발했다고 보아도 좋지 않을까?

차수에 따라 차이가 있지만 8세기 발해 사절의 목적지 중에는 出羽도 분명히 포함되어 있었다. 1・2・12・13차의 경우 표류하거나 遭難을 당해 出羽에 도착했다고 되어 있지만, 과연 이 기록만을 가지고 원래 목적지가 出羽가 아니었다고 단정할 수 있을지 의문이다.[87]

그 이유를 몇 가지 들어 보면, 2차 사절단은 풍랑을 만나 40명이 사망하는 큰 海上 사고를 겪었지만 出羽가 아닌 다른 곳을 향해 출항했다는 단서는 없다. 이때 당나라에 갔던 일본 사절을 대동하여 왔으므로 4차처럼 越前 지역을 목표로 삼았다고 볼 수도 있으나, 9차의 예에서 보듯이 越前 역시 일본 정부가 도착을 금지한 '禁境'이었으므로 出羽와 크게 사정

---

86 靑木和夫 外, 1995 『續日本紀 四』, 岩波書店, 345쪽, 注 15.

87 關口 明, 1995 「渡嶋蝦夷と肅愼・渤海」 『日本古代の傳承と東アジア』, 吉川弘文館, 560쪽에서는 발해 사절이 出羽 지역에서 약탈이나 살해를 당했다는 것도 蝦夷와의 교역 사실을 숨기기 위해서 허위 보고한 것이라고 보았다. 그러나 이 역시 다른 근거가 없는 한 무리한 추측이다. 出羽로의 항해 여부는 후술하듯이 발해와 일본 열도 사이에서 벌어진 교류의 전개과정 속에서 판단해야 한다.

이 다르지 않다. 또한 발해 사절단은 동해의 기후 상황을 파악하고 있었으므로 갑작스러운 기상 변화나 海流에 의한 표류나 조난이라고 하더라도 원 목적지에서 크게 벗어날 가능성은 크지 않다고 생각된다.[88]

요컨대 8세기 발해 사절단은 대부분이 本州의 동해 연안 가운데 中部以北 지방에 도착했다. 이는 일본 정부가 금지한 '北路'에 따라 항해해 와서 도착한 결과다. 그리고 季節風을 이용하지 못한 항해술의 미숙성 때문에 나타난 현상이 아니었다. 표류와 조난에 의해서 원 목적지와 다르게 도착한 경우는 있었지만, 중부 이북 지역에 도착한 것은 9차를 제외하면 원래 의도했던 목적지에서 크게 벗어나지 않은 경우가 다수였다고 생각된다. 그리고 목적지 가운데는 本州의 동해 연안 지역 중 최북방에 있던 出羽 지역도 포함되었다.

발해에서 일본으로 가는 항로를 검토할 때 海流가 또 하나의 변수가 된다. 연해주 방면에서 남하하는 리만해류와 北韓海流, 남해를 거쳐 동해로 북상하는 東韓海流와 쓰시마해류가 동해에서 교차한다. 이러한 해류의 흐름을 고려하면 발해 사절단이 동해를 바로 횡단하여 일본으로 가는 東斷항로는 현실성이 떨어진다.

또 연해주 방면에서 沿岸을 따라 북상하다가 동해를 건너 北海道 연안을 따라 남하하는 北方 沿岸航路도[89] 동해의 海流를 거스르면서 항해해야 된다는 난점이 있다. 말갈족과 사할린, 홋카이도 지역 사이의 교류의 전통을 고려하면 가능성을 배재할 수는 없지만, 연해주 및 홋카이도의 동해 연안 지역에 대한 고고학적 조사가 진전되어야만 발해 시기에 이 항로가 실재했는지 확인할 수 있다.

아무리 항해의 경험이 축적되었다고 하더라도 고대의 항해술 수준을

---

88 小嶋芳孝, 1996「蝦夷とユーラシア大陸の交流」『古代蝦夷の世界と交流』, 名著出版, 425~426쪽은 발해가 의도적으로 本州 북방 지역을 방문했다고 보고, 이는 러시아 연해주와 積丹半島를 잇던 7세기의 전통적인 항로를 이용한 것이라고 이해했다.

89 古畑 徹, 1994「渤海・日本間航路の諸問題」『古代文化』46-8은 당시 항해기술 때문에 이러한 北回航路를 활용했을 것이라고 본 바 있다.

고려하면 遠洋 항해는 어려웠을 것이다. 해안선이 보이는 정도의 거리에서 연안을 따라 항해하는 沿岸航路를 이용했을 가능성이 큰 것이다. 그렇다면 포시에트만을 출항하여 동해안을 따라 내려오는 방법이 가장 안전하다. 그러나 이것도 발해와 新羅, 그리고 신라와 일본과의 관계에 따라 유동적일 수밖에 없다. 이 항로는 일본 측에서 요구한 筑紫道와 부합하는 항로였을 것이나 8세기에 활용된 사례는 史都蒙 일행의 경우밖에 없었고 그것도 실패하였다. 따라서 동해안을 따라 내려오는 연안항로는 거의 이용되지 않은 셈이다.[90]

그렇다면 발해는 연안항로와 원양 항해의 중간 정도 되는 루트를 이용하지 않았을까? 즉 일정 구간은 동해안을 따라서 연안 항해를 하고, 일정 구간은 계절풍과 해류를 활용하는 방식을 상정할 수 있다. 이것은 혼슈의 중부 이북 지역으로 향할 때 완전한 연안항로보다 오히려 거리상으로 단축되는 효과가 있다. 따라서 8세기 발해 사절단이 일본 열도로 가는 항로를 재구성해 보면 다음과 같다.

① 포시에트만 출항 – ② 동해안을 따라 신라와의 접경인 지금의 함경남도 덕원 부근까지 연안 항해(리만・북한해류 이용) – ③ 남동쪽으로 항해(북서 계절풍 이용)[91] – ④ 일본 연안에 가까워지면 북동쪽으로 항해(동한・쓰시마해류 이용) – ⑤ 本州 중・북부의 동해안 연안 지역에 도착

특히 出羽 지역을 목표로 삼은 경우는 이 항로를 활용했을 것이라고 본다.[92] (219쪽의 그림 10 참조)

---

90 발해와 신라 사이에 '新羅道'와 '北海通'이라는 육상 교통로가 연결되어 교류에 사용된 것도 발해가 동해안 연안항로를 이용하지 않은 이유가 되었을 것이다.

91 이 경로에서 鬱陵島가 중간 寄港地로 활용되었을 가능성이 있다. 신라가 삼국시기에 울릉도(于山國)에 진출한 것은 교통로상의 利點을 장악하기 위해서였다(金昌錫, 2009 「新羅의 于山國 복속과 異斯夫」『歷史教育』 111).

92 小嶋芳孝, 2008 「考古學에서 본 渤海와 日本의 교류사」『東아시아 속의 渤海와 日本』, 景仁文化社, 143쪽은 발해 사절이 東京과 南京을 출항한 후 곧바로 동해를 횡단하여 일본으로 갔다고 보았다. 上田 雄, 2004 『渤海國』, 講談社, 229쪽의 지도

(2) 발해와 蝦夷의 교류

가. 北路 항해의 목적

발해 사절이 本州의 중・북부 지역에 도착한 이유는 무엇일까? 일본과 교섭을 진행하면서, 그 都城인 平城京으로 들어가는 데 특별히 유리한 점이 없는 이 지역을 선택한 의도가 있었을 것이다. 더구나 일본 정부의 반대에도 불구하고 이 지역을 고집한 배경에는 특별한 사유가 있었음에 틀림없다.

그 단서는 제7차 壹萬福의 사절단에서 찾을 수 있다. 앞서 지적했듯이 일만복 일행은 표류가 아니라 원래 出羽 지역을 목표로 해서 항해했던 듯하다. 그리고 사절단원이 325명으로 전례 없는 대규모였다. 그전까지의 대일 사절단 인원에 대해서는 자세한 숫자가 밝혀져 있지 않은 경우가 있으나, 2차의 80명(추정)[93]과 3차의 75명 정도가 최대였다. 이에 비하면 무려 4배가 넘는 인원이 바다를 건넌 것이다.

이렇게 다수의 인원이 일본과의 교섭을 위해서만 파견되었다고 볼 수 없다. 실제 평성경까지 와서 신년 賀禮에 참석한 것은 40명에 불과했다. 발해 정부는 전례를 통해서 일본 朝廷에 들어가 천황을 알현하는 것은 100명을 넘지 않는다는 것을[94] 알고 있었을 것이다. 그럼에도 불구하고 이렇게 많은 인원을 파견한 이유는 일본과의 외교에 덧붙여 다른 목적이 있었기 때문이라고 볼 수밖에 없다.

일만복 일행이 처음 도착한 出羽 지역은 蝦夷, 즉 에미시[95] 집단의 원

역시 마찬가지 항로를 표시했다. 그러나 이러한 횡단항로는 연안항로의 안전성과 海流를 고려하지 않았다는 점에서 현실성이 작다고 판단된다.

93 사절단을 태운 배 2척이 일본으로 향했으나, 도중에 1척이 침몰하여 40명이 익사했다. 따라서 원래는 80명 정도가 출발했다고 추정된다.

94 남아 있는 자료에 의하면 이후에도 8세기 말까지 入京 인원은 46~68명 정도에 그쳤다.

95 이들은 역사적 변천을 거쳐 일본 중세에는 '에조', 중세 후반 이후에는 '아이누'라고 불렸다(菊池勇夫, 2003 「蝦夷島と北方世界」『蝦夷島と北方世界』, 吉川弘文館, 10~17쪽).

주지에 속한다. 주지하듯이 에미시는 古代 일본의 주민 집단의 하나로서 倭人(和人)과는 구분되는 문화를 영위했다. 수렵・어로・채집생활을 하여 궁술이 뛰어났으며 肉食을 즐기고 언어는 아이누 계통이었다. 무덤은 前方後圓墳과 달리 土壙墓나 圓形 墳丘墓를 사용했다. 사회의 구조도 왜인과 달라서 사회 전체를 통합하는 권력이 발달하지 못했다. 개별 에미시 집단이 독자성을 가지고 느슨한 네트워크를 형성하고 있다가 긴급한 상황이 생기면 공동으로 군사행동을 하는 정도였다.[96]

이들은 本州 북부와 北海道, 그리고 사할린 남부에 걸쳐서 거주했다. 그 분포 범위가 혼슈 남・서쪽으로는 지금의 新潟市~仙台市를 잇는 선까지 미쳤다.[97] 따라서 혼슈에서는 出羽는 물론이고 陸奧의 대부분, 그리고 越後의 동북지역이 蝦夷 세력의 거주지에 포함된다.

일본은 7세기 후반 이래 왜인을 徙民하고 이른바 '征夷'의 전쟁을 반복하여 에미시 지역으로 진출했다. 이를 통해서 淳足柵(647년), 多賀城(724년) 등의 城柵이 일본의 군사・행정 거점으로 설치되었다. 하지만 그 내부에는 여전히 에미시 세력이 존속하고 있었다.[98] 특히 혼슈의 북단이나 홋카이도와 같이 원거리에 있는 에미시 집단은 奈良時代 중엽까지도 왜인의 직접적인 지배가 이뤄지지 못했다. 이들은 주변에 설치된 城柵에 와서 일본 조정에 朝貢을 하고 필요한 물자를 교역해 갔다. 이러한 조공관계는 양자의 이해가 대립하면 쉽게 파기될 수 있는 유동적이고 불안정한 것이었다.[99]

왜인의 지배력이 확대되면서 자연히 이에 대한 원주민 집단의 반발과

---

96 熊谷公男, 2004『蝦夷の地と古代國家』, 山川出版社, 44~46쪽.
다만 이들이 倭人과 다른 별개의 종족 집단(Ethnic Group)이었는지, 아니면 畿內 정권이 邊方의 주민을 차별하기 위한 이념적 구분에 불과했는지에 대해서는 논란이 있다(工藤雅樹, 2000『古代蝦夷』, 吉川弘文館, 262~328쪽).

97 熊谷公男, 2004, 앞의 책, 18~21쪽.
이에 따르면 日本의 北進에 의해 蝦夷의 분포지는 점차 축소되어 平安時期에는 그 남쪽 경계선이 지금의 山形, 秋田 이북 지역으로 올라간다.

98 菊池勇夫, 2003, 앞의 논문, 18~19쪽.

99 熊谷公男, 2004, 앞의 책, 67~70쪽.

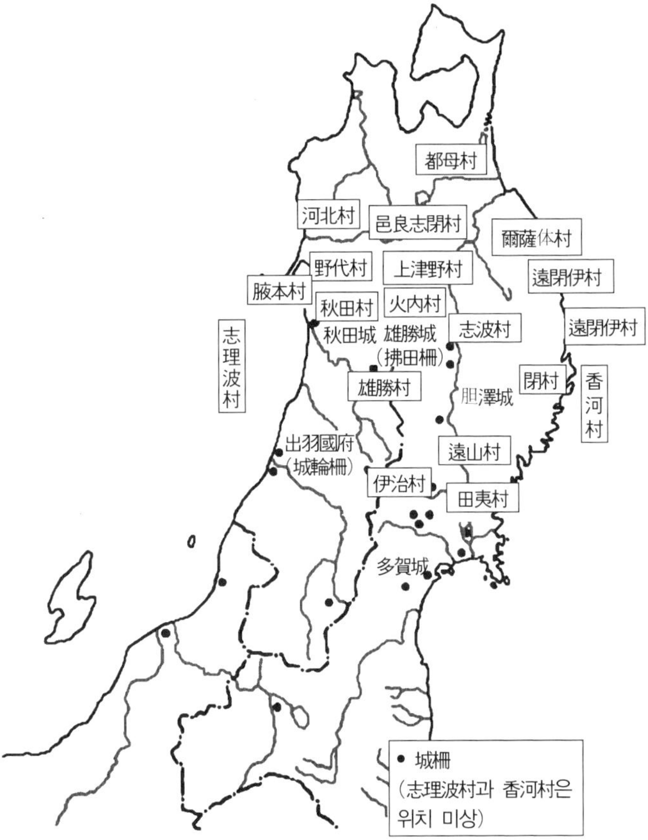

그림 9. 8세기 일본 혼슈 동북지방의 蝦夷의 村과 城柵

저항이 일어났다. 720년 陸奧國에서[100] 반란이 일어난 이래 에미시의 저항이 빈발했다. 그리고 774~811년에는 에미시 세력과 일본 사이에 이른바 '38년 전쟁'이 벌어졌다.[101] 요컨대 本州 동북부~사할린 남부에 걸쳐 분포하던 蝦夷 집단은 7세기 후반 이래 倭人들이 진출해 오면서 그 통제를 받게 되었음에도 불구하고 9세기 초까지는 일본 조정과 전쟁을 벌일 정도로 세력을 유지하고 있었던 것이다.

---

100 육오'국'은 本州 북부의 동편, 즉 태평양에 면한 陸奧 지역에 일본이 진출하면서, 8세기 들어 지방행정구역으로 '國'을 설치한 것이다.

101 熊谷公男, 2004, 앞의 책, 75~82쪽.

771년에 壹萬福 일행이 도착한 지금의 秋田縣 能代市는 그림 9 지도에 보이는 野代村 지역으로서 出羽 지방 북부의 米代川 河口 쪽에 있었다. 이곳은 분명히 蝦夷 집단이 건재한 지역이었으니, 일본 조정에서 '賊地'로 인식한 사실이 이를 증명한다. 그렇다면 발해 사절단이 本州의 북부 지역으로 항해한 것은 蝦夷와 교류하려는 목적도 포함되어 있었다고 보아야 한다.[102] 平城京으로 들어갈 인원 외에도 280여 명이나 되는 많은 사람을 수행원으로 보낸 것도 蝦夷와의 교류를 염두에 두었기 때문이라고 생각된다.

따라서 이때 발해는 두 가지 목적에서 일본 열도로 사절을 파견했을 것이다. 하나는 大和 지역에 있던 平城京의 일본 조정과 교섭하는 것이고, 또 하나는 出羽 지역에 의연히 세력을 유지하고 있던 蝦夷 집단과 교류하기 위해서였다. 그리고 일본 조정이 요구하던 남쪽의 항로를 이용하면 蝦夷 세력과 접촉이 불가능하므로 의도적으로 북방 항로를 선택했다고 생각된다.

나. 발해 · 蝦夷 · 일본의 力關係

그렇다면 발해는 언제부터 이렇게 다목적의 사절을 일본 열도에 파견했을까? 727년의 1차, 739년의 2차 사절도 出羽 지역에 도착한 바 있다. 1차의 경우는 기록에 따르면 渡航 인원이 24명에 불과하다. 그리고 에미시의 땅에 漂着하여 16명이 살해당했다고 한다. 발해가 일본으로 보낸 최초의 사절이라는 점, 그리고 표류 사실을 발해 사신이 일본 측에 전했으리라는 점으로 미루어 보면 원래 목적지로 삼았던 곳을 벗어나 도착한 것은 사실이라고 생각된다. 이 경험을 통해서 발해가 蝦夷의 상황에 대한 정보를 획득했을 것이다.

2차 사절단은 인원이 대폭 늘어 80명 정도가 출발했다. 그리고 앞서 언

---

102 具蘭憙, 1999 「8世紀 後半 日本의 對外關係에 관한 고찰: 渤海와의 關係를 중심으로」 『日本歷史研究』 10, 44쪽에서 발해 사절단이 일본 東國 지역의 首長層과 교류했을 가능성이 지적된 바 있다.

급했듯이 出羽가 목적지였을 가능성이 있다. 다만 중간에 선박 1척이 난파되었고, 남은 인원도 出羽'國', 즉 일본이 蝦夷를 통제하기 위해 설치한 행정 거점에 도착했으므로 蝦夷와의 교류는 실패했다고 생각된다. 만약 접촉이 있었다면, 이때 동행한 사람 중에 당나라에서 귀국하던 일본 사신이 있었으므로 이에 관해서 일본 정부에 보고했을 것이다. 그러나 그 흔적은 없다. 3차 사절(752년)~6차 사절(762년)까지 10년 동안 北路를 이용하면서도 出羽 지역이 아닌 그 남쪽의 越前・越後 지역에 도착한 것은 일본 조정의 견제를 의식한 결과라고 본다.[103]

하지만 에미시와의 공식적인 교류는 자제하더라도 발해 정부가 교류 자체를 중단한 것은 아니었다.

> 발해인과 鐵利人 총 1,100여 명이 敎化를 사모하여 왔다. 出羽國에 안치하고 의복과 식량을 주어 돌려보냈다. (『續日本紀』 卷16 天平 18年)

746년 말갈족의 철리부 사람을 포함해서 1천 명이 넘는 사람들이 일본 열도로 갔다. 기록에 이들을 인솔한 관리나 國書에 대한 언급, 그리고 일본 측의 응접 의례에 관한 내용도 전혀 없으므로 對日 외교사절은 아니라고 생각된다. 이들의 정체에 대해서는 鐵利部가 발해에 복속되면서 그 이탈자들이 일본으로 도망했다는 이해가 있으나,[104] 여기에는 철리인뿐 아니라 발해인도 포함되어 있으므로 납득하기 어렵다.

이들은 에미시 집단과의 交易을 위해 바다를 건넜다고 본다. 인원이 대규모이고 出羽 지역을 향했다는 점이 이를 시사한다. '敎化를 사모하여 왔다'는 것은 天皇制 이데올로기를 배경으로 한 일본 중심의 대외관을 반영한 것에 불과하다.

---

103 이 시기는 당나라와 新羅가 밀착하고, 이에 대항해 발해와 일본이 연대를 강화한 시기이기도 하다. 이에 대해서는 李成市 지음・김창석 옮김, 1999 『동아시아의 왕권과 교역』, 청년사, 146~150쪽 참조.

104 王承禮 저・宋基豪 역, 1987 『발해의 역사』, 翰林大學 아시아文化研究所, 94쪽.

779년의 11차 사절도 유사한 성격이어서 주목된다.

> 勅을 내리기를, "渤海와 鐵利 사람 359명이 교화를 사모하여 入朝했다. 出羽國에 있으니 마땅히 例에 따라 (물자를) 공급하라. 단 사절로 온 자가 지위가 낮아[輕微] 정식 의례[賓]로 맞기에는 부족하니, 사자를 보내어 잔치를 베풀고 그 길로 돌려보내고자 한다. ……" 하였다. (續日本紀』 卷35 宝龜 10年 九月 庚辰)

746년과 마찬가지로 발해인과 철리인으로 구성된 대규모 사절단이 出羽를 방문했다. 일본 정부는 이들을 공식 사절로 인정하지 않았지만, 일행에 官人과 通譯이 속해 있었고 國書도 지참했으므로 발해 정부에서 파견했다고 보아야 한다.[105]

여기에 鐵利人을 포함시킨 것은 종래 독자적인 대외교역을 펼치던 靺鞨 집단을 渤海의 王權 아래 포섭하기 위해서였다. 발해가 말갈 부족들을 복속시키면서 이들을 회유하기 위한 수단으로 일종의 交易團을 조직한 것이며, 이는 곧 말갈족에 대한 정치적 통합과정과 연계되어 있었다.[106]

따라서 746년에 발해인과 철리인이 出羽를 방문한 데는 에미시와 교역을 벌이기 위한 목적이 포함되어 있었다고 보아야 한다. 이를 교역 루트상의 거점에 植民을 하기 위해서라는 추측은[107] 지나치지만, 에미시와 沿海州 거주민 사이에 東海를 오가면서 이뤄졌던 교역의 전통을 지적한 점은[108] 타당하다.

한반도 중·북부의 동해 연안에 자리 잡았던 東濊, 沃沮, 그리고 그 북방에 분포하고 있던 挹婁의 여러 부족 중 연해주 지역에 거주하던 집단들은 삼국시기 이전부터 활발한 교역 활동을 벌였다.[109] 그 대상에는 바다

---

105 石井正敏, 2001 『日本渤海關係史の研究』, 吉川弘文館은 이 사절단을 정식 사절로 인정하지 않았으나, 이는 당시 발해 정부가 일본은 물론 蝦夷까지 염두에 둔 복합적인 성격의 외교를 펼친 사실을 간과한 것이라고 생각된다.

106 李成市 지음·김창석 옮김, 1999, 앞의 책, 156~159쪽.

107 關口 明, 1995, 앞의 논문, 558쪽.

108 같은 논문, 546~555쪽.

109 武田幸男, 1989 「舊領域の支配形態」『高句麗史と東アジア』, 岩波書店, 78~81쪽.

건너 蝦夷도 포함되어 있었다. 특히 연해주 남부의 靺鞨族은 7세기 후반에 蝦夷의 땅에 배를 타고 가서 교역을 벌였으며, 그 증거로서 이 지역에서 출토되는 朱錫製 장신구, 玉製 고리, 청동 방울 등 말갈계 유물을 들 수 있다.[110]

北海道에서는 이를 포함하여 여러 종족들이 교역을 벌였으니, 말갈은 주석의 중간소재, 길리야크족 계통의 오호츠크인은 모피, 倭人은 섬유제품과 철 소재·제품을 가져와 교역했고, 蝦夷는 이를 중개하거나 교역에 직접 참여하기도 했다.[111]

동예와 옥저의 交易圈은 일찍이 高句麗가 장악했지만, 668년 고구려가 멸망하면서 동해 중·북부 나아가 오호츠크해를 사이에 둔 교역 활동은 말갈족, 길리야크인들이 주도하게 되었다. 이러한 상황에 변동이 생기는 것은 8세기에 들어선 다음부터다. 698년 건국한 발해가 서서히 말갈족들을 복속시키면서 교역체제에도 변화가 일어났다.

高王, 武王을 거쳐 지속되어 온 말갈 부족에 대한 발해의 정복 활동은 文王 초기에 鐵利部, 拂涅部, 越喜部를 복속함으로써 일단락되었다.[112] 740년 무렵을 고비로 하여 이들 제 부족이 당나라에 대해 독자적인 조공을 중단한 것은 이러한 사정을 입증한다.[113] 마찬가지로 철리부를 비롯한

그리고 이 책의 1장 3절을 참조하시오.

110 小嶋芳孝, 1997 「日本海の島島と靺鞨·渤海の交流」『境界の日本史』, 山川出版社, 21~34쪽.

111 같은 논문, 34쪽.
한편 酒寄雅志, 2001 「日本と渤海·靺鞨との交流: 日本海·オホーツク海域圈と船」『渤海と古代の日本』, 校倉書房은 사할린, 오호츠크해 연안에 분포한 '流鬼(길리야크인)'와 黑水靺鞨 사이의 교류에 주목했다.

112 철리부와 불열부의 위치는 연해주 지역보다 내륙 쪽인 지금의 중국 흑룡강성 남부에 비정된다. 월희부는 흑룡강성과 연해주에 걸쳐 있었다. 연해주 남부에 있던 虞婁部도 8세기 중반까지는 발해에 편입되었다(宋基豪, 1997 「渤海의 地方統治와 그 실상」『韓國古代史研究』 11, 249~251쪽). 연해주에서는 남부 지역에 발해 유적이 집중 분포하므로(에.붸. 샤브꾸노프 엮음, 송기호·정석배 옮김, 1996 『러시아 연해주와 발해 역사』, 민음사, 81~109쪽) 이곳이 발해 지배권에 속했음은 고고학적으로도 분명하다.

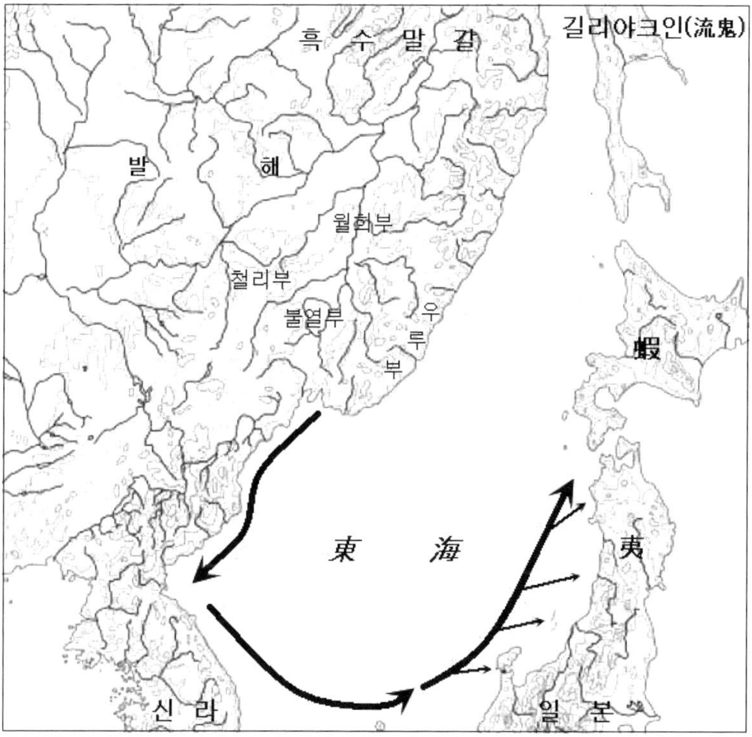

그림 10. 8세기의 동북아시아 形勢와 발해의 對日 主航路

여러 말갈 부족들이 동해를 건너 일본 열도의 종족들과 벌이던 교류가 발해 정부의 간섭을 받게 되었다. 746년과 779년에 鐵利人들이 발해인과 더불어 出羽로 향한 것은 이러한 사정을 잘 보여 준다. 발해 중앙정부의 통제 아래 蝦夷와의 접촉이 이뤄지게 되었고, 이때 말갈족의 항해 경험도 활용되었을 것이다.114

고고학적으로도 에미시 거주 지역에서 발해의 문화요소가 확인되어 변

113 盧泰敦, 1985「渤海國의 住民構成과 渤海人의 族源」『韓國古代의 國家와 社會』, 一潮閣, 257~262쪽.

宋基豪, 1995『渤海政治史硏究』, 一潮閣, 111~112쪽.

114 발해・말갈인의 蝦夷 접촉이 기록상으로 두 번밖에 확인되지 않는 것은 蝦夷의 거주지를 찾은 이들이 일본과의 교섭을 겸한 경우만 일본 측 기록에 남겨졌기 때문이다. 실제로는 발해가 주도하는 對蝦夷 교류가 이보다 더 행해졌을 것이라고 본다.

화된 양상을 알 수 있다. 秋田城 유적에서 출토된 철제 솥은 8세기 후반의 유물이다. 철 원료의 産地를 통해 보면 일본 자체 생산품일 가능성이 높지만, 그 형태가 발해 계통이어서 발해의 鑄鐵 技術이 도입된 결과라고 한다.[115] 오호츠크 문화에 속하는 유적에서도 이 시기에는 구슬·방울 등 장신구와 칼·창끝·鐵斧 등의 철제품이 나온다. 이들은 아무르강 유역이나 중국 길림성의 말갈계 유적, 발해의 도성인 上京 근처의 虹鱒漁場古墳群에서 출토된 것과 유사하다.[116] 동해를 사이에 두고 대륙 쪽과 本州 북부 및 北海道 지역이 벌이던 교류에 발해가 개입하면서 발해의 産物은 물론 생산기술이 유입되었음을 의미한다.

그 대가로 발해가 어떤 물품을 획득하였는지에 대해서는 직접적인 자료가 없다. 다만 9세기 후반 出羽國은 토지가 비옥하고 다양한 특산품이 생산되었으며, 일본 중앙의 귀족 자제들이 名馬와 좋은 매[鷹]를 구하러 이곳에 운집했다고 한다. 그리고 901년의 일본 문학작품에 의하면 황금, 가죽옷[裘], 매, 말[馬] 등을 蝦夷와의 교역을 통해 획득할 수 있었고, 교역에 어려움이 있지만 성사되면 이를 주관한 중앙의 귀족이나 지방관들에게 큰 이익이 되었다고 한다.[117]

이러한 양상은 그전에도 크게 다르지 않았을 것이다. 蝦夷의 거주지는 자체 생산품과 더불어 주변 종족 집단과의 활발한 교역을 통해 다양한 물자가 集散되는 국제 교역센터의 하나였던 것이다. 에미시의 땅이 갖고 있던 교역상의 特長은 바다 건너 원거리에 있는 발해에게도 매력적이었을 것이다.

746년에 1천 명이 넘는 인원이 에미시의 땅을 찾은 것은 발해의 이 지역 교류사에서 획기가 될 만한 일이었다. 그러나 그전에도 기록에 남아 있지 않을 뿐 교류가 있었을 가능성이 높다. 730년에 발해가 사절을 당나라에 파견하면서 보낸 물품 가운데 바다표범 가죽[海豹皮]이 있다. 이것은

---

115 小嶋芳孝, 1997, 앞의 논문, 37~38쪽.

116 酒寄雅志, 2001, 앞의 논문, 245~246쪽.

117 熊谷公男, 2004, 앞의 책, 101~106쪽.

오호츠크 해역권의 특산품이므로,[118] 발해는 이 권역의 주민 집단과 독자적인 교역 루트를 확보하고 있음을 당나라에 과시할 수 있었다.[119] 그렇다면 746년 이전부터 발해는 바다를 건너 에미시 혹은 길리야크족을 비롯한 오호츠크文化人과 교류하고 있었고, 이것이 확대되어 746년에 대규모 인원이 出羽 지역으로 건너갔다고 추정할 수 있다.

발해는 이처럼 두 지역 사이에서 행해진 오랜 교역의 전통을 이어 교류하였지만, 국제정세의 향배를 고려하여 蝦夷와의 관계를 변경해 나갔다. 3~6차 사절까지 상대적으로 남쪽 지점인 越 지역에 도착한 것이 주목된다. 8세기 중엽에 이 지역은 에미시가 거주하더라도 일본 정부의 통제가 出羽보다는 강하게 미치고 있었다. 그럼에도 이 지역으로 향한 배경에는 750년대 들어 발해와 일본이 밀착하던 국제관계가 작용했다고 생각된다. 양국 정부 사이에 安祿山·史思明의 반란에 대한 정보를 공유할 정도로 긴밀한 외교가 이뤄지던 상황에서 발해의 공식 사절단이 出羽를 경유하기는 어려웠을 것이다.

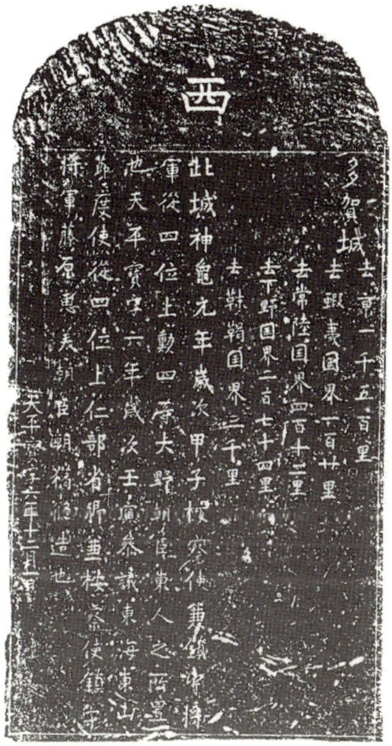

그림 11. 多賀城碑의 탁본 762년에 세워졌으며, 일본의 다하성으로부터 에미시와 말갈국(발해)에 이르는 거리가 기록되어 있다(日本 宮城縣 多賀城市 소재).

그런데 771년의 壹萬福 일행은 공식 사절단임에도 불구하고 出羽에 도착하고 에미시와 교류했다. 그 이유는 무엇일까? 당시에 발해가 일

118 海豹皮는 동예의 특산품이기도 하다. 그러나 옛 동예 지역은 남북국시기에 대부분 신라 영역에 속했으므로 발해가 이곳에서 해표피를 입수했다고 보기는 어렵다.

119 酒寄雅志, 2001, 앞의 논문, 246~247쪽.

본에 보낸 國書에서 단서를 찾을 수 있다.

> 일본 천황이 발해국왕에게 보낸 칙서에 이르기를, "…… 발해가 보내온 국서를 살펴보니 갑자기 父親이 행하던 법식을 고쳐, 날짜 아래에 官品과 姓名을 쓰지 않고 글의 말미에 헛되이 天孫을 참칭했습니다. 멀리 역대 왕의 뜻을 헤아려 보건대 어찌 이럴 수 있는가 싶고, 가까이는 일의 형편을 생각해 보니 아마 착오인 듯합니다. ……" 하였다. (『續日本紀』 卷32 宝亀 3年 2月 己卯)

일만복이 가져온 발해의 국서가 종래 지켜오던 격식에 어긋나고 특히 발해국왕을 일러 '天孫'이라 한 것을 두고 일본 측에서 항의를 제기했다. 발해는 당나라의 책봉을 받으면서도 2대 武王代부터 멸망 시까지 거의 끊이지 않고 독자적인 年號를 사용했다. 또 '皇上' '聖王'의 호칭이나 여러 天子國 제도가 확인되므로, 발해는 왕국과 황제국의 이중체제를 취하였다고 할 수 있다.[120]

하지만 발해 초기에는 몇 차례의 무력 충돌을 벌이면서 당나라와 소원한 관계가 지속되었다. 이로 인해 발해는 가상의 적국인 당을 대비하기 위해서 일본과의 우호 관계가 필수적이었다.

일본은 7세기 후반 蝦夷 지역으로 진출하면서, 에미시 집단을 천황국에 예속되어야 할 蕃國으로 설정했다. 655년 蝦夷가 처음으로 倭人에게 來朝했고, 659년에는 당나라에 파견된 倭의 사신이 에미시 남녀 2명을 데려가 그 거주지에 대해 설명했다.[121] 이후 율령체제가 성립하면서 적어도 복속된 에미시 집단은 천황제 국가의 天下를 구성하는 데 있어서 필수적인 존재가 되었다. 그리고 8세기의 일본 조정은, 발해가 7세기 후반에 일본의 조공국이었던 安勝의 高句麗를 계승했다고 생각하여 발해도 蝦夷와 마찬가지로 蕃國의 일원으로 간주했다.

그런데 771년의 국제정세는 그전과 달라져 있었다. 762년 당나라가 문왕을 '발해국왕'으로 책봉함으로써 對唐 관계가 정상화되었다. 국제정치

---

120 宋基豪, 1995, 앞의 책, 177~194쪽.

121 菊池勇夫, 2003, 앞의 논문, 30~31쪽.

환경이 발해에게 유리하게 전개되었으니, 발해 조정은 이렇게 변화된 상황에서 對日本 관계도 조정하려고 시도했던 것이다. 종래는 일본과의 관계를 고려하여 정식 사절단은 蝦夷와의 교류를 자제하거나 비공개적으로 진행했었는데, 이제 이런 방식을 변경하여 공식 사절임에도 325명이나 되는 많은 인원이 승선하여 出羽에 도착한 것이다.

이러한 사태는 일본 조정에게 큰 충격을 주었던 듯하다. 특히 국서의 '天孫' 호칭은 발해가 공개적으로 出羽를 방문한 데 대한 의혹을 증폭시켰다. 발해국왕이 '천손'을 자칭하는 상황이라면 발해가 종전의 '번국'의 위치에서 벗어나려는 것은 물론이고 발해 왕실이 蝦夷를 복속시켜야 할 대상으로 삼고 있다고 일본 조정은 의심했던 듯하다.

발해 측의 자료가 거의 남아 있지 않은 상황에서 蝦夷 집단에 대한 발해인의 인식을 현재로서는 알 수 없다.[122] 그러나 적어도 당시 일본 정부는 그러한 우려를 하고 있었다고 보인다.

> 봄 正月 초하루에 천황이 大極殿에서 朝賀를 받았다. 문무 백관과 渤海의 사절, 陸奥와 出羽의 蝦夷가 각각 예법에 따라 절하고 (새해를) 축하했다. (『續日本紀』 卷32 宝亀 3年)

천황이 주재하는 주요 행사인 賀正 의례에 壹萬福 일행을 참석하게 하고, 이때 에미시도 동참하게 했다. 에미시는 710년 이래 정월 朝賀 행사에 종종 참여해 왔다.[123] 하지만 이들이 발해 사절과 동석한 것은 이것이 처음이다. 이는 발해 측의 의도를 의식한 조치로서 '발해는 여전히 蝦夷와 마찬가지로 번국의 지위에 있어야 한다'는 일본의 정책 방향을 보여 주기

---

122 앞서 지적했듯이 730년에 오호츠크 해역의 특산품을 당나라에 보낸 것이 유의된다. 자신에게 복속해 있는 집단의 물품을 증여하거나 사신을 대동함으로써 중국의 왕조에 대해 자신의 세력권과 국제적 지위를 과시하는 방식은 三國時期 이래 여러 전례를 찾을 수 있다. 하지만 이것도 蝦夷의 특산품이라기보다는 에미시와 인접한 오호츠크문화인의 물산이어서 직접 증거는 아니다.

123 青木和夫 外, 1995 『續日本紀 四』, 岩波書店, 362쪽, 注 4.

위한 것이라고 할 수 있다.

더욱이 일본에게는 현실의 절실한 필요도 있었다. 왜인의 지배력이 확대되면서 이에 대한 에미시의 저항이 표면화된 것이다. 특히 770년대 들어 반란이 본격화되어 774년부터는 '38년 전쟁'이라 불리는 蝦夷 세력의 장기간의 항전이 벌어지게 된다.

771년의 시점은 本州 중부 이남의 日本과 그 이북의 蝦夷 사이에 긴장이 고조되던 민감한 시기였다. 이러한 상황에서 에미시 집단이 발해와 연결되는 것을 일본 정부는 반겼을 리가 없다. 관계가 발전할 경우 에미시는 발해라는 강대한 후원 세력을 얻게 되고, 당장 교역과 문물 교류를 통해서 발해의 철제 무기·공구류는 물론 에미시의 전투력 향상에 직결되는 고급기술이 도입될 수 있기 때문이다.

일본 정부가 발해와 에미시의 교역을 통제하려고 한 것도 이러한 사정과 무관하지 않다.

> 陸奥, 出羽 등 지방에 명령을 내려, 常陸·相摸·陸奥에서 조세로 바친 絁, 綿, 布로써 발해와 鐵利의 祿에 충당하도록 했다. (『續日本紀』 卷35 宝亀 10年 9月 癸巳)

779년 발해와 철리 사람 359명이 出羽 지역을 찾았을 때 일본 정부에서 이들에게 외교적 의례품을 증여했다. 이때 역시 발해를 일본의 蕃國으로 보아, 천황이 신료들에게 하사하는 '녹봉'의 형식을 취하고 있다.

그런데 그 물품을 本州 북부 지역에서 일본 정부에 납부하는 조세로써 조달하게 한 점이 중요하다. 발해 사절단과 에미시 사이에 이뤄지던 교역체제에 일본이 개입하여, 에미시로부터 일본 정부가 징수한 조세의 일부를 발해에 제공하도록 한 것이다. 이 시점은 일본이 蝦夷와 전쟁을 벌이고 있는 상황이어서, 발해와 에미시의 교역을 보다 적극적으로 통제하려 했을 것이다.

궁극적으로는 교역 창구를 일본 정부로 一元化하려는 정책의 일환이라고 생각된다. 779년의 高洋粥 일행을 정식 사절로 인정하지 않고 "교화를 사모하여 왔다[慕化入朝]"고 평가 절하한 것도 발해와 蝦夷의 연계에 대한 일본 정부의 의구심과 이를 차단하려는 강한 의지가 반영된 결과라고 생각된다.

따라서 773년 烏須弗이 이끄는 8차 사절단부터 본격화하는 일본 측의 筑紫道 이용 요구는 이러한 역사적 맥락 속에서만 제대로 이해할 수 있다. 일본 정부는 '舊例'와 율령 조항을 근거로 하여 발해 사절에게 北路 항해를 금지한다고 밝혔다. 하지만 이는 천황제 국가이념에 입각한 명분론의 성격이 강하다. 실제로는 일본이 복속 대상으로 삼은 蝦夷가 발해와 연결되는 것을 막고, 혼슈 북부와 홋카이도를 중심으로 이뤄지던 발해－에미시－오호츠크문화인 사이의 교역 체제에 일본이 간여하고 이를 자신에게 유리하게 통제하려는 의도가 항로 변경 요청에 작용했던 것이다.

발해는 우여곡절은 있었지만 779년까지는 일본은 물론 에미시와도 교류를 병행하는 정책을 펼쳤다. 그런데 786년과 795년의 사절단이 出羽에 도착하여 蝦夷에게 살해와 약탈을 당한 것으로 보아 그전에 발해와 하이 관계에 다시 변동이 발생한 듯하다. 발해는 잦은 일본으로의 使行을 통해 일본 열도의 정세에 대해 많은 정보를 축적했을 것이다. 이에 기초하여 780년대는 대외정책 방향을 蝦夷보다는 일본을 중시하는 쪽으로 전환하지 않았나 추정된다.124

그 단초가 되는 것이 이전과 달리 南路를 택해 일본의 요구에 부응한 777년의 史都蒙이 이끈 사절단이라고 본다. 하지만 장구하게 이어진 蝦夷와의 관계를 일시에 단절할 수는 없었고, 발해의 달라진 태도에 대해 蝦夷의 반발도 만만치 않았을 것이다. 8세기 말의 발해와 에미시의 마찰은 이런 배경에서 이해할 수 있다.

---

124 797년에 일본 관료가 『續日本紀』를 완성하고 천황에게 올린 表文에서 "마침내 어젊을 바다 북쪽에 미쳐 발해[貊種]가 마음을 돌이켰고, 위엄을 태양과 하천의 동쪽에 떨쳐 에미시[毛狄]가 잠잠해졌다"(『日本後紀』 卷5 延曆 16年 2月 己巳)고 서술한 것도 당시 정세의 변화를 반영한다.

9세기 이후가 되면 발해 사절은 더 이상 出羽 지역으로 가지 않았다. 일본 정부도 出羽와 筑紫의 중간 지점에 福良・松原 客院을 개설하여 발해 사절을 맞았는데, 이것은 양국이 외교적으로 절충한 타협의 산물이었음을 그 지정학적 위치를 통해서 짐작할 수 있다.

(3) 소결

8세기에 발해 사절단은 대부분이 일본 本州의 동해 연안 중 중부 이북 지역에 도착했다. 이는 일본 정부가 금지한 항로인 '北路'를 따라 항해해 온 결과다. 그리고 季節風을 이용하지 못한 항해술의 미숙성 때문에 나타난 현상이 아니었다. 발해 사절의 목적지 가운데는 本州의 동해 연안 지역 중 최북방에 있던 出羽 지역도 포함되었다.

8세기 발해 사절단이 일본 열도로 가는 항로는, 포시에트만을 출항하여 동해안을 따라 항해하다가 동해를 남동쪽으로 건너고, 다시 해류를 따라 북동쪽으로 항해하여 本州의 중・북부 연안 지역에 도착하는 경로였다고 추정된다.

出羽 지역은 蝦夷, 즉 에미시 집단의 원주지에 속한다. 本州 동・북부~사할린 남부에 걸쳐 분포하던 蝦夷 집단은 7세기 후반 이래 倭人들이 진출해 오면서 그 통제를 받게 되었음에도 불구하고, 9세기 초까지는 일본 정부와 전쟁을 벌일 정도로 세력을 유지하고 있었다.

발해 사절단이 本州의 북부 지역으로 항해한 것은 蝦夷와 交易하려는 목적이 포함되어 있었다. 발해는 크게 보면 두 가지 목적에서 일본 열도로 사절을 파견했던 것이다. 하나는 平城京의 일본 정부와 교섭하는 것이고, 또 하나는 出羽 지역에 의연히 세력을 유지하고 있던 蝦夷 집단과 교류하기 위해서였다.

발해는 대륙과 일본 열도 북부 사이에서 행해진 오랜 교역의 전통을 이어 교류하였지만, 국제정세의 동향을 고려하여 蝦夷와의 관계를 변경해 나갔다. 특히 762년 이후로 당나라와의 관계가 개선되면서 국제적 위상을 제고하고 蝦夷와의 관계도 강화하고자 했다. 이러한 발해의 시도는 일본 정부의 경계심을 증폭시켰다.

773년 烏須弗이 이끄는 8차 사절단부터 본격화하는 일본 측의 筑紫道 이용 요구는 이러한 역사적 맥락에서 이해해야 한다. 일본 정부는 '舊例'와 율령 조항을 근거로 하여 발해 사절에게 '北路' 항해를 금지한다고 밝혔다. 하지만 이는 천황제 국가이념에 입각한 명분론의 성격이 강하다. 실질적으로는 일본이 복속 대상으로 삼은 蝦夷가 발해와 연결되는 것을 차단하고, 혼슈 북부와 홋카이도를 중심으로 이뤄지던 발해-에미시-오호츠크문화인 사이의 교역 체제에 일본이 간여하고 이를 자신에게 유리하게 통제하려는 의도에서 발해가 對日 교통로를 바꾸도록 요청한 것이다.

제 5 장

羅末麗初의 대외교역 양상

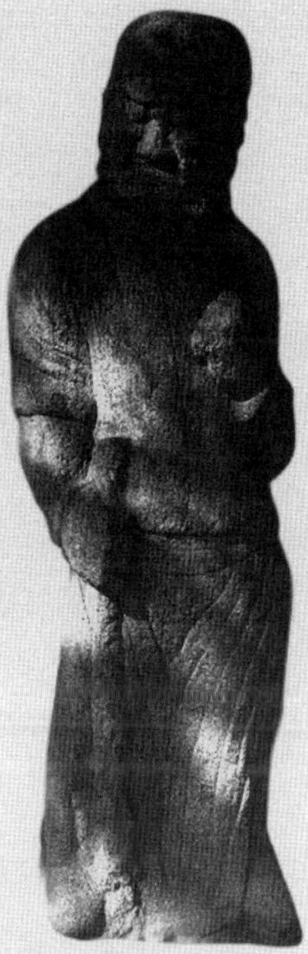

제 1 절　이슬람 諸種族의 來往과 교역 활동

제 2 절　신라의 對日 交通路와 菁州의 사회 변동

제1절 이슬람 諸種族의 來往과 교역 활동

신라 국가가 주도하던 대외교역 체제는 8세기 후반 이후 점차 동요하기 시작한다. 이를 보여 주는 것이 민간 교역인의 등장이다. 국내는 물론 외국의 교역자 중에서도 개인 자격으로 참여하는 예가 확인된다. 여기서는 이러한 새로운 유형의 대외교역자로서 이슬람인을 살펴보고자 한다.

이슬람 세력은 남북국시기에 우리와 접촉한 외부 세력 가운데 가장 이채로운 존재였다. 중국의 여러 왕조, 일본, 인도, 西域 諸國도 최초의 만남에서는 우리에게 낯설고 두려운 존재였을 것임에 틀림없다. 그러나 장구한 교섭과 문물 교류를 통해 남북국시기에 들어서면 그들은 정도의 차이는 있지만 이미 정치·문화적으로 익숙한 존재가 되었다.

그런데 7세기에 등장하여 동방으로 세력을 뻗쳐 온 이슬람인과 그 문물은 새롭고 이질적인 또 다른 문명이었다. 주지하듯이 이슬람의 시작은 7세기 초 아라비아 반도에서 무함마드가 이슬람교를 창시하면서 부터였으므로 그 출발은 아라비아 반도와 아라비아인이 중심이었다. 이들은 바빌로니아, 페르시아, 소그디아나 지역 및 그 종족들과 엄연히 구분되었다.

하지만 칼리프의 정복과 이슬람교의 확산이 이어지면서 북아프리카,

표제지 설명 掛陵 武人像(경상북도 경주시 외동읍 괘릉리)
元聖王陵이라고 알려진 무덤의 석조물로서 소그드인의 신체적 특징인 풍성한 수염과 깊은 눈, 높은 콧등이 표현되었다.

이베리아 반도, 중앙아시아, 중국 서변에 이르는 넓은 지역과 여러 종족 집단을 포괄하는 이슬람 세계가 형성되었다. 750년에 성립한 압바스 왕조는 이슬람의 전성기를 구가하였으며 십자군 전쟁을 거쳐 13세기 몽골의 침입이 있기까지 이슬람 제국은 유지되었다. 따라서 751년 탈라스 전투 이후 唐이 만난 이슬람 문화는 기존의 서역세계와 이질적인 것이었고 신라에게도 마찬가지였다.[1]

중앙아시아와 동아시아는 물론 유럽, 아프리카 대륙에까지 향후 역사 전개에 영향을 끼친 이슬람세력과 우리 고대국가와의 만남은 호기심을 자극하는 흥미로운 연구 주제임에 틀림없다. 대표적인 성과만 들더라도, 신라 문물에 보이는 서역계·이슬람계의 요소를 검출하고 그 유래를 살핀 미술사학 분야의 연구,[2] 異國産物 분석을 토대로 대외교역 관계를 검토한 연구,[3] 處容의 정체를 추구한 연구가[4] 이뤄졌다. 하지만 부족한 관련

---

1 물론 이슬람화되지 않은 서역인들도 있었다. 조로아스터교, 마니교, 景教, 불교를 믿는 페르시아인과 소그드인들이 대표적이다. 이 글에서는 사산조 페르시아와 소그디아나 지역이 이슬람권에 편입된 이후는 '이슬람인' '무슬림' 등으로 통칭하지만, 그 뒤에도 종족과 원주지는 소멸되지 않았으므로 아라비아인, 서역인(페르시아인, 소그드인) 칭호를 병용하겠다. 그리고 명확히 종교가 다른 경우 '소그드인 경교도' 등으로 별칭하고자 한다.

2 金元龍, 1984「古代韓國과 西域」『美術資料』34; 1987『韓國美術史研究』, 一志社.
권영필, 1997「경주 괘릉 인물석상 再考」『실크로드 미술』, 열화당.
林玲愛, 2002「'서역인'인가 '서역인 이미지'인가: 통일신라미술 속의 서역인식」『美術史學研究』236.

3 李龍範, 1969a「三國史記에 보이는 이슬람商人의 貿易品」『李弘稙博士回甲紀念韓國史學論叢』, 新丘文化社.
무함마드 깐수, 1992『新羅·西域交流史』, 檀國大學校 出版部.
朴南守, 2011「9세기 신라의 대외 교역물품과 그 성격」『한국 고대의 동아시아 교역사』, 수류성.

4 李佑成, 1969「三國遺事所載 處容說話의 一分析」『金載元博士回甲紀念論叢』, 乙酉文化社; 1991『韓國中世社會研究』, 一潮閣.
李龍範, 1969b「處容說話의 一考察: 唐代 이슬람 商人과 新羅」『震檀學報』32; 1989『韓滿交流史 研究』, 同和出版公社.
金基興, 2001「신라 處容說話의 역사적 진실」『歷史教育』80.

자료와 아랍어 원전에 대한 해독의 문제,[5] 이슬람 및 서역 문화에 대한 이해의 부족 등이 걸림돌로 남아 있고, 오히려 이로 인해 근래에는 이슬람권의 영향이 실제보다 과대평가되는 느낌도 없지 않다.

이 글 역시 그간의 연구가 안고 있었던 장애를 고스란히 안고 있다. 다만 기존 연구에서 막연히 '이슬람' 혹은 '서역'으로 이해한 것을 그 대표적인 종족이었던 아라비아, 페르시아, 소그드로 세분하여 검토해 보고자 한다. 그리고 이들이 신라로 진출하게 된 배경을 唐의 정세 변화, 그리고 당시 교역 환경을 중심으로 살펴보겠다.

(1) 이슬람인의 내왕 기록

이슬람 세계의 여러 종족 중에서 아라비아인이 우리 역사 속에 처음 등장한 시기는 언제일까? 우리 쪽 기록 가운데 분명하게 확인할 수 있는 것은 『고려사』의 아래와 같은 기사다.

> 이 달에 大食國의 悅羅慈 등 100인이 와서 方物을 바쳤다. (『高麗史』 卷5 世家5 顯宗 15年 9月)
>
> 9월 辛巳에 大食 오랑캐인 夏誅, 羅慈 등 100인이 와서 방물을 바쳤다. (위의 책, 卷5 世家5 顯宗 16年)
>
> 11월 丙寅에 대식국 客商인 保那盍 등이 와서 수은, 龍齒, 점성향, 몰약, 大蘇木 등을 바쳤다. 유사에게 명하여 館에서 후대하게 하고 돌아갈 때는 金과 비단을 많이 주었다. (같은 책, 卷6 世家6 靖宗 6年)

---

5 高柄翊이 신라에 대한 이슬람 문헌의 언급을 일찍이 소개한(1962 「아시아史上의 韓國」 『韓國의 發見』, 博友社; 1986 『아시아의 歷史像』, 서울대학교출판부) 이래, 金定慰, 1977 「中世 中東文獻에 비친 韓國像」 『韓國史研究』 16; 이희수, 1992 「이슬람권의 한국사 관련자료 소개」 『역사와 현실』 8이 제출되어 이 분야 연구에 큰 도움을 주었다. 하지만 관련 이슬람 문헌에 대한 전면 조사와 정밀한 고증, 비판이 이뤄지지 않아 아쉬움이 남는다. 향후 한국사 전공자와 공동 조사 및 연구가 절실하다.

『고려사절요』도 같은 내용을 싣고 있다. 여기서 '대식'은 주지하듯이 아라비아의 이슬람 국가를 가리킨다.[6] 현종 15·6년에 온 이들이 정식 사절인지 분명치 않지만 그 숫자가 100명이나 되고 정종 대에는 상인이 내방한 것으로 보아, 현종대의 아라비아인이 사절단이라 하더라도 그 가운데는 상인들이 끼어 있었던 것 같다. 여하튼 11세기 전반 아라비아인들이 한반도를 찾았고 고려 조정은 이들을 '방물을 바치는' 異域의 '오랑캐[蠻]'로 인식했다.

그럼 아라비아인들의 발길이 이때 한반도에 처음 미친 것일까? 중국의 경우 唐 영휘 2년(651) 大食에서 사절을 보내 공식 관계를 맺었고,[7] 751년 탈라스 전투에서 이슬람 군대가 唐軍을 격파한 이후 당과 활발한 교류가 이뤄져 長安·廣州·泉州·明州·杭州·揚州 등의 蕃坊에 무슬림들이 집주하고 있었다. 이런 추세를 감안하면 남북국시기 이전에 이미 아라비아인이 신라 사람과 접촉하지 않았을까?

신라에 관해 기록한 9세기의 이슬람 문헌들은 이러한 점에서 주목할 만하다.

> 깐수(Qānsu)의 맞은편 중국의 맨 끝에 신라라는 산이 많은 나라가 있다. 그 나라는 領主國들로 갈라져 있다. 그곳에는 金이 풍부하다. 이 나라에 와서 영구 정착한 이슬람교도들은 그곳의 여러 가지 이점 때문에 눌러 살게 되었다고 한다. 그러나 그 나라 너머에 무엇이 있는지는 아무도 모른다. (이븐 쿠르다드비, 『제도로 및 제왕국 안내서』)[8]
>
> 바다를 끼고 접한 곳에는 시라(ad-Silā)라는 섬들이 있는데 그 주민은 피부색이 희다. 그들은 중국 황제와 공물을 교환한다. 그들은 이렇게 하지 않으면 하늘

6 고대 아라비아 반도의 유목민인 'Tayy'를 페르시아인들이 'Tazi'라고 불렀고 중국인들이 '大食'이라고 음역했으며, 이 명칭이 대체로 唐~元代까지 통용되었다고 한다(무함마드 깐수, 1992 「大食과 回回」『新羅·西域交流史』, 단국대학교 출판부, 82~86쪽).

7 『舊唐書』 卷198 列傳148 西戎 大食.

8 번역은 金定慰, 1977「中世 中東文獻에 비친 韓國像」『韓國史研究』 16을 따랐다.

이 비를 내려주지 않는다고 믿는다. 우리들 중에 그들에 관한 정보를 전해 주는 자도 이 섬에 가 본 이는 없다. 이 섬에는 흰 매가 산다. (술라이만, 『중국과 인도 안내서 1권』)[9]

이븐 쿠르다드비의 저서는 그 집필 연대에 논란이 있지만 대체로 9세기 중엽의 작품으로 볼 수 있다.[10] 신라를 언급한 이슬람 문헌 중 가장 이른 것으로서 그 위치, 산물 등에 관해 간략한 내용을 남겼다. 이에 의하면, 9세기 중엽에 여러 가지 이익 때문에 신라에 정착한 이슬람교도가 있었다는 것이다.

술라이만의 저서로 알려진[11] 『중국과 인도 안내서 1권』도 신라의 위치와 주민, 특산물, 그리고 대중국 관계를 간략히 언급했다. 그런데 이 책은 쿠르다드비의 기록과 달리 신라를 왕래한 자가 주변에 없다고 적었다. 이 책은 851・852년 사이에 쓰여졌으므로 쿠르다드비의 저서와 동시기의 산물이다. 그럼에도 이처럼 상반된 서술이 나타나게 된 이유는 무엇일까? 다른 이슬람 문헌들이 실제 견문에 따르지 않고 불확실한 기술을 근거로 했으나, 『중국과 인도 안내서 1권』은 당에 내왕한 이슬람 상인의 정보를 기초로 한 것으로서 "신라에 가 본 자가 없다"고 했으므로 9세기 이전에 이슬람인이 신라에 도달했다고 보기 어렵다고 이해하기도 한다.[12] 하지만 이들 문헌의 작성 경위나 정보원에 대한 분석이 이뤄지지 않은 상태에서 섣불리 어느 한 자료만을 선택하여 신빙하는 것은 위험하다.

필자는 각 서술자의 출신 종족에 주목하고자 한다. 쿠르다드비는 페르

9 번역은 藤本勝次 譯注, 1976『シナ・インド物語』, 關西大學出版部를 따랐다.

10 무함마드 깐수, 1992, 앞의 책, 174~175쪽.

11 이슬람 문헌의 신라 관련 기록에 관해 언급한 국내 학자들은 모두 이 책을 술라이만의 저술로 보았고, 근래 나온 張星烺 編注, 2003『中西交通史料匯編 第二册』, 中華書局, 756쪽도 그와 같이 보았다. 그러나 藤本勝次는 술라이만이 정보 제공자에 불과하며 이 책의 저자는 알 수 없다고 하였다(1976, 앞의 책, 2~3쪽).

12 東野治之, 1992「朝霞錦考」『遣唐使と正倉院』, 岩波書店, 160쪽.

시아인이고[13] 술라이만은 아라비아 상인이라고[14] 한다. 따라서 후자가 기술한 "우리들 중에 …… 가 본 자는 없다"는 것은 술라이만과 같은 商團에 속했든지 아니면 가까운 주변 인물 가운데 신라에 왕래한 사람이 없었다는 의미다. 그렇다면 그들은 대부분 술라이만과 같은 종족인 아라비아인들로 보아도 좋을 것이다.

그들은 신라에 가 보지는 못했지만 전해 들은 이야기를 다시 술라이만에게 전했다. 술라이만은 신라를 내왕한 사람이 없으며 하물며 그 나라에 관한 정보도 간접 견문에 의한 것이라는 점을 강조하고 있는데, 그 대상 범위를 아라비아인을 위주로 한 주변의 인물들로 국한시켜 보면 쿠르다드비의 서술과 모순되지 않게 이해할 수 있는 여지가 생긴다.

쿠르다드비가 말한 '이슬람교도'는 종족 범주가 아니라 종교 신자를 가리키기 때문이다. 즉 여기에는 아라비아인뿐 아니라 페르시아, 소그드 등 이슬람교를 믿는 여러 종족이 포함될 수 있다. 쿠르다드비가 말한 이슬람교도를 아라비아인이 아닌 여타 종족으로 볼 수 있다면 그들 중 신라에 정착한 사람이 있다고 해도 술라이만의 진술과 어긋나지 않는다. 그리고 그 대상은 페르시아계 무슬림이었을 것이다. 쿠르다드비 역시 술라이만과 마찬가지로 자신의 종족인 페르시아인의 활동을 중심으로 서술했다고 보아야 자연스럽기 때문이다.

바그다드에서 태어난[15] 마수디가 10세기 중엽 출간한 『황금초원과 寶石鑛』에서 "이라크나 또는 다른 나라로부터 그곳(신라)으로 간 외국인은 공기가 맑고 물이 좋으며 농토가 비옥하고 또 자원이 풍부하기 때문에 아무도 그곳을 떠나려고 하지 않는다"고 하여 자신의 출신지 혹은 출신 종족을 중심으로 서술한 것이 참고가 된다.

---

13 金定慰, 1977, 앞의 논문, 34쪽.
費瑯 編・耿昇 穆根來 譯, 1989 『阿拉伯波斯突厥人東方文獻輯注 上册』, 中華書局, 37쪽.
東野治之, 1992 「日出處・日本・ワークワーク」『遣唐使と正倉院』, 岩波書店, 107쪽.

14 張星烺 編注, 2003, 앞의 책, 756쪽.

15 金定慰, 1977, 앞의 논문, 36쪽.

다만 쿠르다드비와 마수디의 경우 무슬림이나 이라크계 사람들이 신라에 영구 정착하기도 했다고 썼으나 이에 대해서는 신중한 접근이 필요하다. 쿠르다드비의 저서에는 위 인용문에 이어 신라의 특산물로 蘆薈, 장뇌, 말 안장 등을 들고 있지만 노회 즉 알로에가 신라산이 아님은 분명하다.[16] 마수디의 서술에도 신라 주민들이 『구약성서』에 나오는 노아의 손자에 해당하는 인물인 아무르(Ā'mūr)의 후손이라는 오류가 섞여 있다. 이러한 부정확한 서술은 쿠르다드비가 티그리스 강변의 한 도시에서 우편관리 생활을 했을 뿐 관련 지역을 여행하지 않았다는 점과 건조한 사막 지대에서 생활하는 이슬람인의 열악한 환경을 고려하여 이해해야 한다. 즉 신라에 대한 오류와 과장은 간접 전문에 의존하여 신라를 묘사한 저자들이 상대적으로 환경이 좋은 이 나라를 일종의 유토피아로서 그려낸 결과이며, 이후 다른 책에서 이를 다시 무비판적으로 인용함으로써 반복하여 나타나게 된다.[17] 상인 출신으로서 인도와 중국을 여러 번 항해한 술라이만이 전한 정보가 보다 현실에 부합한다고 보이는 것이다.

따라서 무슬림의 영구 정착이라는 기술은 문면 그대로 믿기 어렵다. 그들의 주류는 아라비아인이 아니었으며[18] 신라 산품에 대한 각별한 관심을 고려하면 이들이 국제교역에 종사했을 가능성이 높다. 그렇다면 그들이 필요에 따라 외국에 한동안 체류하거나 일부가 귀화하여 그 사회에 편입되는 경우는 있었겠지만 이를 일반화하여 신라에 간 무슬림들이 '영구

---

16 李龍範, 1969b, 앞의 논문, 46쪽.
한편 費瑯 編·耿昇 穆根來 譯, 1989, 앞의 책, 47쪽에서는 이를 중국산품으로 소개하였고, 품목도 일부 달라서 원문과 대조·확인이 필요하다.

17 高柄翊, 1962, 앞의 논문, 100쪽
金定慰, 1977, 앞의 논문, 48쪽
이희수, 1992, 앞의 논문, 379쪽.

18 일본에 大食 상인이 왕래한 기사는 1408년에 처음 나타난다고 하는데(東野治之, 1992, 「朝霞錦考」『遣唐使と正倉院』, 岩波書店, 156쪽), 아라비아인의 신라 방문 시기를 추정하는 데 참고가 된다.

정착'했다고 볼 수는 없다.

9세기 중엽 이전에는 非아라비아계 무슬림들이 신라에 왕래하는 상황이었고, 아라비아인들은 아직 신라에 가지 못하고 그 나라에 대한 간접 정보만 갖고 있었다. 본격적인 사료 비판이 이뤄지지 못한 소략한 기록을 통한 추측이지만 전반적인 추세는 이와 같이 짐작할 수 있다. 그렇다면 9세기 중엽 이전 신라를 찾은 비아라비아계 무슬림들은 누구일까?

(2) 페르시아인 · 소그드인의 진출

흥덕왕 9년(834) 신분 질서의 동요와 사치 풍조를 막기 위해 내린 교서를[19] 보면 瑟瑟, 翡翠毛, 孔雀尾, 玳瑁, 紫檀, 沉香, 毬㲣, 㲜㲪, 大唐毯, 罽, 虎皮, 白玉, 烏犀, 烏麖, 素牙 등 각종 사치품의 사용을 제한하는 규정이 있다. 이 가운데 슬슬은 에메랄드로서 아랄해 東岸의 石國, 즉 지금의 타슈켄트 일대가 원산지이고, 비취모는 캄보디아, 공작미는 인도 · 아프리카 · 동남아, 대모와 자단 · 침향은 인도네시아 · 필리핀 일대에서 생산된다.[20] 이들 품목이 교서 서두에서 지적한 '진기한 異物'의 대표격임은 물론이다.

문제는 이때 신라에 들어온 이국산 물품을 누가, 어떤 경로를 통해 도입해서 유통시켰는가 하는 점이다. 교역의 이득을 좇던 이슬람 상인들이 이 즈음해서 신라에 진출했으리라고 상정하기도 했지만[21] 언제 들어온,

---

19 『三國史記』 卷33 雜志2 色服 · 車騎 · 器用 · 屋舍.

20 李龍範, 1969a, 앞의 논문.
이 논문은 毬㲣와 㲜㲪을 양모를 주성분으로 한 깔개로서 페르시아산으로 보았으나 일본 정창원 소장품인 신라산 毛氈도 양모 제품으로 8세기 중반에 제작된 것이므로(李成市 지음 · 김창석 옮김, 1999 『동아시아의 왕권과 교역』, 청년사, 89~92쪽) 9세기 전반의 구수, 탑등은 신라 국산일 가능성이 높다. 역시 모직물인 毯을 '大唐'毯이라고 당나라산임을 특기한 것도 참고가 된다.

21 李龍範, 1984 「국제도시로서의 경주」 『역사도시 경주』, 열화당.
_____, 1989, 앞의 책, 43~46쪽.

어떤 이슬람人인지에 대한 언급이 없어 막연하다.

흥덕왕 재위 기간인 9세기 초엽에 이슬람 상인들이 신라를 왕래하며 직접 교역에 나서지는 않았다고 본다. 당시는 828년에 설치된 淸海鎭을 중심으로 당－신라－일본을 잇는 국제교역망이 성립해 있었기 때문이다. 이러한 체제는 851년에 청해진이 폐지되기까지 기본적으로 유지되었다. 따라서 9세기 전반에 신라에서 소비된 이역의 물품들은 在唐 신라 僑民들이 당나라에 도입된 이들 상품을 입수하고 이를 다시 청해진의 商團이 주도하여 신라에 공급했다고 보아야겠다.[22]

하지만 이러한 이국산품은 이미 6세기 말에 신라에 들어와 있었다. 일본 측 기록을 따르면 신라는 598년부터 700년까지 공작・앵무・구관조・물소・낙타 등의 동물과 沈水香・梅檀香 등 향료, 그리고 약품 등 각종 珍異한 물건을 일본에 증여했다.[23] 이들은 주로 동남아시아와 인도, 서역을 포함한 외국산의 물품이었으며[24] 신라가 입수한 후 그 중의 일부를 일본에 보낸 것이다.

6세기 말부터 보이는 이러한 이국산물의 신라 유입 경로는 분명치 않지만 주로 對中國 외교교섭 과정에서 回賜品으로 받아 오거나 王室이 주도하는 國家交易을 통해 입수했다고 생각된다. 752년의 對日 교역과 같이 공식적인 사절 파견을 통해 이뤄지는 신라의 국가교역은 8세기 초・중엽에 전형을 보인다. 성덕왕 12년(713)에 대당 관계가 정상화되면서 당과의 국가교역이 활발해지고,[25] 이를 통해 광역에 걸친 다양한 산품이 신라로

---

22 권덕영, 2005『재당 신라인사회 연구』, 일조각, 263・264쪽.
高慶錫, 2006『淸海鎭 張保皐勢力 硏究』, 서울대학교 국사학과 박사학위논문, 98~136쪽.

23 이 책 4장 1절의 표 3 참조.

24 山田憲太郎, 1976『東西香料史研究』, 中央公論美術出版, 168~209쪽.
永正美嘉, 2005「新羅의 對日香藥貿易」『韓國史論』51.

25 신라가 당과 국가교역을 벌인 사실은 확인할 수 없으나, 713년 말갈 왕자가 당나라에 입조하여 '就市交易'할 것과 716년 奚의 사절이 西市에서 교역할 것을 당 조정이 각각 허락한 사실(『冊府元龜』卷971 朝貢4・같은 책, 卷999 互市)을 통해 유추할 수 있다.

유입되었을 것이다.

8세기 전반에 국제교역이 활발해졌지만 이처럼 국가가 주도하는 상황이었고, 그에 앞서 6세기 말~7세기에도 국가 간의 외교교섭을 통해 물품이 오고갔으므로 8세기 전반까지는 페르시아 혹은 소그드 출신의 민간 교역인이 독자적으로 신라까지 와서 직접 교역활동을 벌일 여지는 작았다.

그런데 원성왕대가 되면 상황의 변화를 시사하는 자료가 보인다.

> (원성왕) 즉위 11년인 을해년에 당 사신이 서울에 와 한 달을 머물다 돌아갔다. 그 다음날 여자 두 명이 內庭에 나아가 아뢰기를 "저희들은 東池와 靑池[청지는 東泉寺의 샘이다. 寺記에 이르기를 '샘은 동해의 龍이 오가며 불법을 듣는 곳이다. 절은 진평왕이 세웠으며 五百聖衆과 오층탑, 그리고 토지와 民을 헌납했다'고 한다.]의 두 龍의 처입니다. 당 사신이 河西國 사람 둘을 데려와 주문을 외워 우리들의 남편인 두 용과 분황사 우물(에 사는 용) 등 세 마리의 용을 작은 물고기로 변하게 하여 통에 담아서 돌아갔습니다. 원컨대 폐하께서는 두 사람에게 명하여 남편 등의 護國龍을 머물도록 해 주십시오" 하였다. 왕은 河陽館에 좇아가 친히 향연을 베풀고 하서인에게 이르기를 "너희들은 어찌 우리의 세 龍을 취하여 여기 이르렀는가? 만약 사실대로 고하지 않으면 극형에 처할 것이다" 하니, 이에 세 용을 내어 바쳤다. 이들 세 곳에 풀어 주도록 하니 각기 한 길 남짓이나 물속에서 솟구치고 뛰놀며 갔다. 당나라 사람들은 왕이 밝고 거룩함에 탄복했다. (『三國遺事』 卷2 紀異2 元聖大王)

795년에 내방한 당나라 사신이 신라의 호국룡을 잡아 가려다가 왕의 기민한 대처로 그 시도가 좌절되었다는 것이다. 이에 관한 기록은 『삼국사기』는 물론 중국 측 문헌에서도 찾을 수 없다. 이 일화 앞에 언급한 일본의 萬波息笛 요청 관련 기록도 다른 곳에서는 찾을 수 없다. 따라서 위의 내용은 실제 일어난 사건이라기보다는 元聖王의 국왕으로서의 자질과 그가 전통적인 신라 神들로부터 선택받았음을 과시하는 일종의 王權 修飾 설화라고 보아야 한다. 유력한 왕위 계승권자였던 金周元을 밀어내고 즉 위한 원성왕 혹은 원성왕계의 왕들로서는 이러한 정치적 합리화·정당화의 논리가 절실했을 터이다.

河西國人이 주문을 외워 용을 물고기로 바꾼 것은 '蔓延魚龍'이라는 일종의 幻術이다. 관련 기사가 漢代부터 보이며 그 공연자는 서역은 물론 로마, 이집트로부터도 공급되었다고[26] 한다. 따라서 환술을 가지고 그들의 정체를 유추하기는 어렵다. 그렇지만 하필 '하서국인'을 거론한 것은 당시의 현실과 무관하지 않을 것이다. 河西國은 감숙성의 黃河 以西 지역을 가리킨다.[27] 그 중심인 蘭州로부터 감숙성 북서부의 치롄(祁連)산맥 북쪽을 따라 武威·張掖·酒泉·敦煌으로 이어지는 교통로는 예로부터 '河西回廊'이라 불렸으며, 이를 따라가면 천산산맥의 남·북로를 따라 서역으로 갈 수 있는 동서교통의 요지다. 그런데 이곳에는 일찍부터 소그드인들이 살고 있었다.

현재 우즈베키스탄에 해당하는 아무다리야강과 시르다리야강 중간 지역을 古來로 소그디아나(Sogdiana)라고 불러 왔는데, 이 지역 오아시스 諸國 출신의 종족이 소그드인이다. 이들은 기원전부터 아케메네스조 페르시아·그리스·스키타이, 그리고 기원후에는 쿠샨왕조·서돌궐의 침략과 지배를 받았으며 7세기 중엽에는 唐의 서역 경영에 의해서 안서도호부의 통제 아래 있었다. 사마르칸트(康國)와 부하라(安國), 타슈켄트(石國)를 중심으로 한 소그디아나 지역은 東西로 중국-서아시아-유럽을 잇고, 南北으로는 인도-북아시아 초원지대를 잇는 교통의 요충이었다.

소그드인들은 중앙아시아의 여타 오아시스 주민들과 마찬가지로 관개

---

26 전덕재, 2006「한국 고대 서역문화의 수용에 대한 고찰: 百戱·歌舞의 수용을 중심으로」『역사와 경계』58, 4~15쪽.

27 三品彰英, 1979『三國遺事考證』中, 塙書房, 118쪽.
한편『三國遺事』臺山五萬眞身 및 溟州五臺山寶叱徒太子傳記條의 '河西府'를 명주 지역에 책봉된 진골귀족이 開府한 것으로 본 견해가(徐毅植, 1996「統一新羅期의 開府와 眞骨의 受封」『歷史敎育』59, 94~97쪽) 있는데, 위의 원성대왕 조에 나오는 河西國人은 唐使가 대동했고 幻術을 부리는 인물로 묘사되었으므로 이를 하서부와 연관시키기는 어렵다. 당의 입장을 대변하는 외래인이라고 보는 것이 순리다.

농업과 목축을 하며 생활했고 그 과잉인구는 수공업과 상업에 종사했다. 특히 원거리 교역에 특장을 보였으니 "康國에서는 아이가 태어나면 곧 입 속에 꿀을 넣고 손에는 아교를 쥐어 준다. 그 아이가 성장해서 입으로는 항상 감언을 말하고, 손은 아교에 물건이 붙듯이 재물을 모으도록 기원해서이다. 글씨를 잘 쓰고 장사를 잘 해서 작은 이익이라도 다툰다. 남자가 20세가 되면 교역을 위해 타국에 보낸다. 이들이 중국에도 오는데 이익이 있는 곳이라면 그 발길이 닿지 않는 곳이 없다"는 기록이[28] 이를 잘 보여 준다.[29]

소그드인들은 당에서 '商胡' '興胡'로 불렸으며, 조공 및 互市 교역을 벌임은 물론 당 내지 깊숙이까지 진출하여 활동했다. 그리고 당 이전부터 중국 내지에 자치적인 취락을 형성했다.[30] 이들 취락은 분포 범위가 광활하여 중국 내지의 대도시에 국한되지 않았다. 4세기 초의 돈황, 5호16국 시기 최대의 교역시장인 姑藏, 그리고 실크로드 연변의 로브노르(蒲昌海) 남쪽에 있는 石城鎭, 하미(伊州), 투르판, 토크막(素葉城), 탈라스 등에 소그드인의 취락이 있었고 여기에 상인과 농업이민이 거주했다. 몽골리아의 남오르도스, 바이발릭(富貴城), 오르혼 강변의 도시, 세미레체 지역 등에서도 소그드 취락이 확인된다.

이들은 사마르칸트 지역이 이슬람 세력에게 점령당한 8세기 초, 그리고 8세기 중엽~9세기 중엽에 걸쳐 위구르(回鶻)의 지배를 받은 시기에 오히려 동방에 분산하여 활발한 활동을 전개했다.[31]

따라서 앞서 언급한 원성왕대 신라를 방문했다는 하서국인은, 이 설화가 형성될 때 소그드인을 포함하여 하서회랑 지역에 거주하던 서역인이[32] 모델이 되어 설화 속 인물로 삽입된 결과라고 본다. 아라비아인도

---

28 『唐會要』 卷99 康國.

29 이상 소그드인에 관한 설명은 羽田 明, 1971 「ソグド人の東方活動」 『岩波講座 世界歷史 6(古代6)』, 岩波書店을 참조했다.

30 荒川正晴, 1997 「唐帝國とソグド人の交易活動」 『東洋史研究』 56-3, 172쪽.

31 羽田 明, 1971, 앞의 논문, 425~432쪽.

32 8세기 중엽 하서 지역에 투르크 유목민(돌궐족 降戶)과 소그드 주민 수만 명이 살

이 지역에 거주했을 수 있으나 그들의 집주지는 후술하듯이 중국의 동·남해안 지역에 분포했으므로 그 가능성은 낮다.

그러나 페르시아인의 경우는 달랐다.[33] 8세기 초의 상황을 전하는 慧超의 『往五天竺國傳』을 보자.

> (페르시아의) 왕은 전에 大寔國을 지배하여 대식은 페르시아왕의 낙타를 치는 처지였다. (대식국은) 뒤에 반란을 일으켜 (페르시아) 왕을 죽이고 자립하였다. 그리고 지금 페르시아는 도리어 대식국에게 병탄되었다. …… (페르시아의) 토지와 사람들의 성질은 교역을 좋아하여 늘 서해에 배를 띄우고 남해로 들어가 獅子國에 가서 여러 보물을 가져온다. 그래서 이르기를 그 나라에서 보물이 나온다고 한다. 또한 崑崙國에 가서 금을 가져오고 중국에도 항해하여 곧 廣州에 닿아 비단·실·솜 등을 가져온다.

페르시아와 大食國의 관계 역전은 사산조 페르시아가 642년에 아라비아에게 멸망당한 사실을 가리킨다. 그 뒤로도 페르시아인들은 해상 교역을 활발히 벌였다는 것이다. 위 기록의 '페르시아만(서해)－아라비아해(남해)－스리랑카(사자국)－말레이반도(곤륜국)'가 주된 교역로였고 중국의 광주까지 그 루트가 연장되었다.

페르시아인은 8세기 중반까지 대중국 해상 교역을 주도했다.[34] 이 시기에 쓰여진 唐 승려 鑑眞의 渡日 기록인 『唐大和上東征傳』을 보면, 海南島와 廣州에 페르시아 선박이 香藥과 진귀한 보물을 산처럼 싣고 정박해 있었다고 한다.[35] 또 일본의 경우 736년에 견당사가 귀국할 때 페르시아人이 따라왔는데 그에게 관위를 수여한 바 있다.[36]

고 있었다(정재훈, 2005 『위구르 유목제국사: 744~840』, 문학과지성사, 169쪽).

33 河西 지방은 아니지만 西安에서 874년에 작성된 페르시아인의 墓誌가 출토된 바 있다(陝西省文物管理委員會, 1964 「西安發現晚唐祆教徒的漢, 婆羅鉢文合璧墓志: 唐蘇諒妻馬氏墓志」 『考古』 1964-9).

34 김호동, 2002 『동방 기독교와 동서문명』, 까치, 157쪽.

35 眞人元開 著·汪向榮 校注, 2000 『唐大和上東征傳』, 中華書局, 68~74쪽.

36 『續日本紀』 卷12 天平8年 "八月 庚午 入唐副使從五位上中臣朝臣名代等 率唐人三人

신라 유물 중에서도 皇南大塚 北墳과 天馬塚에서 출토된 유리잔의 컷팅 기법과 계림로 14호분 출토 金裝短劍, 그리고 여러 유물에 나타난 雙禽文과 連珠文이 페르시아 계통이라는 지적이[37] 있었다. 따라서 페르시아인이 신라를 직접 내왕한 경우도 있었으리라 본다.[38] 그리고 동아시아 지역, 특히 신라에서는 8세기 후반부터 민간 상인이 국제교역에 진출한다고 보이므로 당에서 활동하던 페르시아 상인들도 이런 여건에 편승하여 한반도까지 진출할 수 있었을 것이다.[39]

하지만 河西 지역 거류민 가운데는 소그드인이 非漢族 출신으로서 가장 활발한 대외활동을 펼치고 있었다. 唐代에 이들은 주로 상인과 武將으로 활약했으며 '胡'는 곧 소그드인을 지칭할 정도였다.[40] 주지하듯이 安祿山의 아버지가 소그드인이었고, 顔眞卿도 원래 소그드계 성씨인 康氏의 인물로서 742년 당조에 귀부했다.[41] 그리고 754년 鑑眞을 따라 일본에 간

波斯人一人 拜朝 (中略) 十一月 戊寅 天皇臨朝 詔授入唐副使從五位上中臣朝臣名代從四位下 故判官正六位上田口朝臣養年富 紀朝臣馬主並贈從五位下 准判官從七位下大伴宿祢首名 唐人皇甫東朝 波斯人李密翳等 授位有差".

한편 谷一尙, 1999『ガラスの考古學』, 同成社에 의하면 규슈의 鴻臚館 유적에서 이슬람제 甁과 杯의 구연부 단편이 발견되었고, 성분조사 결과 이는 전형적인 알칼리 성분의 이슬람 유리기로서 9~13세기의 것이라고 한다. 일본으로 이슬람 문물이 전래되어 가는 양상을 보여 수는 유물이다.

37 金元龍, 1984, 앞의 논문.

38 승려 中算(?~969)이 찬한『妙法蓮華經釋文』卷上을 보면, 鴿(집비둘기)에 대해 "白鳥也 此方無之 本是天竺之物 波斯國人載船舶 將來於新羅國 新羅使爲國信物 貢上國家 令諸寺收養 大安寺今猶有其種不絕 唐國唯有灰白色 無餘四色"이라는 惠雲의 주석을 실었다. 혜운의 생몰 연대는 알 수 없으나 中算 이전에 활동했으므로 신라 때의 사실을 전했을 가능성이 높다. 그리고『芝峯類說』卷20 禽蟲部 鳥條는『酉陽雜俎』를 인용하여, 페르시아 사람들이 배에 집비둘기(鴿)를 길러 수천 리를 날려 보내 집과 통신을 한다고 했다. 페르시아인이 인도산 흰색 집비둘기를 신라에 가져왔고 이것은 신라에서 완상용 혹은 통신용으로 쓰였으리라 생각된다.

39 이때는 이미 페르시아 왕조가 이슬람 세력에게 멸망당한 뒤이며, 750년 압바스 왕조가 등장하면서 많은 페르시아인이 이슬람으로 개종했다(김호동, 2002, 앞의 책, 157~158쪽). 따라서 8세기 후반의 페르시아인이라고 하면, 사산조 페르시아의 후예로서 페르시아 지역 출신의 사람들을 가리키며 이 중에는 무슬림도 있었다.

40 羽田 明, 1971, 앞의 논문, 424쪽.

安如寶도[42] 소그드계 인물이었다.[43] 安・康・石・史・曹姓은 소그드인이 중국에서 사용한 대표적인 성씨였다.[44]

「渤海國中臺省牒寫本」에 錄事로 나오는 安寬喜도 소그드계로 생각된다. 앞서 보았듯이 소그드인은 글씨에 능하다고 했고, 『松漠紀聞』에 실린 발해 지배층의 성씨[45] 가운데 安氏는 없기 때문이다. 안관희는 이종족으로서 문서 기록 및 행정에 특별한 재능이 있어 발해 정부가 발탁한 관료일 것이다.[46]

오클라트니코프의 조사에 의하면 바이칼호에서 발원하여 북류하는 앙가라강의 지류 유역에서 9~10세기경의 소그드인 주거지가 발견되어 이들의 발길이 시베리아까지 미쳤음을 알게 되었다.[47] 그 후 소그드인의 취락은 연해주에서도 발견되었고, 하바로프스크 출토의 중앙아시아계 銀貨, 크라스키노의 공예품, 그리고 연해주 아르세니예프카강 유역에서 나온 압바스朝의 은화 등을 근거로 하여 소그드인이 500년경부터 시베리아를 경유하는 '담비의 길(Sable Road)'을 왕래했으며 이 교역로는 발해를 거쳐 몽골제국 시기까지 유지되었다고 한다.[48]

문제는 소그드인의 신라 내왕 여부다. 일본 법륭사 소장 香木 중에 페르시아의 팔라비(Pahlavi) 문자를 새기고 소그드 문자의 烙印을 찍은 白(栴)檀香 두 점이 있다. 이 향목의 원산지는 인도 혹은 인도네시아지만 페

---

41 森部 豊, 2004 「8~10世紀の華北における民族移動: 突厥・ソグド・沙陀を事例として」 『唐代史研究』 7, 84쪽.

42 眞人元開 著・汪向榮 校注, 2000, 앞의 책, 85쪽.

43 東野治之, 1988 『正倉院』, 岩波書店, 21쪽.

44 隋・唐代의 소위 昭武九姓이 그것이다.

45 洪皓 撰, 『松漠紀聞』 卷1 "其王舊以大為姓 右姓曰高・張・楊・竇・烏・李 不過數種 部曲奴婢無姓者 皆從其主".

46 760년 대일 사절단의 判官 安貴琮, 776년의 大錄事 史通(道)仙도 이러한 점에서 소그드인 출신일 가능성이 높다. 한편 임상선, 1999 『발해의 지배세력연구』, 신서원, 168~173쪽은 安氏에 대한 명확한 언급은 없고 史氏는 말갈계로 보았다.

47 羽田 明, 1971, 앞의 논문, 432쪽.

48 エルンスト・V・シャフクノフ, 1998 「北東アジア民族の歷史におけるソグド人の黑貂の道」 『東アジアの古代文化』 96, 大和書房.

르시아인과 소그드인의 중계를 거쳐서 8세기 중엽 이전에 일본으로 들어갔을 것이라고[49] 한다. 그런데 당시 신라의 對日 교역품 가운데 향료가 주요 품목의 하나였으므로 신라인이 소그드인 교역상인으로부터 이 항목을 입수하여 일본에 공급했을 가능성이 있다.

소그드인은 광역을 이동하고 분산 거주하면서 조로아스터교, 마니교, 네스토리우스파 기독교(景敎), 불교, 이슬람교를 동방 각지에 전파한 것으로 유명하다. 특히 네스토리우스파 기독교는 당나라 시기인 635년에 중국에 전해졌다.[50] 주지하듯이 경교 관련 유물은 길림성 훈춘현의 八連城과 연해주 아브리꼬스 절터와 같은 발해 유적뿐 아니라 경주 일원에서도 돌 십자가, 십자문 장식이 나온 바 있다.[51] 경교는 발해와 신라에도 유입되었고 불교와 밀접한 관련을 맺고 있었다.[52] 그 유입 경로는 당 혹은 발해와의 교류를 통한 간접 수용과 함께 景敎徒 소그드인의 신라 방문 가능성도 배제할 수 없다.

이를 확인시켜 주는 것이 '束毒樂'이다. 崔致遠은 「鄕樂雜詠」에서 속독악의 무용과 연주 장면을 묘사했다.[53] '속독'은 소그드를 音寫한 것이다.[54] 소그드인들은 술을 좋아하고 길에서 춤추고 노래하기를 즐겼으며[55] 唐代의 유명한 춤인 胡旋舞와 일종의 妓女인 胡姬도 소그드계였다.[56] 신라에 전래된 속독악도 무용과 악기 연주의 특성상 처음에는 소그드인 부

---

49 東野治之, 1992 「香木の銘文と古代の香料貿易」 『遣唐使と正倉院』, 岩波書店.

50 김호동, 2002, 앞의 책, 111~128쪽.

51 佛像 양식의 마리아像이라고 알려진 것(숭실대학교 한국기독교박물관 소장)도 있으나 이에 대해서는 母子의 수호신인 宋代의 訶利帝母像과 유사한 면이 있어 별고를 준비 중이다.

52 宋基豪, 1992 「渤海佛敎의 展開過程과 몇 가지 特徵」 『李智冠 스님 華甲紀念論叢 韓國佛敎文化思想史』, 伽山文庫, 724쪽.

53 『三國史記』 卷32 雜志1 樂 "崔致遠詩有鄕樂雜詠五首 …… 束毒 蓬頭藍面異人間 押隊來庭學舞鸞 打鼓冬冬風瑟瑟 南奔北躍也無端".

54 李杜鉉, 1979 『韓國演劇史』, 普成文化社, 48쪽.

55 『舊唐書』 卷198 列傳148 西戎 康國 "人多嗜酒 好歌舞於道路".

56 石田幹之助, 1967 『長安の春』; 이동철・박은희 옮김, 2004 『장안의 봄』, 이산, 33~58쪽.

용수와 악사들이 직접 활약하여 설행했을 것이다. 그리고 그 시기는 역시 8세기 후반 이후로 보인다.

최치원은 속독악을 '唐樂'과 구분되는 '鄕樂'으로 불러 신라의 전통음악으로 간주했다.[57] 9세기 말에 신라에서 활약하던 최치원이 外來樂이 분명한 속독악을 향악으로 인식할 정도라면 그 初傳 시기는 9세기 말로부터 꽤 멀리 소급되어야 한다.

이와 같이 볼 때 원성왕대 唐使를 따라서 왔다는 하서국인은 페르시아인보다는 소그드인이 모델이 되어 삽입되었다고 생각된다. 8세기 후반 소그드인들이 신라를 왕래하거나 그중의 일부가 정착하면서 신라인에게 이들의 이미지가 형성되었고, 이것이 원성왕 말년 對唐 관계가 소원해지면서[58] 당의 비우호적인 태도와 결합하여 신라의 호국용을 掠取하는 존재로 묘사된 것이 아닐까?

그리고 원성왕릉으로 추정되는 掛陵과 興德王陵의 무인석상도 종래 서역인 혹은 아리안계 인물로 막연하게 추정했으나, 용모의 특징으로 지적되던 '深目高鼻'와 풍성한 수염은 분명히 소그드인의 특징이다.[59] 소그드인이 왕래하던 당시 상황을 고려하면 역시 그들을 모델로 하고, 당나라에서 활약하던 소그드 무인에 대한 견문까지 더해져 형상화된 것이 이들 무

---

57 전덕재, 2006, 앞의 논문, 28쪽.

58 경덕왕대~원성왕 6년(790)의 견당사 파견 상황을 보면 그 간격이 5년을 넘지 않으나, 원성왕 7년부터 동왕이 서거하는 798년까지 8년 동안 통상적인 견당사를 보내지 않았다. 792년에 보낸 사절은 미인을 바쳤다고 하므로 이례적이다. 그 미인은 『삼국유사』 원성대왕조에 보이는 沙彌 妙正과 동일인으로 보이는데(權悳永, 1997 『古代韓中外交史: 遣唐使硏究』, 一潮閣, 72쪽), 그가 당으로부터 황제의 여의주를 가져가 힐난받았다는 것은 당시 신라와 당 관계의 냉각 기류를 상징한다고 보아야 겠다. 790년 신라가 北國(발해)에 사신을 보낸 것(『三國史記』 卷10 新羅本紀10 元聖王 6年)이 작용하지 않았을까 한다.

59 『舊唐書』 卷198 列傳148 西戎 康國 "其人 皆深目高鼻 多鬚髯 丈夫剪髮或辮髮 其王冠氈帽 飾以金寶 婦人盤髻 幪以皂巾 飾以金花".
이에 비해 페르시아인의 용모에 대해서는 언급이 없고 복식에 대한 기록만이 보인다(같은 책, 波斯傳 "丈夫剪髮戴白皮帽 衣不開襟 幷有巾帔 多用蘇方 靑白色爲之 兩邊緣以織成錦 婦人亦巾帔裙衫 辮髮 垂後 飾以金銀").

인상이라고 생각된다.

(3) 아라비아인의 到來와 處容說話

가. 도래의 배경

8세기 후반에는 당과 신라 사이에 민간 상인이 주관하는 교역이 이뤄지기 시작하여 당에 진출해 있던 페르시아인과 소그드인도 신라로 진출할 수 있는 여건이 마련되었다. 이와 함께 당 내부의 정세 변화도 이들의 東進에 영향을 준 듯하다.

755년 반란을 일으킨 安祿山은 소그드인의 피를 타고 났지만 소그드의 부족적 배경을 갖고 있지는 않았다. 친위대인 曳落河도 투르크·奚·거란족 병사들을 擬制的 부족관계로 편제한 것이었다.[60] 하지만 安史亂의 전개 과정에서 소그드 사회는 난의 영향을 받았다. 반란 초기 長安이 함락되자 河西와 隴右 지역의 투르크·소그드가 돌궐 부흥운동을 일으켰으나 당과 위구르 연합군이 이를 진압했다.[61]

그리고 당에 머물던 위구르인들이 소그드인과 접촉하면서 이후 위구르 제국 내에서 소그드인들의 영향력이 급증했다. 소그드 상인은 당과 위구르 사이의 絹·馬 교역을 대행하고 마니교를 위구르에 선파했다. 하지만 8세기 후반 당은 교역의 부담 때문에 소그드 상인들의 활동을 제한했고, 이에 대응하는 방식을 놓고 위구르 내에서 정변이 발생하여 카간을 지지하던 소그드 상인들이 학살당하기도 했다.[62] 755년에 安史의 난이 발발하면서 소그드 사회에 밀어닥친 파문이 소그드인을 다시 한 번 각지로 분산시켰고, 신라와 발해 지역에도 그 영향이 미쳤던 것이다.

페르시아인들이 처한 상황도 그리 다르지 않았다. 안사의 난을 진압하

60 卞麟錫, 1984 『安史亂의 新研究』, 螢雪出版社, 279~293쪽.

61 정재훈, 2005, 앞의 책, 172쪽.

62 이상 안사의 난 이후 당과 위구르 제국에 있던 소그드인의 동향에 관해서는 정재훈, 2005, 앞의 책, 163~252쪽을 참조했다.

던 田神功의 군사가 揚州에 들어가 백성들의 재산을 약탈하고 페르시아인 수천 명을 살해했다.[63] 이는 현저히 드러난 사건에 불과할 것이다. 당 내부의 혼란상은 그곳에서 활동하던 이종족들의 동향에도 영향을 끼쳤음에 틀림없다. 특히 상인들은 안정적인 교역환경이 위협받는 상황에서 새로운 교역 대상지를 찾아 東進함으로써 출로를 모색했을 것이다.

앞서 제시한 쿠르다드비의 전언에서 9세기 이슬람 교도의 신라 정착이 운위되는 것은 바로 8세기 후반부터 서서히 페르시아인, 소그드인을 중심으로 한 무슬림들이 신라에 진출하여 일부는 그곳에 정착한 사실이 있었기 때문이다. 8세기 중반 이후 이슬람이 세력을 확장하면서 페르시아인을 비롯한 제종족의 이슬람화가 진행되었으며 8세기 후반 이후 중국에 渡航하는 서아시아 상인들은 대부분 무슬림으로 바뀌었던 것이다.[64]

따라서 당을 거쳐 신라로 온 이들 가운데 아라비아인들이 일부 포함되어 있을 수 있다. 안사의 난 와중에 양주에서 피해를 입은 '商胡'를 페르시아인과 大食人이라고 적은 기록도 있다.[65] 그러나 앞서 든 술라이만의 언급을 상기하면 9세기 중엽까지 무슬림 중 아라비아인의 신라 내왕은 상대적으로 드물었다고 보아야겠다.

이슬람 제 종족 중 아라비아인은 압바스 왕조가 성립한 8세기 후반 이후 본격적으로 중국에 진출했다. 이들 역시 국제교역상인들이 주류였으며, 티벳과 위구르가 세력을 확장하여 기존의 오아시스로·초원로를 차단하자 아라비아의 발달된 조선술과 항해술을 활용하여 海路를 통해 중국에 왔다.[66] 이로 인해 廣州·泉州·杭州·揚州 등 중국의 동·남해안 도시에 이슬람 거류민들의 蕃坊이 분포하게 된 것이다. 이곳은 이슬람인

---

63 『新唐書』 卷144 列傳69 田神功.

64 김호동, 2002, 앞의 책, 157~158쪽.

65 『舊唐書』 卷110 列傳60 鄧景山條는 田神功이 일으킨 같은 사건을 전하면서 양주에서 피살당한 이들을 "商胡大食波斯等 商旅死者 數千人"이라 했다.

66 藤本勝次·山田憲太郎·三杉隆敏, 1982 『海のシルクロード: 絹·香料·陶磁器』, 大阪書籍, 30~50쪽.
무함마드 깐수, 1992, 앞의 책, 490~507쪽.

의 自治가 허용되어 모스크가 건립되기도 했으며, 당 말 이후로는 서서히 漢化가 진행되어 무슬림이 고위 관료나 文人으로 출세하기도 했다.[67]

앞서 살펴보았듯이 당에 진출해서 교역 거점에 거류하면서 중계 역할을 담당했던 아라비아인들 중에 안사의 난 이후 신라로 진출한 경우도 있었겠지만, 9세기에 들어서면 신라의 민간 교역인들이 張保皐 세력을 기반으로 하여 당－신라－일본 간 교역을 독점하게 되므로[68] 9세기 전반에는 왕래의 빈도가 격감했을 것이다. 이는 페르시아인・소그드인 출신의 무슬림들도 마찬가지다.

당에서 활동한 新羅 僑民들은 山東半島의 해안 지역과, 회하와 양자강을 잇는 運河 연변의 泗州 연수현, 楚州 지역에 集住하고 있었다.[69] 분포 지역의 남쪽 한계선이 현재로서는 절강성의 태주만 부근까지 확인되는데,[70] 아라비아인 거류지는 중국 동・남해안의 북쪽으로 揚州線까지 미쳤다.[71]

따라서 양주・소주・항주・명주・태주 지역은 신라인과 아라비아인의 거류지가 겹치거나 인근에 자리 잡고 있는 경우가 있어서 이들 간의 교역이 자연스럽게 이뤄질 수 있었다. 장안에 거류하던 아라비아인과 신라 사절단・유학생의 거래도 물론 있었을 것이다. 이처럼 재당 신라 교민 혹은 체재자가 이슬람 상인이 가져온 각지의 교역품을 중계하여 신라와 일본으로 공급하는 교역구조 속에서, 아라비아인이 굳이 신라까지 직접 왕래하는 위험을 감수할 필요는 없었던 것이다.

그러나 장보고가 피살당하고 851년 청해진이 폐지되면서 상황은 급변

---

67 宋 말기 泉州 市舶司의 長이 된 蒲壽庚이 대표적인 예이다(桑原騭藏, 1935『蒲壽庚の事蹟』, 岩波書店).

68 淸海鎭을 거점으로 하여 이뤄진 당-신라-일본 간의 靑磁 교역에 관해서는 김창석, 2004『삼국과 통일신라의 유통체계 연구』, 일조각, 217~232쪽을 참조할 것.

69 金文經, 1984『唐代의 社會와 宗敎』, 숭실대학교출판부, 63~80쪽. 권덕영, 2005, 앞의 책, 59~68쪽.

70 권덕영, 같은 책, 66쪽.

71 李龍範, 1969b, 앞의 논문, 40쪽.

한다. 종래 신라 상인이 독점하다시피 하던 동아시아 海上交易圈에 일시적으로 공백 상태가 조성되었고, 당·발해·일본 상인들이 이를 대신하여 새로운 주역으로 등장하게 된다. 아라비아 상인들도 이에 편승하여 신라로 진출했으리라 본다. 당 내지에서 자신의 교역품을 중계해 줄 신라 상인들의 활동이 쇠퇴한 상황에서 이를 타개하기 위한 목적이 일차적이었을 것이다.

당 내부의 정세 변화도 아라비아 거류민들의 동향에 영향을 미쳤다. 845년 唐 武宗은 佛寺를 훼철하고 승려를 환속시키며 사찰 소유 노비와 장원을 몰수하는 '會昌 廢佛'을 단행했다. 불교계의 타락과 사원 경제의 비대화가 직접적인 원인이었지만 사회적·문화적 배경도 작용하고 있었다. 폐불 과정에서 불교뿐만 아니라 景敎, 조로아스터교(祆敎), 마니교 등 외래 종교도 탄압의 대상이 되었고, 이에 비해 중국의 고유 종교라 할 수 있는 도교는 제외되었던 것이다. 國際主義 성격이 강하던 당 제국의 정책에 대한 일종의 반동이었으며 민족주의적 색채를 띤 종교 탄압운동이었다.[72]

그리고 875~884년에 걸쳐 王仙芝와 黃巢가 주동이 된 전국적인 반란이 일어났다. 황소의 반란군은 877년 무렵 廣州를 공격했다. 광주는 당시 손꼽히는 교역항으로서 번성하였으므로 이곳을 차지하면 재물을 확보함은 물론 동서 교역의 루트를 장악할 수 있었다. 소금 밀매 상인 출신인 황소의 식견이 발휘된 것이다. 그런데 이 과정에서 광주에 거주하던 수많은 異教徒들이 죽음을 당했다.

> (黃巢의) 야망은 커져 갔고 허다한 중국의 도시 중에 칸푸(Khanfu, 廣府)로 진격했다. 칸푸는 아라비아 상인들이 찾는 곳으로서 …… 포위 공격은 오래 계속되었다. 回曆 264년(877·878)에 일어난 일이었다. 마침내 황소는 승리하여 주민들에게 칼을 휘두르고 말았다. 중국 사정에 정통한 사람들의 말에 의하면,

72 누노메 조후·구리하라 마쓰오 외 지음·임대희 옮김, 2001 『중국의 역사: 수당오대』, 혜안, 307~311쪽.

살해된 중국인을 제외하고도 그 도시에 살며 장사를 하던 무슬림, 유대교도, 기독교도, 조로아스터교도 12만 명이 학살당했다고 한다. 이렇게 죽은 네 종교의 신도들의 정확한 수를 알 수 있는 것은 중국인이 그 사람의 수에 따라 課稅했기 때문이다. (아부 자이드, 『중국과 인도 안내서 2권』)[73]

이 기록은 10세기에 아부 자이드라는 무슬림 작가가 851・2년에 쓰인 술라이만의 기록과 그 후 얻은 정보를 기초로 하여 남긴 것이다.[74] 이종족에 대한 학살과 약탈이 자행되는 상황에서 본국으로 귀환하는 사람도 있었겠지만 타 지역으로 이주하여 활로를 모색하는 경우도 있었다.[75] 물론 신라도 그 대상지에 포함되었을 것이다.

나. 處容說話의 성립 기반

이처럼 9세기 후반 아라비아인을 포함한 무슬림들이[76] 한반도로 재진출할 수 있는 객관적 조건은 마련되어 있었다. 처용설화도 이러한 상황을 고려하여 이해해야 한다. 그간 처용의 실체에 대해서 역사학계에서 제기된 주요한 견해는 蔚山 지역 豪族의 자제,[77] 이슬람 상인,[78] 헌강왕의 庶子라는[79] 세 가지다. 이들은 각기 나름의 근거를 갖고 있어 '처용'이란 캐릭터를 구성하고 있는 속성을 파악하는데 도움을 준다.

하지만 처용은 분명히 설화 속의 인물이고 이 설화가 특정한 목적성을

---

73 번역은 藤本勝次 譯注, 1976『シナ・インド物語』, 關西大學出版部, 33쪽을 따랐다.

74 김호동, 2002, 앞의 책, 156쪽.

75 비록 소그드인의 경우이지만 10세기 후반 이래 중국 본토에서 정상적인 상업・종교 활동을 유지할 수 없게 된 경교도들이 중국 서부의 실크로드 연변이나 몽골의 초원지대로 이주한 예가 있다(위의 책, 170~172쪽).

76 이 시기 신라를 왕래한 무슬림에는 페르시아인, 소그드인도 있었으나 8세기 후반 이후 大食人의 활발한 중국 진출 상황을 감안하면 아라비아인의 비중이 가장 컸다고 보인다. 8세기 후반부터 중국 正史에서는 '波斯人'에 대한 언급도 사라진다(같은 책, 157・158쪽).

77 李佑成, 1969, 앞의 논문.

78 李龍範, 1969b, 앞의 논문.

79 金基興, 2001「신라 處容說話의 역사적 진실」『歷史敎育』80.

띤 것이라는 점에서, 처용을 역사 속의 실존 인물로 — 그것이 호족의 자제이든, 이슬람 상인이든, 국왕의 서자이든 — 환원하는 것은 위험하다. 설화가 현실과 무관할 수 없지만 그것이 현실의 직접적인 반영은 아니다.[80] 역으로 설화를 통해 어떤 역사적 사실을 析出해 내려면 수많은 매개 고리와 은유적·상징적 표현, 설화 형성 과정의 변수들을 가려내야 하는 것이다.

『三國遺事』의 處容郎 望海寺條는 크게 세 부분으로 구성되어 있다. 즉 ① 헌강왕대가 현상적으로는 태평성세였음 ②이를 방증하는 노래와 춤의 사례 ③『語法集』의 헌강왕대에 대한 평가의 순서로 실려 있다. 一然은 이 처용랑 망해사 조를 통해서 궁극적으로는 헌강왕대의 정치에 관한 평가를 내리고 싶었던 것이다. 다만 자신이 승려였기 때문에 望海寺 창건 연기를 중심으로 서술한 것뿐이다.

처용설화는 뒤에 이어 나오는 南山神, 北岳神, 地神과 더불어 헌강왕대가 겉으로는 대단히 평온하고 풍요로왔음을 증명하는 사례로서 제시되고 있다. 처용의 경우 관용과 해학, 그리고 무엇보다도 疫神을 물리친 驅疫의 화신으로서 헌강왕대의 평안에 기여했다는 것이다. 처용 부분만 떼어 놓고 보면 그 핵심은 처용 형상을 揭示함으로써 역병을 예방한다는 일종의 의료 풍습의[81] 유래와 기원을 설명한 것이다. 따라서 고려 말까지도 이러한 풍습과 유래담이 남아 있었고 一然이 『三國遺事』의 이 조목을 구성하는 데 적합한 사례라고 판단하여 채록했다고 생각된다.

이렇게 보면 처용설화는 고려 말까지 실행되거나 혹은 그 흔적이 남아 있던 畵像을 통한 驅疫 풍습의 유래를 설명하기 위해 그전 어느 시기엔가 만들어진 일종의 傳說이라고 할 수 있다. 처용이 架空의 인물임은 물론이

80 설화적 記述은 현실의 직접적 반영보다는 굴절적·변형적 반영일 경우가 많다는 (金鎭英, 1986「處容의 정체」『韓國文學史의 爭點』, 集文堂, 173쪽) 것이 국문학계의 일반적인 시각인 듯하다.

81 원문은 '僻邪進慶'이라 했으니 驅疫 기능이 시간이 지나면서 점차 확대되어 민간의 禳災·招福 풍습이 된 듯하다.

고 현전하는 형태의 설화가 성립된 시기도 一然의 活動期 이전의 어느 때라고 추측할 수 있을 뿐이다.

문제는 『삼국사기』에 처용설화와 통할 수 있는 기사가 있다는 점이다.

> 3월에 나라 동쪽 州郡으로 巡幸했는데 어디서 왔는지 알 수 없는 네 사람이 御駕 앞에 와서 노래하고 춤을 추었다. 생김새가 (달라서) 놀랄 만하고 복식이 詭異했다. 그때 사람들이 山海의 精靈이라 일컬었다.[古記에는 왕 원년의 일이라고 한다.] (『三國史記』 卷11 新羅本紀11 憲康王 5年)

헌강왕 원년(875) 혹은 5년(879)에 신라인과 형색·의복이 다른 사람들이 나타나 노래와 춤을 추었고, 신라 사람들이 그들을 산과 바다의 정령으로 여겼다는 것이다. '정령'은 당시인의 인식일 뿐 이 기사 자체가 초월적인 존재를 기술한 것은 아니다. 이 기사는 『삼국유사』의 처용설화와 달리 사실에 근접한 기록이다.

용모와 복식, 그리고 음악과 춤이 생소하여 영적인 존재로까지 일컬어졌다면 이들은 분명히 신라 사람들에게 낯선 이방인이었을 것이다. 그리고 당시 대외관계를 고려하면 당·발해·일본과도 다른 이질적인 존재였을 것이다. 9세기 후반은 앞서 추정했듯이 아라비아인을 중심으로 한 무슬림들이 신라로 진출한 때다. 이들 가운데 일부가 헌강왕을 알현한 사실이 『삼국사기』의 기록으로 남게 된 것이라고 생각된다.[82]

『삼국유사』의 처용설화는 이러한 사실과 경험을 기초로 하여 형성되었다. 驅疫 풍습의 유래를 설명하기 위해 동해용, 헌강왕, 처용, 역신, 춤과 노래, 혼외 간음 등 다양한 요소를 동원했다. 처용설화를 구성한 소재 가운데는 사실과 허구가 섞여 있고 여러 시기의 경험과 모티프, 은유가 구사되었을 것이다. 이러한 여러 소재 가운데 驅疫의 영웅으로 설정된 '처

---

82 소그드인과 페르시아인이 8세기 후반에 신라를 방문한 바 있지만 9세기 전반에는 왕래가 거의 두절됨으로써 9세기 후반의 신라인에게 이들에 대한 기억은 희미해졌을 것이다.

용'이 신라 동쪽에서 출현한 것, 그리고 춤과 노래라는 소재는 9세기 후반의 실제 경험에서 차용했다고 생각된다. 특히 『삼국사기』 헌강왕 5년조의 기록과 부합하므로 이때의 사실이 반영되었을 가능성이 크다.

사실성을 내포한 또 하나의 소재는 疫神을 물리친 점이다. 신라에서 疫病은 삼국시기부터 지속적으로 나타나지만 경문왕대인 867~873년의 7년 사이에 세 번이나 疫疾이 일어났다.[83] 그리고 아라비아인과 서역 출신 상인들이 취급한 물품은 북아프리카・아라비아 반도・인도・동남아시아에 걸친 광역의 교역망을 통해 입수한 향료와 약재가 주종이었다.[84]

9세기 후반에 도래한 무슬림 상인들도 異域의 희귀한 약재를 공급함으로써 역병 구제에 기여했고, 이로 말미암아 신라 사람들 사이에서는 驅疫의 신비한 힘을 가진 존재로 인식되기도 했을 것이다. 이러한 신라 시기의 실제 관념과 경험이 활용되고 王政의 보좌, 간음, 관후한 인격 등 후대의 사실 혹은 허구가 덧붙여져 처용설화가 탄생한 것이다.

요컨대 처용과 그의 활동을 묘사하면서 활용한 소재 가운데는 9세기 후반의 현실을 반영한 요소도 있었다.[85] 처용설화는 민간 풍습의 기원을 설명하는 일종의 전설이지만 그 속에는 9세기 후반 신라에 진출한 무슬림의 존재와 활동상이 숨어 있는 것이다.

907년 당이 멸망하고 중국 대륙은 5대 10국의 혼란에 빠진다. 북방에는 遼가 등장하고 신라는 後三國으로 분열되었다. 정치적 혼란기를 맞아 기존의 교통로와 교역상인 등 국제 교역체계 전반의 변동이 불가피했을

---

83 金基興, 2001, 앞의 논문, 129쪽.
이현숙, 2003 「신라 통일기 전염병의 유행과 대응책」 『韓國古代史硏究』 31, 221쪽의 표 1 참조.

84 永正美嘉, 2005 「新羅의 對日香藥貿易」 『韓國史論』 51.
그리고 송대 편찬된 『諸蕃志』에 따르면, 犀角, 乳香, 龍涎香, 木香, 丁香, 安息香, 沒藥, 硼砂 등의 香藥이 대식국의 산물로 나온다(金斗鍾, 1993 『韓國醫學史 全』, 探究堂, 130쪽).

85 이러한 이해는 '처용'의 이미지나 활동상 가운데 이슬람의 요소가 보인다는 점에서 李龍範의 견해와 유사하지만, 그를 '표착한 이슬람 상인으로서 理財術을 발휘한' 실재한 자연인으로 보지 않는다는 점에서 근본적으로 다르다.

것이다. 이를 전해 주는 자료는 찾기 어렵다. 단 앞서 검토했듯이 『高麗史』의 기록인 顯宗 15년(1024)보다 앞서 大食이나 西域 사람의 왕래에 관한 기록을 찾을 수 없는 것은 10세기 이후 11세기 초까지 이들의 왕래가 다시 쇠퇴했음을 암시한다.

그러나 이 시기에도 종래 무슬림 상인들의 蕃坊이 산재해 있던 중국 동남해의 諸國들과 교섭이 이뤄진 사실은 주목되어야 한다. 900·918년에 甄萱은 현재의 절강성 지역에 있던 吳越에 사절을 파견하고, 그사이 王建에게 남방 산물인 孔雀扇을 보냈다.[86] 그리고 菁州(州治는 지금의 경남 진주)의 대호족인 王逢規는 924년에 泉州節度使를 자칭하며 後唐에 사신을 파견했다.[87] 당시 5대 10국은 武人 중심의 節度使體制로 운영되고 있었으므로 여기서 칭호를 따왔을 것이다. '천주'를 칭한 것도 중국 강남의 전통적인 교역항으로서 唐代 페르시아인과 아라비아인의 집주지가 있던 도시[88] 이름을 의식적으로 사용한 듯하다.

그런데 천주가 있는 지금의 福建省 지역은 실제로도 한반도와 교류가 있었다. 이곳에서 건국된 閩國에서 928년에 신라 승려가 대장경을 받아온 바 있다.[89] 그리고 康宗代(935~939)에도 신라가 사절을 파견했다는 기록이 있는데,[90] 당시 상황을 고려하면 견사의 주체를 신라 정부라고 볼 수 없다.[91] 高麗 혹은 928년에 청주 지역을 장악한 後百濟가 유력하다.

여하튼 羅末麗初 시기에 복건 지역과의 관계는 의외로 긴밀했으며, 王逢規처럼 중국 사정에 정통한 지방 유력자는 자신의 근거지와 지위를 중

---

86 『三國史記』 卷50 列傳10 甄萱.

87 이에 대해서는 다음 절에서 상술한다.

88 泉州는 唐代부터 대외교통의 요지였다. 지금도 8세기 이래 외국인들의 종교생활 흔적, 즉 이슬람교·古기독교·마니교·힌두교·불교의 사원, 무덤, 石刻 등이 산재해 있다(吳文良 原著·吳幼雄 增訂, 2005 『泉州宗教石刻』, 科學出版社).

89 『高麗史』 卷1 世家1 太祖1 戊子 11年 "新羅僧洪慶 自唐閩府 航載大藏經一部 至禮成江 王親迎之 置于帝釋院".

90 『資治通鑑』 卷283 後晋紀4 "初 閩主曦侍康宗宴(閩主昶 廟號康宗) 會新羅獻寶劒(新羅國之於閩國 其地在海東 通使於閩)".

91 李基東, 1997 「羅末麗初 南中國 여러 나라와의 交涉」 『歷史學報』 155, 18~21쪽.

국에 빗대어 과시하기도 했던 것이다. 이는 9세기 후반까지 직・간접적으로 신라에 異國의 물산을 공급하던 복건 지역과의 관계의 연속선상에서 파악되어야 한다.

고려를 왕래한 宋商의 출신 지역 가운데 泉州가 다수였던 점도[92] 이러한 전통에서 비롯된 면이 있을 것이다.

(4) 소결

西域人(페르시아인, 소그드인)과 大食人(아라비아인)의 신라 왕래는 斷續的으로 이뤄졌다. 동북아시아 지역 밖에서 생산된 異域의 물자는 신라에서 5세기 무렵부터 보이지만 주로 중국 왕조를 거쳐서 들어왔다고 보인다.[93] 이러한 양상은 한동안 계속되었다. 唐代에 들어와서도 외교교섭이나 국가교역, 민간 상인을 통한 무역활동 할 것 없이 唐 정부와 唐 상인을 매개로 한 경우가 많았고, 蕃商들과의 직접 거래도 주로 중국 땅에서 이뤄졌다.

8세기 이후 페르시아인, 소그드인, 아라비아인이 신라를 찾은 것은 8세기 후반과 9세기 후반기 정도이고, 국제 교역상인과 무용수, 악사 위주였다. 우리 문헌은 물론 아라비아 측 자료에도 신라 관련 기록이 중국에 비해 현격하게 적은 것은 신라와 이슬람 세력 간의 공식적인 사절 교환이나 지속적인 문화교류가 이뤄지지 않았음을 단적으로 보여 준다.

아라비아・소그드・페르시아 상인들도 새로운 販路를 개척하기 위한 것보다는 唐의 정세와 교역 환경의 변화에 따라 수동적으로 신라에 진출한 면이 강하다. 이들 가운데 일부가 정착하기도 했지만 당나라에서처럼 활동 범위가 넓지는 않았다.

高麗는 국제교역에 종사하던 송나라 상인들을 우대하고 고려 땅에 눌

---

92 金庠基, 1959 「高麗前期의 海上活動과 文物의 交流: 禮成港을 中心으로」 『국사상의 제문제』 4; 1986 『東方史論叢』, 서울대학교출판부, 454쪽.

93 李漢祥, 2007 「新羅墳墓 속 西域系文物의 現況과 解析」 『韓國古代史研究』 45.

러 살도록 유도했다.

(고려의) 王城에는 중국인 수백 명이 있는데, 閩 지역 출신으로 장사를 하러 배를 타고 온 자들이 많다. (고려 정부는) 이들의 능력을 은밀하게 시험하여 祿과 벼슬로 유인하거나 또는 억류해서 종신토록 머물게 한다. 송나라 사절이 (開京에) 가면 (이들 중에) 牒을 바쳐 아뢰거나 (귀환을) 호소하는 자가 있어 (송나라로) 데리고 돌아온다. (『宋史』 卷487 列傳246 外國3 高麗)

고려는 宋商을 영주토록 하여 교역의 이익을 흡수함은 물론 對宋 외교와 문화 수입의 창구로 삼으려 했다. 신라는 粟特樂과 景敎가 유입되고 이국 산물이 유행했지만, 고려가 송에 대해 가졌던 것처럼 大食國이나 西域을 문화적 존숭의 대상으로 생각하지는 않았던 것 같다. 신라인들의 인식은 그들의 형용이 '可駭'하고 의복이 '詭異'한 문화적 충격의 느낌 이상은 아니었던 것이다. 또 이들을 활용하여 당 혹은 일본과 교섭해야 할 상황도 아니었다.

다만 이들이 취급한 희귀한 상품, 특히 약재와 향료, 공예품은 왕실과 골품귀족들에게도 이제는 불가결한 물품이 되었으므로 그 원활한 공급을 위해서 일부 상인과 藝人들의 정착이 이뤄졌다. 이들에 대한 기억이 9세기 중엽의 이슬람 문헌에 남게 되었고, 그 흐름은 아라비아인이 본격 진출하는 9세기 후반까지 이어졌다. 그러나 10세기 들어 後三國의 혼란 속에서 다시 무슬림의 내왕은 두절되었다가 고려 현종대에야 재개된다.

8~10세기 신라에서 찾을 수 있는 이슬람의 흔적은 이처럼 희소하다. 실제 교류의 범위가 제한적이었음을 반영하는 현상이라고 본다. 그것도 사상이나 제도의 측면보다는 물품 교역과 예능 분야에 치중되었다. 景敎도 신라 사회에 깊이 침투하지는 못했던 듯하다. 그 원인은 역시 이슬람·서역과의 접촉이 交易人 중심으로, 그것도 산발적으로 이뤄졌기 때문이라고 할 수 있다.[94]

---

94 앞으로 이슬람 문화·종교·풍습, 그리고 페르시아와 소그드의 그것에 대한 이해

제2절 신라의 對日 交通路와 菁州의 사회 변동

羅末麗初의 사회 변동에 관한 연구 성과가 축적되어 있음에도 불구하고 地方社會 특히 그 사회·경제적 변동에 관한 연구는 부진한 실정이다. 地方 豪族에 관한 연구가 상당수 있지만,[95] 지방세력 성장의 배경과 그 결과로서 해당 지역이 어떻게 변모하고 있었는가 하는 문제에 대한 착안은 찾아보기 어렵다.

근래 향촌공동체로서 香徒 조직에 관한 연구가 이뤄져[96] 어느 정도 해갈은 되었다고 할 수 있으나 주로 高麗의 사례를 대상으로 하였고, 남북국시기 이전의 香徒는 고려 향도의 前史로 다뤄진 측면이 없지 않다. 이러한 현상은 무엇보다도 관련 자료의 부족에서 기인한다. 그러나 최근 金石文 자료의 발굴이 이어지면서 지방사회 연구의 새로운 돌파구를 열 수 있는 계기가 마련되었다고 생각된다. 이를 기초로 하여 문헌사료의 재해석도 가능하기 때문이다.

가 깊어지면 신라에서 더 많은 이슬람 및 서역의 요소를 찾아낼 수도 있을 것이다. 아울러 외래 문물을 누가, 어떤 경로로 들여왔느냐 하는 문제와 함께 외래 문물이 신라 사회의 문화·생활양식을 어떻게 변화시켰는지 하는 점도 중요하다.

그리고 興德王 敎書를 통해 짐작할 수 있듯이 외래 사치품 획득이 왕실의 賜與 없이도 가능해진 조건에서 骨品貴族들의 소비 생활과 문화 향유가 기존의 정치·신분 질서와 분리되고 어긋나기까지 하는 양상이 나타나는데, 이는 삼국 초기 威勢品 사여로 상징되듯이 정치 질서가 곧 경제·문화 생활과 일치했던 사회 구조와 이 시기의 그것이 질적으로 달라졌음을 의미한다. 양 시기에 대한 비교 고찰이 필요하며 앞으로의 과제로 삼고자 한다.

95 근래의 연구로는 노명호, 2009『고려국가와 집단의식』, 서울대학교출판문화원; 崔鍾奭, 2004「羅末麗初 城主·將軍의 정치적 위상과 城」『韓國史論』50이 있으며 각각 기성의 연구 성과를 정리하고 문제점을 지적하여 참고가 된다.

96 李泰鎭, 1972「醴泉 開心寺石塔記의 分析: 高麗前期 香徒의 一例」『歷史學報』53·54; 1986『韓國社會史研究』, 지식산업사.

김필동, 1986「삼국~고려 시대의 香徒와 契의 기원」『한국 전통사회의 구조와 변동』, 문학과지성사.

蔡雄錫, 1989「高麗時代 香徒의 社會的 性格과 變化」『國史館論叢』2.

구산우, 2001「高麗前期 香徒의 佛事 조성과 구성원 규모」『한국중세사연구』10.

이하에서는 菁州 지방을 대상으로 해서 8세기 이래 신라 지방사회 변동의 양상과 그 배경을 고찰해 보려고 한다. 특히 청주 지방과 王室의 관계, 그리고 對日 교섭의 변화 양상이 청주 사회에 미친 영향에 초점을 맞추고자 한다.

(1) 對日 交通路의 변경

『三國史記』에 의하면, 혁거세 8년에 倭가 신라를 침공하려고 시도한[97] 이래, 신라는 일본 열도에 있던 여러 세력과 부단히 접촉해 왔다고 한다. 무력 충돌과 전쟁이 있었고 외교교섭은 물론 민간 상인들이 참여한 교역 활동도 있었다. 그런데 양측을 왕래하던 사람들의 行路에 대해서는 별로 알려진 바가 없다. 특히 일본이 신라로 보낸 遣新羅使가 입항한 곳이나 신라 사절이 출항한 곳이 어디였는지 분명하지 않다.

다만 836년(희강 1)에 執事省이 일본 太政官으로 보낸 문서를 통해 신라 하대의 상황을 엿볼 수 있다.

> 신라국 집사성이 일본국 태정관에게 牒함.
>
> 紀三津이 거짓으로 朝聘과 贄爐 지참을 칭했으나 公牒을 검열한 바 사실이 아닌 일.
>
> 牒함. 三津 등의 狀에 이르기를, "王命을 받들어 오로지 通好하기 위해 왔다"고 했으나 函을 열어 牒을 보니 (그와 달랐다.) …… 主司가 다시 星使를 보내 실상을 물었으나 말과 牒이 서로 달라 진위를 구별할 수 없었다. …… 섬 사람들이 東西로 이익을 엿보아, 官印과 公牒을 위조하여 斥候의 어려움에 대비하려 한 것인지도 모른다. …… 일을 갖추어 태정관에게 첩하고 아울러 菁州에도 첩한다. 일을 헤아려서 바다를 건널 때 필요한 糧食을 주어 본국으로 돌려보낸다. ……
> (『續日本後紀』 卷5 承和 3年 12月 丁酉)

일본 사절인 紀三津이 외교 문서의 내용과 다른 진술을 함으로써 빚어

97 『三國史記』 卷1 新羅本紀1 赫居世居西干 8年 "倭人行兵 欲犯邊 聞始祖有神德 乃還".

진 사태에 대해, 신라의 집사성이 주관하여 放還 조치를 내리고 그 내역을 적어 牒 형식으로 일본의 태정관에게 보낸 것이다. 그런데 이 첩을 菁州에도 보낸 사실이 주목된다. 紀三津 일행이 청주 관내에 머물러 있었기 때문일 것이다. "主司가 다시 星使를 보내 실상을 물었"다는 것도 이들이 머물고 있는 청주에 관리를 보냈다는 의미로 이해된다.

청주는 紀三津 일행이 체재할 때 숙식 제공은 물론 이들을 돌려보내는 데 필요한 제반 조치를 관장했다. 예컨대 집사성이 밝힌 귀환 시의 식량 조달도 청주에서 담당했을 것이다. 그렇다면 당시 일본 사절의 입국도 청주 지역을 통해서 이뤄졌다고 보는 것이 자연스럽다. 이들이 들어오면 방문한 목적을 파악하고, 외교 문서의 접수와 王京으로의 송부, 그리고 이들에 대한 일차적인 영접 등을 청주의 州治에서 맡아 처리했을 것이다.

845년(문성 7) 일본인 50여 명을 압송할 때 康州(청주의 異稱)에서 大宰府로 발급한 첩을 같이 보냈는데,**98** 이 역시 청주가 당시 對日 관계에서 중요한 역할을 했음을 알려 준다. 적어도 신라 하대에는 청주가 대일 외교의 관문 역할을 수행했다고 볼 수 있다.**99** 신라 정부가 일본으로 파견한 사절도 청주를 경유해서 渡日했으리라 생각된다.

그럼 中代 이전은 어땠을까? 간접 자료에 불과하지만 朴堤上과 未斯欣의 행로를 살펴보면, 박제상은 栗浦에서 倭 지역으로 출항했고**100** 미사흔은 귀국할 때 屈歇驛에서 百官의 영접을 받았다고**101** 한다. 『三國史記』 地理志를 통해 그 지점의 위치를 파악할 수 있다.

---

98 위의 책, 卷15 承和 12年 12月 戊寅 "大宰府馳驛言 新羅人齎康州牒二通 押領本國漂蕩人五十餘人 來著".

99 全基雄, 1997 「나말려초의 對日關係史 硏究」 『韓國民族文化 9』, 9~10쪽.
尹善泰, 2002 「新羅의 文書行政과 木簡: 牒式文書를 중심으로」 『강좌 한국고대사 5』, 가락국사적개발연구원, 72쪽.
朴南守, 2011 「8~9세기 한·중·일 교역과 장보고의 경제적 기반」 『한국 고대의 동아시아 교역사』, 주류성, 269~270쪽.

100 『三國史記』 卷45 列傳5 朴堤上.

101 『三國遺事』 卷1 紀異1 奈勿王 金堤上.

臨關郡은 원래 毛火(蚊化라고도 한다)郡으로 성덕왕이 城을 쌓아 일본의 도적로를 막았다. 경덕왕이 이름을 바꿨고 지금은 합하여 慶州에 속한다. 領縣이 둘이다. 東津縣은 원래 栗浦縣으로 경덕왕이 이름을 바꿨고 지금은 합하여 蔚州에 속한다. 河曲(西라고도 한다.)縣은 파사왕 때 屈阿火村을 취하여 縣을 둔 것이다. 경덕왕이 이름을 바꿨고 지금은 蔚州에 속한다. (『三國史記』 卷34 雜志3 地理1)

원래 율포현이었던 동진현과, '굴헐'과 통하는 '굴아화'[102]촌에 설치한 하곡현이 모두 고려시기에 울주 소속이었다. 따라서 율포와 굴헐역은 모두 현재의 蔚山灣 일대에 있었다고 추정된다. 그리고 일본의 침입로를 막기 위해 쌓았다는 모화군의 城도 경주의 동남쪽 경계에 있었다.

開元 10년 임술 10월에 처음으로 毛火郡에 관문을 쌓았다. 지금의 毛火村으로 慶州 東南境에 속한다. 이로써 일본을 막는 울타리를 삼았다. (『三國遺事』 卷2 紀異2 孝成王)

이 성은 현재 경주에서 울산 방면으로 나가는 길목인 中山里에 자리 잡고 있는 關門城이 틀림없다. 그렇다면 적어도 722년(성덕 21) 관문성 축성 전까지는 '왕경－관문성－울산(굴헐역－율포)'으로 이어지는 교통로가 대일 사절 파견 혹은 일본의 견신라사나 왜적이 왕경으로 들어올 때 경유하는 주요한 루트라고 할 수 있겠다.[103]

신라와 일본의 교통로는 이처럼 변화가 있었고, 특히 신라 사절의 출항지와 일본 사절의 입항지가 어느 시기엔가 蔚山 방면으로부터 청주의 주치인 菁州 부근으로[104] 바뀌었다. 고대 사회에서 대외 교통로의 변동은

---

102 三品彰英, 1975 『三國遺事考證 上』, 塙書房, 536쪽.

103 濱田耕策은 이 밖에 일본 사절이 낙동강을 거슬러 올라와 양산 근처에 상륙한 뒤, 陸路로 북상하여 鹿洞里의 관문을 통과하는 경로도 상정하고 있다(2002 「迎賓機構: 關門と領客府」 『新羅國史の研究: 東アジアの視點から』, 吉川弘文館, 170쪽).

104 진주 근처의 外港 후보지로서 사천, 고성을 들 수 있다. 특히 사천 앞 바다의 勒島에서는 근래 일본 열도와의 교류를 보여 주는 유물과 매장 방식이 확인되었고, 사

그 배경에 王權의 정치적 의도가 작용하는 경우가 많고 결과적으로 그 지역 사회의 변동에도 영향을 준다. 그렇다면 대일 교통로가 바뀐 이유는 무엇이고, 그 시기는 언제였을까? 이 문제는 中代 이래 菁州 지역의 사회 변동 양상을 통해 살펴보도록 하자.

(2) 菁州의 사회 변동

가. 學生祿邑과 王室

청주는 685년(신문 5)에 원래 居陁州(혹은 居烈州)가 있던 지역을 남북으로 나누어 그 남쪽 지역에 설치되었다. 경덕왕 16년에는 康州로 이름이 바뀌었다.[105] 앞서 보았듯이 836년의 「집사성첩」에 菁州가 다시 등장하므로 혜공왕대 官名을 복고할 때 강주를 다시 청주로 바꾼 듯하다. 州治는 지금의 진주였으며, 관하에 남해·하동·고성·함안·거제·거창·고령 등의 11개 군과 27현이 있었다.[106]

청주의 연혁과 소속 군현의 현황은 나머지 여덟 개 州와 비교하여 특이한 면모를 찾을 수 없다. 하지만 9세기 들어 정계의 실력자를 청주의 지방관으로 임명한 것은 주목되는 사실이다. 816년(헌덕 8) 侍中 金憲昌을 청주 도독으로 보임했고, 그는 이곳에서 7년 여 근무했다. 김헌창을 시중직에서 '出'하여 청주로 보냈다고[107] 하고, 나중에 熊川州에서 반란을 일으킨 것으로 보아 그의 청주행은 정치적 숙청으로 볼 수도 있다.[108]

천 梨琴洞에서도 청동기시대의 대형 地上式 建物址가 발굴된 바 있다(趙賢庭, 2003 「梨琴洞遺蹟의 地上式建物에 관해서」『泗川 梨琴洞 遺蹟』, 慶南考古學研究所). 사천은 남방의 요해지로서 고려 말 왜구의 주요 활동 지역이기도 했다(『新增東國輿地勝覽』 卷31 泗川縣).

105 『三國史記』 卷34 雜志3 地理1 康州.

106 위의 책, 卷9 新羅本紀9 景德王 16年.

107 같은 책, 卷10 新羅本紀10 憲德王 8年 "春正月 侍中憲昌 出爲菁州都督 璋如爲侍中".

108 822년 김헌창이 웅천주에서 반란을 일으킬 때 무진주·완산주·사벌주와 함께 청주 도독을 위협했다거나, 청주 관아 근처에 살던 異鳥의 죽음이 김헌창 패망의 징조였다는 인식은 그가 웅천주로 옮긴 다음에도 청주와 깊은 관계를 맺고 있었음을

그러나 그 從孫인 金昕의 경우는 달랐다. 주지하듯이 昕은 金仁問의 후손으로서, 金周元의 曾孫이다. 그의 조부인 宗基는 헌창과 형제였고, 아버지는 璋茹였는데 모두 시중을 역임했다.[109] 흔은 825년(헌덕 17)에 唐에 들어가 宿衛하고 1년 여 만에 귀국하여 남원 소경의 仕臣이 되었다.[110] 여러 지방관직을 역임한 후 그는 康州大都督에 이르렀고 얼마 후 伊飡 兼相國이 되었다. 839년(민애 2)에 金陽이 이끄는 청해진 군사가 진격해 오자 김흔은 大將軍이 되어 10만의 군사를 이끌고 大邱에서 이와 맞섰으나 패전하고 그 후 소백산에 은거했다.[111]

여기서 유의하고자 하는 것은 원성왕 사후 仁謙系와 禮英系, 그리고 예영계 내부의 憲貞系와 均貞系의 갈등이 격화되는[112] 와중에서 김흔은 김양과 종형제 간임에도 불구하고 정치적으로 대립했다는 사실이다. 그리고 그 배경을 생각해 보면, 양자의 지역적 기반이 서로 달랐던 것이 정치적 입장을 달리하는 요인으로 작용하지 않았을까 하는 점이다.

金陽은 固城郡 태수와 中原 대윤을 거쳐 武州 도독을 역임했다. 836년(흥덕 11) 均貞과 悌隆의 왕위쟁탈전에서 균정의 편에 섰다가 패배한 후 祐徵을 따라 838년(민애 1) 청해진으로 들어갔다. 그리고 장보고의 힘을 빌려 제륭(뒤의 희강왕), 明(뒤의 민애왕), 그리고 昕의 연합세력과 맞선 것이다.[113] 그렇다면 김양은 무주 도독 재임 시에 무주 지역 및 청해진의

암시한다.

109 『三國史記』 卷10 新羅本紀10 元聖王 6年.
같은 책, 卷44 列傳4 金陽 附 金昕.

110 위의 김흔 열전에는 남원 태수라 하였으나, 남원경 仕臣의 오기로 보인다(鄭求福 等, 1997 『譯註 三國史記 4』, 韓國精神文化硏究院, 712쪽). 하지만 위치가 알려지지 않는 남원'군'의 태수였을 가능성도 배제할 수는 없다.

111 『三國史記』 卷44 列傳4 金陽 附 金昕.
한편 『三國史記』 卷10 新羅本紀10 閔哀王 2年에는 정부군의 지휘관으로 이찬 大昕이 나오고, 文聖王 11年에는 대흔이 반란을 일으켰다가 주살되었다고 했다. 이 대흔이 김흔과 동일인인지 여부에 관한 논란에 대해서는 文暻鉉, 1992 「神武王의 登極과 金昕」 『西巖趙恒來敎授華甲紀念韓國史學論叢』, 亞細亞文化社를 참조할 것.

112 李基白, 1974 「新羅 下代의 執事省」 『新羅政治社會史硏究』, 一潮閣.
李基東, 1984 「新羅 下代의 王位繼承과 政治過程」 『新羅骨品制社會와 花郎徒』, 一潮閣.

상황과 그 군사적·경제적 잠재력을 익히 알고 있었고, 장보고 세력과 결합함으로써 이 지역의 海上 세력과도 관계를 맺었을 것이다.

이에 비해 김흔은 康州 도독을 역임하면서 仁謙系의 王室 세력과 밀착하게 된 듯하다. 당시 왕실은 강주, 즉 청주 지역에 중요한 기반을 두고 있었다고 생각되기 때문이다(후술). 김흔과 김양이 모두 김인문의 후손으로서 나중에 朗慧和尙이 聖住寺를 개창할 때 후원자가 되었음에도[114] 불구하고 결정적인 시기에 政敵으로 맞서게 된 데는 이러한 사정이 자리 잡고 있지 않았을까?[115]

그렇다면 청주 지역과 왕실은 어떤 관계를 맺고 있었을까?

> 춘 3월 菁州 居老縣을 學生祿邑으로 삼았다. (『三國史記』 卷10 新羅本紀10 昭聖王 元年)

799년(소성 1) 지금의 거제도 일부 지역을 학생의 녹읍으로 지정했다. 수여자인 '학생'에 대해서는 國學生으로 보는 것이 일반적이지만,[116] 이밖에도 당시에 渡唐 宿衛하던 유학생과 內省 소속의 학생도[117] '학생'으로 불렸다. 國學은 신문왕 2년에 설립되었고, 그 운영을 위해서나 학생들의

---

113 『三國史記』 卷44 列傳4 金陽.

114 曺凡煥, 2001 「朗慧無染과 聖住寺 創建」 『新羅禪宗硏究』, 一潮閣.
李喜寬, 2001 「聖住寺와 金陽: 聖住寺의 經濟的 基盤에 대한 一檢討」 『성주사와 낭혜』, 서경문화사.

115 여기서 말한 '지역적 기반'이란 김흔과 김양의 정치적 지향과 관련된 지역을 뜻하며, 이들의 개인적 연고가 있는 지역과는 다를 수 있다. 예컨대 양자는 모두 김인문의 '受封之所'가 있던 熊川州나 김주원가의 世居地인 溟州, 그리고 김흔의 경우는 나중에 퇴거하게 되는 소백산(奈靈郡) 지역에 개인적인 사회·경제 기반을 갖고 있었을 것이다. 그러나 이 지역들이 두 사람의 정치적 대립과 관련되었다고 보기는 어렵다.

116 金哲埈, 1962 「新羅 貴族勢力의 基盤」 『人文科學』 7; 1975 『韓國古代社會硏究』, 知識産業社, 237쪽에서 국학이나 독서출신과의 학생을 대상으로 지급했을 것이라고 지적한 이래 대부분이 이 견해를 따르고 있다.

117 『三國史記』 卷39 雜志8 職官 中 內省 "所內學生 聖德王二十年置".

修學에 필요한 비용은 분명히 국가가 재정 지원을 했을 것이다.

하지만 그 뒤를 이어서 이뤄진 官僚田 지급과 祿邑 폐지 조치로 미뤄볼 때 과연 녹읍이 부활한 상황이라고 하더라도 소성왕이 국학이나 그 학생에게 지급한 경제 기반이 녹읍의 형태였을지는 의문이다. 청주 거로현에 설정한 녹읍은 국학생보다는 渡唐 留學生이나 內省의 所內學生을 위해 마련한 것으로 보인다.

所內學生부터 살펴보자. '소내'는 문무왕대의 馬阹 사여 기사와[118] 「永川菁堤碑 貞元修治記」의 '所內使' 용례를[119] 통해서 보면, 소내학생은 내성에 소속된 학생임을 알 수 있다. 이들의 임무에 대해서는 미상이지만, 『三國史記』에 실린 소내학생 조의 바로 앞에 나오는 詳文師(司)에 이들이 부속되었고, 상문사는 '通文博士-所內學生'의 조직 구성을 가졌을 것이라는 견해를[120] 주목하고자 한다. 소내학생은 國學生과 달리 상문사에 소속된 學士職의 관료일 가능성이 있는 것이다.

상문사는 신라 하대의 文翰機構인 翰林臺의 전신으로 국왕·외교 문서의 작성을 관장했다.[121] 한림대는 759년(경덕 18)에 상문사를 개편하여 설립한 기구로서, 여기 소속된 한림랑, 한림학사 가운데 알려진 인물을 살펴보면 金立之, 崔致遠, 朴仁範 등 도당 유학생 출신들이 많았다. 그리고 신라 말에 확대된 이들 문한기구는 당시 왕권 강화를 뒷받침하던 측근 정치 기구의 한 축을 형성했다.[122]

---

118 위의 책, 卷6 新羅本紀6 文武王 9年 "頒馬阹九 一百七十四所 屬所內二十二 官十 賜庾信太大角干六 仁問太角干五 角干七人各三 伊湌五人各二 蘇判四人各二 波珍湌六人 大阿湌十二人各一 以下七十四所 隨宜賜之".

119 河日植, 1997「新羅 統一期의 王室 直轄地와 郡縣制: 菁堤碑 貞元銘의 力役運營 事例 分析」『東方學志』97.

120 三池賢一, 1972「新羅內廷官制考 (下)」『朝鮮學報』62, 23~24쪽.

121 『三國史記』卷39 雜志8 職官 中 "詳文師 聖德王十三年 改爲通文博士 景德王又改爲翰林 後置學士".

같은 책, 卷8 新羅本紀8 聖德王 13年 "二月 改詳文司 爲通文博士 以掌書表事".

122 李基東, 1984「羅末麗初 近侍機構와 文翰機構의 擴張」『新羅骨品制社會와 花郎徒』, 一潮閣, 247~280쪽.

소내학생과 그들이 소속된 것으로 보이는 상문사는 도당 유학생들과 무관하지 않았으며 王權과도 밀접한 관계를 맺고 있었던 것이다. 789년(원성 5) 도당 유학생 출신인 子玉을 지방관으로 파견할 때 이를 반대하는 의견이 있었으나, '入唐 修學'을 강조하는 侍中의 의론을 받아들여 그대로 임명한 것은[123] 당시 왕권과 도당 유학생의 밀착 관계를 잘 보여 준다. 825년(헌덕 17)에 유학생을 이끌고 唐에 들어가 숙위하고 돌아온 金昕도 이들 조직과 무관하다고 볼 수 없겠다.

그렇다면 799년(소성 1) 청주에 설정된 學生祿邑은 721년(성덕 20)에 제정된 소내학생, 그리고 그 이전에 설치된 상문사의 관원, 나아가서는 7세기 중반부터 시작된 숙위학생을[124] 지원하기 위한 것일 가능성이 크고, 이는 곧 왕권과 직결된 사안이었다고 판단된다. 국비 유학생은 비록 관료가 아닌 학생 신분이라 하더라도 국가에서 선발하여 보냈으므로 그 학비는 전액 국가에서 부담했을 터이고, 그 재원으로 거로현에 녹읍을 설정해 주었을 것이다.

이들은 돌아오면 상문사 등 국왕 측근의 文翰機構에 소속되어 정책 자문 및 외교문서 작성 등을 맡아 보았는데, 업무 영역이 渡唐 활동의 연장선상에 있었으므로 전문성을 발휘할 수 있었고 행정 능력을 바탕으로 왕권 중심의 관료체제 운영에 기여할 수 있었다. 따라서 그에 대한 급여도 유학 시에 학자금의 재원이 되었던 학생녹읍과 같은 성격의 재원에서 지급되었다고 상정해도 큰 무리는 아니라고 본다.

---

123 『三國史記』 卷10 新羅本紀10 元聖王 5年 "九月 以子玉爲楊根縣小守 執事史毛肖駁言 子玉不以文籍出身 不可委分憂之職 侍中議云 雖不以文籍出身 曾入大唐爲學生 不亦可用耶 王從之".

124 위의 책, 卷5 新羅本紀5 善德王 9年 "夏五月 王遣子弟於唐 請入國學 是時 太宗大徵天下名儒爲學官 數幸國子監 使之講論 學生能明一大經已上 皆得補官 增築學舍千二百間 增學生滿三千二百六十員 於是 四方學者雲集京師 於是 高句麗 百濟 高昌 吐蕃 亦遣子弟入學". 한편 申瀅植, 1984 「羅末麗初의 宿衛學生」 『韓國古代史의 新研究』, 一潮閣, 435쪽에서는 『三國史記』 卷7 新羅本紀7 文武王 15年條에 나오는 金風訓을 최초의 숙위학생으로 보았다.

그렇다면 청주 거로현은 원래 王室 所屬地였을 가능성이 높다. 官僚田보다 지배 강도가 높은 녹읍을 설정하려면 그 대상지가 왕실과 특별한 연고가 있는 지역이었을 것이기 때문이다.[125]

이상 우회해 온 느낌이 있지만 菁州 지역이 下代 왕실과 정치・경제적 관계를 맺고 있었음을 검토해 보았다. 이제 그 기점과 이후의 사회 변동 양상에 대해 살펴보자.

나. 香徒와 村主

2004년 경남 사천시 선진성공원 주차장 부지에서 발견된 新羅 碑片을 보면, "神述時州總官"이란 부분이 나온다. 神述을 원성왕의 丈人인 김신술 각간으로 보고, '總管'이란 관직명이 쓰인 시기를 감안하면 이 비석은 8세기 중반에 만들어졌다고 할 수 있다.[126] 그리고 비석의 재질이 이 지역에서 많이 산출되는 砂巖이므로 다른 지역에서 옮겨 왔을 가능성은 낮다고 한다.[127]

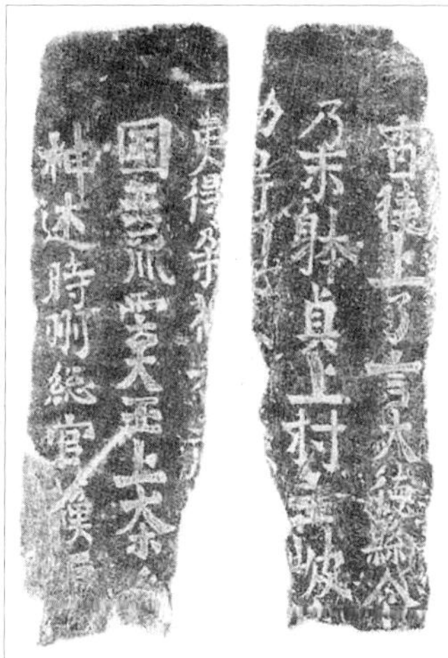

그림 12. 사천시 선진성공원 주차장 부지 발견 신라비편의 탁본

인근에 있는 船津里城은 그동안 丁酉再亂 때 일본군이 쌓은 倭城으로 알려져 왔으나 근래의 발굴에서 그보다 앞선 土城 흔적이 확인되었다. 그 축성 방법이나 출토된 기와의 양식을

125 신라 말 울산 지역의 호족인 朴允雄이 고려에 귀부한 대가로 받은 柳浦의 藿巖을 녹읍으로 이해하고, 이곳이 미역 등 해산물이 풍부한 어장으로서 경제적 가치가 높았다는 견해(具山祐, 1992「羅末麗初의 蔚山地域과 朴允雄: 藿所의 기원과 관련하여」『韓國文化硏究』 5)는 도서 지역인 거로현의 녹읍을 이해할 때 참고가 된다.

126 慶南文化財硏究院, 2004「泗川 船津城公園 駐車場敷地 發掘調査 現場說明會資料」, 8쪽.

127 위의 자료, 7쪽.

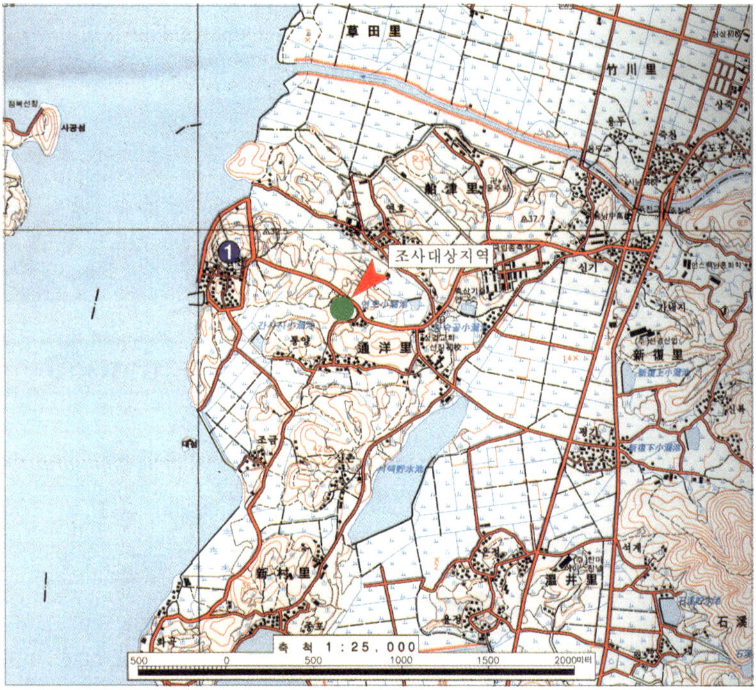

그림 13. 사천시 선진성공원 주차장 부지 유적의 위치
화살 표시한 곳이 비편 발견 지점이고, ①이 선진리성이다.

볼 때 토성의 초축 시기는 남북국시기까지 올라갈 가능성이 높고, 縣城으로 알려진 성황당산성과 함께 당시에 사천 지역의 중심지 역할을 했을 것이라고 한다.[128] 碑片과 선진리성, 그리고 사천 지역에 대한 중앙의 통제 방식은 서로 깊은 관련을 맺고 있었던 것이다.

비편에 國王, 上大等, 總官(摠管)이 언급된 이유는 무엇일까? 이 유물은 선진리성에서 2km 정도 떨어진 계단식 논의 축대에서 발견되었으며, 원비석의 최대 1/4에 불과한 파편이다.[129] 앞으로 발견 지점 부근에서 잔편이 더 나올 가능성이 있으므로 이 비문의 내용과 건립 목적에 대한 선부

---

128 慶南文化財研究院, 2005「泗川 船津里城 公園化事業地區 內 동북쪽 모서리 및 埋香碑周邊 發掘調査 結果略報告」.

129 慶南文化財研究院, 2004, 앞의 자료, 7쪽.

그림 14. 비편 출토지에서 바라본 船津里城의 원경(필자 촬영)
중간에 보이는 무덤은 정유재란 때 朝・明 연합군 전사자를 묻은 朝明軍塚이고 그 뒷편 숲이 선진리성이다.

그림 15. 船津里城에서 바라 본 南海島 방면(필자 촬영)

른 예단은 금물이다. 따라서 지금 단계에서는 기록 형식이 유사한 다른 비문과 비교하여 國王 이하 중앙의 유력자와 이 비석의 관계를 간접적으로 유추할 수밖에 없다.

먼저 癸酉銘 三尊千佛碑像을 보자. 이 비상은 673년(문무 13)에 조성되었는데, 그 명문을 보면 '年次－조성의 주체와 내용－조성 목적－참여자'의 순서로 기록했다. 백제 유민들이 이를 만들었고[130] 여기에도 佛事를 주도한 조직으로서 香徒가 등장한다. 그런데 조성 목적을 밝힌 부분에서 "爲國王大臣 及七世父母 法界衆生 故敬造之"라 하여, 국왕·대신·祖上·중생을 위해서 이 비상을 만들었다고 했다.

여기서 국왕과 대신은 이 비상의 조성과 실질적으로 관계가 있어서 기록했다기보다는 백제 유민의 입장에서 새로운 국왕과 중앙의 유력자를 의식한 삽입구로 보인다. 이는 비슷한 성격과 내용의 癸酉銘 阿彌陀三尊四面石像 명문에도 해당된다. 이런 구절을 굳이 집어넣은 이유를 이해하기 위해서는 삼국 통합 직후에 백제 故地에서 이뤄진 佛事라는 특수한 사정을 염두에 두지 않으면 안 된다.

다음은 719년(성덕 18)에 조성된 甘山寺 彌勒菩薩像과 720년의 甘山寺 阿彌陀如來像의 造像記를 살펴보자. 두 불상은 선진리성 근처에서 발견된 비석과 가까운 시기에 제작된 것이어서 각별한 주의를 요한다. 조상기를 보면, 중아찬 金志誠은 돌아가신 부모와 妻·형제를 위해 甘山寺를[131] 짓고 두 불상을 모셨다. 그런데 그는 이들뿐 아니라 '國主大王'과 '伊飡 愷元公'을 위해서도 축원하고 있다. 선진리성 부근에서 발견된 비편에서 '國主天(?)雲大王'과 '上大等'을 언급한 것과 유사한 구조를 보이는 것이다. 그렇다면 國主나 고위 귀족을 언급한 것은 癸酉銘 三尊千佛碑像에 나오는 '國王大臣'과 함께 일종의 관용구로서 쓰인 것에 불과하고, 이들이 불상의 조

---

130 韓國古代社會研究所 編, 1992 『譯註 韓國古代金石文 II』, 駕洛國史蹟開發研究院, 187쪽.

131 감산사지는 현재 경북 경주시 내동면 신계리에 있다(韓國古代社會研究所 編, 1992 『譯註 韓國古代金石文 III』, 駕洛國史蹟開發研究院, 295쪽).

성과 같은 실제 佛事와는 무관했을 개연성이 있다.

하지만 계유명 삼존천불비상과 달리 碑片에서는 '이찬 개원'이라는 인명을 직접 언급하고 있어 차이가 난다. 愷元은 무열왕의 아들로 671년(문무 11) 中侍가 된 이찬 禮元과 동일인으로 보인다.[132] 『三國史記』에 따르면, 그는 695년(효소 4)에 상대등에 올랐고 706년(성덕 5)에 퇴임했다. 집사시랑을 역임한 金志誠이 그 장관이었던 개원과 執事部에서 함께 근무했을 가능성이 있는 것이다. 癸酉銘 碑像이 막연히 '대신'이라고 칭한 것과 달리 碑片에 인명을 직접 언급한 이유는 이러한 사정이 있었기 때문이라고 본다. 이에 비해 국왕에 대해서 '國主大王'이라고만 칭한 것은 발원자와 국왕의 관계가 개원공과의 그것과 차이가 있었음이 반영된 표현이라고 짐작된다.

그렇다면 선진리성 비편에 國主의 諱, 상대등의 이름,[133] 주 총관의 이름을 명기한 것도[134] 의례적인 관용구라기보다는 이들이 비문을 제작한 주체와 모종의 직접적인 관계가 있었기 때문이라고 생각된다. 하지만 國主 앞에 '乃末'이라는 관등명이 보이므로, 정치적 서열을 고려하면 국주 이하 인원을 어떤 행사의 참석자 명단으로 볼 수는 없다. 국주, 상대등, 총관 등은 선진리성 부근에서 열린 佛事의 내력이나 배경을 서술하면서 관련 인물을 언급한 것이라고 본다. 계유명 비상이나 감산사 불상의 명문처럼 이들의 福을 기원하는 내용이라고 하더라도 형식적인 언급이 아니라 이 불사를 조직한 세력과 실제 관련이 있었기 때문에 열거했다고 생각된다.

8세기 중반에 菁州, 특히 泗川 지역은 이처럼 중앙 권력의 관심의 대

---

132 文明大, 1974 「新羅 法相宗(瑜伽宗)의 成立問題와 그 美術(上): 甘山寺 彌勒菩薩像 및 阿彌陀佛像과 그 銘文을 中心으로」 『歷史學報』 62, 101~102쪽.

133 현존 상태로는 상대등의 이름을 확인할 수 없지만 전후의 인원 표기 방식으로 보아 깨진 아래 공간에 상대등의 이름과 관등이 표기되었다고 생각된다.

134 '神述時州總官'을 '신술은 당시 주의 총관으로'라고 해석할 수 있고, '신술, 그리고 당시 주의 총관인 ……'로 읽을 수도 있겠다. 여기서는 잠정해서 전자와 같이 해석해 두고자 한다. 총관이 신술과 다른 인물일지라도 그의 이름 역시 깨진 아래 부분에 언급되었을 것임은 분명하다.

상이었다. 특히 神述은 나중에 角干에 오르고 정계의 실력자인 金敬信, 즉 원성왕의 인척이 되는데, 이 역시 청주 지역의 浮上과 관련이 있다고 본다.

청주와 왕실의 관계는 對日 외교의 측면에서도 살필 수 있다. 신라는 聖德王대에 대일 관계의 전환기를 맞는다. 722년(성덕 21)의 關門城 축조는 이를 상징하는 사건이다. 이로써 "일본의 도적로를 끊고" "일본을 막는 울타리를 삼았다"고 했으니, 관문성을 단순히 일본의 해적 집단을 방어하기 위한 시설이라고만 볼 수는 없다. 그와 더불어 종래 울산을 통해 경주로 들어가던 일본 사절의 入京路 역시 변화가 불가피했을 것이다. 그리고 청주의 사천 지역이 그 대안으로 부각된 것이 아닌가 한다.

흥미롭게도 이 시기에는 신라와 일본 사이의 교역 양상에도 변화가 엿보인다. 聖德王代에 속하는 8세기 초엽에는 對日 증여품이 그 전보다 적어진다. 종래 일본에 무상으로 공급하던 품목 가운데 상당 부분을 점차 교역 대상품으로 바꿔 나갔기 때문이다.[135] 즉 8세기 들어 신라-일본 사이에는 국가 차원의 交易이 이뤄지기 시작했으며, 신라의 경우 王室에서 이를 주도했던 것 같다.

앞에 든 「新羅 執事省牒」(836년)에서 紀三津의 허위 진술에 대해 "섬 사람들이 東西로 이익을 엿보아, 官印과 公牒을 위조하여 斥候의 어려움에 대비하려 한 것인지도 모른다"는 인식을 보인 바 있다. 이는 역으로 생각해 보면, 당시에 정규 公牒을 갖고 교역하는 존재가 있었음을 시사한다. 국가가 공첩과 같은 신분증명서 발급을 통해 대외 교통을 장악하고 질서를 유지하고 있었다고 생각된다.[136] 이러한 對日 국가교역이 8세기부터 시작되었다고 보는 것이다.

이를 대일 외교 관부인 倭典의 변천을 통해 살펴보자. 왜전의 창설 시기는 알 수 없지만, 내물왕대부터는 공식적인 대일 교섭이 시작되므로 이로부터 멀지 않은 시기에 왜전을 대일 외교기구로 설립했다고 본다. 621

---

135 이에 대해서는 이 책의 4장 2절을 참조할 것.

136 渡邊 誠, 2003 「承和・貞觀期の貿易政策と大宰府」『ヒストリア』184, 11쪽.

년(진평 43)에는 唐과 사절을 교환하면서 對唐 외교를 중시하여 왜전을 領客典으로 개편했다.[137] 그리고 뒤에 다시 왜전을 따로 두었다고 하는데[138] 그 시기는 성덕왕 때의 관문성 축조를 전후한 시기로 생각된다.[139]

후기 왜전은 內省 소속이었고 수공업 관부와 나란히 기록되었다.[140] 따라서 이 시기의 왜전이 對日 외교 업무뿐 아니라 그에 수반된 물품 생산에 관여하고 있었음은 분명하다.[141] 무엇보다도 내성에 소속되어 王室과 관련을 맺고 있었음이 주목된다. 후기 왜전은 대일 외교관부로서 설치되었지만 교역을 위한 수공업품 생산에 관여하였으며, 왕실 업무를 관장하는 內省의 지휘를 받았다. 이는 8세기 초에 대일 국가교역이 개시되는 현실과 짝하는 현상이다.

성덕왕대는 대일 관계의 일대 전환기로서 종래의 차등적인 외교 형식을 교정하려고 했다. 관문성 축성과 이에 연이어 대일 교통로를 울산 방면에서 청주 사천 방면으로 변경한 것은 그 상징적 조치다. 후기 왜전은 이러한 신라의 대일 외교 목적을 달성하기 위해 설치되었으며 王室이 주도하는 對日 國家交易이 중요한 업무의 하나였다고 보인다. 청주가 왕실

---

137 鈴木靖民, 1969「新羅の倭典について」『古事類苑(外交部)月報』33, 吉川弘文館. 濱田耕策, 1979「新羅聖德王代の政治と外交」『朝鮮歷史論集 上』, 龍溪書舍.

138 『三國史記』卷38 雜志7 職官 上 "領客府 本名倭典 眞平王四十三年 改爲領客典 (後又別置倭典) 景德王又改爲司賓府 惠恭王復故".

139 濱田耕策, 1979, 앞의 논문에서 신라가 일본에 대해 대등한 외교 형식을 취하면서 대일 외교 마찰이 발생한 시기, 구체적으로는 성덕왕 13년(714) 무렵으로 추정했다. 한편 李成市는 진덕왕 5년(651)의 唐制에 입각한 중앙관제 개편 시에 領客典을 領客府로 개편하면서 倭典을 따로 분리하여 설치했다고 보았다(李成市 지음 · 김창석 옮김, 1999『동아시아의 왕권과 교역』, 청년사, 99~101쪽). 서영교는 651년 시점에 일본에 대한 외교적 수요가 없었다고 하여 李成市의 견해를 비판하고, 679년 직전에 왜전이 再設되어 대일 공예품 생산과 교역 등을 관장했을 것이라고 했다(서영교, 2003「文武王代 倭典의 再設置와 對日外交」『전통문화논총』 창간호).

140 『三國史記』卷39 雜志8 職官 中 內省 "倭典(已下十四官員數闕) 錦典(景德王改爲織錦房 後復故) 鐵鍮典 ……".

141 三池賢一, 1972, 앞의 논문, 41쪽에서 대일 교역 등을 위한 제품 생산과 收得을 담당하는 관청으로 보았다.

과 관련을 맺은 시기는 위와 같은 근거를 통해 성덕왕대로 보아 두고자 하며, 對日 관계의 변동이 그 배경으로 작용했다고 생각한다.

이러한 정치·경제적 요인은 이후 청주 지역사회에 어떤 변화를 가져왔을까?

> 경덕왕대 康州(지금의 晉州. 어떤 책에는 剛州라 하니 지금의 順安이다.-찬자)의 善士 수십 명이 西方 정토에 가기를 뜻하여 州의 경계에 彌陀寺를 짓고 萬日을 약속하여 契를 지었다. 이때 阿干인 貴珍의 집에 郁面이라는 여자 종이 있었는데, 그 주인을 따라 절에 와서 中庭에 서서 스님을 따라 염불했다.……(『三國遺事』 卷5 感通7 郁面婢念佛西昇)

景德王代 강주에서는 서방 극락정토로 왕생하기 위한 結契가 이뤄졌다. 아미타 정토신앙은 남북국시기 신라에서 유행했는데, 삼국 통합을 전후한 시기에는 敎化僧의 활동 범위가 한정되어 王京이나 그 인근 지역으로 국한되었다.[142] 그로부터 백 년 정도 지난 뒤이지만 이제는 왕경 부근이 아닌 康州, 즉 청주에서 아미타 신앙이 나타나고 極樂往生을 실현하기 위한 萬日念佛會까지 만들어졌음을[143] 위의 자료를 통해 알 수 있다. 이를 청주 지역에 국한된 현상이라고 단정할 수 없지만[144] 여하튼 성덕왕대에 왕실과 관련을 맺은 지역에서 몇십 년 만에 새로운 불교신앙이 도입되고 신앙 단체까지 결성된 것은 간과할 수 없는 현상이다.

선진성공원 주차장 부지에서 발견된 비편에 보이는 '香徒'와 '大德'도 사

---

142 崔柄憲, 1984 「新羅 佛敎思想의 전개」 『역사도시 경주』, 열화당, 391~394쪽.

143 金英美, 1985 「統一新羅時代 阿彌陀信仰의 歷史的 性格」 『韓國史硏究』 50·51, 49~53쪽. 하지만 욱면의 설화를 9세기 애장왕대에 剛州, 즉 지금의 경북 영주 지역을 배경으로 한 것이라고 본 견해가 있다(辛鍾遠, 1988 「三國遺事 <郁面婢念佛西昇>條 譯解」 『新羅文化』 5).

144 예를 들어 해남의 美黃寺碑(『朝鮮金石總覽 下』)는 1692년에 건립된 것이어서 사료로서 한계가 있으나, 이에 따르면 경덕왕대에 村主와 향도 100인이 불사를 벌였다고 한다. 영암의 '貞元二年銘'碑 역시 786년의 지방민들의 埋香 신앙과 활동을 보여준다(윤선태, 2001 「김창호 선생 발표에 대한 토론」, 제61회 한국고대사학회 정기발표회 토론요지).

천 지역에서 벌어진 모종의 불교 행사와 관련이 있을 것이다. 향도는 주지하듯이 불교신앙에 입각하여 결성된 신앙 단체이지만 지역 공동체적 성격을 갖고 있었고, 고려전기까지는 주로 佛塔이나 범종 등을 조성하는 데 노동력과 재원을 제공했다. 그리고 지방의 유력자라 할 수 있는 村主·鄕吏層이 이를 주도했다.[145] 이 비문에서도 '(眞)上村主'가 나오는데, 촌주의 분화 양상과 함께 향도 조직과의 관련을 추정할 수 있다.

향도로서 최초로 확인되는 것은 金庾信이 조직한 龍華香徒다. 이는 7세기 초에 花郎徒로서 활약한 사례이고 이 시기 향도 조직이 미륵신앙을 기반으로 했음을 보여 준다. 하지만 이는 王京 지역의 것이어서 이로써 지방 향도의 성격을 유추하기는 어렵다. 앞서 살펴본 癸酉銘 三尊千佛碑像은 현재의 충남 연기 지역에 있던 향도 조직이 조성한 것이지만 백제 유민들이 중심이 되었으므로 신라 지방사회의 그것과는 또 다른 차이가 있을 수 있다.

현재까지 8세기 향도의 사례로 볼 수 있는 것은 「乾鳳寺 蓮會碑銘」의 香徒 1,820인, 「美黃寺碑銘」의 香徒 100인 정도였다. 특히 후자는 村主가 향도를 주도한 사례다.[146] 선진리성 부근에서 발견된 비편에도 '촌주' '향도' '대덕'이 보이므로 8세기 중엽의 지방 사회에서 香徒의 구성과 역할이 어떠했는지를 고칠힐 수 있는 자료가 추가된 셈이다.

선진리성 비편의 촌주가 이 지역에서 결성된 향도와 연관되어 있었음은 분명하다. 그런데 이 촌주를 '(眞)上村主'라고[147] 표기했다. 비편에서 官職·人名·官等의 표기 순서를 확인하기 어려워 단정할 수 없지만, 다른 자료에 眞村主나 上村主의 용례가 있으므로 이 경우도 '(眞)上'이 촌주의 위계를 표시한 용어라 생각된다.

---

145 李泰鎭, 1972, 앞의 논문.

146 蔡雄錫, 2000 「新羅末 高麗初期 지방사회의 변동과 本貫制의 성립」 『高麗時代의 國家와 地方社會』, 서울대학교출판부, 49쪽.

147 '眞'자는 '貞'일 가능성이 있으며 그 경우 '躰(體의 속자)貞'은 앞에 붙은 乃末 관등을 가진 인물의 이름이라고 볼 수 있다.

南山新城碑를 통해 볼 때 신라는 중고기에 郡을 단위로 하여 그 관내의 촌주들이 상·중·하로 나뉘어 있었다고 한다.[148] 그런데 선진리성 비편에서 촌주가 들어 있는 문장의 앞줄을 보면, '縣令'을 언급하고 있는 부분이 있다. 현령 바로 아래 부분도 떨어져 나갔는데, 郡太守와 현령의 위계를 고려하면 이 공간에 某郡 태수에 관한 내용이 들어갈 수는 없다. 그렇다면 이 '(眞)上村主'는 郡이 아니라 어떤 縣에 소속된 촌주 가운데 서열이 높은 인물이라 할 수 있다.

856년(문성 18)에 주성된 竅興寺鐘 명문에 縣令 이하 上村主·第二村主·第三村主를 적은 것을 연상시킨다. 신라 하대에 촌락 내부에 변동이 생기고 촌주의 분화가 진전되면서 縣 단위에서도 촌주의 서열화가 이뤄진 것이다. 그리고 선진리성 비편을 근거로 하건대, 菁州의 泗水縣 지역에서는 이미 8세기 중엽에 이러한 현상이 나타나고 있는 것이다.

비교할 수 있는 다른 지방의 자료가 없어 확언할 수는 없지만, 先進的인 양상이라 하지 않을 수 없다. 8세기 이래 이 지역이 王室과 관계를 맺고 있었고 대외 교통의 새로운 관문으로 등장한 것이 그 배경이 되었다고 생각한다.

「菁州 蓮池寺鐘銘」(833년)을 통해서도 이러한 양상을 엿볼 수 있다. 鑄成에 참여한 鄕村主의[149] 관등이 三長及干(9등)과 朱雀大乃末(10등)이었다. 이 중 9등 급간은 6두품 이상이 받을 수 있는 관등이다. 흥덕왕 9년(834)의 下敎에는 "眞村主는 5두품, 次村主는 4두품과 같은 규정을 적용한다"고 했다.[150] 그런데 이미 그보다 앞선 시기에 청주 지역에서는 지위가 높은 촌주는 6두품 이상에 해당하는 관등을 갖고 있는 것이다.

이러한 추세를 바로잡기 위해 흥덕왕의 교서가 나왔지만 실효는 없었던 듯하다. 앞에서 본 「규흥사종명」(856년)의 상촌주는 三重沙干(8등), 제

---

148 李鍾旭, 1974 「南山新城碑를 통하여 본 新羅의 地方統治體制」 『歷史學報』 64, 49~54쪽.

149 이를 卿村主로 읽기도 한다(韓國古代社會研究所 編, 1992 『譯註 韓國古代金石文 Ⅲ』, 駕洛國史蹟開發研究院, 397쪽).

150 『三國史記』 卷33 雜志2 屋舍.

이촌주 역시 沙干, 제삼촌주는 及干(9등)을 칭하고 있는 것이다. 청주 지역에서 선진적으로 나타났던 촌주의 분화와 성장은 이후 여타 지역으로 확산되고 그 양상도 가속화되었다고 볼 수 있겠다.

香徒와 같은 지역 공동체의 형성과 村主의 분화, 그리고 阿彌陀信仰의 유행은 청주 지방의 사회 변동을 단적으로 반영하는 현상이다. 그리고 선진리성 비편에서 알 수 있듯이 이 지방의 어떤 사업에 지방관인 州摠管과 縣令은 물론 국왕과 상대등도 관여하고 있었다. 과문한 탓인지 모르지만, 현재까지 알려진 신라 중대 말·하대 초의 지방사회 관련 자료에서 유례가 없는 일이다. 재언하자면, 이는 성덕왕대 이래 王室과 菁州 지역의 연계,[151] 대일 교통로의 청주 관내 설정, 그리고 경덕왕대에 조직된 만일염불회의 전통과 무관하지 않을 것이다.

왕실과 청주 지역의 관계는 882년(헌강 8)에 일본이 신라에 황금과 明珠를 보낼[152] 무렵까지는 대체로 유지된 듯하다. 그러나 10세기 들어 後三國의 혼란 속에서 지방세력이 청주 지역을 장악함으로써 왕실과의 관계는 단절된다. 900년(효공 4)에 청주의 유력자가 弓裔에게 투항했고[153] 康州將軍이라 불린 閏雄이 920년(경명 4)에 王建에게 귀부했다.[154]

하지만 이 밖에도 청주 지방에는 몇 명의 유력자가 더 있었던 듯하다. 그 가운데 대표적 인물이 王逢規이다. 그는 泉州(지금의 경남 의령)를 서점으로 성장하여[155] 924년(경명 8)에는 泉州節度使를 자칭하며 後唐에 사신을 보내 조공했다. 이때 신라의 중앙 정부도 후당에 遣使했으므로[156] 왕

---

151 菁州 蓮池寺鍾의 명문을 보면, "당시의 州統이 황룡사의 覺明和尙"이라 하였다. 이 역시 청주와 왕경의 밀접한 관계를 시사하는 사례다.

152 『三國史記』 卷11 新羅本紀11 憲康王 8年 "夏四月 日本國王遣使 進黃金三百兩 明珠一十箇".

153 위의 책, 卷12 新羅本紀12 孝恭王 4年 "冬十月 國原 菁州 槐壤賊帥 淸吉 莘萱等 擧城 投於弓裔".

154 『高麗史』 卷1 世家1 太祖 3年 "康州將軍閏雄遣其子一康 爲質 拜一康阿粲 以卿行訓之妹 妻之 遣郎中春讓於康州 慰諭歸附".

155 金庠基, 1960 「羅末 地方群雄의 對中通交: 特히 王逢規를 中心으로」 『黃義敦先生古稀紀念史學論叢』; 1974 『東方史論叢』, 서울대학교출판부, 436쪽.

봉규는 신라 국가와 별도로 독자적인 외교 활동을 벌인 셈이다.

그리고 그는 927년(경애 4) 후당으로부터 懷化大將軍을 제수받고, 다시 知康州使로서 후당에 사신을 파견했다.[157] 왕봉규는 신라 말 菁州의 최대 土豪라고 할 수 있으며, 그가 중국의 왕조와 외교교섭까지 벌일 수 있었던 데는 9세기까지 대외 교통로 역할을 하던 이 지역의 전통도 작용했을 것이다.

청주의 지정학적 중요성 때문에 高麗와 後百濟는 이 지역을 놓고 치열한 쟁탈전을 벌였으며, 928년(경순 2) 甄萱 군사의 기습 공격으로 장군 有文이 항복함으로써[158] 청주는 후백제의 영역이 되었다. 견훤이 둘째 아들인 良劍을 강주 도독으로 삼은 것도[159] 이 지역의 전략적 의의를 익히 알고 있었기 때문일 것이다.

(3) 소결

685년에 설치된 청주는 지금의 경남 서부와 경북 남부의 일부 지역을 포괄하였다. 7세기 말까지 다른 州 지역과 다름없이 중앙의 통제를 받으며 통상적인 통치·행정 업무를 수행하고 있었다.

그러나 8세기 들어 청주는 변화를 맞게 된다. 王室이 이 지역 특히 지금의 진주, 사천, 거제도 등 남해안 지역에 관심을 갖게 된 것이 결정적인 계기가 되었다. 聖德王代의 왕실은 이 지역에 직속지와 해산물 채취권, 대

---

156 『新五代史』卷5 唐本紀 莊宗 同光2年 春1月 庚戌 "新羅國主金朴英 及其泉州節度使王逢規 皆遣使者 来".
『三國史記』卷12 新羅本紀12 景明王 8年 "春正月 遣使 入後唐 朝貢 泉州節度使王逢規亦遣使 貢方物 夏六月 遣朝散大夫倉部侍郎金岳 入後唐 朝貢 莊宗 授朝議大夫試衛尉卿".

157 『三國史記』卷12 新羅本紀12 景哀王 4年 "唐明宗 以權知康州事王逢規 爲懷化大將軍 夏四月 知康州事王逢規 遣使林彦 入後唐朝貢 明宗 召對中興殿 賜物".

158 위의 책, 卷50 列傳10 甄萱 "夏五月 萱潛師襲康州 殺三百餘人 將軍有文生降".

159 같은 책, 卷50 列傳10 甄萱 "甄萱多娶妻 有子十餘人 第四子金剛 身長而多智 萱特愛之 意欲傳其位 其兄神劍 良劍 龍劍等 知之憂悶 時 良劍爲康州都督 龍劍爲武州都督 獨神劍在側 伊湌能奐 使人往康·武二州 與良劍等陰謀".

외교역의 기반 등을 확보했다고 보인다. 722년에 울산 방면에 關門城을 쌓아 기존의 對日 교통로를 차단한 다음, 그 대안으로 청주의 사천 혹은 固城에서 출발하는 항로를 이용하게 한 것은 왕실과 이 지역의 연계가 있었기 때문에 가능했다.

8세기 초부터 신라 왕실은 대일 교섭에서 교역을 점차 중시하고 그로부터 상당한 이익을 얻게 되었다. 그 지역적 기반이 된 곳이 菁州였고 전담 관부가 內省 소속의 倭典이었다. 한편 이 시기에 對唐 외교는 일층 강화되어 詳文師의 기능을 제고하고 所內學生을 두었는데 이들도 모두 내성 소속이었다. 왕실은 상문사와 소내학생은 물론 늘어가는 숙위학생의 경비도 마련해야 했으므로 왕실 직속지 가운데서 청주의 居老縣을 학생 녹읍으로 설정해 준 것이다. 이러한 사정을 고려하면, 청주의 남해안 지역이 이 시기 對日 교통로뿐 아니라 對唐 교통로의 출항지 가운데 하나가 되었을 가능성도 있다.

왕실과의 연계, 그리고 대일 교통로 설정을 배경으로 하여 청주 지방에 무언가 사회・경제적 변동이 일어났으리라는 예상을 할 수 있다. 그러나 그 구체적인 양상은 잘 드러나지 않는다. 다만 경덕왕 때에 지방으로서는 선구적으로 阿彌陀信仰이 유행하고 結契가 이뤄지기도 했으며, 이러한 전통을 기반으로 해서 8세기 중반에는 縣 단위에서 村主의 분화가 일어났다. 그리고 촌주가 간여하는 香徒가 결성되었다. 이들이 주도한 佛事에는 청주 摠管, 泗水縣令은 물론 國王과 上大等이 실질적인 관계를 맺고 있었으리라고 보았다.

9세기 들어서도 金憲昌, 金昕 같은 유력자가 청주 도독으로 부임했으며 이를 지역적 기반으로 삼아 정치 활동을 전개했다. 882년경까지 청주 관내의 대일 교통로도 유지된 듯하다. 836년과 845년 대일 교섭에서, 菁州가 신라 정부와 일본의 太政官・大宰府 사이에서 중간 역할을 수행한 것은 이를 보여 준다.

그러나 9세기 말 이래 성장한 지방 세력이 청주 지역을 장악하면서 청주와 왕실과의 관계는 단절되고 더 이상 대일 교통로의 역할도 하지 못하게 된다. 청주의 대호족인 王逢規가 後唐에 사절을 파견한 것은 청주의 대외 교섭 창구로서의 殘影이었다.

결론

제 1 절 대외교역의 전개 과정

對外交易이란 어떤 집단이 다른 집단과 等價라고 인식한 가치의 물품을 교환하는 것이다. 고고학 자료를 통해서 보면, 남만주와 한반도 지역에서 대외교역 행위는 늦어도 新石器時代에 시작되었다고 추정된다. 단위 집단의 統率者가 교역을 주도했으며, 타 집단과 접촉할 때 발생할 수 있는 여러 문제를 극복하기 위한 방도의 하나로서 沈默交易도 시도되었을 것이다.

이러한 형태의 초기 교역은 청동기시대를 거쳐 邑落共同體를 기초로 한 대소의 政治體가 각지에 형성되는 시기까지 계속되었다. 읍락이나 소국의 首長은 자신의 대리인을 파견하는 경우에도 대외교역의 최종 책임자로서 이를 주관했다. 초기의 교역은 집단 간에 필요한 물품을 교환하는 有無相通 차원의 互惠的 성격에서 출발했다.

이때의 '필요'란 경제적 의미뿐 아니라 사회·종교적 요구도 포함된 복합적인 것이었다. 이러한 양상은 공동체 내부에서 사회 분화가 진전되고 정치적 지배관계가 형성되면서 점차 강해졌다. 古朝鮮과 전국시기 燕나라 사이에서 毛皮와 鐵器·明刀錢이 교환된 것은 호혜적 교역이 갖고 있는 복합적 성격을 보여 주는 사례라고 할 수 있다.

濊族의 정치체 가운데서 臨屯은 해산물과 수렵품 등 자신의 특산물을 활용하여 前漢의 燕 지역 및 古朝鮮과 교역했다. 이 역시 신석기시대 이래의 호혜적 교역의 전통을 이은 것이다. 그러나 임둔의 후신인 沃沮, 東濊,

嶺西濊는 한나라, 고구려 등 주변 세력의 지배를 받으면서 服屬儀禮로서 종래의 교역품을 공납물로 바쳤다. 공납 관계는 교역과 달리 부등가 교환이었으며 일방적 수취의 성격이 강했다.

하지만 東海 연변에 사는 예족 집단의 대외교역 활동은 5세기에도 확인된다. 오랜 기간 지속된 읍락 단위의 집단적 교역 활동은 예족 사회의 특성에서 비롯되었지만 초기 교역의 잔상을 보여 주는 것이기도 하다.

前期加耶聯盟은 내부에 자체 交易場을 운영하였다. 漢의 군현과 濊, 倭를 비롯한 다양한 외부의 정치체가 이곳을 찾아 鐵 소재를 입수하고 철을 매개로 하여 물품을 거래했다. 이러한 형태의 교역은 中心地 交易에 해당한다. 금관가야는 정치·군사적 요소가 異邦에서 온 교역인들의 활동을 방해하지 않게끔 교역장을 중립지대로 유지하는 정책을 펼쳤다. 盟主 국가가 대외교역을 정책 차원에서 관장했다는 점에서 가야연맹체의 중심지 교역은 초기 대외교역의 한계를 벗어난 것이라고 파악된다.

衛滿朝鮮의 중계교역도 두 정치체가 一對一로 교역을 벌이던 초기 교역보다 발전된 모습을 보여 준다. 위만조선은 임둔과 진번을 복속시키고 그 특산물을 공납으로 수취하여 漢과의 대외교역에 활용했다. 이러한 교역 구조는 위만조선이 그 배후의 정치체와 漢의 교역을 중계함으로써 그 차익을 흡수할 수 있게 했다. 일종의 국제교역망이 형성된 것이다.

위만조선의 王은 漢의 황제와 外臣關係를 맺었으나 복속의례를 행하지 않았으므로 양국 간의 물자 이동은 실질적으로 대외교역이라고 할 수 있다. 다만 중국 측에서 '兵衛' '財物'과 같은 위신재를 주로 제공했으므로 교역의 정치·외교적 성격은 여전했고, 교역의 형식도 조공관계의 外皮를 쓰고 있었다.

百濟는 4세기대에 複數의 정치체가 연계된 국제교역망의 중심에 자리잡게 된다. 近肖古王은 倭와 수교함으로써 중국 南朝 및 馬韓 소국, 嶺西濊 세력을 포괄하는 한층 복잡한 광역의 교역 구조를 성립시켰다. 특히 백제는 중국 왕조를 비롯한 다른 지역의 물산까지 왜에 轉賣했다고 추정되므로 단순한 호혜적 교역보다 경제적 성격이 한층 짙어진 교역을 추구했다는 점이 주목된다. 集權體制를 배경으로 하여 강화된 王權이 주도한 이러한 교역을 國家交易이라고 규정하고자 한다.

국가교역은 외교 사절이 외교활동에 덧붙여서 부가적으로 수행하는 경제 목적의 교역 활동을 일컫는다. 종래 조공무역 혹은 공무역으로 파악되던 것이 儀禮的인 증여품과 답례품의 교환이라면, 국가교역은 조공외교를 포함하여 국가 간 외교교섭이 어느 정도 발전한 단계에서 출현한다.

馬韓 小國의 수장층이 帶方郡에 파견한 下戶를 교역상인으로 보거나, 1세기 후반에 설치된 幘溝漊를 중국 군현과의 對外交易場으로 파악하기도 했으나 이들의 기본 성격은 中原 정권과의 冊封-朝貢關係에서 비롯된 禮物 교환에서 비롯된 것이라고 봐야 한다.

高句麗의 경우 늦어도 4세기에는 국가교역을 벌인 듯하다. 挹婁와 침묵교역을 벌여서 철제품의 대가로 담비 가죽을 확보하고, 이를 南朝에 공급하는 대신 靑磁와 비단 등을 받아 왔다. 이것은 위만조선의 중계교역과 유사한 형태이지만, 고구려는 국가교역을 통해서 威勢品보다는 非政治的인 실용품·사치품을 거래했으므로 위만조선의 중계교역과 성격이 다르다. 그리고 기성의 국제교역권을 유지하려는 高句麗와 이를 統一帝國의 질서에 걸맞게 재편하려는 隋나라 사이의 경제적 이해관계의 충돌이 대규모 전쟁 발발의 일 요인이 되기도 했다.

渤海는 일본 열도의 혼슈 북부와 홋카이도에 거주하던 蝦夷의 땅에서 중심지 교역에 참여한 바 있다. 발해 王權은 고구려 이래의 對倭 교섭과 靺鞨族의 항해 경험을 활용하여 에미시, 오호츠크인 및 일본과 외교교섭은 물론 교역을 벌였다. 蝦夷 세력을 경계하던 일본은 발해에게 航路 변경을 명분으로 삼아 에미시와의 연결을 막고, 궁극적으로는 북방에서 펼쳐지던 국제교역권에 진출하여 이를 장악하고자 했다.

이렇게 볼 때 동아시아에서 국가교역은 우선 국내적으로 集權體制가 수립되고 국가 간에 외교관계의 틀이 잡힌 이후에 성립했다고 생각된다.

그리고 여러 국가가 대외교역 체제에 연계된 국제교역망이 형성되면, 예컨대 중계 차익과 같은 經濟的 誘因이 발생함으로써 국가교역을 강력하게 추동하고 또 이를 촉진하였다. 국가교역은 초기에 王權과 王室이 주도하다가 나중에는 일부 高位 貴族도 동참하는 듯하다.

新羅에서 국가교역이 언제 시작되었는지는 자료가 부족하여 분명하지 않지만 8세기 초・중엽에 그 전형이 나타난다. 聖德王 때 對唐 관계가 정상화되면서 당과의 국가교역이 활발해지고 이를 통해 西域과 아라비아를 비롯한 광역의 다양한 산품이 신라로 유입되었을 것이다. 신라는 이를 다시 自國產品과 합하여 일본의 황실 및 귀족들과 교역했다. 752년에 金泰廉 일행이 증여품과 함께 별도로 교역품을 준비해 가고 일본 귀족이 「買新羅物解」를 정부에 제출하여 이를 구매한 것은 신라와 일본이 국가교역을 벌인 대표적인 사례다.

8세기의 對日 국가교역을 관장한 기구는 內省의 관할을 받는 後期 倭典이었다. 이 점도 당시에 국가교역이 王室에 의해 주도되었다는 사실을 뒷받침해 준다. 한편 이 시기에는 菁州 관내에 있던 지금의 진주・사천 지역이 신라의 對外 交易港으로서 새롭게 부상한다.

下代 왕실은 청주 지역에 있던 直屬地에 學生祿邑을 설정하여 渡唐 留學生을 지원하고 자신의 정치적 기반으로 삼고자 했다. 또 새로운 대외교통로를 왕실과 연고가 있는 사천 지역에 개설함으로써 교통로 통제를 통해서 日本 및 唐과 벌이는 국가교역을 지원하고 그 이익을 흡수하고자 했다.

국제교역 체제의 변화를 배경으로 하여 9세기의 菁州 지역은 香徒가 조직되고 村主層이 분화되는 등 사회 변동의 양상마저 나타난다. 이는 결국 王逢規와 같은 지방세력의 등장으로 귀결된다. 왕봉규는 신라의 중앙 정부와 무관한 인물로서 독자적인 외교 활동과 대외교역에 나섰다.

동아시아에서는 대체로 8세기 후반부터 국제교역 무대에서 민간 상인이 확인된다. 물론 그 전에도 민간 출신의 교역인이 활동을 벌였지만 그것은 집권체제가 성립되기 전단계의 정치체를 대상으로 한 것이거나 密貿

易의 형태였다. 동아시아 국가들은 집권체제를 정비한 뒤에는 경제적 이익만을 목표로 하는 무역 행위가 자국의 국부를 유출시킨다는 이유로 이를 엄금하였다.

그러나 8세기 후반 이후가 되면 唐과 新羅의 경우에 집권체제가 동요하면서 민간 교역인의 무역 활동에 대한 통제가 유명무실해진다. 일부 眞骨貴族도 商團을 조직하여 무역에 뛰어들었을 가능성이 높다. 신라 정부가 민간 무역의 존재와 부작용을 알면서도 묵인할 수밖에 없었던 데는 이처럼 여러 대내·외적 요인이 작용했다.

이러한 상황에서 형식적이나마 국가의 통제 하에 있던 淸海鎭이 851년에 폐지된 뒤에는 대외교역의 전면에 민간 세력이 나서게 되었다. 그리고 대외교역과 무역 활동이 지방에 할거하던 土豪 세력의 경제 기반 가운데 하나가 되기도 했다.

제 2 절 교역과 무역

이상의 검토를 바탕으로 하여 마지막으로 대외교역의 본질에 대해 생각해 보고자 한다. 교역은 等價라고 인식된 물품을 교환하는 경제 현상으로 나타나지만 적어도 고대사회에서 교역은 경제를 넘어서는 요소가 있었다고 생각한다.

대외교역을 위해서 고대인들은 자기 집단의 외곽을 둘러친 울타리를 넘어서야 했다. 이 경계를 넘어야만 다른 집단과 만날 수 있었기 때문이다. 그런데 외부의 異質的인 집단과 접촉하는 것은 위험을 수반한다. 공동체 질서가 강한 힘을 갖고 있던 시대에 이질적인 두 집단이 만나면 상대편의 진의를 오해하여 교역을 성사시키기 어려웠음은 물론이고 분쟁과 충돌이 일어나기 십상이었다. 濊 사회에서는 읍락공동체 사이의 침해 행위를 해결하기 위해 責禍라는 습속이 생겨날 정도였다.

교역의 초기 형태인 沈默交易도 이질적인 공동체 간의 교역이 야기할 수 있는 문제를 예방하는 효과가 있었다. 우선 두 집단은 의사소통 방법이 달랐기 때문에 말을 주고받는 것이 큰 의미가 없었다. 어떤 신비한 이유가 있거나 교역인의 의무로서 침묵을 유지해야 했던 것이 아니라 굳이 침묵을 깰 필요가 없었던 것이다. 필요한 물품을 정해진 장소에 놓고 시간 간격을 두고 오가면서 교역품의 교환가치를 조정했다. 교역자들은 침묵교역에서 서로 마주치지 않음으로써 두 집단의 충돌을 피할 수 있었다.

고대인은 수많은 시행착오와 분쟁, 무력 충돌을 거친 다음에야 비로소 침묵교역의 방식 또는 지금은 전해지지 않지만 또 다른 교역의 방식을 찾아냈을 것이다. 이들이 자신의 공동체를 넘어서 원거리를 이동해야 하고 위험한 교역 파트너를 만나 의사소통이 어려운 가운데 흥정을 벌이고, 교환한 물품을 다시 안전하게 운송해야 하는 모험을 감수한 이유가 무엇일까? 과연 고대인들이 利潤을 위해서라면 지옥에라도 찾아가는 요즘의 기업가처럼 경제적 이익을 얻기 위해서 그렇게 불편하고 위험한 일을 감행했을까?

물론 그러한 경우가 아예 없다고 장담할 수는 없지만 대부분은 경제적 이익을 제일의 목표로 삼지 않았다고 본다. 다른 집단에서 구해 온 희귀한 물지는 驚異의 대상이었을 것이다. 그리고 이는 곧 그 물사를 구해 온 사람에 대한 敬畏로 이어진다. 초기의 대외교역은 이러한 이유로 공동체의 통솔자와 首長에 의해서 주도되었다.

그는 대외교역품의 조달을 통해서 자신이 공동체의 한계를 넘어서 다른 공동체 — 이는 공동체의 유대에 묶여 외부와 접촉이 사실상 불가능했던 성원들에게는 경험해 보지 못한 세계다 — 즉 未知의 다른 世界와 소통할 수 있는 능력과 지위를 과시할 수 있었다. 이러한 단위집단 내부의 정치적 · 사회적 효용성이 대외교역을 발생시킨 일차적 요인이라고 생각된다.

한편 상대편 수장도 교역을 통해서 동일한 효과를 누릴 수 있었다. 보통 한 번 교역이 이뤄지면 그것이 일회로 그치지 않고 한동안 교역이 지속되었다. 수장은 또 가능하면 새로운 집단과 교역 관계를 맺고자 노력하였다. 다채로운 외래 교역품을 통해서 자신의 權威가 표출되는데, 교역품의 종류는 결국 교역 파트너의 숫자와 범위에 의해 좌우되기 때문이다. 이로써 대외교역은 곧 교역의 상대방을 찾고 교류하는 외교교섭 활동과 동전의 양면과 같은 밀접한 관계에 있게 된다.

고대사회에서 대외교역이 갖는 의의로서 또 하나 간과할 수 없는 것은 새로운 문화의 생성이다. 두 집단이 만나서 교역이 성공하면 교역품이 교환된다. 그러나 이는 물자의 단순한 상호 교환으로 끝나지 않는다. A 물자는 B 집단으로 가서 A'로 변형 생산되고, B 물자 역시 A 집단에서 B'로 재탄생한다. 어떤 경우에는 양자가 상호 작용하여 C라는 새로운 문화요소가 창출될 수도 있다. 사람과 재화가 경계를 넘어서 이동하고 이질적인 세계와 만나 교류하며, 그 과정에서 새로운 문화가 생성되는 것, 이것이 고대사회에서 대외교역이 갖는 본질적 意義의 하나일 것이다.

물론 자연환경이 현저히 열악한 집단이나 자급자족이 불가능한 경우에는 대외교역이 불가피한 선택이 된다. 하지만 이것도 생존을 위한 전략의 하나이지 경제적 이익을 도모한 선택은 아니다. 교역이 발전하면서 어느 단계에 이르러서야 서서히 자신의 산물이 가지는 상품성을 인식하게 되고, 교환 과정에서 발생하는 差益과 부가가치에 눈 뜨면서 경제적 이득이 교역의 제일 목적으로 부상하는 것이다.

貿易은 여기서 한걸음 더 나아가 경제적 이익만을 목표로 삼은 교역 활동이라고 할 수 있다. 무역을 벌인 당사자가 서로 等價라고 인정하여 물품을 교환하거나 상품의 가격에 따라 화폐를 지불하므로 이 역시 교역의 일종이다. 하지만 무역 상인은 국가 간의 외교관계나 儀典 등에 구애받지 않는다는 점에서 국가교역을 수행하던 외교 사절과 다르다. 무역은 이렇게 고대사회의 분화가 진전되면서 등장한 전문적인 민간 상인이 담당하였다. 따라서 '사'무역은 同語 反復의 부적절한 개념이라고 할 수 있다.

고대의 대외교역이 갖고 있는 이러한 복합적 성격을 이해할 때에만 그

사회적 기능과 시대에 따른 변화 양상, 그리고 대외교역 활동에서 서서히 경제적 이익만을 목적으로 하는 貿易이 출현하여 발전해 가는 과정을 역사적 시각에서 접근할 수 있을 것이다. 대외교역이 인류 사회 발전의 특정 시점에서 발생한 것과 마찬가지로 무역도 교역의 전개 과정에서 나타난 역사 현상임을 강조해 두고 싶다.

참고문헌

사료 및 역주

『三國史記』 『三國遺事』 『高麗史』
『世宗實錄』 『文宗實錄』 『東文選』
『新增東國輿地勝覽』 『芝峯類說』 『朝鮮金石總覽 上・下』

『漢書』 『三國志』 『後漢書』 『晉書』
『魏書』 『北史』 『宋書』 『南齊書』
『隋書』 『舊唐書』 『新唐書』 『新五代史』
『唐會要』 『資治通鑑』 『冊府元龜』 『異苑』
『松漠紀聞』 『說文解字注』 『管子』

『日本書紀』 『續日本紀』 『續日本後紀』

『俱舍論』 『大智度論』
『韓國佛敎全書 4』, 東國大學校 出版部
『妙法蓮華經釋文』 卷上(中算 撰)

坂本太郎 外 校注, 1965 『日本書紀 上・下』, 岩波書店.
許愼 撰・段玉裁 注, 1974 『說文解字注』, 黎明文化事業公司.
三品彰英, 1975・79 『三國遺事考證 上・中』, 塙書房.
藤本勝次 譯注, 1976 『シナ、インド物語』, 關西大學出版部.

井上光貞 等, 1977『律令』, 岩波書店.

徐榮洙 外, 1986『국역 中國正史 朝鮮傳』, 國史編纂委員會.

헤로도토스 저・朴光淳 譯, 1987『歷史』, 汎友社.

水野 祐, 1987『評釋 魏志倭人傳』, 雄山閣.

青木和夫 等 校注, 1989『續日本紀 一・二・三』, 岩波書店.

古代社會硏究所 編, 1992『譯註 韓國古代金石文 Ⅰ・Ⅱ・Ⅲ』, (財)駕洛國史蹟開發研究院.

鄭求福 等, 1997『譯註 三國史記 4』, 韓國精神文化硏究院.

眞人元開 著・汪向榮 校注, 2000『唐大和上東征傳』, 中華書局.

全海宗, 1996「三國志 東夷傳 譯註」『韓國史學』16, 韓國精神文化硏究院.

보고서류

濟州大學校 博物館, 1993『濟州市龍潭洞遺蹟』, 濟州市.

釜山廣域市立博物館 福泉分館, 1997『釜山의 三韓時代 遺蹟과 遺物1: 東萊貝塚』.

釜山大學校博物館, 1998『金海鳳凰臺遺蹟』.

慶南發展研究院 歷史文化센터, 2003『金海 가야인 생활체험촌 조성부지내 유적 2차 發掘調査 약보고서』.

慶南考古學研究所, 2005『鳳凰土城: 金海 會峴洞事務所~盆城路間 消防道路 開設區間 發掘調査 報告書』.

國立昌原文化財研究所, 2005『金海 鳳凰洞 單獨住宅敷地 試掘調査 報告書』.

東亞大學校博物館, 2005『洛東江・南海岸의 文化遺産』.

慶南考古學研究所, 2006『金海 大成洞 遺蹟: 가야의 숲 조성공사 부지내 시굴조사 및 동편 지구 발굴조사 보고서』.

慶南考古學研究所, 2006『勒島 貝塚Ⅴ 考察編』

釜山大學校博物館, 2006『金海 鳳凰洞 442-7番地遺蹟』.

慶南考古學研究所, 2007『金海 鳳凰洞 遺蹟: 金海 韓屋生活體驗館 造成敷地 內 遺蹟 發掘調査 報告書』.

三江文化財研究院, 2009『金海會峴里貝塚 Ⅱ: 貝塚展示館 建立을 위한 發掘調査報告書』.

______, 2009『金海 官洞里 三國時代 津址: 김해 율하택지사업구간 내 발굴조사 보고』.

車勇杰 外, 2009『忠州 彈琴臺土城Ⅰ』, 中原文化財研究院.

예맥문화재연구원, 2010『東海 望祥洞遺蹟Ⅱ』.

吉林省文物考古研究所·集安市博物館 編, 2004『國內城: 2000~2003年集安國內城與民主遺址試掘報告』, 文物出版社.

吳文良 原著·吳幼雄 增訂, 2005『泉州宗教石刻』, 科學出版社.

梅原末治·濱田耕作, 1923『大正九年度古蹟調查報告 第一冊: 金海貝塚發掘調查報告』, 朝鮮總督府.

박진욱, 1974「함경남도일대의 고대유적조사보고」『고고학자료집』4.

황기덕, 1975「무산범의구석유적 발굴보고」『고고민속론문집』6.

손보기, 1981「단양 상시유적 발굴중간보고」『韓國古代史照明』, 忠北大.

金東鎬, 1984「固城 東外洞貝塚 發掘調查報告」『上老大島』, 東亞大學校博物館.

李建茂·李榮勳·尹光鎭·申大坤, 1989「義昌茶戶里遺蹟發掘進展報告Ⅰ」『考古學志』1.

慶南文化財研究院, 2004「泗川 船津城公園 駐車場敷地 發掘調查 現場說明會資料」.

慶南文化財研究院, 2005「泗川 船津里城 公園化事業地區 內 동북쪽 모서리 및 埋香碑周邊 發掘調查 結果略報告」.

國家文物局 主編, 2004「吉林集安 高句麗王城與王陵」『2003 中國重要考古發現』, 文物出版社.

사전류

塚本善隆, 1957『望月 佛教大辭典 1』.

諸橋轍次, 1985『漢和大字典 五·九』, 大修館書店.

神田信夫·山根幸夫 編, 1989『中國史籍解題辭典』, 燎原書店.

Encyclopaedia Britannica (Academic Edition).

저서

강인욱 · 김재운 · N. A. 클류예프 · A. L. 수보티나 지음, 2008 『고고학으로 본 옥저문화』, 동북아역사재단.

高慶錫, 2006 『淸海鎭 張保皐勢力 硏究』, 서울대학교 국사학과 박사학위논문.

과학백과사전출판사, 1979 『조선전사 2(고대편)』.

權悳永, 1997 『古代韓中外交史: 遣唐使硏究』, 一潮閣.

_____, 2005 『재당 신라인사회 연구』, 일조각.

權五重, 1992 『樂浪郡硏究: 中國 古代邊郡에 대한 事例的 檢討』, 一潮閣.

권원태 외, 2004 『한국의 기후』, 기상청 기상연구소.

金斗鍾, 1993 『韓國醫學史 全』, 探究堂.

金文經, 1984 『唐代의 社會와 宗敎』, 숭실대학교출판부.

金蓮玉, 1985 『한국의 기후와 문화』, 이화여자대학교 출판부.

金瑛河, 2002 『韓國古代社會의 軍事와 政治』, 고려대학교 민족문화연구원.

金元龍, 1980 『韓國考古學槪說』, 一志社.

김창석, 2004 『삼국과 통일신라의 유통체계 연구』, 일조각.

金泰植, 1993 『加耶聯盟史』, 一潮閣.

_____, 2002 『미완의 문명 7백년 가야사 3』, 푸른역사.

金泰植 · 宋桂鉉 共著, 2003 『韓國의 騎馬民族論』, 한국마사회.

김현숙, 2005 『고구려의 영역지배방식 연구』, 모시는사람들.

김호동, 2002 『동방 기독교와 동서문명』, 까치.

南都泳, 1976 『韓國馬政史硏究』, 亞細亞文化社.

노명호, 2009 『고려국가와 집단의식』, 서울대학교출판문화원.

盧重國, 1988 『百濟政治史硏究』, 一潮閣.

노태돈, 1999 『고구려사 연구』, 사계절.

누노메 조후 · 구리하라 마쓰오 외 지음, 임대희 옮김, 2001 『중국의 역사: 수당오대』, 혜안.

콜린 렌프류 · 폴 반 지음, 이희준 옮김, 2006 『현대 고고학의 이해』, 사회평론.

마르크스 저 · 金秀行 譯, 1989 『資本論 I (上)』, 비봉출판사.

마르셀 모스 지음 · 이상률 옮김, 2002 『증여론』, 한길사.

무함마드 깐수, 1992 『新羅 · 西域交流史』, 단국대학교 출판부.

문안식, 2003 『한국 고대사와 말갈』, 혜안.

朴南守, 2011『한국 고대의 동아시아 교역사』, 주류성.
박선미, 2009『고조선과 동북아의 고대 화폐』, 학연문화사.
박시형, 1966『광개토왕릉비』, 사회과학원출판사.
박천수, 2007『새로 쓰는 고대한일교섭사』, 사회평론.
方立天 지음·劉英姬 옮김, 1989『불교철학개론』, 民族社.
방학봉, 2000『발해의 주요교통로 연구』, 연변인민출판사.
卞麟錫, 1984『安史亂의 新硏究』, 螢雪出版社.
사회과학원 력사연구소, 1979『조선전사 1』, 과학·백과출판사.
에. 붸. 샤브꾸노프 엮음, 송기호·정석배 옮김, 1996『러시아 연해주와 발해 역사』, 민음사.
石田幹之助 지음, 이동철·박은희 옮김, 2004『장안의 봄』, 이산.
宋基豪, 1995『渤海政治史硏究』, 一潮閣.
송호정, 2003『한국 고대사 속의 고조선사』, 푸른역사.
申東河, 2000『新羅 佛國土思想의 展開樣相과 歷史的 意義』, 서울대학교 박사학위논문.
앤토니 앤드류 저, 김경현 역, 1991『고대 그리스사』, 이론과 실천.
余昊奎, 1998『高句麗 城 I: 鴨綠江 中上流篇』, 國防軍史硏究所.
_____, 1999『高句麗 城 II: 遼河流域篇』, 國防軍史硏究所.
王承禮 저, 宋基豪 역, 1987『발해의 역사』, 翰林大學 아시아文化硏究所.
윤재운, 2006『한국 고대무역사 연구』, 景仁文化社.
李杜鉉, 1979『韓國演劇史』, 普成文化社.
李丙燾, 1976『韓國古代史硏究』, 博英社.
李成市 지음, 김창석 옮김, 1999『동아시아의 왕권과 교역』, 청년사.
李淸圭, 1995『濟州道 考古學 硏究』, 學硏文化社.
李賢惠, 1984『三韓社會形成過程硏究』, 一潮閣.
_____, 1998『韓國 古代의 생산과 교역』, 一潮閣.
임기환, 2004『고구려 정치사 연구』, 한나래.
임상선, 1999『발해의 지배세력연구』, 신서원.
全海宗, 1967『韓中關係史硏究: 淸代를 中心으로』, 서울대학교 동양사학과 박사학위논문.
정재훈, 2005『위구르 유목제국사: 744~840』, 문학과지성사.
崔在錫, 1996『正倉院 소장품과 統一新羅』, 一志社.

崔鍾澤, 1999『高句麗土器硏究』, 서울대학교 고고미술사학과 박사학위논문.
필립 커튼 지음·김병순 옮김, 2007『세계 무역의 역사』, 모티브북.
칼 폴라니 지음·朴賢洙 옮김, 1983『인간의 경제 I·II』, 풀빛.
칼 폴라니 엮음·이종욱 옮김, 1994『초기제국에 있어서의 교역과 시장』, 민음사.
한국고대사학회 편, 2007『한국고대사 연구의 새 동향』, 서경문화사.
한신대학교 학술원, 2004『漢城期 百濟의 물류시스템과 對外交涉』, 학연문화사.

方立天, 1986『佛教哲學』, 中國人民大學出版社.
費瑯 編, 耿昇·穆根來 譯, 1989『阿拉伯波斯突厥人東方文獻輯注 上册』, 中華書局.
黎虎, 1998『漢唐外交制度史』, 蘭州大學出版社.
張博泉, 1985『東北地方史稿』, 吉林大學出版社.
張星烺 編注, 2003『中西交通史料匯編 第二册』, 中華書局.
胡戟,『煬帝與揚州』, 邗江縣文物管理委員會.

谷一尙, 1999『ガラスの考古學』, 同成社.
工藤雅樹, 2000『古代蝦夷』, 吉川弘文館.
_______, 2005『古代蝦夷の英雄時代』, 平凡社.
金谷治, 1987『管子の硏究』, 岩波書店.
大野達之助, 1960『日本佛敎思想史』, 吉川弘文館.
東野治之, 1988『正倉院』, 岩波書店.
東潮, 1997『高句麗考古學硏究』, 吉川弘文館.
____, 1999『古代東アジアの鐵と倭』, 溪水社.
藤本勝次·山田憲太郎·三杉隆敏, 1982『海のシルクロード: 絹·香料·陶磁器』, 大阪書籍.
武田幸男, 1989『高句麗史と東アジア』, 岩波書店.
濱田耕策, 2002『新羅國史の硏究: 東アジアの視點から』, 吉川弘文館.
山田憲太郎, 1976『東西香料史硏究』, 中央公論美術出版.
桑原隲藏, 1935『蒲壽庚の事蹟』, 岩波書店.
上田 雄, 2002『渤海使の硏究(上)(下)』, 明石書店.
______, 2004『渤海國』, 講談社.
石井正敏, 2001『日本渤海關係史の硏究』, 吉川弘文館.

______, 2003『東アジア世界と古代の日本』山川出版社.
新妻利久, 1969『渤海國史及び日本との國交史の研究』, 東京電機大學出版局.
鈴木靖民, 1985『古代對外關係史の研究』, 吉川弘文館.
熊谷公男, 2004『蝦夷の地と古代國家』, 山川出版社.
林巳奈夫, 1976『漢代の文物』, 京都大學人文科學研究所.
田中史生, 1997『日本古代國家の民族支配と渡來人』, 校倉書房.
田中俊明, 2009『古代の日本と加耶』, 山川出版社.
定方晟, 1973『須彌山と極樂 - 佛教の宇宙觀』, 講談社.
中村元, 1993『原始佛教の思想Ⅱ』, 春秋社.
倉住靖彦, 1985『古代の大宰府』, 吉川弘文館.
坂元義種, 1978『古代東アジアの日本と朝鮮』, 吉川弘文館.

Crawford, Harriet, 1998 *Dilmun and Its Gulf Neighbours*, Cambridge, UK and New York: Cambridge University Press.
Curtin, Philip D., 1984 *Cross-Cultural Trade in World History*, Cambridge and New York: Cambridge University Press.
Grierson, P. J. Hamilton, 1903 *The Silent Trade: A Contribution to the Early History of Human Intercourse*, Edinburgh: William Green & Sons.
Hammond, N. G. L., 1986 *A History of Greece to 322 B.C.*, Oxford: Oxford University Press.
Polanyi, K., C. M. Arensberg and H. W. Pearson, eds., 1957 *Trade & Market in the Early Empires*, New York: Free Press.
Polanyi, Karl, 1977 *The Livelihood of Man*, New York: Academic Press.
Renfrew, A. C. and P. Bahn, 1996 *Archaeology: Theories, Methods and Practice*, London: Thames and Hudson.

논문

강인욱, 2011「古朝鮮의 毛皮貿易과 明刀錢」『韓國古代史研究』64.
강종훈, 1999「상고기 신라의 영역 확장과정과 지방통치방식」『역사와 현실』31.

_____, 2001「4세기 백제-왜 관계의 성립과 그 배경」『역사와 현실』40.
高柄翊, 1962「아시아史上의 韓國」『韓國의 發見』, 博友社; 1986『아시아의 歷史像』, 서울대학교출판부.
具蘭憙, 1999「8世紀 後半 日本의 對外關係에 관한 고찰: 渤海와의 關係를 중심으로」『日本歷史研究』10.
具山祐, 1992「羅末麗初의 蔚山地域과 朴允雄: 藿所의 기원과 관련하여」『韓國文化研究』5.
_____, 2001「高麗前期 香徒의 佛事 조성과 구성원 규모」『한국중세사연구』10.
권영필, 1997「경주 괘릉 인물석상 再考」『실크로드 미술』, 열화당.
權五榮, 1988「考古資料를 중심으로 본 百濟와 中國의 文物交流」『震檀學報』66.
_____, 2003「백제의 對中交涉의 진전과 문화변동」『강좌 한국고대사 4』, 가락국사적개발연구원.
_____, 2004「晉式帶具의 南과 北」(第10回 加耶史國際學術會議 發表論文), 金海市.
_____, 2009「원삼국기 한강유역 정치체의 존재양태와 백제국가의 통합양상」『고고학』8-2.
_____, 2010「馬韓의 종족성과 공간적 분포에 대한 검토」『韓國古代史研究』60.
權鶴洙, 1994「加耶諸國의 相互關係와 聯盟構造」『韓國考古學報』31.
_____, 2003「가야의 사회발전 동인과 발전단계」『가야 고고학의 새로운 조명』, 혜안.
金基興, 1987「고구려의 성장과 대외교역」『韓國史論』16.
_____, 2001「신라 處容說話의 역사적 진실」『歷史教育』80.
金文經, 1975「唐代 藩鎭의 한 研究: 高句麗遺民 李正己 一家를 中心으로」『省谷論叢』6.
_____, 1984「唐代 新羅僑民의 村落과 社會」『唐代의 社會와 宗教』, 숭실대학교 출판부.
김병준, 2010「3세기 이전 동아시아 국제질서와 한중관계: 조공·책봉의 보편적 성격을 중심으로」『동아시아 국제질서 속의 한중관계사: 제언과 모색』, 동북아역사재단.
金庠基, 1959「高麗前期의 海上活動과 文物의 交流: 禮成港을 中心으로」『국사상의 제 문제』4, 국사편찬위원회; 1986『東方史論叢』, 서울大學校出版部.
_____, 1960「羅末 地方群雄의 對中通交: 特히 王逢規를 中心으로」『黃義敦先生古稀

紀念史學論叢』; 1974 『東方史論叢』, 서울대학교출판부.
김선민, 2003 「隋 煬帝의 軍制改革과 高句麗遠征」 『東方學志』 119.
金壽泰, 1994 「統一期 新羅의 高句麗遺民 支配」 『李基白古稀紀念韓國史學論叢』, 一潮閣.
金英美, 1985 「統一新羅時代 阿彌陀信仰의 歷史的 性格」 『韓國史硏究』 50・51.
김영원, 1998 「百濟時代 中國陶磁의 輸入과 倣製」 『百濟文化』 27.
金煐泰, 1992 「皇龍寺 丈六尊像의 緣起說話」 『佛敎思想史論』, 民族社.
金元龍, 1963 「春川校洞穴居遺蹟과 出土遺物」 『歷史學報』 20; 1987 『韓國考古學硏究』, 一志社.
_____, 1973 「新石器文化: 生業經濟」 『한국사 1』, 국사편찬위원회.
_____, 1984 「古代韓國과 西域」 『美術資料』 34; 1987 『韓國美術史硏究』, 一志社.
김윤배・권용인・이소희, 2007 「발해건국 1300주년 기념 발해해상항로 학술뗏목 탐사를 통한 발해의 동해해상항로 연구」 『東北亞歷史論叢』 16.
金恩淑, 1991 「8세기의 新羅와 日本의 關係」 『國史館論叢』 29.
金定慰, 1977 「中世 中東文獻에 비친 韓國像」 『韓國史硏究』 16.
김종복, 2008 「8~9세기 渤海와 日本의 외교적 갈등과 해소」 『韓國史學報』 33.
金鎭英, 1986 「處容의 정체」 『(城山 張德順 先生 停年退任紀念論叢) 韓國文學史의 爭點』, 集文堂.
金昌謙, 2004 「新羅 國王의 皇帝的 地位」 『新羅史學報』 2.
金昌錫, 2002 「唐의 東北亞 戰略과 三國의 對應」 『軍史』 47.
_____, 2004 「한국 고대 유통체계의 성립과 변천」 『震檀學報』 97.
_____, 2004 「한성기 백제의 국가제사 체계와 변화 양상: 풍납토성 경당지구 44호, 9호 유구의 성격 검토를 중심으로」 『서울학연구』 22.
_____, 2005, 「古代 領域 관념의 형성과 王土意識」 『韓國史硏究』 129.
_____, 2005 「통일신라의 천하관과 대일(對日) 인식」 『역사와 현실』 56.
_____, 2007 「남북국시기의 교역」 『한국고대사 연구의 새 동향』, 서경문화사.
_____, 2008 「백제 왕실 수공업의 성립과 생산체제」 『백제 생산기술의 발달과 유통체계 확대의 정치사회적 함의』, 학연문화사.
_____, 2009 「고대의 영서 지역과 춘천맥국설」 『사회적 네트워크와 공간』, 태학사.
_____, 2009 「新羅의 于山國 복속과 異斯夫」 『歷史敎育』 111.
_____, 2010 「6~8세기의 동아시아와 한중관계」 『동아시아 국제질서 속의 한중관계사: 제언과 모색』, 동북아역사재단.

金哲埈, 1962「新羅 貴族勢力의 基盤」『人文科學』7; 1975『韓國古代社會研究』, 知識産業社.

_____, 1981「'能步戰'과 '便鞍馬'」『韓沽劤博士停年紀念史學論叢』; 1990『韓國古代社會研究』, 서울대학교출판부.

金泰植, 1998「駕洛國記 所載 許王后 說話의 性格」『韓國史研究』102.

_____, 2006「韓國 古代諸國의 對外交易: 加耶를 中心으로」『震檀學報』101.

김필동, 1986「삼국~고려 시대의 香徒와 契의 기원」『한국 전통사회의 구조와 변동』, 文學과知性社.

金翰奎, 1982『古代 中國的 世界秩序 研究』, 一潮閣.

金浩東, 1993「北아시아 遊牧國家의 君主權」『東亞史上의 王權』, 한울.

南東信, 1992「慈藏의 佛敎思想과 佛敎治國策」『韓國史研究』76.

盧明鎬, 1997「東明王篇과 李奎報의 多元的 天下觀」『震檀學報』83.

_____, 1999「高麗時代의 多元的 天下觀과 海東天子」『韓國史研究』105.

_____, 2004「고려시대 지역자위공동체」『韓國古代中世 地方制度의 諸問題』, 집문당.

노중국, 2012「백제의 文書行政과 官印制」『백제와 주변세계』, 진인진.

盧泰敦, 1975「三國時代의 '部'에 關한 研究」『韓國史論』2.

_____, 1984「5~6世紀 東아시아의 國際情勢와 高句麗의 對外關係」『東方學志』44.

_____, 1985「對渤海 日本國書에서 云謂한 '高麗舊記'에 대하여」『邊太燮博士華甲紀念史學論叢』, 三英社.

_____, 1985「渤海國의 住民構成과 渤海人의 族源」『韓國古代의 國家와 社會』, 一潮閣.

_____, 2002「삼국시대인의 천하관」『강좌 한국고대사 8』, 가락국사적개발연구원.

_____, 2006,「고구려와 북위 간의 조공·책봉관계에 대한 연구」『한국 고대국가와 중국왕조의 조공·책봉관계』, 고구려연구재단.

武末純一, 2002「日本 九州 및 近畿地域의 韓國系 遺物」『古代 東亞細亞와 三韓·三國의 交涉』, 복천박물관.

文暻鉉, 1992「神武王의 登極과 金昕」『西巖趙恒來敎授華甲紀念韓國史學論叢』, 亞細亞文化社.

文明大, 1974「新羅 法相宗(瑜伽宗)의 成立問題와 그 美術(上): 甘山寺 彌勒菩薩像 및 阿彌陀佛像과 그 銘文을 中心으로」『歷史學報』62.

_____, 2002「元曉系 華嚴宗 本尊佛 問題와 三和寺 鐵盧舍那佛像의 研究」『美術史學

硏究』 246.

朴南守, 2011 「통일신라의 대일교역과 애장왕대 '교빙결호'」『한국 고대의 동아시아 교역사』, 주류성.

_____, 2011 「8~9세기 한・중・일 교역과 장보고의 경제적 기반」『한국 고대의 동아시아 교역사』, 주류성.

朴昔順, 2002 「일본 율령국가의 왕권과 대 신라외교: 8세기 사절 방환 사례를 중심으로」『한국고대사연구』 25.

朴盛鍾, 1997 「三和寺 鐵佛 銘文에 대하여」『文化史學』 8.

朴淳發, 1999 「漢城百濟의 對外關係: 國家 成立期 對外交涉의 實狀과 意義」『百濟硏究』 30.

박준형, 2004 「古朝鮮의 대외 교역과 의미: 春秋 齊와의 교역을 중심으로」『북방사논총』 2.

백승충, 2005 「加耶의 地域聯盟論」『지역과 역사』 17.

_____, 2007 「가야 정치체에 대한 연맹론과 국가론」『한국고대사 연구의 새 동향』, 서경문화사.

卞麟錫, 1992 「9세기 在唐 新羅坊의 性格에 관한 試論的 考察」『人文論叢』 3.

徐榮教, 1998 「新羅 長槍幢에 대한 新考察」『慶州史學』 17.

서영교, 2003 「文武王代 倭典의 再設置와 對日外交」『전통문화논총』 창간호.

서영수, 1981 「三國과 南北朝交涉의 性格」『東洋學』 11.

徐毅植, 1996 「統一新羅期의 開府와 眞骨의 受封」『歷史教育』 59.

成正鏞, 2003 「百濟와 中國의 貿易陶磁」『百濟硏究』 38.

蘇培慶, 2011 「金海 官洞里遺蹟과 加耶의 항구: 金海 官洞里 三國時代 津址를 중심으로」『가야의 포구와 해상활동』, 김해시・인제대학교 가야문화연구소.

손영종, 2006 「락랑군 남부지역(후의 대방군지역)의 위치: 《락랑군 초원4년 현별 호구 다소□□》 통계자료를 중심으로」『력사과학』 2006-2.

_____, 2006 「료동지방 전한 군현들의 위치와 그후의 변천(1)」『력사과학』2006-3.

宋桂鉉, 1995 「洛東江下流域의 古代 鐵生産」『伽耶諸國의 鐵』, 신서원.

宋基豪, 1992 「渤海佛教의 展開過程과 몇 가지 特徵」『李智冠 스님 華甲紀念論叢 韓國佛教文化思想史』.

_____, 1997 「渤海의 地方統治와 그 실상」『韓國古代史硏究』 11.

송호정, 1997 「부여」『한국사 4』, 국사편찬위원회.

_____, 2008「두만강 유역의 고대문화와 정치집단의 성장」『湖西史學』50.

_____, 2012「先秦文獻에 기록된 古朝鮮 사회와 주민집단」『역사와 담론』61.

신경철, 1989「가야의 무구와 마구」『國史館論叢』7.

신석호, 1957「조선 왕조 개국 당시의 대명 관계」『국사상의 제문제』1, 국사편찬위원회.

辛勇旻, 2000「辰·弁韓地域의 外來系遺物」『고고학에서 본 변·진한과 왜』, 영남고고학회·구주고고학회.

辛鍾遠, 1988「三國遺事 <郁面婢念佛西昇>條 譯解」『新羅文化』5.

申瀅植, 1984「羅末麗初의 宿衛學生」『韓國古代史의 新研究』, 一潮閣.

안지원, 1997「신라 眞平王代 帝釋信仰과 왕권」『歷史教育』63.

梁起錫, 1984「五世紀 百濟의 '王'·'侯'·'太守'制에 對하여」『史學研究』38.

梁銀容, 1994「新羅 審祥과 日本의 華嚴學」『伽山學報』3.

여호규, 2000「4세기 동아시아 국제질서와 고구려 대외정책의 변화: 對前燕關係를 중심으로」『역사와 현실』36.

_____, 2002「6세기말~7세기초 동아시아 국제질서와 고구려 대외정책의 변화: 대수관계(對隋關係)를 중심으로」『역사와 현실』46.

延敏洙, 2003「統一期 新羅와 日本關係: 公的 교류를 중심으로」『강좌 한국고대사 4』, 가락국사적개발연구원.

永正美嘉, 2005「新羅의 對日香藥貿易」『韓國史論』51.

吳建煥, 1991「完新世後半의 洛東江三角洲 및 그 周邊海岸의 古環境」『韓國古代史論叢』2, 駕洛國史蹟開發研究院.

俞炳夏, 1998「扶安 竹幕洞遺蹟에서 進行된 三國時代의 海神祭祀」『扶安 竹幕洞 祭祀遺蹟 研究』, 國立全州博物館.

尹善泰, 1997「752년 신라의 대일교역과 '바이시라기모쯔게(買新羅物解)'」『역사와 현실』24.

_____, 2002「新羅의 文書行政과 木簡: 牒式文書를 중심으로」『강좌 한국고대사 5』, 가락국사적개발연구원.

尹龍九, 1990「樂浪前期 郡縣支配勢力의 種族系統과 性格」『歷史學報』126.

_____, 1999「三韓의 朝貢貿易에 대한 一考察: 漢代 樂浪郡의 교역형태와 관련하여」『歷史學報』162.

_____, 2005「고대중국의 동이관(東夷觀)과 고구려: 동이교위(東夷校尉)를 중심으

로」『역사와 현실』55.
_____, 2007「새로 발견된 樂浪木簡: 樂浪郡 初元四年 縣別戶口簿」『韓國古代史研究』46.
_____, 2010「낙랑군 초기의 군현 지배와 호구 파악」『낙랑군 호구부 연구』, 동북아역사재단.
李健茂, 1992「茶戶里遺蹟 出土 븟(筆)에 대하여」『考古學誌』4.
李基東, 1984「羅末麗初 近侍機構와 文翰機構의 擴張」『新羅骨品制社會와 花郞徒』, 一潮閣.
_____, 1984「新羅 下代의 王位繼承과 政治過程」『新羅骨品制社會와 花郞徒』, 一潮閣.
_____, 1997「羅末麗初 南中國 여러 나라와의 交涉」『歷史學報』155.
李基白, 1974「新羅 下代의 執事省」『新羅政治社會史研究』, 一潮閣.
李蘭英, 1998「百濟 지역 출토 中國陶瓷 研究: 古代의 交易陶瓷를 중심으로」『百濟研究』28.
李道學, 1991「百濟의 交易網과 그 體系의 變遷」『韓國學報』63.
이명엽, 2006「百濟土器 新器種의 出現과 中國陶磁器의 影響」『古文化』67.
李成珪, 1992「中國帝國의 分裂과 統一: 後漢解體 이후 隋・唐統一의 形成過程을 중심으로」『歷史上의 分裂과 再統一 上』, 一潮閣.
_____, 1992「中華思想과 民族主義」『哲學』37.
_____, 1996「中國의 分裂體制模式과 東아시아 諸國」『韓國古代史論叢』8.
李成制, 2000「嬰陽王 9年 高句麗의 遼西 攻擊」『震檀學報』90.
_____, 2010「낙랑의 군현 재편과 예(濊)」『낙랑군 호구부 연구』, 동북아역사재단.
李龍範, 1959「高句麗의 遼西進出企圖와 突厥」『史學研究』4.
_____, 1969「三國史記에 보이는 이슬람商人의 貿易品」『李弘稙博士回甲紀念韓國史學論叢』, 新丘文化社.
_____, 1969「處容說話의 一考察: 唐代 이슬람 商人과 新羅」『震檀學報』32; 1989『韓滿交流史 研究』, 同和出版公社.
_____, 1984「국제도시로서의 경주」『역사도시 경주』, 悅話堂.
李佑成, 1969「三國遺事所載 處容說話의 一分析」『金載元博士回甲紀念論叢』, 乙酉文化社; 1991『韓國中世社會研究』, 一潮閣.
李殷昌, 1982「伽耶古墳의 編年研究」『韓國考古學報』12.

李鍾玟, 1997 「百濟時代 輸入陶磁의 影響과 陶磁史的 意義」『百濟研究』 27.
李鍾旭, 1974 「南山新城碑를 통하여 본 新羅의 地方統治體制」『歷史學報』 64.
李淸圭, 2003 「韓中交流에 대한 考古學的 접근: 청동기시대에서 철기시대까지」『韓國古代史研究』 32.
李春植, 1987 「中國古代 朝貢의 實體와 性格: 朝貢의 性格과 그 韓國的 意味」『古代韓中關係史의 研究』, 三知院.
李泰鎭, 1972 「醴泉 開心寺石塔記의 分析: 高麗前期 香徒의 一例」『歷史學報』 53・54; 1986 『韓國社會史研究』, 지식산업사.
李漢祥, 2007 「新羅墳墓 속 西域系文物의 現況과 解析」『韓國古代史研究』 45.
이현숙, 2003 「신라 통일기 전염병의 유행과 대응책」『韓國古代史研究』 31.
李鉉淙, 1977 「對明關係」『한국사 9』, 국사편찬위원회.
李賢惠, 1988 「4세기 加耶지역의 交易體系의 변천」『韓國古代史研究』 1; 1998 『韓國古代의 생산과 교역』, 一潮閣.
_____, 1994 「三韓의 對外交易體系」『李基白先生古稀紀念韓國史學論叢 上』, 一潮閣; 1998 『韓國 古代의 생산과 교역』, 一潮閣.
_____, 2010 「沃沮의 기원과 문화 성격에 대한 고찰」『韓國上古史學報』 70.
李昊榮, 1996, 「수・당과의 전쟁」『한국사 5』, 국사편찬위원회.
李喜寬, 2001 「聖住寺와 金陽: 聖住寺의 經濟的 基盤에 대한 一檢討」『성주사와 낭혜』, 서경문화사.
이희수, 1992 「이슬람권의 한국사 관련자료 소개」『역사와 현실』 8.
林起煥, 1994, 「고구려와 수・당의 전쟁」『한국사 4』, 한길사.
_____, 2000 「3세기~4세기초 위(魏)・진(晉)의 동방 정책: 낙랑군・대방군을 중심으로」『역사와 현실』 36.
_____, 2003 「報德國考」『강좌 한국고대사 10』, 가락국사적개발연구원.
林相先, 2000 「'渤海人' 李光玄과 그의 道敎書 檢討」『韓國古代史研究』 20.
林玲愛, 2002 「'서역인'인가 '서역인 이미지'인가: 통일신라미술 속의 서역인식」『美術史學研究』 236.
林孝澤, 1993 「洛東江 下流域 加耶墓制의 系統」『先史와 古代』 4.
장인성, 2009 「倭 왕권과 蝦夷(에미시): 고대 동아시아 국제정세와 관련하여」『역사와 담론』 52.
全基雄, 1997 「나말려초의 對日關係史 研究」『韓國民族文化』 9.

全德在, 1997「新羅 中代 對日外交의 推移와 眞骨貴族의 動向: 聖德王~惠恭王代를 중심으로」『韓國史論』37.
_____, 2004「新羅의 對外認識과 天下觀」『역사문화연구』20.
_____, 2006「한국 고대 서역문화의 수용에 대한 고찰: 百戱·歌舞의 수용을 중심으로」『역사와 경계』58.
鄭仁盛, 2003「弁韓·加耶의 對外交涉: 樂浪郡과의 교섭관계를 중심으로」『가야 고고학의 새로운 조명』, 혜안.
丁載勳, 2001「隋 文帝(581~604)의 統一 指向과 對外政策: 西北民族에 대한 對策을 중심으로」『中國史硏究』13.
_____, 2004「隋 煬帝(604~617)의 對外政策과 天下 巡行」『中國史硏究』33.
曺凡煥, 2001「朗慧無染과 聖住寺 創建」『新羅禪宗硏究』, 一潮閣.
趙賢庭, 2003「梨琴洞遺蹟의 地上式建物에 관해서」『泗川 梨琴洞 遺蹟』, 慶南考古學硏究所.
蔡雄錫, 1989「高麗時代 香徒의 社會的 性格과 變化」『國史館論叢』2, 국사편찬위원회.
_____, 2000「新羅末 高麗初期 지방사회의 변동과 本貫制의 성립」『高麗時代의 國家와 地方社會』, 서울대학교출판부.
崔夢龍, 1983「韓國古代國家形成에 대한 一考察」『金哲埈博士回甲紀念史學論叢』, 知識産業社.
_____, 1985「古代國家成長과 貿易: 衛滿朝鮮의 例」『韓國古代의 國家와 社會』, 一潮閣.
崔柄憲, 1984「新羅 佛敎思想의 전개」『역사도시 경주』, 열화당.
崔鍾圭, 1982「陶質土器 成立前夜와 展開」『韓國考古學報』12.
崔鍾奭, 2004「羅末麗初 城主·將軍의 정치적 위상과 城」『韓國史論』50.
河日植, 1997.「新羅 統一期의 王室 直轄地와 郡縣制: 菁堤碑 貞元銘의 力役運營 事例分析」『東方學志』97.
_____, 2000「당 중심의 세계질서와 신라인의 자기인식」『역사와 현실』37.
_____, 2003「통일신라기의 羅唐 교류와 唐 官制의 수용」『강좌 한국고대사 4』, 가락국사적개발연구원.
한석정, 1961「함경남도지역에서 발견된 세형동검유적과 유물」『문화유산』1961-1.
韓永熙, 1997「신석기시대의 생업과 사회: 교역」『한국사 2』, 국사편찬위원회.
洪潽植, 2000「考古學으로 본 金官伽倻」『考古學을 통해 본 加耶』, 한국고고학회.

홍현선, 1987「상시 3바위그늘의 문화연구」연세대학교 사학과 석사학위논문.

陝西省文物管理委員會, 1964「西安發現晩唐祆教徒的漢, 婆羅鉢文合璧墓志: 唐蘇諒妻馬氏墓志」『考古』1964-9.

楊秀祖, 1996「隋煬帝征高句麗的幾個問題」『通化師院學報』1996-1.

黎虎, 1998「唐代地方外交關涉機構」『漢唐外交制度史』, 蘭州大學出版社.

江田 武, 1974「四-六世紀の朝鮮三國と日本－中國との冊封をめぐって」『古代の日本と朝鮮』, 學生社.

皆川完一, 1994「買新羅物解拾遺」『正倉院文書研究』2, 吉川弘文館.

古畑 徹, 1994「渤海・日本間航路の諸問題」『古代文化』46-8.

關口 明, 1995「渡嶋蝦夷と肅愼・渤海」『日本古代の傳承と東アジア』, 吉川弘文館.

菊池勇夫, 2003「蝦夷島と北方世界」『蝦夷島と北方世界』, 吉川弘文館.

堀敏一, 1993「中華思想と天下觀念」『中國と古代東アジア世界: 中華的世界と民族』, 岩波書店.

堀池春峰, 1973「華嚴經講說よりみた良弁と審祥」『南都佛敎史の研究 上』, 法藏館.

金子修一, 2001「隋唐交代と東アジア」『隋唐の國際秩序と東アジ』, 名著刊行會.

渡邊 誠, 2003「承和・貞觀期の貿易政策と大宰府」『ヒストリア』184.

東野治之, 1974「鳥毛立女屛風下貼文書の研究: 買新羅物解の基礎的考察」『史林』57-6; 1977『正倉院文書と木簡の研究』, 塙書房.

_______, 1980「正倉院文書からみた新羅文物」『日本のなかの朝鮮文化』47;『遣唐使と正倉院』, 岩波書店.

_______, 1992「日出處・日本・ワークワーク」『遣唐使と正倉院』, 岩波書店.

_______, 1992「朝霞錦考」『遣唐使と正倉院』, 岩波書店.

_______, 1992「香木の銘文と古代の香料貿易」『遣唐使と正倉院』, 岩波書店.

東村武信, 1984「鰲山里遺蹟出土 黑曜石의 螢光分析」『鰲山里遺蹟』, 서울대학교 박물관.

武田幸男, 1967「魏志東夷傳に見える下戶問題」『朝鮮史研究會論文集』3.

_______, 1986「創寺緣起からみた新羅人の國際觀」『中村治兵衛先生古稀記念東洋史論叢』, 刀水書房.

_______, 1989「舊領域の支配形態」『高句麗史と東アジア』, 岩波書店.

朴昔順, 2001「日本古代國家の對'蕃'認識」『日本歷史』6月号.

保科富士男, 1989「古代日本の對外關係における贈進物の名稱: 古代日本の對外認識に關聯して」『白山史學』25; 2002『張保皐關係研究論文選集: 中國・日本篇』, (재)해상왕장보고기념사업회.

濱田耕策, 1979「新羅聖德王代の政治と外交」『朝鮮歷史論集 上』, 龍溪書舍.

_______, 1983「新羅の中・下代の內政と大日本外交: 外交形式と交易をめぐって」『學習院史學』21.

_______, 2002「迎賓機構: 關門と領客府」『新羅國史の研究: 東アジアの視點から』, 吉川弘文館.

森克己, 1951「遣唐使と新羅・渤海との關係」『史淵』48.

森部 豊, 2004「8~10世紀の華北における民族移動: 突厥・ソグド、沙陀を事例として」『唐代史研究』7.

三池賢一, 1972「新羅內廷官制考(下)」『朝鮮學報』62.

相田洋, 1997「鬼市と邪視」『異人と市: 境界の中國古代史』, 研文出版.

西嶋定生, 1962「六~八世紀の東アジア」『岩波講座 日本歷史 古代2』, 岩波書店.

石井正敏, 1976「渤海の日唐間における中繼的役割について」『東方學』51.

_______, 1987「八・九世紀の日羅關係」『日本前近代の國家と對外關係』, 吉川弘文館.

_______, 2001「光仁・桓武朝の日本と渤海」『日本渤海關係史の研究』, 吉川弘文館.

_______, 2001「大宰府の外交機能と外交文書」『日本渤海關係史の研究』, 吉川弘文館.

_______, 2001「天平勝寶四年の新羅王子金泰廉來日の事情をめぐって: 渤海の對日外交目的の變化と關連して」『日本渤海關係史の研究』, 吉川弘文館.

小嶋芳孝, 1996「蝦夷とユーラシア大陸の交流」『古代蝦夷の世界と交流』, 名著出版.

_______, 1997「日本海の島島と靺鞨・渤海の交流」『境界の日本史』, 山川出版社.

_______, 2008「考古學에서 본 渤海와 日本의 교류사」『東아시아 속의 渤海와 日本』, 景仁文化社.

松田壽男, 1962「東西交涉とシベリア森林民」『東西文化の交流』, 至文堂.

新妻利久, 1951「渤海國使に對する海路法規の研究」『國史學』56.

新川登龜男, 1988「日羅間の調(物産)の意味」『日本歷史』481; 1999「日羅間の調」『日本古代の對外交涉と佛教: アジアの中の政治文化』, 吉川弘文館.

愛宕 元, 1996「隋代前期の政治: 文帝期」『中國史 2』, 山川出版社.

______, 1996「隋代後期の政治: 煬帝期」『中國史 2』, 山川出版社.

鈴木靖民, 1969「新羅の倭典について」『古事類苑（外交部）月報』33, 吉川弘文館.
_______, 1982「正倉院の新羅文物」『季刊 三千里』29.
王勇, 1999「渤海商人李光玄について: “金液還丹百問訣”の史料紹介を兼ねて」『アジア遊學』6, 勉誠出版.
宇野隆夫, 1998「原始古代の流通」『古代史の論点 3(都市と工業と流通)』, 小學館.
羽田 明, 1971「ソグド人の東方活動」『岩波講座 世界歷史6(古代6)』, 岩波書店.
栗原益男, 1979「七・八世紀の東アジア世界」『隋唐帝國と東アジア世界』, 汲古書院.
李成市, 1997「穢族の生業とその民族的性格」『朝鮮社會の史的展開と東アジア』, 山川出版社; 1998「穢族の生業と民族」『古代東アジアの民族と國家』, 岩波書店.
_____, 1998「正倉院所藏新羅氈貼布記の研究: 新羅日本間交易の性格をめぐって」『古代東アジアの民族國家』, 岩波書店.
日野開三郎, 1960・1961「羅末三國の鼎立と對大陸海上交通貿易」『朝鮮學報』16・17・19・20;『日野開三郎東洋史學論集』, 三一書房.
田中聰, 2002「夷人論: 律令國家形成期の自他認識」『日本史研究』475.
田村圓澄, 2002「平城京の新羅使」『古代東アジアの國家と佛教』, 吉川弘文館.
井上直樹, 2000「高句麗の對北魏外交と朝鮮半島情勢」『朝鮮史研究會論文集』38.
_______, 2001「“韓暨墓誌”を通してみた高句麗の對北魏外交の一側面: 六世紀前半を中心に」『朝鮮學報』178.
町田章, 1970「古代帶金具考」『考古學雜誌』56-1.
酒寄雅志, 1977「八世紀における日本の外交と東アジアの情勢: 渤海との關係を中心として」『國史學』103; 2001『渤海と古代の日本』, 校倉書房.
_______, 1993「華夷思想の諸相」『アジアのなかの日本史 5』, 東大出版會; 2001『渤海と古代の日本』, 校倉書房.
_______, 2001「日本と渤海・靺鞨との交流: 日本海・オホーツク海域圏と船」『渤海と古代の日本』, 校倉書房.
池田溫, 1989「新羅・高麗時代 東亞地域 紙張의 國際流通에 관하여」『大東文化研究』23; 2002『東アジアの文化交流史』, 吉川弘文館.
_____, 1995「天寶後期の唐・羅・日關係をめぐって」『春史卞麟錫教授還曆紀念唐史論叢』; 2002『東アジアの文化交流史』, 吉川弘文館.
村上恭通, 2000「團結文化と滾兎領文化」『東夷世界の考古學』, 青木書店.
春成秀爾, 1976「先土器・繩文時代の劃期について(一)」『考古學研究』22-2.

坂元義種, 1978「五世紀の日本と朝鮮－中國南朝の册封と關連して」『古代東アジアの日本と朝鮮』, 吉川弘文館.

平岡定海, 1972「新羅の審祥の教學について」『印度學佛教學研究』 20-2.

荒川正晴, 1997「唐帝國とソグド人の交易活動」『東洋史研究』 56-3.

エルンスト・V・シャフクノフ, 1998「北東アジア民族の歷史におけるソグド人の黑貂の道」『東アジアの古代文化』 96, 大和書房.

ディ・エリ・ブロジャンスキー, 2000「ロシア沿海地方の初期鐵器時代」『東夷世界の考古學』, 青木書店.

Adams, Robert McC., 1974 “Anthropological Perspectives on Ancient Trade”, *Current Anthropology* Vol. 1, No. 3.

Arnold, Rosemary, 1957 “Separation of Trade and Market: Great Market of Whydah”, *Trade and Market in the Early Empire*, Chicago: Gateway Edition.

Chapman, Anne M., 1957 “Port of Trade Enclaves in Aztec and Maya Civilizations”, *Trade and Market in the Early Empire*, Chicago: Gateway Edition.

Farias, P. F. de Moraes, 1974 “Silent Trade: Myth and Historical Evidence”, *History in Africa* 1.

Hirth, Kenneth G., 1978 “Interregional Trade and the Formation of Prehistoric Gateway Communities”, *American Antiquity* Vol. 43, No. 1.

Kim Taesik, 2007 “Koguryo and Gaya: Contacts and Consequences”, *Journal of Northeast Asian History* 4-1, Northeast Asian History Foundation.

Kwon, Hak-Soo, 1992 “Evolution of Social Complexity in Kaya, Korea”, 『韓國上古史學報』 10.

Kwon, Ohyoung, 2011 “Historical and Archaeological Contexts of Inflow of Silk Road Glass in Early Korea”, *Resume of Early Korea Project Workshop on Silk Road Glasses in Korea*, Korea Institute at Harvard University.

Lamberg-Karlovsky, C. C., 1982 “Dilmun: Gateway to Immortality”, *Journal of Near Eastern Studies*, Vol. 41, No. 1, The University of Chicago Press.

Lamberg-Karlovsky, C. C., 2008 “A Brutal Social Landscape: Mesopotamian

Civilization as Exclusive and Exploitative?", *The Review of Archaeology* 29.

Lankton, James W., 2011 "Glass Beads in Korea and Their Silk Road Stories", *Resume of Early Korea Project Workshop on Silk Road Glasses in Korea*, Korea Institute at Harvard University.

Oka, Rahul and Chapurukha M. Kusimba, 2008 "The Archaeology of Trading Systems, Part 1: Towards a New Trade Synthesis", *J. Archaeol. Res.* 16.

Park Cheun Soo, 2008 "Kaya and Silla in Archeological Perspective", *Early Korea* 1, Korea Institute at Harvard University.

Polanyi, Karl, 1963 "Ports of Trade in Early Societies", *The Journal of Economic History*, Vol. 23, No. 1; Karl Polanyi, 1968 *Primitive, Archaic and Modern Economies* (edited by George Dalton), Boston: Beacon Press.

Revere, Robert B., 1957 "No Man's Coast: Ports of Trade in the Eastern Mediterranean", *Trade and Market in the Early Empire*, Chicago: Gateway Edition.

Zagarell, Allen, 1989 "Comment on the Uruk Expansion by Guillermo Algaze", *Current Anthropology* Vol. 30, No. 5.

찾아보기

Abstract

The Formation and Development of Foreign Trade in Ancient Korea

Changseok Kim (Kangwon National University)

Foreign trade means exchange of goods that are regarded to have same value between the groups. The acts of foreign trade in South Manchuria and the Korean Peninsula are assumed to have begun during the Neolithic period at the latest. The command of the unit group has led the trades, and Silent trade is believed to be attempted as a way of overcoming various problems that can possibly happen during the contact with other groups.

Such early trading patterns continued throughout the Bronze Age and until the time when small and big polities evolved in each place based on village communities. The head of villages or of polities conducted the foreign trade as the person in charge even when sending the representatives. The early trading began between the groups with the reciprocal notion which is mutual exchange of needed products. The 'need' here means not only economical but complex needs including social and religious ones.

Iimtun (臨屯), one of the polities of Ye Tribe (濊族), traded with Yŏn(燕) region of Earlier Han (前漢) and Old Chosŏn (古朝鮮) by making use of their special products such as seafood and those from animal hunting. Okchŏ (沃沮), Dongye (東濊) and Yŏngsŏ-Ye (嶺西濊), formerly Iimtun, were ruled by the surrounding powers such as Han and Koguryŏ (高句麗), and offered a tribute as their subjugation duty, however, the goods for the tribute was the conventional trading ones before their power relation changed.

The offering-a-tribute relation was an inequality exchange, and much more of unilateral receiving than trading.

The Early Kaya confederation (前期加耶聯盟) ran foreign trading places of its own inside its territory. The Han Commanderies (漢郡縣) and various external polities including Ye and Wa (倭) came to the place to attain iron ingot, and made a trade with iron as the medium. This type of trade seems to be a Central place trade. Kŭmkwankaya (金官加耶) implemented policies to maintain the trading place as a neutral zone in order for the activities of foreign traders to be unimpeded by political and military factors. The fact that the leading polity took charge of the foreign trade at policy level means that the Central place trade of Kaya confederation exceeded the limit of the early foreign trade.

The Entrepot trade of Wiman Chosŏn (衛滿朝鮮) also showed an advanced aspect comparing to the early form of one-to-one trade between two polities. Wiman Chosŏn subjugated Imtun and Chinpŏn (眞番) and took their regional products to utilize in trading with Han. This shows that a kind of international trading network was formed at that time.

Paekche (百濟) became the center of the international trading network which linked multiple polities in the 4th century. King Kŭnch'ogo (近肖古王), by establishing diplomatic relations with Wa, built a more complex and wide trading structure which included South Dynasties of China (南朝), polities of Mahan (馬韓) and Yŏngsŏ-Ye powers. Especially, Paekche is believed to have resold the products from Chinese dynasties and other regions to Wa, thus it needs to be noted that Paekche in fact, pursued the trade for more economical than simple reciprocal reasons. Such a trade that was controlled by the reinforced royal authority on the basis of a centralized system can be defined as 'National trade.' The meaning of National trade is a trading activity of economic purpose which the diplomatic delegates perform in addition to their diplomatic activity.

Koguryŏ is assumed to have started National trade in the 4th century at the latest.

They secured fur of sables in exchange of iron products through the Silent trade with Ŭpru (挹婁), then supplied those to South Dynasties in exchange of celadon and silk. Koguryŏ wanted to retain the established international trade network, while Sui Dynasty (隋) tried to reorganize the orders in accordance with the unified Chinese empire. Their conflict of economic interests became one of the factors which caused the outbreak of an extensive war.

Parhae (渤海) used to participate in the Central place trade within the Emish's (蝦夷) land who resided in the northern Honshū and Hokkaido. The royal authority of Parhae made good use of the relation with Wa since Koguryŏ and sailing experiences of Malgal Tribe(靺鞨族), thus built diplomatic relations as well as trade with Emishi, Okhotsk people and Wa.

Due to insufficient resources, it is not clear when Silla(新羅) began the National trade, but its archetype appears in the early or mid 8th century. During the King Sŏngtŏk (聖德王) regime the relation with Tang (唐) Dynasty was restored, and the National trade became active. From this, various products of the wide area including Sogdiana, Persia and Arabia must have been flowing into Silla, and these were combined with the products of Silla, then traded with the royal family and nobles of Japan.

The royal family of the late era of Silla built new external traffic route in Sachŏn (泗川) area which had a connection with them, and attempted to absorb the profits from supporting National trade with Japan and Tang Dynasty through the control over the traffic route. With the change of the international trade system, Ch'ŏngchu (菁州) in the 9th century showed aspects of social change such as stratification of Ch'onchu (村主) class, and it ended up with the entering of local power such as Wang Pong Kyu (王逢規).

In East Asia, private traders can be found from the late 8th century. They were indeed active before that, but their trading was aiming at the polities of the pre-centralized system, or was in the form of smuggling trade. For Tang dynasty and Silla, the centralized system was shaken after the late 8th century, thus control of the private traders activities became merely nominal.

In such situation, Ch'ŏnghaechin Fortress (靑海鎭) remained under the national control as the formality, however, when it was abandoned in 851, the private power came to the forefront of foreign trade. The act of foreign trade and commercial trade became one of the economic bases for the local power which held its own ground.